I N V E S T I G A Ç Ã O

IMPRENSA DA UNIVERSIDADE DE COIMBRA
COIMBRA UNIVERSITY PRESS

EDIÇÃO
Imprensa da Universidade de Coimbra
Email: imprensa@uc.pt
URL: http//www.uc.pt/imprensa_uc
Vendas online: http://livrariadaimprensa.uc.pt

COORDENAÇÃO EDITORIAL
Imprensa da Universidade de Coimbra

CONCEÇÃO GRÁFICA
Imprensa da Universidade de Coimbra

IMAGEM DA CAPA
by pixundfertig
via Pixabay

INFOGRAFIA
Bookpaper

PRINT BY
KDP

REVISÃO TEXTUAL
Mara Almeida

ISBN
978-989-26-1615-5

ISBN DIGITAL
978-989-26-1616-2

DOI
https://doi.org/10.14195/978-989-26-1616-2

DEPÓSITO LEGAL
458300/19

© JUNHO 2019, IMPRENSA DA UNIVERSIDADE DE COIMBRA

OS PALÁCIOS
DA MEMÓRIA

Ensaios de Crítica Textual

LUIZ FAGUNDES DUARTE

IMPRENSA DA
UNIVERSIDADE
DE COIMBRA
**COIMBRA
UNIVERSITY
PRESS**

Aos meus companheiros de viagem

SUMÁRIO

Prólogo ao leitor 13

PARTE I
ENTRE PENÉLOPE E EURICLEIA

Penélope

1. Filologia e Crítica Textual 23
2. Crítica Textual e Linguística Histórica 47

Euricleia

3. Onde está o Autor? 75
4. Breve prática sobre a nova Filologia 101
5. Público – Privado 109

PARTE II
CASOS

No tempo dos Afonsinos

6. Uma carta do Conde de Bolonha ao Conde de Artois 127
7. Os textos em português da *Chancelaria de D. Afonso III* 139
8. Uma *scripta* em construção 151

Camilo Castelo Branco

9. A banca de Camilo 169

10. Dois traços do espontâneo (*duas cartas de Camilo mais outras duas de Ana Plácido*) 179

Eça de Queiroz

11. A maldição d'*A Capital!* 197
    I – Censura 197
    II – Autocensura 209
    III – À espera d'*Os Maias*: *A Capital!* como bastidores 225
12. Pedaços de Antero n'*A Capital!* 233
13. O Príncipe visto e revisto por um «Actor do Teatro Académico» 253
14. De como Eça esculpiu o Senhor Conde de Abranhos, e das ajudas que teve e não pediu 265
15. Eça e os Santos 275
16. A obra inacabada de Eça: uma síntese 291
17. Um Eça que se fez Eça 307

José Régio

18. Editar Régio (*memória de um projeto*) 315

Vitorino Nemésio

19. Linguagem – Alusão 333
20. *Minha Poesia será uma Contra-Literatura* 349
21. Editar Nemésio 353

EPÍLOGO

22. *Somos contos contando contos* 369

APÊNDICE

Breviário de Termos da Crítica Textual 377

Referências bibliográficas 401

Notícia sobre a origem destes Ensaios 413

Índice de pessoas e obras 421

Irei também além desta força da minha natureza, ascendendo por degraus até àquele que me criou, e dirijo-me para as planícies e os vastos palácios da memória, onde estão tesouros de inumeráveis imagens veiculadas por toda a espécie de coisas que se sentiram. Aí está escondido também tudo aquilo que pensamos, quer aumentando, quer diminuindo, quer variando de qualquer modo que seja as coisas que os sentidos atingiram, e ainda tudo aquilo que lhe tenha sido confiado, e nela depositado, e que o esquecimento ainda não absorveu nem sepultou.

SANTO AGOSTINHO
Confissões

Diz ho bem auenturado doutor sancto Agustinho [...] que os côceptos & pella mesma razam a sciencia nam tẽ propria lingoagem. Porque sciencia nam he outra cousa senão hum conhecimẽto habituado no entendimento: o qual se acquirio per demostração: e demostração he aquelle discurso que nos faz saber.

PEDRO NUNES
Tratado da Sphera

PRÓLOGO AO LEITOR[1]

*Da minha aldeia vejo quanto da terra se pode
vêr do universo...
Porisso a minha aldeia é tão grande como outra
terra qualquér,
Porque eu sou do tamanho do que vejo
E não do tamanho da minha altura...*

ALBERTO CAEIRO
O Guardador de Rebanhos

---

[1] Eu não aceito — e por isso não uso — as bases do chamado *Acordo Ortográfico de 1990* e os seus erros e incongruências que transformam «acepção» e «concepção» em «aceção» e «conceção», «tacto» em «tato» — e a metáfora «testa-de-ferro» numa espécie de Frankenstein que tem... a testa feita de ferro: bem que os há, mas não por aqui... Porém, por razões contratuais que obrigam à «modernização» da ortografia de acordo com «a norma em vigor», tenho que aceitar que o façam — mas sem deixar de evocar o juízo de Garrett: «Actualmente em Portugal (e pouco mais ou menos, assim tem sido sempre) nem se segue pronúncia nem ethymologia, e cada--um ortographa como bem lhe parece e praz, sem mais regra que o capricho, antes o acaso, e sem aomenos seguir com uniformidade qualquer methodo, por errado que fosse em seu princípio, comtanto que não seja vário e errado nas aplicações.» [GARRETT, 1829: III-IV]. É o que se passa. [LFD]

MICHEL DE MONTAIGNE mandou gravar, nas traves do teto da biblioteca do seu castelo, sessenta e seis frases retiradas da Bíblia e de alguns autores clássicos, que nos permitem reconstituir o ambiente ideológico geral em que ele escreveu os seus *Essais*. Ou melhor, em que ele criou um novo género literário e esculpiu o termo «ensaio» para o designar. Dez dessas frases vieram diretamente das *Pyrrhonyarum hypotyposeon* de Sextus Empiricus (séculos II-III) – e uma delas rezava assim: ἐνδέχεται καὶ οὐκ ἐνδέχεται, ou seja, «isto pode ser possível ou não ser possível» [*veja-se* MONTAIGNE, 1580: II, 12; LEGROS, 2001].

Por essa altura, cerca de 1575, Montaigne vivia, é certo, a sua fase de ceticismo pirronista – o autoritarismo e as verdades absolutas só trazem perturbação, pois a qualquer argumento se poderá sempre opor um outro de igual peso... –, mas também é verdade que ainda hoje, e apesar da evolução do conceito de «ensaio» resultante dos contributos de Bacon, Locke, Leibniz, Pope, Montesquieu, Voltaire, Lamennais, Taine, Sainte-Beuve, ou, entre nós, Verney, Ribeiro Sanches, Abade Correia da Serra, Almeida Garrett, António Sérgio, Jorge de Sena ou Eduardo Lourenço, existe uma grande unanimidade no entendimento de que a obra a que este conceito melhor se aplica continua a ser a de Montaigne, que tão bem o definiu nas palavras com que apresentou o seu livro ao leitor de 1580:

> Eis aqui um livro de boa-fé, leitor. [...] Quero que através dele me vejam na minha feição simples, natural e vulgar, sem contenção e artifício: porque é a mim que eu pinto. Os meus defeitos aqui se hão-de ler ao vivo, e também a minha forma singela, na medida em que mo permitiu a reverência pública. Tivesse eu estado entre aquelas nações que se diz viverem ainda sob a doce liberdade das primeiras leis da natureza, asseguro-te que de bom grado me teria feito pintar de corpo inteiro, e

inteiramente nu. Deste modo, leitor, eu próprio sou a matéria do meu livro[2] –

pelo que poderá parecer estultícia da minha parte dar a este meu trabalho o subtítulo de *Ensaios*, invocando logo de seguida o nome e a palavra de Montaigne.

Acontece, porém, que depois de trinta e cinco anos de trabalho filológico com manuscritos autógrafos de escritores portugueses – mas também de copistas medievais ou de cascos de teatro popular –, sobretudo Eça de Queiroz, Antero de Quental, Fernando Pessoa e Vitorino Nemésio, com passagens por Sá de Miranda, António Vieira, Cruz e Silva, D. Francisco Manuel de Melo, Camilo Castelo Branco, Florbela Espanca ou José Régio –, de onde resultaram muitas conferências, várias edições críticas, e algumas dezenas de pequenos ensaios escritos à boleia das oportunidades e publicados quase sem rei nem roque (porque ao sabor de conveniências e de calendários alheios) em revistas e em livros coletivos de curta circulação e de ainda menor leitura, ou então apresentados a provas e a concursos académicos – depois de tudo isto, eu sinto necessidade de proceder a uma leitura crítica daquilo que escrevi sobre a maneira como cada um daqueles escritores compunha os seus textos, ou sobre o modo como julguei que o tempo e os editores depois lhos escangalhavam, ou sobre o entendimento que tive de textos doutrinários alheios e também do meu envolvimento pessoal com processos criativos de vários escritores (a tal ponto que, muito provavelmente, nos meus ensaios eu revelo mais acerca da receção que cada um destes autores teve em mim, do que acerca daquilo que eles realmente fizeram), e de por consequência retirar, de entre as muitas eiras de joio a que sem dúvida se resumirá a minha produção ensaística nesta matéria, uma ou outra maquia de trigo.

---

[2] MONTAIGNE, 1580: I, 3; tradução minha.

São algumas destas maquias (outras já deram corpo a um outro livro, *Do caos redivivo – Ensaios de crítica textual sobre Fernando Pessoa* [DUARTE, 2018c]) que eu, em jeito de síntese do meu trabalho filológico de todos estes anos, ofereço agora ao leitor – que desejo me seja benévolo –, não podendo deixar de invocar em meu auxílio o Mestre Joseph Bédier e a sua convicção (a que voltarei mais adiante) de que o filólogo nem sempre consegue isolar o seu trabalho das circunstâncias da sua própria história pessoal. Com efeito, depois de ter passado uma boa parte da sua vida a trabalhar sobre a complicada tradição manuscrita do *Lai de l'Ombre* (século XIII), de Jean Renart, Bédier – ecoando Montaigne – reconheceu ter estabelecido uma relação com o seu objeto de trabalho de tal modo profunda, que

> narrar tudo aquilo que, entretanto, lhe aconteceu, será necessariamente pôr-me a mim próprio em cena, e duma maneira que poderá parecer indiscreta. No entanto, o leitor destas páginas, surpreendido primeiro, e chocado talvez, mo desculpará, assim o espero: depressa se aperceberá de que as minhas aventuras pessoais estão ligadas às de muitos dos meus antecessores, dos meus contemporâneos e dos que vierem depois e que, como tais, podem de alguma maneira contribuir para a história pitoresca do movimento das ideias filológicas nos últimos cem anos. Mas *quid dignum proferet...*?[3]

É um pouco de tudo isto, porém à minha dimensão – *porque eu sou do tamanho do que vejo...* –, que o leitor aqui encontrará, mantendo as preocupações, as ideias e as maneiras de trabalhar do

---

[3] BÉDIER, 1928: 1-2. A frase latina provém da *Arte Poética* de Horácio: *Quid dignum tanto feret hic promissor hiatus?* («Que obra digna de tal exórdio nos dará o autor desta promessa?») [HORÁCIO, 138]; traduções minhas.

momento em que cada um dos textos foi escrito, só que adaptados às marcas que o tempo, entretanto, foi deixando. E é documento de uma viagem pelas ideias e pelas práticas filológicas que mediaram entre as obras monumentais de mestres como Carolina Michaëlis, Leite de Vasconcelos ou Lindley Cintra, e a epifania das novas ferramentas informáticas que, facilitando sem dúvida o trabalho do investigador, nos vêm colocar perante um novo dilema: onde acaba a filologia e começa o algoritmo?

Mas aí teríamos de recuar ao matemático Al-Khwārizmī combinado com os filólogos antigos e medievais – e a história voltaria ao princípio.

Biscoitos, Terceira, 11 de janeiro de 2018

PARTE I
ENTRE PENÉLOPE E EURICLEIA

PENÉLOPE

Também este engano congeminou em seu coração:
colocando um grande tear nos seus aposentos –
amplo, mas de teia fina – foi isto que nos veio declarar:

«Jovens pretendentes! Visto que morreu o divino Ulisses,
tende paciência (embora me cobiçais como esposa) até terminar
esta veste – pois não quereria ter fiado a lã em vão –,
uma mortalha para o herói Laertes, para quando o atinja
o destino deletério da morte irreversível,
para que entre o povo nenhuma mulher me lance a censura
de que jaz sem mortalha quem tantos haveres granjeou.»

Assim falou e os nossos corações orgulhosos consentiram.
Daí por diante trabalhava de dia ao grande tear,
mas desfazia a trama de noite à luz das tochas.
Deste modo durante três anos enganou os Aqueus.

HOMERO
Odisseia

1
FILOLOGIA E CRÍTICA TEXTUAL

I

NO SEU LIVRO *Textkritik*, o filólogo alemão Paul Maas dá-nos uma definição que já é clássica para o conceito de crítica textual – o objetivo da crítica do texto é a restituição de um texto que se aproxime o mais possível do original –, depois de ter caraterizado a problemática do crítico perante o seu objeto histórico:

> Não possuímos autógrafos dos clássicos gregos e latinos, nem sequer cópias que tenham sido confrontadas com o original, mas apenas cópias que derivam do original através de um número desconhecido de outras cópias intermédias e que são por isso de uma segurança mais ou menos dúbia. [MAAS, 1927: 1]

E mais adiante, a encerrar uma discussão sobre a insegurança que o crítico sente perante o seu trabalho, dado que nunca pode ter a certeza de ter reconstituído corretamente o texto original, o filólogo alemão produz uma afirmação perturbante:

> Quem tiver medo de fornecer um texto inseguro, melhor será que se ocupe apenas de autógrafos. [MAAS, 1927: 23]

Nestas frases estão resumidos tanto o campo de intervenção privilegiado da crítica textual na sua fase pré-científica (pré-lachmaniana) – a focalização no texto *clássico* e no texto *sacro* –, como a problemática relação entre o crítico e o texto que trabalha, e que se deve ao afastamento no tempo entre o sujeito e o objeto, e sobretudo pela ausência do original – que, se existisse, aliviaria bastante o crítico de uma dúvida que nunca deixa de lhe pesar.

Paul Maas refere-se, naturalmente, à crítica de textos que nos chegaram através da tradição, e provavelmente nunca se terá ocupado de manuscritos modernos e autógrafos, que não foram feitos para circular, e que normalmente guardam bem guardados os segredos da sua composição: hoje em dia seria pouco provável que um filólogo consciente produzisse a última das afirmações acima transcritas.

E isso por várias razões, de que poderemos salientar uma, bastante geral, que exemplificaremos: em muitas situações, o manuscrito autógrafo não só não confere segurança a quem o edita, como por vezes ainda lhe aumenta o desconforto. Consideremos um caso retirado do manuscrito de Eça de Queiroz a que foi atribuído o título *A Tragédia da Rua das Flores*, onde nos deparamos com a seguinte frase:

> Mas possuia emfim a verdade e, como S. Pedro no caminho de Damasco, via emfim claro, graças ao raio divino que lhe luzia em frente. [BNP, ACPC, E_1/306: 116]

Qualquer leitor percebe que há nesta frase um erro de referência histórica, pois de acordo com a tradição quem teve um acidente com um raio a caminho de Damasco foi S. Paulo e não S. Pedro. Se o posicionamento do crítico for *teleológico* (ou seja, se entender que o fim de qualquer texto é ser perfeito, havendo portanto que lhe corrigir as imperfeições sempre que o autor o não fez), considera que um erro é sempre um erro que deverá ser corrigido, e substitui

«S. Pedro» por «São Paulo»; se, porém, ele for *mecanicista* (e assim entender qualquer incoerência do texto como uma contingência do ato de criação), deixa ficar a forma do manuscrito, com o argumento de que ele poderá ter sido provocado, por exemplo, pela interferência de outros elementos não textuais (digamos, uma frase do discurso mental do autor, o que seria uma distração, ou o facto de, na tradição popular, os nomes destes dois santos aparecerem frequentemente em parelha motivada, o que seria uma contaminação por contiguidade); mas haveria uma terceira possibilidade de resolver o problema, e que seria o crítico interrogar-se sobre a quem assacar o erro: se ao autor, se à personagem (a frase ocorre num discurso da personagem Gorjão). Sendo de admitir a hipótese de o erro ter sido propositado por parte do autor, com vista a caraterizar a personagem Gorjão através do seu próprio discurso (que é, de resto, bastante confuso no que toca às suas ideias em geral, e sobre a Arte em particular), será de conservar-se a forma do manuscrito, e anotá-la, na convicção de que, em caso de dúvida numa tomada de decisão, e se se verificar que a lição do manuscrito tem alguma possibilidade de funcionar, o melhor será deixá-la ficar: mais vale uma dúvida caucionada pelo autor do que uma certeza à sua revelia.

Ora, no caso vertente, os vários editores desta obra póstuma[4] adotaram soluções divergentes para o mesmo problema: uns corrigiram, outros conservaram. E se um leitor desprovido de aparelhagens teóricas e metodológicas adequadas se der ao trabalho de comparar exemplares de cada uma das edições e se aperceber desta divergência (que será apenas uma entre muitas), não terá qualquer possibilidade de resolver questões como esta: se há duas lições divergentes do mesmo texto, e se se considerar que o autor apenas

---

[4] MEDINA e MATOS, 1980; BARRETO, 1980; NUNES, 1981. Sobre a problemática editorial desta obra, veja-se CASTRO, 1980-81; CASTRO e DUARTE, 1982; e DUARTE, 1993a.

terá escrito uma delas, qual será então a lição autêntica? Uma dúvida. E se esse mesmo leitor tiver acesso ao manuscrito e verificar que a lição autêntica «S. Pedro» não é historicamente verdadeira, de que modo fará a sua opção perante a necessidade de escolher uma das edições divergentes: escolherá a que tem a lição autêntica, mas historicamente errada, considerando que se trata de uma «liberdade artística», ou escolherá aquela que adotou uma lição historicamente correta, ainda que inautêntica? Outra dúvida.

Mas, se ignorarmos o que Paul Maas disse a propósito da segurança que daria ao filólogo trabalhar com manuscritos autógrafos, verificamos que a primeira parte da sua última afirmação é verdadeira, e que se o filólogo juntar a leviandade à insegurança o resultado do seu trabalho poderá ser desastroso, e situações extremas como a do famoso equívoco dos *Cantos de Ledino* [MONACI, 1875] são disso exemplo: um filólogo respeitável como Monaci foi ao ponto de, levado por Teófilo Braga (que, por um erro de leitura, fantasiou a lição «cantar canto de ledino» por «cantar canto dele dino» no v. 3 da estrofe XLII da edição de Ferrara das *Trovas de Crisfal*[5]), apresentar à comunidade filológica do seu tempo um suposto novo género literário dotado de enquadramento teórico e de um cânone considerável, mas que cedo viria a ser posto em causa e rapidamente desmontado, tão só por ter confiado acriticamente num dado que mais não era do que o resultado de um erro de interpretação do espaço de fronteira entre duas palavras do texto.

Mas também poderão sê-lo outros equívocos porventura menos clamorosos mas igualmente comprometedores da fidelidade de trabalhos científicos que os não acautelaram: qualquer conclusão de cariz literário que tenha sido feita com base nas edições tradicionais (*vulgata*) de obras como *A Capital!*, *O Conde de Abranhos*

---

[5] Sobre esta matéria veja-se, entre outros, DIAS, 1893; FREIRE, 1923; SANTOS, 1965; MARQUES, 1978.

ou *A Tragédia da Rua das Flores*, de Eça de Queiroz[6], terá que ser metodicamente dubitada a partir do momento em que se sabe que os editores intervieram profundamente nos respetivos textos, de um modo tal que o que deles apresentaram, sobretudo no que diz respeito às duas primeiras obras, entra mais no domínio da *contrafação* do que no da edição (porque propositada; no caso da terceira, trata-se apenas de *desleixo*).

O único modo de ultrapassar situações como estas será fornecer ao leitor, seja ele um leitor comum ou um investigador, edições fidedignas resultantes de um trabalho de manuseamento crítico dos materiais constantes nos diferentes testemunhos dos textos (quando os há), ou seja, *edições críticas*. De acordo com a situação em presença, o editor terá que tomar opções e adotar soluções que condicionarão todos os usos que posteriormente forem feitos do texto resultante do seu trabalho, cabendo-lhe assim uma responsabilidade histórica que poderá ser gerida de duas maneiras diferentes: ou o editor se limita a apresentar o texto, não descrevendo com a necessária cópia de pormenores a situação em que o encontrou nem os métodos que utilizou (o que acontece com frequência, e as edições de 1925-1926 dos póstumos de Eça de Queiroz, bem como a *vulgata* de Fernando Pessoa, são disso exemplo), ou então explicita devidamente o seu trabalho, de modo a que todos os investigadores literários sejam avisados acerca dos tipos de problemas textuais que realmente existem e dos meios que foram utilizados para os resolver [THORPE, 1972: VIII], através da construção de aparatos críticos onde são registados, caso a caso e lugar a lugar, todas as lições, autorais ou não-autorais, representadas em cada lugar de variação, bem como todos os acidentes detetados nos testemunhos em uso, e todas as decisões críticas assumidas pelo editor.

---

[6] QUEIROZ, 1925a, 1925b; MEDINA e MATOS, 1980; BARRETO, 1980; NUNES, 1981.

II

FALAR EM CRÍTICA textual é, de certa maneira, falar em *filologia*. Na sua essência, a crítica textual resulta de uma necessidade patente em todas as civilizações dotadas de escrita, e a sua história na civilização ocidental remonta à Antiguidade Clássica: na verdade, tal como Monsieur Jourdain[7] compunha prosa sem o saber (e recolho esta saborosa comparação em Contini (1986)), desde o tempo dos Gregos que se faz crítica textual sob a sombra da velha Filologia, a disciplina que englobava todas as áreas de conhecimento relacionadas com o «amor pela palavra».

A crítica textual tradicional existe, *de facto*, desde a Antiguidade Clássica, e a sua história reflete a evolução da relação do filólogo com o texto e, de um modo particular, com o manuscrito. Com efeito, quando os primeiros filólogos gregos (escola alexandrina dos séculos III-I a.C.) se apercebem da necessidade de tornar disponíveis os textos dos escritores antigos e de Homero em particular, fixando-os a partir de tradições divergentes e comentando-os para os tornar compreensíveis às novas gerações, ou quando os críticos textuais modernos se ocupam dos manuscritos autógrafos dos grandes escritores com vista a estudar a sua arte de escrever, temos o manuscrito elevado à categoria de *objeto de estudo*, e, em todos os casos, à de *documento*: um registo escrito de atos e de pensamentos próprios de um tempo que são estudados por homens de outro tempo (perspetivas *histórica* e *filológica*, formuladas cientificamente sobretudo a partir do século XIX), e um registo de comportamentos de escrita de alguém para contemplação alheia (perspetiva *manuscritológica*, que encara o manuscrito *per se*). Enquanto objeto de estudo, o manuscrito pode ainda ser entendido em duas perspetivas: o manuscrito *antigo*, onde o conceito de autógrafo talvez não fosse pertinente para os

---

[7] A personagem central de *Le Bourgeois Gentilhomme*, de Molière (1670).

autores e para os seus coevos, e que até à divulgação da tipografia tinha por função assegurar a circulação dos textos naquela que era tida como a *versão definitiva* (pelo que servia simultaneamente de *memória* e de *modelo* para cópias sucessivas), e o manuscrito *moderno*, que frequentemente integra vários testemunhos autógrafos sucessivos de um determinado *processo genético*, registando assim o trabalho de escrita do seu autor e fator.

É com o início do Romantismo que assistimos à construção de métodos para a prática filológica sobre textos antigos e sagrados (a escola helenista e latinista e a *philologia sacra* de finais de setecentos) – em continuação de uma tradição que já remontava a São Jerónimo (séculos IV-V), tradutor do *Antigo Testamento* e dos *Evangelhos* para latim, e que integrava filólogos como Maniacoria (século XII, no auge da eclosão da escrita nas culturas neolatinas), William Canter (século XVI), editor do orador grego tardio Ælius Aristides Adrianensis, os Beneditinos Mauristas (século XVII), editores dos textos de Santo Agostinho, John Mill (século XVIII), editor do *Novo Testamento* em grego, e Ritschl, editor de Dionísio de Halicarnasso (1838) –, mas rapidamente aplicados aos manuscritos medievais anteriores à invenção da tipografia (escola medievalista), na sequência da «descoberta» dos textos vulgares e do fascínio por eles provocado nos meios literários, filológicos e historiográficos. Como exemplo da filologia medievalista teremos, numa primeira fase, pioneiros como Francisque Michel, editor da *Chanson de Roland ou de Roncesvaux* (1837, no âmbito do *Comité des travaux historiques* instituído por François Guizot em 1834), caraterizáveis pelo empirismo e pelo escrúpulo com que tratam a literatura contida em manuscritos recentemente descobertos: fascinados com o facto de disporem enfim da «materialidade autêntica» que transmite a frescura de uma literatura de certo modo idealizada e que em muitos casos apenas era conhecida através de impressos do século XVI, os editores desta fase preocupam-se sobretudo com a boa transmissão do texto do manuscrito (Natalis de Wailly publica os *Élements de paléographie* em 1838), não interferindo ou interferindo muito pouco numa língua que não têm a certeza de ter compreendido bem (Friedrich Diez publica a *Grammaire des langues romanes* entre 1836 e 1844).

Numa segunda fase, marcada pela espoliação sistemática das bibliotecas, nomeadamente das instituições religiosas, que põe à disposição dos investigadores enormes massas manuscritas que frequentemente englobam tradições de testemunho múltiplo do mesmo texto, o filólogo romântico é confrontado com os problemas relacionados com a edição: Karl Lachmann (editor dos *Nibelungenlied*, 1826, e das obras de Lucrécio, 1850), mas sobretudo Gaston Paris (*Vie de Saint Alexis*, 1872, onde pela primeira vez é aplicado o «método lachmaniano» que consiste em reconstituir o arquétipo de uma tradição de manuscritos divergentes através da identificação dos erros comuns aos vários testemunhos), estão na origem de uma tradição filológica que tem por finalidade «encontrar, na medida do possível, a forma que a obra a que se aplica tinha no momento em que saiu das mãos do seu autor» (Gaston Paris) – e isto porque o respetivo original se perdera.

Criam-se então cursos universitários (por exemplo, no *Collège de France* em 1852 e na *École pratique des hautes études* em 1868) e revistas de especialidade (*Romania*, 1872) preferencialmente dedicados ao estudo e à problemática de manuscritos enquanto veiculadores de textos literários medievais; publicam-se coleções de monumentos históricos e literários (Heinrich von Stein, *Monumenta Germaniæ Historica*, 1819; Jean-Marie Pardessus, *Diplomata, chartæ, epistolæ, leges aliaque instrumenta ad res gallo-francicas spectantia*, 1843, 1849; Alexandre Herculano, *Portugaliæ Monumenta Historica*, a partir de 1856); e desenvolvem-se métodos científicos para classificação de manuscritos com vista ao estabelecimento dos respetivos textos e à reconstituição de uma autenticidade perdida.

À primeira vista, o interesse dos filólogos românticos ter-se-
-ia ficado pelo manuscrito anterior à invenção da tipografia, que
provocara uma desvalorização do manuscrito (que até então era,
recorde-se, definitivo e normalmente alógrafo, na medida em
que era vocacionado para veicular ao leitor o texto na sua fase
«publicável»), e o que restava, na maioria das vezes por mero
acaso, eram os manuscritos de trabalho do autor que, uma vez
copiados mecanicamente e poluídos pelas mãos sujas de tinta dos
tipógrafos, se não eram destruídos eram abandonados, não lhes
sendo reconhecido pelos coevos qualquer valor: o autor esgotara-se
no impresso saído dos prelos, e mesmo os casos em que o autor
prosseguia o seu trabalho sobre o manuscrito depois da sua publicação eram ignorados pelos filólogos.

Esta posição dos filólogos parece contraproducente porque,
sendo o objetivo último da filologia clássica a demanda do texto
original com vista à sua edição, tendo como *corpus* as cópias
dele existentes, é de admirar que os filólogos se ocupassem em
reconstituir originais perdidos e se não preocupassem com os
acervos de manuscritos autógrafos modernos que existiam à sua
volta e de que eles não poderiam deixar de ter conhecimento.
É no entanto necessário que se tenha em conta a evolução natural
verificada no mundo dos interesses filológicos, e que tem sido
sempre no sentido da *vulgarização*: primeiro, foi aos manuscritos
sagrados e antigos que se reconheceu a dignidade necessária para
serem objetos de estudo e de edição e, simultaneamente, sujeitos
beneficiários de métodos (ainda que empíricos) de arqueologia
textual, até porque eram escritos nas grandes línguas clássicas – o
latim e o grego – e depositários de valores culturais predominan-
tes; idêntica dignidade só foi reconhecida aos textos medievais,
escritos tanto em «latim bárbaro» como nas línguas vulgares,
com a já referida descoberta romântica da literatura medieval
e, em particular, das literaturas nacionais que, no rescaldo dos

nacionalismos emergentes à época, passaram a ser matéria de ensino nas universidades.

Todo o percurso histórico da filologia e da crítica textual está ligado à escrita enquanto meio por excelência para preservar e transmitir conhecimentos. Na verdade, desde a invenção da escrita que a nossa civilização se baseia fundamentalmente no livro ou em documentos escritos, que nos transmitem o saber e a experiência dos antepassados. E quando esse saber foi inicialmente transmitido por via oral, mais cedo ou mais tarde se sente a necessidade de o fixar pela escrita: quando Heródoto apresenta a sua obra como decorrente da necessidade de registar por escrito os feitos dos homens para que com o tempo eles se não apaguem, está a reconhecer a *função documental* da escrita, o mesmo fazendo o nosso rei D. Afonso III[8], a quem poderemos atribuir a seguinte passagem retirada de um dos textos da sua *Chancelaria* (24 de Junho de 1273):

> porque os homēēs son mortaes e a renēbrāça dos feytos que fazē nō podem sempre durar enos coraçōēs dos homēēs que de poys nacē, por en foy achada a escritura que as cousas traspasadas per firmidō da escritura seiā sempre presentes. [DUARTE, 1986: 182]

Reunir aqui situações tão díspares no tempo e na essência como sejam Heródoto (séculos V-IV a.C.), os filólogos alexandrinos (séculos III-I a.C.), o rei D. Afonso III (século XIII) e os filólogos do século XIX, só aparentemente será desadequado, na medida em que nos três casos se atribui à escrita, e por oposição à *oralidade*, um caráter de firmeza que a história filológica posterior, no entanto,

---

[8] Foi no reinado de D. Afonso III que se produziram, a partir de 1255, os primeiros documentos oficiais conhecidos escritos em português, o que se deverá à necessidade de os tornar inteligíveis a uma população que já não se reconhecia no latim, que até então era utilizado como língua de escrita com caráter exclusivo. Veja-se DUARTE, 1986, 2013, e aqui, «Os textos em português da *Chancelaria de D. Afonso III*».

haveria de pôr em dúvida; afinal, o processo de transmissão dos textos por via de tradições escritas comunga com o de tradições orais em vários aspetos do que diz respeito aos princípios da não-firmeza do texto transmitido: em ambos os casos, assistimos a reproduções (cópias, testemunhos) de textos, feitas à medida da passagem do tempo, que introduzem variantes que vão tornando cada cópia e cada testemunho cada vez mais afastados do texto original, a ponto de a determinado momento se fazer sentir a necessidade de «repor» a lição primitiva mas de modo a que ela fique inteligível aos leitores atuais. Tecnicamente, a passagem à escrita de tradições orais com vista a que fiquem presentes e desambiguadas na «memória» atual (sejam elas de caráter histórico, como foi o caso de Heródoto; de caráter literário, como aconteceu com os textos homéricos; ou de caráter jurídico-administrativo, como era a intenção dos redatores dos documentos de D. Afonso III) inscreve-se na mesma categoria formal constituída pela edição crítica que é hoje, e como adiante se verá, uma das principais competências da crítica textual: fornecer ao leitor edições fidedignas resultantes de um trabalho de manuseamento crítico dos materiais constantes nos diferentes testemunhos do texto. Esta relação entre os dois tipos de tradição é claramente argumentada por Gianfranco Contini nos seguintes termos:

> Tradição escrita e tradição oral deverão obedecer à mesma lógica [...]. A tradição oral difere da escrita apenas quantitativamente, por ter maior probabilidade de afastamento do original, ou de contaminação, ou então porque nela pode acontecer algo de semelhante ao comportamento daqueles escribas que corrigem os erros visíveis e não deixam escapar nenhum. Isto acarreta dificuldades de ordem prática, e pode tornar inexequível uma 'edição crítica' definitiva (pelo menos completa) de um texto 'popular'; mas não atinge os princípios do raciocínio. [CONTINI, 1986: 146-147]

Nesta passagem, o filólogo italiano aborda vários problemas importantes no âmbito desta disciplina: ao referir a tradição, seja uma tradição oral ou escrita, salienta o facto de ela ser responsável pela transformação dos textos (afastamento do original; contaminação); ao invocar os copistas, aponta a responsabilidade deles ao longo do processo da tradição, quer enquanto introdutores de erros, quer sobretudo enquanto corretores de outros, que assim eliminam informações relevantes para o estudo das transformações textuais ao longo do tempo; e acentua o facto de não ser possível fazer-se edições críticas definitivas de textos que foram transmitidos por via oral, precisamente porque se torna impossível controlar os testemunhos da tradição – ao contrário, subentende-se, do que acontece com os textos transmitidos por via da escrita, relativamente aos quais é possível, pelo menos teoricamente, controlar os testemunhos e o contributo de cada um deles para o desenvolvimento do processo da tradição. Estes problemas, que desde sempre condicionaram o trabalho filológico, afluem em bloco à crítica textual que é, do ponto de vista epistemológico e formal, a herdeira natural da velha filologia.

«A filologia culmina na crítica textual», afirma Contini no seu ensaio «Filologia» [CONTINI, 1986: 3-66: 6]. Passe embora o caráter aforístico desta afirmação, reconhecido pelo próprio autor, o facto é que, em termos gerais, a etiqueta 'crítica textual' designa, de entre os vários sucedâneos da antiga filologia, aquele que melhor lhe guarda a memória. Algumas áreas de conhecimento que tradicionalmente eram consideradas como filológicas, e em certa medida ainda o são (e será o caso das disciplinas relacionadas com a linguagem e a literatura, sobretudo quando encaradas numa perspetiva diacrónica), evoluíram no sentido de se constituírem em disciplinas com objetos e métodos autónomos, como sejam a linguística e a crítica e os estudos literários *lato sensu*, que por sua vez se foram desdobrando em outras disciplinas com objetos de recorte mais particularizado e dotadas de métodos mais específicos. No entanto, e porque o objeto-base da filologia – o texto na sua existência material e histórica – não foi reivindicado por nenhuma das novas disciplinas, adquiriu, por isso mesmo, uma condição que poderíamos designar como *residual*. Mas a condição de «firmidõ» na conservação e transmissão de conhecimentos reconhecida à escrita, e ao texto por ela suportado, não é verdadeira: afinal, a crítica textual não para de a contestar, ao verificar que a escrita não é forçosamente mais firme do que a oralidade para a conservação dos textos. Um testemunho escrito é, na verdade e ao contrário de um testemunho oral, passível de ser conservado enquanto objeto isolado (e referimo-nos aos tempos anteriores à invenção do gravador de som); mas no que diz respeito à dinâmica da transmissão testemunho a testemunho (modelo a cópia: manuscrito a manuscrito, boca a ouvido), os comportamentos são semelhantes: quem ouve ou lê um texto interfere sempre no seu conteúdo e na sua forma quando o transmite dizendo-o ou escrevendo-o (e aqui voltamos ao texto de Contini acima transcrito).

Isto conduziu naturalmente à produção de doutrinas teóricas e de quadros metodológicos cujo campo de intervenção poderá ser compartimentado, embora num sistema de vasos comunicantes, por áreas que vão desde o estudo dos materiais e das técnicas de escrita até às técnicas de preparação de edições, passando pelo estudo das condições históricas e sociais que influem na produção do texto, e ainda pelo estudo de aspetos linguísticos (grafemática, fonética, morfossintaxe, léxico, sistemas de pontuação, sinais diacríticos, etc.), com o objetivo de apresentar ao leitor um texto bom, isto é, que represente da melhor maneira possível aquilo que se entende ter sido a vontade do autor. E este objetivo é, afinal, o da crítica textual[9],

---

[9] Na medida em que a crítica textual, num determinado momento da sua história, pretendeu reconstituir exatamente as palavras que o autor usou para exprimir o seu pensamento, e na ordem por que ele as dispôs, esta disciplina já foi designada por *crítica verbal* [HAVET, 1911]; no entanto, a designação mais comum, e aquela que aqui se usa, é a tradução literal da expressão alemã *Textkritik*, crítica textual (fr. 'Critique textuelle', ing. 'Textual criticism'), à qual Dom Henri Quentin tentou

que, no entanto, deverá fazer assentar os seus quadros teóricos e metodológicos, sejam eles quais forem, num princípio tão universal e tão seguro como é o da razão e o do bom senso – tal como no-lo aconselha Tavani:

> talvez seja perigoso formular teorias gerais e rigorosas quando se trata de problemas textuais: poder-se-ia dizer da edição crítica o que Valéry dizia das artes, que «nas artes – e nos problemas textuais – as teorias não valem grande coisa». Em minha opinião, devemos desconfiar dos princípios universais quando se trata de escolher o texto a partir do qual se tenta a edição, e remeter-nos aos princípios da razão e do bom senso. [TAVANI, 1986: 135]

Sendo a crítica textual uma disciplina filológica, e tendo em conta o sentido geral que atualmente lhe reconhecemos, deve ser encarada como um dos ramos da História[10], na medida em que se ocupa do processo histórico dos textos em duas vertentes fundamentais: *o texto em processo de produção* e *o texto em processo de transmissão*.

Na primeira vertente, a disciplina atém-se à esfera que engloba um autor e o seu trabalho de produção de um texto, manipulando os manuscritos autógrafos e todas as marcas nele deixadas pelo autor e que documentam o processo de representação textual condicionado pela intenção do autor e pelo sistema linguístico por ele usado[11],

---

associar, com vista a substituí-la, a designação *ecdótica* [QUENTIN, 1926] – de resto aceite pela generalidade dos filólogos modernos, ainda que em segundo plano perante a mais generalizada «crítica textual».

[10] Pelo seu objeto e pelo seu método, poderemos ainda encarar a crítica textual como pertencendo à família das disciplinas *arqueológicas*: não pretende criar o que deveria ter sido criado, nem melhorar a obra do autor, mas simplesmente reconhecer ou reconstituir aquilo que existe ou que terá existido de facto, e de que maneira terá existido, tendo em conta os materiais autênticos ou os seus vestígios, e os conhecimentos de que dispõe no momento histórico em que trabalha.

[11] Numa sucessão típica, mas nem por isso obrigatória, de escrita, correção, reescrita, correção, etc., com vista à obtenção do texto pretendido, tanto no que diz respeito ao seu conteúdo como à sua adequação às regras do sistema linguístico.

desde a forma mais primitiva do texto (a primeira manifestação textual documentada) até ao seu *nível terminal* (que corresponde à lição patente no testemunho em que o autor interveio pela última vez, muitos casos não representando aquilo que seria a vontade final do autor, por este entretanto ter abandonado o processo[12]) ou à sua *forma final* (aquela que o autor considerou como tal, e que publicou ou deu como publicável).

Na segunda vertente, partindo de uma ou mais lições disponíveis do texto de que se ocupa, a crítica textual considera a existência de um original, *presente* (que observa e manipula) ou *ausente* (que postula e conjetura), e a tradição dele derivada, partindo depois para a satisfação dos interesses que tal situação lhe desperte: ou a inventariação e o estudo dos afastamentos da tradição face ao original, quando este está presente; ou a reconstituição da lição mais próxima da que terá sido no original, quando este está ausente, através da crítica da tradição. [DUARTE, 1997a: 32-33]

A focalização do crítico sobre uma destas vertentes, ou sobre aspetos específicos de cada uma delas, e o modo como o faz, inscrevem-se igualmente num processo histórico: ao longo dos tempos variaram os conceitos de autor, de texto e de original, variaram os pressupostos teóricos e as formalizações metodológicas, e bem assim variaram os interesses dos críticos – de tal modo que, em vez de uma disciplina dotada de um objeto específico e vocacionada para um objetivo definido, temos na crítica textual uma disciplina aberta de cuja natureza se não poderá dissociar a busca permanente de um objeto e de um método, com todas as consequências daí decorrentes.

Enquanto disciplina histórica, a crítica textual tem que gerir, na sua doutrina e nos seus métodos, as contradições inerentes a tal

---

[12] Sirvam de exemplo grande parte dos manuscritos de Fernando Pessoa, e muitos dos de Eça de Queiroz que foram conservados: o complexo autógrafo $E_1/287$ encerra o nível terminal do texto do romance *A Capital!*, que, tendo sido abandonado pelo autor, nunca viria a atingir a forma final (aquela que ele teria publicado).

condição; poderemos por isso aplicar-lhe aquilo que diz Gianfranco Contini a propósito da filologia: que ela se depara com a contradição existencial típica de qualquer disciplina histórica, na medida em que é, por um lado,

> reconstrução ou construção de um 'passado' e sanciona, introduz até, uma distância entre o observador e o observado; mas, por outro lado, e de acordo com a afirmação de Benedetto Croce de que a história é sempre contemporânea, a Filologia repropõe ou propõe a 'presença' do objeto [CONTINI, 1986: 5],

trabalhando obrigatoriamente com textos cuja forma e cujo conteúdo foram lá postos para serem consumidos por leitores situados, enquanto alocutários, no mesmo estado de língua e no mesmo universo referencial em que se encontrava o agente ilocutório (o autor, mas, nos casos de textos conhecidos apenas através de testemunhos da tradição, os restantes intervenientes na constituição do texto, como sejam os copistas, os tipógrafos e os editores).

Partindo destes pressupostos, e assumindo como princípio operatório que é objetivo da crítica textual o estudo dos textos no que diz respeito à sua produção ou à sua transmissão materiais, e bem assim o desenvolvimento de doutrinas e de metodologias atinentes à sua conservação ou à sua reconstituição, conforme se lhes conheça ou não os originais, somos levados a definir três modalidades: a *crítica textual tradicional*, a *crítica textual moderna* e a *crítica textual genética*. Se o objetivo do crítico textual ao ocupar-se de um dado texto é proceder à «restituição de um texto [que não está disponível] que se aproxime o mais possível do original (*constitutio textus*)» [MAAS, 1927: 1], tendo para tal que considerar a sua tradição, ou seja, o modo e as formas como ele foi transmitido ao longo dos tempos através de um processo de cópias sucessivas, estará a fazer *crítica textual tradicional*; mas se o seu objetivo é «estabelecer um texto que, na formulação hoje universalmente aceite, represente aproximadamente as intenções originais (ou finais) do autor» [McGANN, 1983: 15], ou seja, conservar a lição autoral do texto, de que dispõe, contra a tendência, factual ou hipotética, para a sua alteração mercê da ação do tempo e do processo normal de reprodução, definiremos a ação por ele desenvolvida como *crítica textual moderna*; e se o seu objetivo é simplesmente «estudar a história do nascimento e do tornar-se escrita de uma obra, desde as suas marcas escritas primitivas até à sua última forma atestada» [GRÉSILLON, 1994: 244], diremos que ele faz *crítica textual genética*.

Utilizando uma metáfora clássica da filologia – a *árvore*, particularmente usada, embora em posição invertida, para representar um texto e as respetivas tradições textuais –, poderíamos dizer que, enquanto a filologia se ocupava da árvore como um todo (ou seja, preocupava-se com os textos quer na sua materialidade quer sobretudo enquanto portadores de conteúdos historiográficos, literários, doutrinários, mesmo linguísticos), a crítica textual tem por objeto as raízes e o tronco de uma árvore (os textos na sua materialidade) cujas ramificações se tornaram objeto de outras disciplinas (como as já referidas linguística, crítica e estudos literários, que enquanto operadores de texto utilizam materiais previamente disponibilizados por alguém da área filológica, quando se trata de obras editadas numa perspetiva crítica, ou pelo menos da área da *bibliografia material*, disciplina que envolve não só os aspetos da produção material de edições impressas, como também opções textuais que, mesmo *adjetivas*, podem intervir no conteúdo dos textos). A este propósito, tenha-se presente esta afirmação de Gaskell: uma das tarefas dos compositores tipográficos é

> assegurar-se de que o 'estilo' tipográfico do resultado do seu trabalho – ortografia, capitalização, pontuação, italicização, e abreviaturas, a que chamamos adjetivas – está de acordo com as

convenções do tempo e do lugar. [...] Os compositores consideravam algumas grafias aceitáveis e outras não, e normalmente obrigavam a ortografia dos autores a obedecer àquilo que eles consideravam como o mais correcto. [GASKELL, 1972: 344, 345]

Trata-se de uma questão atual. Por isso, e se considerarmos, de entre estas, aquelas que utilizam o texto, seja ele escrito ou de tradição oral entretanto fixado pela escrita, como base das suas investigações e das suas produções – e tomemos como exemplo a parte da linguística histórica que vai buscar ao texto escrito os seus materiais de estudo, e ainda a crítica e os estudos literários nas suas vertentes diversas –, teremos que reconhecer à crítica textual um estatuto de disciplina *determinante*, na medida em que condiciona os objetos daquelas disciplinas e influi, consequentemente, na qualidade e no alcance dos respetivos produtos. Independentemente do escopo teórico, do rigor metodológico, e do alcance científico posto no seu trabalho por cada um dos oficiais de cada um dos ofícios resultantes da ramificação filológica, se não lhes estiver subjacente um texto laborado criticamente no que diz respeito à constituição de uma lição textual credível, resultante da avaliação crítica do diferencial existente entre as lições da tradição e a lição do original (ou aquela que, integrando embora a tradição, teoricamente seja considerada como estando mais próxima do original, nos casos em que este não esteja disponível), o que é o campo de intervenção por excelência da crítica textual, os produtos da investigação linguística ou literária dali resultantes terão que ser postos em causa até que se verifique que foram acautelados todos os cuidados críticos relacionados com a *constitutio textus*, com vista a obter-se aquilo que é o *texto crítico*.

No entanto, será preciso não esquecer que o trabalho filológico não é apenas determinado pelas condições materiais dos textos e das tradições com que trabalha, nem apenas determinante do trabalho que é feito a partir dos seus produtos: aqui a metáfora da árvore continua a funcionar – na medida em que se as raízes e o tronco da árvore (o texto material e trabalhado pelo filólogo) são o suporte das ramificações e da folhagem (a crítica e os estudos literários, a linguística do texto), eles morrerão se lhes faltar a operação de respirar desempenhada pela folhagem. Ou seja, um filólogo consciente nunca poderá escamotear as informações que lhe podem ser facultadas pelos utilizadores dos seus produtos, uma vez que estes conhecem e trabalham com elementos (estilísticos, linguísticos, literários, sociais e históricos) que intervieram na composição dos textos; de resto, também aqui nos é útil a sabedoria dos gregos antigos quando desenvolveram o *método conjetural* para a fixação dos textos homéricos: as lições que lhes levantavam dúvidas eram acareadas com os hábitos do autor (entrando assim com o fator *estilo*) e com as regras da gramática e da versificação em uso no respetivo meio cultural (fatores *linguístico, literário, social* e *histórico*)[13]. Esta necessidade de colaboração é assim resumida por Gaskell:

> só por si, sem a disciplina da bibliografia textual [leia-se: da crítica textual], a crítica literária produzirá textos incorrectos e desorientados, o mesmo acontecendo à aplicação mecânica de regras bibliográficas [ou filológicas]. A bibliografia textual baseia-se na cooperação entre a crítica literária e a perícia bibliográfica. [GASKELL, 1972: 338]

Um texto que se pretende reconstituir ou reconhecer (ou porque se desconhece o original e se desconfia da tradição que o veiculou,

---

[13] A este propósito, reconheço agora que me teria sido útil o saber de Maria Aliete Galhoz – se eu a tivesse consultado antes de publicar a minha edição dos *Poemas de Ricardo Reis:* o texto que dou como um simples fragmento (n.º 223r) [DUARTE, 1994: 210], deveria ter sido classificado como um fragmento, sim – mas de um *rubaiyat*. Os meus olhos de filólogo detetaram a incompletude do texto, mas só por si não bastaram para perceber a estrutura rimática e estrófica nele esboçada.

ou porque, embora se lhe conheça o original, foi constituída uma *vulgata* que, por razões várias, lhe não é fiel) pode ter chegado até nós de cinco maneiras principais: *a)* através de vários testemunhos não autógrafos, manuscritos ou impressos, e não controlados pelo autor (*codices plurimi*; *tradição múltipla*: por exemplo, as *Crónicas* de Fernão Lopes ou as cantigas de Martim Codax); *b)* através de um único testemunho não autógrafo, manuscrito ou impresso, e também não controlado pelo autor (*codex unicus*; *tradição de testemunho único*: a novela *Naceo e Amperidónia*, de autor anónimo [DUARTE, 1986b]); *c)* através de impressos cujos manuscritos autógrafos se desconhecem, mas sabendo-se que o autor controlou a impressão (é o caso d'*Os Lusíadas* de Camões, 1572, ressalvando embora as mais que prováveis interferências da censura); *d)* através de cópias, manuscritas ou impressas, e dos respetivos manuscritos autógrafos (o códice 3355, da Biblioteca Nacional, contém manuscritos autógrafos de poemas de Sá de Miranda, que podem ser colacionados com outros testemunhos apógrafos e com impressos); e *e)* através de um ou mais manuscritos autógrafos (onde igualmente se podem encontrar situações de *codex unicus* e de *codices plurimi*: por exemplo, o manuscrito $E_1/285$, que integra o espólio de Eça de Queiroz depositado na Biblioteca Nacional, sendo o único testemunho autógrafo d'*O Conde de Abranhos*, funciona como um *codex unicus* em termos de edição; por outro lado, no espólio de José Régio existente em Vila do Conde encontram-se vários testemunhos autógrafos do mesmo texto, de tal modo idênticos entre si que é impossível determinar se algum deles é cópia do outro, ou se ambos são cópias fiéis de um exemplar comum: aqui, estamos perante situações de *codices plurimi*, no sentido lato da expressão).

Quando se dispõe de vários testemunhos, encontramos frequentemente variantes muito acentuadas, que vão desde a diferença nas representações gráficas até à presença ou ausência de determinadas lições textuais, passando por variantes de ordem fonética, morfossintática e lexical – casos *a)*, *c)*, *d)*, *e)*. Nos casos em que se não dispõe de manuscrito autógrafo ou de testemunho seguramente controlado pelo autor – *a)* e *b)* –, situações deste tipo são geradoras de *incerteza* na medida em que se não sabe, à primeira vista, qual das diferentes formas se devem ao autor e quais as que se devem a outrem. Esta incerteza obriga o crítico textual a equacionar várias formas de dúvida sistemática: será que algum destes testemunhos é o original ou pelo menos uma cópia fiel do original? E se todos os testemunhos são cópias mais ou menos deformadas pelos erros e outras formas de intervenção de terceiros («cópias que derivam do original através de um número desconhecido de outras cópias intermédias e são por isso de uma segurança mais ou menos dúbia» [MAAS, 1927: 1]), será possível através do seu estudo comparativo reconstituir a forma do texto original? Por outro lado, quando se dispõe de um exemplar único, em vez de variações encontramos por vezes bizarrias, incoerências, passagens obscuras, que nos levam a supor que o texto terá sofrido, ao longo da sua tradição, alterações que no entanto não podemos avaliar nem quanto ao conteúdo, nem quanto à dimensão, nem quanto às razões da sua existência; teremos, nesses casos, que concluir se houve de facto erro, em que lugar, devido a quê ou a quem, e bem assim decidir qual a correção a fazer de entre todas as que são possíveis. De qualquer modo, será preciso distinguir as deformações eventuais das lições autênticas, e no primeiro caso proceder a escolhas entre as correções possíveis, a fim de se poder tomar uma decisão para estabelecer o texto e restituí-lo à sua forma original. E quando, dispondo-se do manuscrito autógrafo, nele deparamos igualmente com bizarrias, incoerências e passagens obscuras? Será que temos ali a vontade do autor, que por alguma razão escapa ao nosso entendimento, ou não teremos antes lapsos que ele teria corrigido se deles se tivesse apercebido? E aqui caberia outra pergunta: o que é que se entende por original?

Tendo em conta a história da crítica textual, quase poderíamos dizer que original é aquilo que o filólogo pensa que é: para os Gregos, seria aquilo que batia certo com o contexto, com o estilo e com as regras socio-literárias; para os lachmanianos, seria a nascente adivinhada de um rio cujas águas percorriam de jusante para montante, enfim, aquele objeto reconstruído que se tinha como equivalente ao original, e que Contini considera não passar de uma hipótese de trabalho [CONTINI, 1986: 45]; para Bédier, uma miragem indefinida e apenas concretizável sob uma forma compósita, insegura, e por vezes aleatória, de tal maneira que lhe será preferível uma representação concreta, realizada ao gosto e na lógica de uma determinada conjuntura histórica e social, isto é, um dado testemunho conservado em boas condições [BÉDIER, 1928: 69-71]; para Alphonse Dain, um conjunto complexo de papéis manuscritos, autógrafos e apógrafos, em que tanto terão intervindo, para além do próprio autor, os escribas, os calígrafos – e os amigos do autor, com quem ele não deixaria de discutir aquilo que escrevia, e que provavelmente colaborariam na revisão dos textos [DAIN, 1949: 103-105]; para Segre, é algo despojado de existência material, preexistente à escrita e indemne aos estragos que ela provoca, mas também posterior à escrita se se conseguir detetar e eliminar tais estragos [SEGRE, 1976], donde se poderá concluir que uma boa edição crítica baseada em manuscritos autógrafos poderá candidatar-se ao estatuto de 'original'; mas também pode ser tanto o texto que o autor escreveu como o texto escrito por outrem a partir de uma versão do autor, caso de *The Waste Land*, de T. S. Eliot, obra que depois de reescrita e reduzida a metade por Ezra Pound foi aceite por Eliot como sua – publicando-a em quatro edições diferentes, todas elas com algumas alterações [THORPE, 1972: 53]: é, de resto, bastante frequente encontrar-se situações idênticas a esta última de Eliot, ou seja, várias edições variantes do mesmo texto mas todas elas revistas ou autorizadas pelo autor – e será em parte por razões como esta que Gaskell considera que, ao definir o texto-base (que terá assim estatuto de *original*), o editor terá que considerar não apenas o último manuscrito autógrafo completo (o manuscrito para tipografia), mas todas as ulteriores intervenções do autor, incluindo as alterações adjetivas introduzidas pelo compositor das edições impressas e que o autor não tenha expressamente condenado [GASKELL, 1972: 338-341]. Na impossibilidade de se reconstituir o original mental sugerido por Segre (os resultados não seriam melhores do que os obtidos pela crítica lachmaniana: estaríamos sempre diante de hipóteses mais ou menos inseguras) – e recorde-se o já referido enigma 'S. Pedro/S. Paulo' a propósito d'*A Tragédia da Rua das Flores*, de Eça de Queiroz –, e surgindo assim tantas dúvidas sobre o que seja um original, o melhor será jogar pelo seguro: adotar como texto-base, e esvaecendo ao máximo a utilização do termo 'original', aquele que existe no testemunho em que comprovadamente o autor tocou pela derradeira vez, e que encerra o *nível terminal* (ou *final*, mas isso em princípio será incomprovável) do processo de composição do texto. Tudo o resto será, sempre, uma questão de técnica temperada de bom senso.

Afinal, parece que Paul Maas não tinha mesmo razão quando aconselhava o filólogo tradicional mais timorato a ocupar-se apenas de manuscritos autógrafos: trabalhar em crítica textual exige assumir-se o princípio da dúvida sistemática, e o seu resultado, seja ele qual for, terá que ser sempre encarado como uma hipótese em processo de confirmação (ou de infirmação) e nunca como uma verdade adquirida. E estamos em boa companhia no que diz respeito a esta maneira de ver as coisas:

> qualquer edição é interpretativa: não existe uma edição-tipo, dado que a edição também está no tempo. [...] À ambição de um texto-no-tempo corresponde outrossim a elasticidade de uma edição-no-tempo [CONTINI, 1986: 14]

O que nos conduz a uma nova situação que afinal é tão velha como a própria filologia: qual manta de Penélope (e na falta de um Ulisses, que aqui entraria como uma metáfora do texto acabado e definido pelo seu autor, e da sua fiel criada Euricleia, único ser dotado – além do velho cão Argus – da capacidade de reconhecer o que está escondido), uma edição crítica nunca deverá ser dada por terminada porque poderão sempre aparecer ou novos materiais, ou novos métodos de trabalhar, ou, sobretudo, novos posicionamentos do editor acerca do seu trabalho, resultantes da própria história pessoal.

2
CRÍTICA TEXTUAL E LINGUÍSTICA HISTÓRICA

EXISTEM ALGUNS PONTOS de contato e de interação entre duas disciplinas filológicas que, apesar de serem dotadas de objetos e de métodos específicos, em certos passos dos respetivos percursos partilham os mesmos objetos, utilizando-os embora de um modo diferenciado e em perspetivas divergentes: essas disciplinas são a *crítica textual* e a *linguística histórica*, e os objetos que elas partilham pontualmente são o *texto* e o *discurso*. Embora estes sejam conceitos comuns, é importante que se avance com uma definição funcional de cada um deles nos seus termos mais relevantes para o tema que aqui está em causa.

A *crítica textual* é, como já vimos, uma disciplina filológica que deve ser encarada como um dos ramos da História. Por sua vez, a *linguística histórica*, sendo igualmente uma disciplina filológica e naturalmente tributária da História em sentido geral, é o ramo da linguística que tem por objetivo estudar e descrever os processos através dos quais a linguagem em geral, ou uma linguagem em particular, mudam ou se conservam ao longo do tempo; o seu âmbito de intervenção prioritário são os períodos históricos durante os quais a linguagem em estudo se desenvolveu e estabeleceu as suas caraterísticas fundamentais, nomeadamente a nível fonético, fonológico, morfossintático e lexical. Por contingência histórica, os meios que utiliza são sobretudo textos escritos e, em menor grau, a comparação com outras linguagens aparentadas daquela que é o seu objeto, e também certos traços dialetais ainda ocorrentes.

Por *texto*, entenderemos qualquer unidade de linguagem, escrita ou oral, dotada de uma estrutura determinada por regras de cariz social que a tornam um instrumento de comunicação entre indivíduos que realizam o mesmo sistema linguístico. Existindo substanciais diferenças, tanto estruturais como funcionais, entre textos escritos e textos orais, a principal delas reside no facto de os textos orais funcionarem com recurso à memória breve e não conservarem o respetivo processo de enunciação (o que os torna particularmente sujeitos a mudanças estruturais), enquanto os textos escritos, por serem dotados de um suporte físico relativamente resistente ao tempo, conservam o registo da sua enunciação para além do tempo da produção (tornando-se assim mais resistentes, ainda que não imunes, à variação estrutural).

Finalmente, *discurso* será aqui entendido como um processo definido por atos linguísticos de referenciação (elaboração concetual) e de vinculação de significados a significantes (definindo conteúdos) que são praticados pelo sujeito falante (ou escrevente), com vista a estabelecer comunicação em tempo real com os seus interlocutores (mesmo que possa, sobretudo no discurso escrito, diferir indefinidamente o tempo de comunicação).

Ao ocupar-se do texto enquanto *processo* e não enquanto *produto* (sendo que *texto* é tradicionalmente considerado como *produto*, enquanto *discurso* o é como *processo*), a crítica textual assume a condição de uma disciplina que estuda comportamentos linguísticos postos em referência a determinados valores, ideias, convenções e materiais – que mudam, evoluem e interagem com outros valores, ideias, convenções e materiais. Mas, sobretudo no âmbito da crítica textual convencional, cujo objetivo é reconstituir ou reproduzir textos para serem lidos por outrem (editando-os), pode correr o risco de encarar o manuscrito que contém um texto não acabado (e logo, um não-produto) numa perspetiva que poderíamos classificar como *teleológica*: todo o trabalho de génese de um texto, documentado nos respetivos manuscritos, tenderia fatal e inexoravelmente para *um fim* predeterminado, que seria o texto acabado, e por isso todos os manuscritos deixados inacabados pelo seu autor teriam que ser submetidos a um trabalho de acabamento, a fim de poderem ser consumidos por aquela construção teórica vulgarmente conhecida por «grande público». Em qualquer dos casos, a crítica textual encara o *texto como discurso*: em termos absolutos, quando encara o texto de um manuscrito como uma realidade que é objeto de estudo por aquilo que é e não pelo que poderia ter vindo a ser; e em termos relativos, quando o encara como uma simples virtualidade.

Na crítica textual que aqui me interessa – aquela que estuda os processos de composição e de transmissão do texto numa perspetiva linguística, seja ou não com o objetivo de o editar –, deverá o investigador debruçar-se sobre o modo como um determinado autor ou transmissor interveniente no texto (em qualquer dos casos, um emissor) atribuem estruturalmente significados a significantes, ao longo de um processo frequentemente caraterizado pela hesitação e pela experimentação, com vista a comunicarem com um interlocutor (recetor) e a trocarem com ele valores, ideias e convenções que ultrapassam o mero alinhamento de itens lexicais ligados e regidos por operadores gramaticais (estruturas frásicas); e, naturalmente, fá-lo recorrendo aos materiais físicos utilizados no processo de produção e de reprodução do texto (recenseando, identificando, classificando e determinando a orientação das transformações existentes nos testemunhos – como sejam as marcas de transformação autoral no mesmo testemunho ou em testemunhos sucessivos, se em situação de *manuscrito autógrafo* ou de *impresso autografado*, e as diferenças atestadas entre testemunhos, se em situação de *tradição não autógrafa*, manuscrita ou impressa), adquirindo assim uma condição de disciplina que se ocupa de duas dimensões processuais: a do processo *discursivo*, na medida em que estuda determinados aspetos da linguagem utilizada, reforçando a perspetiva diacrónica ao analisar o diferencial entre um estado anterior (o discurso de primeira mão, por exemplo) e um estado posterior (o discurso de primeira mão depois de corrigido e passível de ser novamente corrigido); e a do processo *material*, ao ocupar-se dos materiais físicos utilizados pelo autor ou pelos agentes da tradição ao longo do processo de construção ou de transmissão do texto (e neste processo são agentes os suportes, como os papéis, as tintas ou quaisquer dos instrumentos de escrita utilizados, os traços gráficos do autor, os códigos usados para o alinhamento dos elementos em situação de transformação, etc.).

Por sua vez, e de certo modo paradoxalmente, a linguística histórica, que normalmente recorre ao texto como instrumento de investigação, enquanto repositório que é de dimensões e comportamentos de linguagem e de discurso historicamente ultrapassados (isto é, utiliza o texto como *testemunho* e como *documento*, e não como *objeto*), encara quase sempre o texto como um *produto*; mesmo nos casos em que do mesmo texto existem testemunhos variantes no conteúdo, na forma e na referência histórica, cada um deles é usado pela linguística histórica como um testemunho único, não interessando se esse testemunho representa aquilo a que poderíamos chamar, por analogia, uma mera unidade estratigráfica de uma rocha sedimentar (e numa perspetiva de crítica textual, a génese de um texto corresponde em princípio a uma acumulação de estratos de vários tipos de materiais), ou, e continuando a utilizar a analogia geológica, se é uma rocha vulcânica que se formou de uma vez, na sequência imediata da erupção que a originou, e que se mantém mais ou menos estática na vizinhança do vulcão de onde saiu. Esta ideia de unidades estratigráficas não é nova: já Saussure (1916) entendia a história de uma língua como uma sucessão diacrónica de estados sincrónicos sem relação significativa entre eles, constituindo cada um deles um sistema de tal modo estável que qualquer mudança neles verificada teria implicações só a nível do elemento mudado, não afetando assim o sistema no seu conjunto.

Nesta perspetiva, poderemos creditar a Saussure, após a sua definição de *diacronia* e de *sincronia* nos estudos linguísticos, uma parte da responsabilidade pelo facto de a linguística histórica ser uma disciplina que, apesar de se ocupar de *processos* (o processo histórico de uma linguagem), utiliza como instrumento de trabalho textos do passado que são encarados geralmente como *produtos*, ignorando o respetivo *processo* de composição e de transmissão. E isso acontece não por opção, mas por contingência, uma vez que os linguistas históricos têm plena consciência de que o discurso de um texto escrito, seja ele de um passado longínquo ou mais recente, já pouco tem a ver com o discurso oral, que é um objeto bastante caro aos seus estudos; tudo depende se se considera o texto como documento de um *processo* (e, portanto, dotado de um valor relativo) ou como um *produto* (e nesse caso com valor absoluto).

Dona Carolina Michaëlis de Vasconcelos, na introdução às *Poesias de Francisco de Sá de Miranda*, expõe claramente o problema quando justifica os critérios da sua edição:

> Partindo da ortographia adoptada no codice original do Cancioneiro da Ajuda, i. é *no mais antigo monumento poetico da lingua portugueza*, reconhecemos que o collector dos cantares de D. Diniz, dos seus proceres e juglares, transcreveu todas as palavras como então se pronunciavam, sem se preoccupar com normas classicas e etymologicas, [ao contrário do que se passaria no século XVI onde] já se nota a tendencia contraria, de recordar pela escripta a origem latina do idioma, e todos os seus elementos perdidos. O Canc. de Resende emprega profusamente as lettras duplicadas e inuteis. Os copistas dos mss. de Miranda obedecem

ás duas correntes, inclinando-se ora para um, ora para outro lado. [MICHAËLIS, 1885: CV]

Por aqui se vê que a autora reconhece ao texto um valor *absoluto*, enquanto portador de matéria de estudo para a linguística histórica, mas apenas na medida em que julga ter elementos para ajuizar do grau de fidelidade do discurso do texto ao discurso da oralidade (neste caso, no que diz respeito à codificação no sistema de escrita das unidades fonológicas, morfológicas, lexicais ou até mesmo suprassegmentais), assegurando que os copistas medievais são fiéis à oralidade, enquanto os do século XVI o não são na medida em que se remetem sobretudo à etimologia; mas Dona Carolina já levanta um pouco o véu para revelar a caraterística processual do texto: consoante os condicionalismos e os agentes transmissores do texto, ele é o que é (aquilo que a nós chegou) mas poderia muito bem ter sido outra coisa, isto é, aquilo que desconfiamos que pudesse ter vindo a ser, se o copista tivesse sido um outro qualquer: se, no caso dos manuscritos com obras de Sá de Miranda, e como afirma Dona Carolina, encontramos dois testemunhos do mesmo texto feitos por copistas diferentes, sendo que um se inclina para a postura fonética e o outro para a postura etimológica ou pseudoetimológica, cada um dos testemunhos conteria lições gráficas diferentes se tivesse sido copiado pelo outro copista; o que nos conduz à sugestão de que o texto é ele e as suas circunstâncias, é algo que poderia ser outra coisa, e tudo o que nele encontramos é um testemunho que fala de um momento, de um agente e de uma circunstância específicos, e não um produto em termos absolutos: assim, a variação recenseada numa tradição, independentemente do número e da qualidade dos agentes nela intervenientes, terá que ser entendida como um processo sedimentar, cujas camadas são, ou acrescentadas, ou sujeitas a erosão, de acordo com condicionalismos que à partida pouco ou nada têm a ver com a própria natureza do texto.

Posição confluente parece assumir Lindley Cintra quando afirma que o valor do texto de um documento notarial nunca será um espelho fiel da linguagem em uso no momento e no local onde ele foi produzido,

> porque sobre o notário de uma vila medieval, como sobre qualquer escritor, embora em escalas diversas, pesava uma tradição – a do latim jurídico – e exerciam a sua influência modelos literários ou semiliterários, de que não podia desprender-se totalmente. Mas [esse é um] documento que, cautelosamente interpretado, pode fornecer-nos informações do mais alto interesse sobre fases há muito ultrapassadas de variedades regionais de uma língua ou, até, sobre falares há muitos séculos desaparecidos da região onde viveram. [CINTRA, 1959: 541-542]

Clarinda de Azevedo Maia afirma mais ou menos o mesmo, referindo-se à linguagem dos documentos notariais utilizados para a sua *História do Galego-Português*:

> Tratando-se de uma linguagem escrita, e além disso, de carácter bastante artificial, a linguagem desses documentos medievais nunca reflecte fielmente a linguagem falada da época e da região a que se referem [pelo que através deles se torna] impossível uma plena reconstrução dos estados pretéritos da língua. [MAIA, 1986: 950]

Ou seja, o texto é encarado como um produto, mas no fundo não passa de uma hipótese quando o observamos na perspetiva da linguística histórica: o que dele retiramos, com certeza, são informações acerca de um dado estilo, de um dado copista, de um dado tipo de texto, mas poucas certezas temos quanto à funcionalidade do texto enquanto documento de um «estado pretérito da língua» no que à oralidade diz respeito. Por seu turno, José de Azevedo

Ferreira adota uma posição diferente, afirmando o caráter de produto do texto enquanto documento com valor absoluto, ao declarar que

> o estudo dos textos medievais representa um factor de primordial importância e de interesse fundamental para a história da Língua portuguesa, constituindo a base para o seu perfeito conhecimento.
> [FERREIRA, 1987: XV]

É na concorrência destes desencontrados entendimentos que reside, em meu ver, a grande razão que tem feito da crítica textual e da linguística histórica duas disciplinas afins que por vezes se não entendem: a primeira, ao pretender reconstituir um original perdido através da respetiva tradição (no caso da crítica textual tradicional), ou restituir a lição do original disponível eliminando a partir deste os erros introduzidos na tradição impressa (no caso da crítica textual moderna), pode cair no excesso de eliminar em qualquer dos casos informações importantes para a linguística histórica, a não ser que edite diplomaticamente os textos testemunho a testemunho; a segunda, ao aceitar o texto em qualquer um dos seus testemunhos mas vistos isoladamente, perde a noção de que, por vezes, a tradição de um texto, vista no seu conjunto, poderá ser um excelente instrumento para o estudo da história da língua em causa, na medida em que há tradições que, por exemplo, integram testemunhos que vão do século XIII ao século XIX e mesmo ao século XX, sendo por isso verdadeiros *compagnons de route* da história da língua em que foram escritos.

Mas há outras razões para tal desentendimento: a linguística histórica ainda não conseguiu desprender-se de uma perspetiva que remete o seu objeto para montante do século XVIII, e sobretudo para a época medieval, como se a história de uma língua se não prolongasse na atualidade: se olharmos para os programas das disciplinas de linguística histórica ou de história da língua em uso nas nossas faculdades, é isso que verificamos. Há, naturalmente, razões para tal: os estudos sobre a fase atual da língua (feitos no âmbito da linguística descritiva) são feitos maioritariamente numa perspetiva sincrónica, desprezando o tempo enquanto fator relevante e atribuindo aos dados linguísticos um estatuto de simultaneidade uniforme, pelo que os investigadores, ao observarem o objeto ao vivo (ao contrário do que acontece com a linguística histórica convencional, que utiliza preferentemente materiais escritos por não poder ter acesso a materiais da oralidade referentes aos períodos históricos de que se ocupa), se defrontam com problemas de difícil solução; sirva disso exemplo o que é dito pela equipa do *Português Fundamental*, um dos grandes projetos atuais relativos à descrição de uma certa dimensão da língua portuguesa (o léxico mais frequente) enquanto objeto vivo mas não desprovido de história:

> a quantidade de informação recebida está limitada pelo contexto fónico e pela situação de comunicação e é função de diversos factores, entre os quais se distinguem as próprias características acústicas dos fonemas, a qualidade da produção oral, a acuidade auditiva, o repertório de elementos fonéticos, lexicais, gramaticais de que os interlocutores dispõem e, a nível semântico, o grau de previsibilidade de ocorrência dos elementos no contexto.
> [NASCIMENTO, 1987: 38]

Para obviar às dificuldades que se colocam a quem estuda um objeto vivo e em permanente mudança (fator, como ficou dito, de circunstâncias que ultrapassam o próprio texto), a equipa do *Português Fundamental* optou pela transcrição, logo pela fixação do discurso pela escrita, porque isso

> confere aos textos orais não só a mesma (ou mesmo uma maior) permanência [que ultrapassa os limites da memória a que a

oralidade se confina] mas ainda a solidez do texto escrito, indispensável a uma análise longa e reflectida. Não podemos, contudo, esquecer [acrescenta a autora] que o transcritor, como auditor que é, interpreta as mensagens que ouve e, além disso, ao utilizar um código para representar outro código acaba, necessariamente, por alterar os dois [*id.*, *ibid.*: 41].

Encontramos aqui bem equacionada uma questão fundamental para quem se ocupa de crítica textual: por um lado, o transcritor (a quem poderemos reconhecer um estatuto idêntico ao do copista medieval que reproduzia pela escrita um discurso captado por via da oralidade, tendo em conta que então a leitura não era silenciosa, o que transformava o copista em transcritor da sua própria oralidade) manipula ao mesmo tempo dois tipos de código – o da *oralidade* e o da *escrita* –, não conseguindo evitar que eles se confundam. Por outro lado, a utilização da escrita, mesmo em segmentos de linguagem respigados da nossa atualidade, é sempre reconhecida como uma necessidade de se congelar determinadas parcelas (quase diria, organismos) do objeto em estudo (no caso, o discurso), para mais tarde as manipular melhor.

A primeira parte da questão já fora apercebida por Dona Carolina Michaëlis ao considerar, como já vimos, que os copistas do século XVI (e, como salienta Cintra, os notários medievais) recordavam pela escrita a origem latina do idioma e todos os seus elementos perdidos, introduzindo assim nos seus textos códigos que já não correspondiam aos da oralidade do seu tempo (ao contrário do que, segundo Dona Carolina, teria feito o copista do *Cancioneiro da Ajuda*); se isso confere ao texto um estatuto de fonte de linguística histórica, não lhe confere o estatuto de representante da oralidade que seria suposto representar; de resto, são essas igualmente as posições de Lindley Cintra e Clarinda Maia, a partir das afirmações mais atrás reproduzidas.

E assim regressamos ao paradoxo, incontornável, da eleição do texto escrito como sujeito de estudo da linguística histórica: pelo que ficou dito, esta seria mais uma *linguística do texto* (no sentido de Van Dijk), que se refere a uma unidade teórica e abstrata realizada no discurso, do que uma *linguística do discurso* propriamente dita. Nestes termos, faz sentido que a linguística histórica encare o texto como um produto: não de um processo de reprodução da adequação de um discurso mental (ou oral, se assim o entendermos) a um discurso escrito, mas de um produto acabado de acordo com determinadas circunstâncias, que é assim porque o é, e não porque os fatores de génese interna sejam tidos como relevantes.

A segunda parte da questão, que se atém à necessidade de introduzir a dimensão escrita para melhor captar a oral, reconhece a necessidade de intervenção da crítica textual na construção de instrumentos *ad usum* no âmbito da linguística histórica: se já os responsáveis pela *Chancelaria de D. Afonso III* reconheciam, tal como muito antes o fizera Heródoto, que «foy achada a escritura, [para] que as cousas traspasadas per firmidõ da escritura seiã sempre presentes», e considerando que a dimensão *escrita* é complementar de *texto* e de *discurso* no campo de intervenção da crítica textual, o filólogo está muito longe de entender a escrita como algo de fixo e de 'produto' (no sentido de 'acabado'); pelo contrário, a primeira coisa que um filólogo entende quando aborda um texto numa perspetiva técnica é que, na generalidade dos casos, o que tem pela frente é pouco mais do que um acidente (teoricamente, poderá sempre existir, ou terá existido, um outro testemunho variante), e raramente tem a certeza (a não ser por razões extrínsecas ao texto) de que foi ali que terminou o processo desse mesmo texto.

O melhor exemplo disso é representado por um dos objetos preferidos da linguística histórica aplicada à língua portuguesa: a *Notícia de Torto*. Com efeito, a *Notícia de Torto* que conhecemos só muito esforçadamente poderá ser considerada um produto, porquanto sabemos que nada mais é do que uma fase processual de um texto que terá sido acabado, mas que desconhecemos. Nenhum filólogo reconhecerá o texto da *Notícia de Torto* como representativo, no seu conjunto, de uma dada fase da história da língua portuguesa (ninguém, na época em que o texto foi escrito, utilizaria no seu discurso o discurso que ali encontramos), mas sempre como um leito sedimentar, algo que resulta de uma dada circunstância e que estará a meio caminho de um fim que nunca saberemos qual seja; tecnicamente, poderíamos dizer que ainda não foi escrita a versão final da *Notícia de Torto* que conhecemos, tenha-se embora em conta os estudos e as edições que a partir deste texto já foram feitos, nomeadamente por Lindley Cintra e Avelino de Jesus Costa.

E o mesmo acontecerá eventualmente com o 'corpus' do *Português Fundamental*, na medida em que se alguém proceder a nova transcrição do 'corpus' gravado no âmbito deste projeto, muito provavelmente nos fornecerá algo de diferente do que foi publicado, e isto por uma razão fundamental: fatores como a linearidade temporal do discurso e do som (que, dada a inexistência de 'rascunhos' que atestem para a memória de longa duração as correções efetuadas pelo produtor do discurso, só deixa vestígios na memória transitória do alocutário), e a complexidade de fenómenos suprassegmentais como o timbre, a altura, a intensidade, a modulação e o ritmo, entre outros, são liminarmente apagados no texto escrito, onde em contrapartida dominam fatores como a linearidade espacial, que conserva concretamente a enunciação, e a frequente existência de rascunhos que atestam um sistema paralinguístico constituído por marcas de riscados, correções, supressões e indicações táticas e topográficas, mas que no seu conjunto não são suficientes para representar toda a riqueza enunciativa e todas as caraterísticas suprassegmentais do discurso oral [*cf.* RAPOSO, 1993: 259].

Se é facto assente que o discurso escrito não é uma reprodução fiel do discurso oral, trate-se de textos literários ou não-literários;

se é verdade que o discurso escrito é bastante pobre no que diz respeito à representação gráfica dos aspetos suprassegmentais do texto oral – e isso é particularmente verdadeiro quando se utiliza textos não autógrafos, o que é quase uma regra no contexto da linguística histórica; se é verdade que, como concordam os linguistas históricos e os descritivos, a dimensão escrita é importante para o estudo da língua, não apenas na sua vertente diacrónica como também na sincrónica – então não deveremos excluir à partida uma outra fonte que se poderá revelar altamente produtiva para estudos de linguística histórica: os manuscritos autógrafos, de que temos excelentes exemplares que remontam já ao século XIII (*Notícia de Torto*) e se distribuem ao longo dos séculos, num caudal sempre crescente, que nos permite acompanhar a evolução da Língua, não através de textos artificiais (produtos acabados), como sejam aqueles que foram compostos para serem lidos por outrem, obedecendo por isso a normas e a todo o tipo de condicionantes sociais e culturais que só indiretamente são relevantes para os estudos linguísticos (e falo dos textos notariais, historiográficos e literários a que a linguística histórica recorre normalmente), mas através de textos que revelam as técnicas utilizadas pelo autor para transformar o seu discurso espontâneo (mais próximo da oralidade) num discurso acabado, ou seja, num produto para consumo alheio. Interessar-nos-á, talvez, utilizar mais aqueles textos que revelam o seu *processo* de composição (os manuscritos autógrafos) do que aqueles que apenas são um *produto* que não contempla exclusivamente aspetos de ordem linguística (os textos destinados a serem lidos por outrem).

A isso voltarei mais adiante. Neste momento, porém, será oportuno avançar com uma breve síntese do que ficou dito, completando-o: a linguística histórica tem-se ocupado predominantemente de fases pretéritas da língua, utilizando como materiais de estudo textos escritos, geralmente de cariz não-literário, porque não tem acesso aos enunciados orais; ao utilizar tais textos, considera-os como produtos isolados, incluindo os testemunhos da tradição de um mesmo texto (na esteira de Saussure, que apesar de reconhecer a existência de estados diacrónicos na história de uma língua, despreza as relações entre eles existentes), e não explora devidamente os aspetos processuais registados nas tradições de um texto, incluindo os 'formulários' dos textos notariais; mas hesita no estatuto documental dos textos que utiliza: ora os aceita como documentos fiéis para estudo do passado, ora não lhes reconhece tal estatuto, sendo no entanto obrigada a aceitá-los como tal, por falta de alternativa; situa o seu objeto a montante do século XVIII, apegada que está à ideia de que a história recente não é relevante para a história de uma língua, ou então porque não dispõe ainda dos elementos necessários para a considerar devidamente; e, finalmente, não reconhece aos manuscritos autógrafos o estatuto de fonte para estudo da variação linguística em termos diacrónicos.

E que diremos todos nós – filólogos, linguistas históricos ou linguistas descritivos –, do que se vai passando entre nós – cada vez mais, resultando em parte do fenómeno da globalização, mas sobretudo da demissão da escola do seu papel de formação de cidadãos, e, o que mais é, de uma sociedade menorizada que confunde progresso com aniquilamento da memória –, e que poderá ser exemplificado por uma carta de apresentação que um jovem programador informático, acabado de sair da universidade, um dia me dirigiu, em formato *word*, que já será, talvez, a forma mais frequente do manuscrito nosso contemporâneo? – Esta:

> Designer português de UX/UI, programador front-end com experiência em desenvolvimento back-end, com o objetivo de criar aplicações móveis e web usáveis, limpas e centradas nos utilizadores.
> Experiência na implementação de estratégias de UX, conhecimento dos standards web e mobile bem como regras de

usabilidade de modo a criar aplicações web e móveis usáveis, úteis e orientadas para os objetivos. O meu processo de design inclui «responsive design», abordagem a «mobile first», tendo em conta a acessibilidade e arquitetura de informação

Especialidades: HTML5 e CSS3(SASS), Bootstrap, Javascript, PHP, MySQL, Git. Experiência com Jekyll, AngularJS, Yii Framework, Grunt, Gulp, Browserify, Bower, NPM, jQuery. Inclui também a implementação de testes de usabilidade, «wireframing», análises com heurísticas de usabilidade, análise de conteúdo, design e standards web e mobile, prototipagem «in-browser».

Que fique como desafio para os linguistas e filólogos do futuro.

* * *

Passemos agora à questão dos manuscritos autógrafos e da importância que lhes deverá ser reconhecida na área dos estudos em linguística histórica. E comecemos por citar Almuth Grésillon:

> Qualquer manuscrito é um terreno de eleição para os amantes da língua em acto. Não a língua dos sistemas e linguagens formais, mas aquela que vive, se constrói, se engana, se corrige; aquela cujo enunciador não poupa nas palavras, conhece o preço de uma frase bem feita, espreita o jogo das regras e das suas transgressões, e sabe que o sentido só se estabelece progressivamente, no decorrer de uma actividade de linguagem onde produção, reconhecimento e reformulação não deixam de estar em interacção. [GRÉSILLON, 1994: 147]

Mais adiante, e depois de ter salientado o enorme contributo da teoria linguística da enunciação para o conjunto da produção escrita,

Grésillon chama a atenção para a importância da mesma teoria no âmbito dos manuscritos literários, nomeadamente

> a actividade de linguagem concebida sob a forma de operações, as instâncias enunciativas, o duplo papel do co-enunciador, as noções de reformulação e de paráfrase [para além de] certas noções de linguística geral [como] a substituição, orientada pelo tempo de escrita; a noção estruturalista de variante, com o par «variante condicionada/variante livre», que permite triar o conjunto das variantes manuscritas consoante elas sejam condicionadas ou não pelas regularidades da língua; finalmente a noção de discurso reportado, que permite analisar com precisão o modo como, no manuscrito, um discurso de terceiro é seleccionado, copiado, reutilizado sob a forma de citação, deformado e transformado até se integrar, muitas vezes sem deixar rastos, no texto em vias de ser escrito. [...] Todo este trabalho sobre a linguagem e os discursos, tal como se manifesta nos manuscritos, pode ser descrito e analisado com a ajuda de certos instrumentos fornecidos pelas ciências da linguagem. [*id.*, *ibid.*: 217-219]

Parafraseando a autora, eu acrescentaria que todo o trabalho sobre a linguagem e os discursos que encontramos nos manuscritos autógrafos constitui um rico manancial para uso no âmbito da linguística histórica: se, como já vimos, um manuscrito feito para ser lido por outrem (como o são quase todos os que a linguística histórica utiliza) nos fornece informações sobre o modo como um dado indivíduo, num dado momento histórico e num dado contexto social, interpretou um determinado discurso oral de acordo com um determinado código de escrita, muitas mais informações nos darão aqueles manuscritos em que se pode verificar como é que um indivíduo bem definido manipulou as potencialidades do sistema linguístico para comunicar com os seus leitores. É que as formas linguísticas que encontramos no manuscrito (as *escritas*, e as *reescritas* de acordo com quatro operações que Almuth Grésillon considera como uma regra universal: acrescentar, suprimir, substituir e deslocar [*id.*, *ibid.*: 221]) foram lá postas para serem lidas ou não por leitores situados, enquanto alocutários, no mesmo estado de língua em que se encontrava o agente ilocutório; ou seja, num manuscrito autógrafo com estas quatro operações de reescrita nós assistimos a verdadeiros juízos de gramaticalidade, num sentido linguístico e social, que revela o discurso e o texto em *fase de processo* – ao contrário do que acontece com os manuscritos entendidos como acabados, que apenas revelam um texto já em *condição de produto*, em qualquer dos casos com óbvias consequências para os estudos de linguística histórica.

Um linguista histórico que se ocupe apenas deste segundo tipo de manuscritos, e que na prática está a fazer um estudo sincrónico de um testemunho peculiar que integra, mas não representa necessariamente, uma determinada fase da história social da língua, acaba por fazer uma abstração da realidade observável, que nada mais é do que o resultado da ação de um determinado indivíduo que usa a escrita como um veículo de comunicação [BYNON, 1977: 2-3], só nos dizendo aquilo que deseja que os outros saibam; e está a escamotear uma situação histórica que só é observável indiretamente, através do estudo comparativo e longitudinal da tradição do texto (quando ela existe) ou de tradições de textos do mesmo tipo (por exemplo, textos notariais, cuja estrutura é relativamente estável porquanto sujeita a modelos específicos, ou textos poéticos pertencendo ao mesmo género, como acontecerá, por exemplo, com as *Cantigas de Amigo* de paralelística perfeita): um linguista histórico que apenas se ocupe de textos isolados do respetivo processo tradicional, entendendo-os como unidades estratigráficas à maneira saussureana, escamoteia fatores como a *movência* e a *variação*.

Na verdade, sabemo-lo nós todos e temos até claros testemunhos de época[14], os agentes da tradição escrita medieval de um texto, seja ele de que tipo for, ignoravam o conceito de propriedade e de originalidade (que de resto é bastante recente), pelo que não eram particularmente cuidadosos na transmissão fiel dos textos, valorizando até as cópias e outros tipos de reprodução interventivas e criativas. Por esta razão, e como disse Paul Zumthor [ZUMTHOR, 1981: 12], «le texte bouge», ou seja move-se, e está em permanente recriação: entenderemos, por isso, *movência* como o termo que designa a recriação intencional e sucessiva de um texto ao longo dos tempos, e aplicaremos o termo *variante* para designar as alterações, voluntárias ou não, introduzidas pelos copistas, enquanto *variação* designará os arranjos introduzidos no texto, sobretudo quando se trata de poesias cantadas, mercê da sua divulgação sem apoio de texto escrito [*cf.* CUNHA, 1985: 35-41]. Em qualquer um dos casos, historicamente situáveis, temos alguém que adapta um discurso herdado às suas próprias condições.

Mas se o linguista histórico usar o primeiro tipo de manuscritos (autógrafos com correções), estará, no mínimo, recorde-se, a assistir à gramaticalização de um discurso, na proporção direta em que assiste à progressiva transformação do caos em ordem, e a um certo tipo de evolução de um objeto verificada no tempo: se é frequente encontrarmos em diferentes testemunhos genéticos da mesma obra de Eça de Queiroz, relativamente afastados entre si quanto ao tempo da sua composição, alterações discursivas decorrentes de transformações entretanto verificadas no mundo de referência, eventualmente com adaptações linguísticas feitas em sequência, será lícito que, pelo menos, se admita como hipótese que o mesmo se verificasse em textos antigos, o que nos permitirá supor que o

---

[14] Celso CUNHA (1985) cita o Arcipreste de Hita como testemunho de tal comportamento.

processo genético de um texto (seja ele da responsabilidade do autor ou fruto da movência tradicional), qualquer que seja a época a que pertence, poderá refletir situações históricas que interferem, mais ou menos profundamente, na transformação linguística ocorrida no processo textual. E essas situações históricas, em que incluiremos os comportamentos discursivos do autor ou do transformador do texto, bem como a sua relação emocional com o discurso e com as normas linguísticas e sociais a que tem que se submeter, não poderão escapar ao linguista histórico; como diz Almuth Grésillon,

> O olhar [do crítico] já não visará os segmentos que estabelecem uma ordem necessária, mas os que ilustram a riqueza dos possíveis, a multiplicidade de todos os caminhos que a produção poderia ter seguido, não conseguiu seguir – e não seguiu. E este olhar descobrirá que a escrita, longe de seguir regularmente uma progressão linear, é pelo contrário atravessada por tensões e por contradições, por retornos e por rodeios, impasses, desvios, turbulências, falsas partidas e esgotamentos, de tal modo que, em vez de um modelo linear, acabamos a matutar na teoria das catástrofes. [GRÉSILLON, 1994: 140]

E se combinarmos agora estes dois tipos de situações – por um lado, manuscritos supostamente acabados, tidos como *produto*, mas cuja tradição está marcada pela *movência* e pela *variação*, contendo além disso *variantes*, e por outro lado manuscritos em *fase de processo* no âmbito do respetivo autor ou transmissor –, o que encontraremos sempre são textos em processo, seja o autor uma pessoa única e singular (o notário da *Notícia de Torto*, ou o Sá de Miranda do códice 3355 da Biblioteca Nacional) ou uma sucessão de agentes transmissores (como acontecerá com as *Crónicas de Fernão Lopes*). Em qualquer dos casos, estaremos perante situações de indivíduos que, sem saírem do âmbito do sistema linguístico em que se colocam, procuram adaptar o seu discurso (ou o discurso de outrem que tornaram seu) às normas linguísticas e sociais em vigor no momento e no local específicos em que trabalham.

A este propósito, acho oportuno recordar aqui o tríptico concetual *sistema/norma/discurso* teorizado por Coseriu [1952] em alternativa ao díptico saussureano de *língua/fala*; e faço-o citando algumas passagens do comentário que Celso Cunha tece a esta tese de Coseriu no que diz respeito à relação *sistema/norma* e que aqui nos interessa particularmente:

> O *sistema* é uma entidade abstrata, um conjunto de oposições funcionais, realizável em formas socialmente determinadas e mais ou menos constantes, que constituem a *norma*. Esta é, pois, a realização coletiva do *sistema*. [...] Como um conjunto de possibilidades que indicam «os caminhos abertos e os caminhos fechados» do falar de uma comunidade, o *sistema* admite uma infinidade de realizações sem que, com isso, se alterem as condições funcionais do instrumento lingüístico. A *norma*, ao contrário, se impõe ao indivíduo, limitando sua liberdade expressiva, restringindo as possibilidades oferecidas pelo *sistema*. [CUNHA, 1981: 25-26]

É mais ou menos isto que eu próprio proponho nas conclusões ao estudo que fiz do processo genético d'*A Capital!*, de Eça de Queiroz [DUARTE, 1993a: 51-136]: as representações que um autor faz dos *realia* são de seguida referidos em discurso linguístico com recurso aos materiais disponíveis no *sistema* (abstrato) em uso, e em observância da respetiva *norma* (coletiva) a fim de poder ser lido e compreendido pelos outros. Uma vez obtido um discurso minimamente estruturado, o autor passa a ocupar-se com aspetos de ordem estilística, reavaliando e reordenando o léxico-base em novas estruturas sintáticas, e procedendo a uma distribuição ou redistribuição do sistema suprassegmental, construindo assim conteúdos que ultrapassam a mera relação significante/significado (constituindo *signos estilísticos*, de que servirão de exemplo os neologismos). Este conjunto de operações, intervindo a nível do sistema e da norma, poderá implicar ruídos na comunicação, e por isso o autor regressa ao seu discurso para o readequar ao sistema e o obrigar à norma, mantendo ao máximo as potencialidades expressivas dos seus signos estilísticos.

No caso de Eça de Queiroz, o esculpir do verbo neológico *binocular*, 'observar através de binóculos', obedeceu a uma série de transformações discursivas patentes no manuscrito autógrafo d'*A Tragédia da Rua das Flores*: primeiro o autor descreveu a ação através de uma frase longa, depois podou a frase tornando-a mais económica, e finalmente desenhou o verbo a partir dos materiais da frase que desmantelara e abandonara (facto que é possível no âmbito do sistema), adequando-o à norma através da sua integração no paradigma da primeira conjugação (pelo que o verbo passou a reunir as condições necessárias para ser bem entendido sem deixar de ser um neologismo estilístico, uma vez que a norma da língua portuguesa determina que os novos verbos tenham sempre a vogal temática em -*a*-).

Desta batalha permanente entre a liberdade de expressão do indivíduo e as limitações impostas pelo sistema e pela norma resultam, nos manuscritos, despojos extraordinariamente interessantes para os estudos linguísticos em geral e, no caso que aqui nos interessa, para os estudos de linguística histórica. Se observarmos, na perspetiva desta disciplina, os materiais deste tipo encontráveis nos manuscritos autógrafos que, na esmagadora maioria dos que subsistiram ao tempo, jazem adormecidos nas nossas bibliotecas e arquivos, poderemos talvez dar um novo impulso aos estudos de linguística histórica, que farão ressaltar, decerto, a dimensão processual do texto enquanto documento de estudo: é que aqui assistimos ao desenrolar de duas dimensões temporais, a do tempo do processo textual (a linearidade espacial, conjugada com a plurilinearidade das estratégias e táticas de correção, imobilizou o processo no tempo), e a do tempo do processo histórico da norma linguística, uma vez que no momento em que escreve cada autor procura respeitar a norma coletiva em uso.

* * *

Suponho que ficou claro aquilo que penso sobre a necessidade de a linguística histórica integrar, no seu cânone de textos para estudo, os manuscritos autógrafos que apresentam marcas do respetivo processo de composição discursiva, bem como as tradições manuscritas de textos que registem os efeitos da movência e da variação, vistas numa perspetiva longitudinal como se se tratasse de um processo genético. Também me parece ter ficado claro que textos como a *Notícia de Torto* se aparentam mais com um manuscrito autógrafo de Sá de Miranda, de Eça de Queiroz ou de Fernando Pessoa, do que com documentos notariais, e aqui não contam, como é óbvio, argumentos que se prendam com o cariz literário ou não-literário dos textos; o que temos são duas ordens de documentos: uma, a primeira, que atesta o processo de adaptação a várias normas (discursivas, culturais, sociais, etc.), deixando à vista o caminho que o autor teve que percorrer até lá chegar (ou seja, as marcas da enunciação), aproveitando as possibilidades que o sistema colocou ao seu dispor (que são passíveis de identificação e estudo); e a outra, a segunda, que remete para o olvido grande parte das potencialidades do sistema linguístico de uma determinada época, e apenas nos apresenta aquilo que a norma não censurou (e recordemos Celso Cunha: «A *norma* [...] se impõe ao indivíduo, limitando sua liberdade expressiva, restringindo as possibilidades oferecidas pelo *sistema*»), a não ser que exista uma tradição espraiada pelo tempo.

Apesar de, na generalidade, existir uma certa complementaridade entre os linguistas históricos e os críticos textuais (ambos reiteram a sua condição de herdeiros da velha filologia), o facto é que o trabalho dos manuscritos, sejam eles não-autógrafos e chegados até nós através da tradição, sejam eles autógrafos e bem conservados fisicamente, despertam o gosto de todos aqueles que se interessam pelo estudo do texto: do texto em si e do texto enquanto portador de informação, englobando-se nesta última situação os que canalizam os seus estudos tanto para os aspetos filológicos, como para os linguísticos e literários. De facto, o estudo dos manuscritos autógrafos será bastante produtivo no contexto dos estudos literários, e Carlos Reis afirma-o a propósito dos manuscritos queirozianos:

> Da génese da narrativa à sua escrita, instituem-se patamares nem sempre susceptíveis de distinção rígida, mas necessariamente ilustrando fases de um processo lento e laborioso: a definição e estabelecimento isolado de elementos como as personagens do relato ou o espaço que o enquadra, a configuração orgânica de acções e das estratégias narrativas que melhor as sirvam, são fases em que o escritor concentra um tempo próprio do seu trabalho literário. E mesmo depois de aparentemente concluído de forma irreversível [...], o escritor pode voltar ao texto: reformulando-o, construindo uma nova versão, até tentando incutir-lhe uma outra dinâmica modal. [REIS e MILHEIRO, 1989: 14]

Mas todo este trabalho é feito com e sobre materiais linguísticos, e a sua manipulação exige cuidados que só a crítica textual lhe poderá dispensar, utilizando o cabedal de conhecimentos acumulados com a prática sobre textos antigos, combinada com as novas achegas trazidas pela crítica textual moderna e genética. É o que diz Ivo Castro a propósito do manuscrito queiroziano d'*A Tragédia da Rua das Flores*:

O caso da *Tragédia da Rua das Flores*, de Eça de Queiroz, mostra-nos que a edição de um manuscrito autógrafo pode ser tão espinhosa como a de um texto de intrincada tradição; tão carregada de perplexidades como a de um manuscrito profundamente corrompido pelo tempo e pelas cópias; perigosa, pouco segura e insatisfatória nos seus resultados. Isto porque se trata de um manuscrito difícil, que ainda não teve um tratamento editorial à altura dos problemas e das tentações que levanta. [CASTRO, 1980: 309]

No fundo, andamos todos em busca de conhecimento, e para isso devemos utilizar todos os meios que temos à disposição. Não vale a pena ambicionarmos a tudo conhecer, mas vale a pena usarmos aquilo que temos à mão para obtermos um pouco mais de conhecimento: se é pouco provável que algum dia os linguistas históricos venham a conhecer com profundidade a língua do passado através dos documentos escritos que nos chegaram, também o é que os críticos textuais consigam reconstituir aquilo que um dia o autor de um texto pretendeu dizer, e o modo como o alcançou.

E se tudo é uma questão de busca de conhecimento, se possível temperada de bom senso, nada melhor encontro para terminar este capítulo do que uma passagem dos *Essais* de Montaigne:

> Il n'est desir plus naturel que le desir de connoissance. Nous essayons tous les moyens qui nous y peuvent mener. Quand la raison nous faut, nous y employons l'experience,
>
> *Per varios usus artem experientia fecit:*
> *Exemplo monstrante viam,*
>
> qui est un moyen plus foible et moins digne; mais la vérité est chose si grande, que nous ne devons desdaigner aucune entremise qui nous y conduise. La raison a tant de formes, que nous ne sçavons à laquelle nous prendre; l'experience n'en a pas moins.

La consequence que nous voulons tirer de la ressemblance des evenements est mal seure, d'autant qu'ils sont tousjours dissemblables: il n'est aucune qualité si universelle en cette image des choses que la diversité et varieté[15]. [MONTAIGNE, 1580, III, 13: 1065]

---

[15] Montaigne cita Marcus Manilius: *per varios usus artem experientia fecit | exemplo monstrante viam speculataque longe* [MANILIUS, *Astronomicon*, I: 62-63] – numa passagem que eu, livremente, assim entendo em Português: «Não existe desejo mais natural que o desejo de conhecimento. Experimentamos todos os meios que a ele nos podem levar. Quando nos falha a razão, usamos a experiência,
    É por provas diferentes que a experiência produz a arte:
    O exemplo indica-nos o caminho,
que é um meio mais fraco e menos digno; mas a verdade é algo de tão grande, que não devemos desdenhar qualquer meio que a ela nos conduza. A razão tem tantas formas, que não sabemos a qual delas nos prender; a experiência não nas tem menos. A conclusão que queremos tirar da semelhança dos acontecimentos é pouco segura, visto que eles são sempre diferentes: não existe nenhuma qualidade tão universal nesta visão das coisas como a diversidade e a variedade».

EURICLEIA

*Esta cicatriz, reconheceu-a a anciã ao tocá-la
com as palmas das mãos, ao tomar-lhe a perna.
Na bacia deixou cair a perna e o bronze ressoou.
Desequilibrou-se e no chão se entornou a água.*

*Ao espírito da anciã vieram ao mesmo tempo alegria e tristeza.
Os olhos encheram-se-lhe de lágrimas; a voz ficou presa na garganta.
Tocou no queixo de Ulisses e logo lhe dirigiu estas palavras:*

*«És Ulisses, meu querido filho! E eu que não te reconheci,
Antes de tocar com as minhas mãos no corpo do amo!»*

HOMERO
Odisseia

3
ONDE ESTÁ O AUTOR?

AS PALAVRAS QUE aqui deixo são as de um investigador cujo campo de trabalho preferencial é o estudo de manuscritos autógrafos de escritores portugueses modernos, privilegiando a elaboração e a orientação de edições críticas; sou, por isso e em primeiro lugar, um editor crítico, e é nessa condição que gostaria que fossem entendidas estas minhas reflexões.

Porém, o facto de trabalhar com manuscritos autógrafos aconselha-me a assumir uma postura geneticista, que é enquadrável por duas razões principais. A primeira delas, que só é ativada quando me ocupo de obras efetivamente publicadas sob as vistas do seu autor, deriva de uma curiosidade intelectual acerca do processo genético da obra que, pouco indo além de si própria, é por conseguinte dotada de pouca utilidade prática: nestes casos, enquanto editor, parto do princípio de que uma obra quando é congeminada pelo seu autor tem um único objetivo, o de ser lida por outrem, e que esse objetivo se consubstancia na forma que o autor lhe fixou no momento em que a deu como pronta para publicação, forma esta que é o corolário lógico de todo o processo genético anterior; assim, limito-me a aceitar o texto que contém a derradeira vontade do autor, a limpá-lo das eventuais adulterações nele perpetradas por uma tradição por vezes demasiado produtiva (quando modifica o texto voluntariamente) ou descuidada (quando lhe introduz ruídos), e guardo para outros fins, ou então limito-me a descrevê-las na introdução à edição, as informações que recolhi acerca da génese do texto, no caso de existirem manuscritos autógrafos que a documentem; nestes termos, é minha convicção que toda a restante utilização destes materiais não é mister do editor crítico.

A segunda razão, invocada quando me ocupo de obras não terminadas ou então deixadas inéditas pelo autor, define-se também pelo pragmatismo: a não ser que se trate, inequivocamente, do borrão de uma obra virtual, cujo destino final (a sua conclusão e publicação, a sua utilização em outras obras, ou o seu abandono puro e simples) é impossível vislumbrar ou sequer conjeturar, ser-me-á difícil saber, à primeira vista, se o texto que tenho pela frente já apresenta uma forma que o autor não desdenharia publicar, e que apenas o não terá feito por falta de oportunidade, ou se, pelo contrário, representa uma mera fase genética de um processo que o autor tencionaria ou continuar ou abandonar definitivamente, é-me cometida, enquanto editor, a difícil missão de tomar uma decisão por procuração, mas não sem antes tentar responder a uma pergunta fundamental: o que pretenderia o autor fazer com aquele texto?

É aqui que entra, mas sem que nisso se esgote, a crítica genética, com toda a sua panóplia de modelos e de instrumentos que têm vindo a ser desenvolvidos um pouco por todo o lado. Munido destes modelos e destes instrumentos, e ainda doutros que eu possa fabricar tendo em conta os materiais de que disponho, poderei questionar o manuscrito, identificar campanhas de escrita e de correção, e definir a última fase de intervenção do autor, que é aquilo a que eu chamo o *nível terminal* daquele manuscrito – mas não forçosamente daquele texto, pois, repita-se, nunca saberemos se o texto nele presente teria continuação ou se viria, alguma vez, a conhecer uma fase definitiva. Ou seja, não podendo dispor de dados objetivos que me permitam identificar qual seria a *derradeira vontade* do autor, posso no entanto identificar *uma pluralidade de vontades*, uma vez que qualquer correção autógrafa entre a escrita de primeiro jato e o nível terminal do manuscrito representa sempre uma vontade que só deixa de o ser depois de substituída por uma nova vontade.

Vistas isoladamente, estas vontades pouco ou nada dizem para além delas próprias, e aceitá-las como tais é o mesmo que nelas ver singulares *Passos da Cruz* num qualquer caminho de Calvário[16]: compungidos e reverentes, passamos de uma para outra. Mas, se eu conseguir tornar visíveis, a nível do manuscrito no seu conjunto, todas as ligações de tipo sintagmático e paradigmático existentes entre as várias vontades e entre materiais aparentemente desconexos, incluindo as informações semióticas que, na opinião de Louis Hay, medeiam entre as informações históricas e as informações textuais que nos são dadas pelos manuscritos [DUARTE, 1993a: 17--50], poderei talvez identificar um *modus faciendi* caraterístico do autor, ou pelo menos daquele autor naquele texto, e *dele deduzir* uma matriz estilística [DUARTE, 1993a: 109-128] que, embora não nos permitindo inferir um texto acabado, permite-nos olhar para os materiais textuais munidos de um conhecimento deduzido a partir de formas *a priori* existentes no manuscrito. Descobrir estes *a priori* é, para mim, uma tarefa estimulante: aquilo que, isolado, me conduz a uma determinada intuição – por exemplo, a substituição de uma estrutura sintática analítica por uma outra mais sintética é passível de ser interpretada como um processo de redução (do enunciado) por concentração (de valores semânticos) [DUARTE, 1993a: 32-40] – pode, depois de relacionado com outras razões, arrastar-me para outras paragens, sendo que os *a priori* em presença determinarão sempre uma estrutura global (seja ela final ou apenas terminal) que,

---

[16] Veja-se, como exemplo, o complicado processo genético do conjunto *Os Passos da Cruz*, de Fernando Pessoa [BNP, ACPC, E_3/41-31^{r-v}; 57-52^r; 117-5^r; N_{96}/1^r; E_3/117-6^{r-v}; 64-23^r; 117-7^r; 64-23a^v-23a^r; DUARTE, 2018b].

mesmo que me escape, já está presente no manuscrito; podemos, a este propósito, invocar Wittgenstein (*Investigações Filosóficas*):

> Estamos à espera *disto* e somos surpreendidos por *aquilo*; mas a cadeia das razões tem um fim. [WITTGENSTEIN, 1953: 370 (*prop.* 326)]

E aqui esbarramos com um problema a que um editor crítico não se poderá eximir: deduzir uma matriz estilística a partir de um processo não terminado pode ser falacioso, pois perante um processo textual não terminado, o texto acabado é um futuro que apenas ao autor teria sido possível atingir, se ele o tivesse querido ou podido – e, de novo segundo Wittgenstein (*Tractatus Logico-Philosophicus*),

> Não *podemos* inferir os acontecimentos futuros dos acontecimentos presentes. A crença no nexo causal é a *superstição*. [WITTGENSTEIN, 1918: 85 (*prop.* 5.1361)]

Para deduzir uma matriz estilística a partir de um processo genético materialmente documentado, é preciso intuir razões, ou seja, estabelecer um pensamento sobre os *a priori*, o que é determinado pelas leis da nossa sensibilidade (da sensibilidade do editor) mas, por muito corretos que sejam estas razões e este pensamento, só o facto de eles serem possíveis condicionam a sua verdade:

> Um pensamento correcto a priori, seria um pensamento cuja possibilidade condicionaria a sua verdade. [WITTGENSTEIN, 1918: 39 (*prop.* 3.04)];

por outras palavras, a aparelhagem teórica e metodológica do crítico, associada à sua própria ideologia, poderá condicionar os resultados a que ele chega ou julga ter chegado, e assim de algum modo condicionar a imagem que do autor transmite ao leitor (mas essa é uma contingência da atividade crítica).

Refletir sobre estas questões e sobre a posição que o editor crítico deverá tomar perante elas, conduz-nos ao dilema que Almuth Grésillon enuncia quando se refere ao mal-entendido existente entre os modelos francês e alemão de edição crítica genética; segundo esta autora, o modelo alemão «inclui a análise, o comentário e a interpretação genéticos, e condensa os resultados destas investigações nos seus aparatos sinópticos, para no final lograr o estabelecimento do texto definitivo», enquanto o modelo francês apenas «procura fornecer ao investigador um mero utensílio, apresentando-lhe pela ordem da respetiva génese os testemunhos escritos, acompanhados de um comentário escritural do *dossier* em questão» [GRÉSILLON, 1994: 195-198][17].

Consciente que estou deste dilema, não creio que a sua solução passe pela adoção de um ou do outro modelo; pelo contrário, um não dispensa o outro: para que se possa definir a ordem da génese dos testemunhos (requisitada pelo modelo dito francês), é necessário que, antes, se faça a análise e a interpretação genética dos materiais (prevista pelo modelo dito alemão); ora, esta análise não se pode ficar por aspetos como a análise dos papéis e dos instrumentos de escrita (cuja cronologia é normalmente possível observar a olho nu e definir com objetividade), porquanto situações há em que só uma análise mais aprofundada – por exemplo, a nível das estruturas linguísticas ou até mesmo narrativas e estilísticas – poderá definir cronologias, concluindo (*i*) que o testemunho β (ou campanha de correção, ou fase de composição) foi escrito depois de α e antes de γ, que (*ii*) isso não é forçosamente visível de imediato (e neste caso o

---

[17] Colocar este dilema em termos de modelo francês *versus* modelo alemão é muito redutor, porquanto o trabalho e o interesse por estas questões ultrapassa consideravelmente aquelas áreas geoculturais; como esquecer o que se passa atualmente nas áreas do inglês, do italiano, do espanhol ou do português?

editor crítico tem que reivindicar para si o estatuto de *leitor especializado*, que domina uma técnica específica), e que (*iii*) aquilo que se encontra nos últimos dois resulta de uma reavaliação (ou transformação de qualquer tipo) dos *a priori* que se encontram nos anteriores.

Na minha opinião, e nunca esquecendo a minha postura de editor crítico genético, acometido da missão de apresentar ao leitor um texto legível mas pondo a descoberto o respetivo processo genético, é necessário colacionar os testemunhos, dentro de cada um deles identificar os momentos e fases de transformação, analisar a teia de informações semióticas, históricas e textuais, comparar tudo isto, organizar os testemunhos cronologicamente, descrever todo o processo (incluindo as caraterísticas físicas dos materiais utilizados), e, uma vez apurado o nível terminal, apresentá-lo ao leitor – não como o *texto final* do autor mas como o *nível máximo* a que conduziu o processo anteriormente descrito.

Permito-me exemplificar este modelo (veja-se as FIG. 1-2-3, a rematar este capítulo) através da edição crítico-genética que fiz dos *Poemas de Ricardo Reis*, de Fernando Pessoa [DUARTE, 1994a], supondo que os requisitos exigidos pelos modelos francês e alemão estão nele devidamente acautelados, com a qualidade de assim se contentar os dois tipos de público geralmente considerados nestas matérias: o público mais exigente, e que vê na edição um instrumento de trabalho, encontra no aparato genético todas as informações de que necessita, incluindo a possibilidade de não aceitar as formas criticamente adotadas pelo editor e substituí-las por outras do mesmo paradigma constantes no manuscrito (uma vez que todos os materiais não utilizados para a constituição do texto crítico estão conservados no aparato); por sua vez, o público menos exigente encontra aquilo que procura – um texto que possa ler normalmente[18].

---

[18] Foi este modelo, com estas preocupações, que com as devidas especificidades utilizei nas edições da poesia de Vitorino Nemésio [DUARTE, 2003; 2006; 2007;

Frequentemente, o conceito de nível terminal do manuscrito (que é circunstancial: o processo poderá ter acabado ali por razões a ele externas, por exemplo a morte do autor, a perda do manuscrito, uma interrupção para trabalhar em outro texto e que depois não foi retomada, etc.), o conceito de texto final (corolário do processo) e o de vontade do autor (que é ambíguo: trata-se de uma vontade circunstancial, documentada em cada fase do processo, ou de uma vontade em absoluto, e neste caso sinónimo de texto final?) são motivo de alguma confusão, que pode emergir mesmo numa edição feita segundo o modelo que proponho, o que nos leva a colocar algumas questões de base.

A primeira é que, mesmo que se apresente como texto crítico aquele que consta do nível terminal do manuscrito (o que é a maneira mais objetiva e argumentável de proceder), como é que poderemos distinguir o nível terminal em termos cronológicos (o último ou mais recente) do nível terminal em termos de acabamento? É que, por vezes, o autor modifica o texto para depois, em fases posteriores, regressar à primeira forma, o que prova que a nova não lhe agradara; ou então, o nível terminal mais recente presente no manuscrito poderá ser uma simples proposta não obrigatoriamente aceitável pelo autor, e se, por exemplo, ele morre antes de tomar a decisão poderemos estar a aceitar como nível terminal algo que no espírito dele não teria passado de uma mera possibilidade que, já à partida, estaria condenada ao abandono.

Outra questão: até que ponto a realidade objetiva documentada nos manuscritos (as correções e contra-correções, por exemplo) não dependerá da relação, pacífica ou conflituosa, do autor com o ato de escrita, que poderá ainda estar relacionado com o momento – precoce ou tardio – de eclosão da escrita no processo genético da

---

2009], de Antero de Quental [DUARTE, 2016; 2017; 2018a] e de Fernando Pessoa [DUARTE, 2018b].

obra? Os nossos arquivos de manuscritos autógrafos estão cheios de casos que documentam relações conflituosas deste tipo, e bastará citar (na área da literatura portuguesa, que é a que melhor conheço) os casos de Eça de Queiroz ou Fernando Pessoa para termos exemplificadas situações como a que Sá de Miranda (1481-1558), o mais antigo escritor português de que se conservam manuscritos autógrafos profundamente trabalhados, definiu como sendo a sua: «Eu risco e risco, vou-me de ano em ano» ou, melhor ainda, «Ando cos meus papeis em diferenças».

Para ilustrar a importância do momento de eclosão da escrita no processo genético, temos também os casos de Eça de Queiroz ou Fernando Pessoa, por um lado, e de Camilo Castelo Branco, por outro. Os dois primeiros trabalhavam preferencialmente sobre o material linguístico que, numa fase espontânea do processo genético do texto, haviam encontrado para «fixar» (com a categoria de documento de trabalho) o discurso inicial, que é flutuante e fugidiço por natureza, fazendo-o de um modo tal que cada transformação implicava, frequentemente, a abertura de novos percursos textuais não previstos no discurso inicial; nestes escritores, a maior parte do trabalho de génese era já feito sobre o manuscrito (e até mesmo sobre as provas tipográficas) que, tendo entrado no processo num momento ainda muito *precoce, apanhava* a franja mais primitiva da fase das *hesitações típicas* da referenciação linguística e da definição de conteúdos, o que explica que nos papéis deles se encontre abundante matéria genética constituída por materiais sucessivamente escritos, dubitados, reavaliados, deslocados, substituídos, acrescentados e eliminados, ao sabor das agruras e dificuldades da tradução do discurso inicial em discurso linguístico (isto é, subordinado às regras de um sistema linguístico específico) e, depois, estilístico.

Pelo contrário, em Camilo, o trabalho de génese era feito essencialmente sobre o discurso pré-escrita, onde eram resolvidas as grandes hesitações de fundo, aparecendo o discurso escrito, já tardio no conjunto do processo, como uma mera representação estruturalmente acabada do discurso inicial, apenas passível de pequenos ajustamentos de circunstância feitos no momento da escrita; este grau de acabamento textual já no primeiro manuscrito era tão definitivo que, em certos casos, Camilo ia ao ponto de nele indicar os tipos de letra que queria ver em determinadas passagens do texto depois de impresso. Ora, se em Camilo podemos considerar uma correspondência direta e biunívoca entre *texto final* e *vontade de autor*, o mesmo já se não passa com Eça ou Pessoa, que muito dificilmente se declaravam satisfeitos com o seu trabalho, sendo que Pessoa foi ao extremo de, por exemplo, apenas ter publicado 28 odes – 14% – do conjunto de 202 poemas completos (fora os 54 fragmentos) do heterónimo Ricardo Reis que reuni na edição crítica [DUARTE, 1994a]. Nestes casos, a última vontade do autor é a que está consubstanciada nos níveis terminais de cada texto, não existindo, no entanto, a mínima garantia de que ele não tencionasse continuar os respetivos processos genéticos.

Terceira questão: o que fazer quando o autor entrega os seus textos para publicação, o que à partida seria um indicador de que chegara ao texto final, mas depois continua a trabalhá-los sem que no entanto os volte a publicar, produzindo assim novas vontades «finais»? (é o caso de Sá de Miranda ou de Antero de Quental). Ou quando o autor publica e reedita sucessivamente textos que vai modificando de edição para edição? (caso de Miguel Torga, cujo livro de contos *Bichos* teve 19 edições em vida, todas elas apresentando alterações de tal modo substanciais que, se quisermos ler o livro na sua globalidade, teremos obrigatoriamente que ler todas as suas edições).

Afinal, onde começa e acaba o processo de génese textual? Que comportamentos editoriais deverá adotar, nestas situações extremas, o crítico textual, esse eterno procurador de vontades alheias?

Não é fácil encontrar uma resposta para tais questões: com efeito, cada processo é um mundo, e cada editor um peregrino que de certeza em incerteza nele se vai perdendo. De resto, nenhuma destas questões é nova, todos nós conhecemos reflexões e discussões que ao longo da história, na presença ou na ausência de manuscritos autógrafos, foram sendo feitas e travadas – desde os Gregos quando se ocuparam da edição dos textos homéricos, passando por São Jerónimo com a sua obsessão pela *hebraica veritas* quando se debatia com os problemas de tradução da *Vulgata,* até aos nossos dias. Mas vale sempre a pena recordar e comentar alguns exemplos que, se não esgotam a imensa variedade de questões e de situações particulares, nem apontam soluções inequívocas para aquilo que representam, provam que há soluções pragmáticas que ultrapassam, numa espécie de conciliação produtiva, a falsa dicotomia entre edições que mostram e analisam o processo genético de um texto e edições que se limitam a mostrá-los – *ad usum delphini.*

* * *

Quando, em 1925, os filhos de Eça de Queiroz iniciaram a publicação dos textos inéditos (e todos eles inacabados[19]) encontrados na famosa arca que guardava o espólio do escritor desde a sua morte em Paris (1900), a crítica portuguesa reagiu bastante mal – sendo de salientar a posição do poeta e crítico Eugénio de Castro, segundo o qual a publicação póstuma de textos não acabados pelo seu autor só se justificaria pelo facto de que «a crítica, para determinar exacta e cabalmente o valor duma obra de arte, precisa de saber onde, quando e como essa obra foi feita», o que, no caso vertente, seria totalmente descabido visto que «as obras de arte não são feitas

---

[19] Destes textos, os mais importantes são *A Capital!*, *Alves & C.ª* e *O Conde de Abranhos*. As edições críticas destas novelas – *A Capital!* [DUARTE, 1992], *Alves & C.ª* [DUARTE e FIALHO, 1994], e *O Conde de Abranhos* (em preparação) – mostram, sobretudo a primeira e a última, que os respetivos textos foram profundamente alterados pelo primeiro editor.

para dar que fazer aos críticos, mas, sim, para edificação e deleite de almas delicadas», e que «devemos lembrar-nos de que uma bela página em verso ou prosa vale pelo que é e não pelo trabalho que custou a escrever, sendo por isso indiferente ao leitor que ela tenha sido escrita em dez minutos ou em dez semanas»; assim, e ainda na opinião deste crítico, publicar uma obra que o seu autor decidira não publicar, «contraria, de maneira formal, a vontade expressa do romancista, restaurando na sua forma primitiva uma construção reprovada e depois inteiramente modificada pelo próprio arquitecto» [CASTRO, 1926].

Sobretudo se tivermos em conta a época em que foram feitas, estas afirmações de Eugénio de Castro parecem-me interessantes, não tanto por serem negativas – e recorde-se que, ainda hoje, a edição dos materiais genéticos de uma obra suscita críticas que merecem ser levadas a sério [GRÉSILLON, 1994: 195] – mas sobretudo porque demonstram uma grande inteligência daquilo que, afinal, é a crítica textual genética: Eugénio de Castro descreve com rigor o mister do crítico textual genético («saber onde, quando e como essa obra foi feita») que, dotado de técnicas e interesses de leitura que o distinguem dos leitores normais («as almas delicadas»), – é capaz de, no caso de dispor dos manuscritos autógrafos, estudar, e até mesmo reconstruir, o processo genético da obra («restaurando na sua forma primitiva uma construção reprovada e depois inteiramente modificada pelo próprio arquitecto»), reconhecendo enfim que a construção de um texto é um trabalho não só na perspetiva do autor («o trabalho que custou a escrever») mas também na do editor ou do crítico. De certo modo, já temos aqui lançada a discussão que ainda hoje se continua entre duas perspetivas globais de abordagem do texto: a perspetiva que privilegia a receção da obra enquanto objeto definitivo (que viria a ser a da crítica estruturalista), em oposição à que a focaliza enquanto produto em processo (que é a da crítica genética).

Mas a crítica de Eugénio de Castro deverá ser aqui invocada por uma razão que eu considero mais de fundo: o que poderemos nós entender por «vontade expressa» do autor? Em minha opinião, e no caso dos textos inacabados de Eça de Queiroz ou Fernando Pessoa, deveremos entender o conceito de «vontade expressa» pela sua ausência no manuscrito (uma análise dos materiais, mesmo de superfície, mostra que a última vontade do autor expressa nos manuscritos é que eles foram abandonados) – e nesse caso poderemos publicá-los como estão, dizendo claramente ao leitor que aquilo que ele vai ler é apenas o nível terminal de um texto não terminado; mas também poderemos entendê-lo pela sua presença em outros lugares, como em cartas privadas: aí, depois de lermos o desesperado desabafo de Eça a Ramalho Ortigão

> – interrompi a «Capital», estragando-a para sempre, creio eu, porque vejo agora que não poderei recuperar o fio de veia e de sentimento em que ela ia tratada [CASTILHO, 1983, I: 186] –,

dificilmente deixaremos de entender que há mesmo uma «vontade expressa» do autor, e que tal é não publicar o texto; neste aspeto, Eugénio de Castro tinha razão em condenar a publicação dos inéditos de Eça de Queiroz (como de resto condenaria a dos de Pessoa).

No entanto, o facto de um autor ter conservado os manuscritos de textos inacabados faz-nos supor que ele não terá desistido de os terminar, e que portanto neles se encontra uma vontade não recusada explicitamente e em absoluto (de contrário, tê-los-ia destruído), o que nos autoriza a publicá-los em edição crítico-genética do respetivo nível terminal. Uma dessas situações é exemplificada na FIG. 1, um autógrafo de Fernando Pessoa que contém materiais para vários poemas, em diferentes fases genéticas, de entre os quais destacarei a Ode n.º 119, manuscrita na margem da folha:

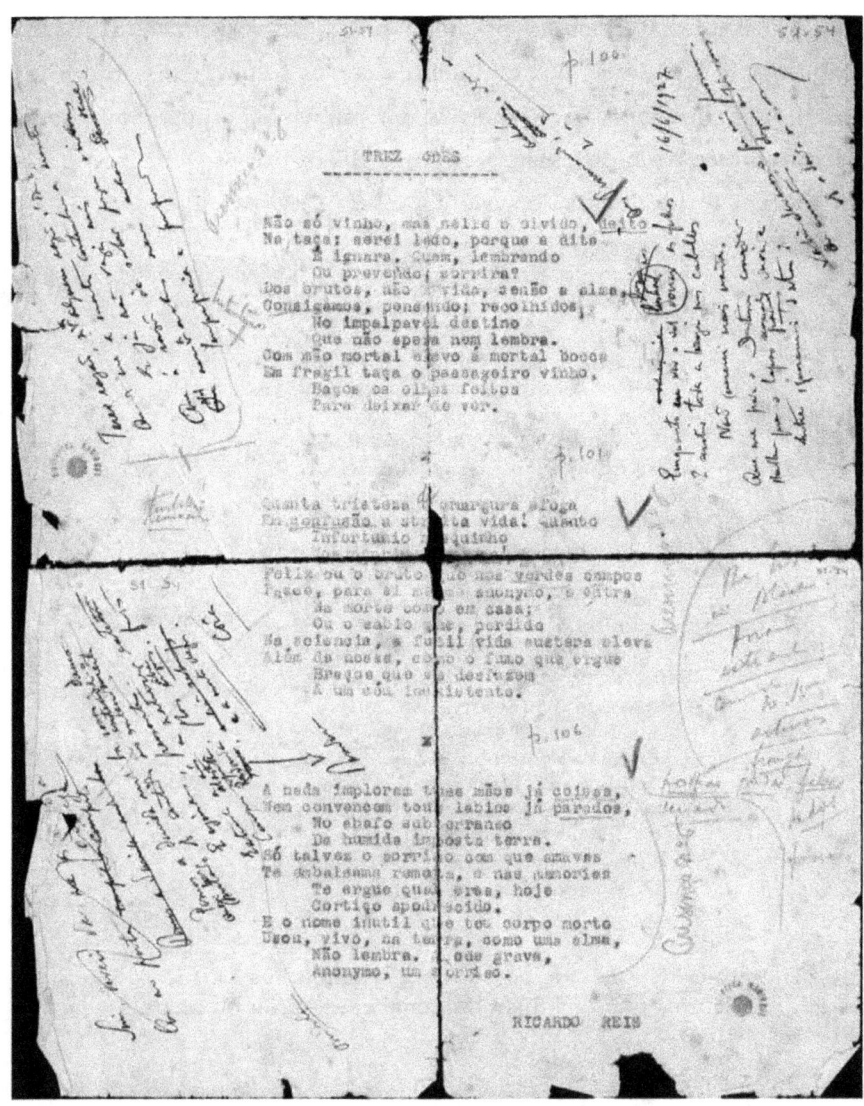

FIG. 1. Fac-símile da Ode n.º 119 de Fernando Pessoa/Ricardo Reis [BNP, ACPC, E₃/51-54ʳ].

No entanto, em termos técnicos, uma edição deste tipo só será aceitável se for feita tendo em conta todos os cortes transversais, ou seja, editando-se o nível terminal, que é um corte transversal feito no processo genético por uma razão externa ao texto (o seu abandono pelo autor), mas também os cortes transversais anteriores (entenda-se que entre cada vontade e a sua negação pela emergência de uma nova vontade existe um corte deste tipo), o que nos daria uma situação idêntica à representada nas FIG. 2 e 3:

Texto Crítico:

1	Emquanto eu vir o sol luzir nas folhas
	E sentir toda a briza nos cabellos
	Não quererei mais nada.
	Que me pode o Destino conceder
5	Melhor que o lapso sensual da vida
	Entre ignorâncias destas?
	Sabio deveras o que não procura,
8	Que, procurando, achára o abysmo em tudo
	E a duvida em si-mesmo.
10	Pomos a duvida onde há rosas. Damos
11	Quasi tudo do sentido a entendel-o
	E ignoramos, pensantes.
13	Extranha a nós a natureza extensa
14	Campos ondula, flores abre, frutos
15	Córa, e a morte chega.
16	Terei razão, se a alguem razão é dada,
	Quando me a morte conturbar a mente
	E já não veja mais
	Que á razão de saber porque vivemos
20	Nós nem a achamos nem achar se deve,
	Impropicia e profunda.

16-6-1927

FIG. 2. Texto crítico da Ode n.º 119 de Fernando Pessoa/Ricardo Reis. Os versos numerados têm uma história genética descrita no aparato genético (FIG. 1c) [DUARTE, 1994: 157, 331-332].

Transcrição genética:

1   Emquamto eu vir o sol [↑<o sol eu vir>] doirar [↑lustrar] [↑luzir] as [↑nas] folhas
    (as formas verbais variantes estão dentro de um círculo, marcadas por cruz de dubitação)
5   lapso gradual [↑sensual] da vida
8   <Que encontra o abysmo em todas cousas >[↑[Que,] Procurando achara [↑achára] o abysmo em tudo]
    (a primeira redação foi eliminada a lápis)
10 <Sim, deveis dar-me as rosas e o socego>[↓<Pomos a duvida onde ha ▢ >] [↓Pomos a duvida onde ha rosas. Damos]
11 <Que ao poeta <compete> compete>
    [↓Metade [↑Quasi tudo] do sentido ao entendimento [↑a entendel-o]
    (na primeira redação, eliminada, a leitura da última palavra é dificultada por lacuna)
13 a natureza externa [↑nsa]
14 campos espalha [↑alastra] [← ondula], flores ergue [↑abre], frutos
    (cruz de dubitação sob ergue)
15 <Eleva>[↑Redonda] [↓Pendura] [→Córa], <e não sabemos> [↓e a morte chega.]
16 se [↑a] alguem
20 <Que>[↑Nós] nem [↑a] achamos nem achar < devemos >[↑ se deve],

FIG. 3. Aparato genético da Ode n.º 119 de Fernando Pessoa/Ricardo Reis. O sinal < > significa texto eliminado, [ ] texto acrescentado, e ▢ espaço deixado em branco pelo autor; as setas indicam a posição relativa dos acrescentos (entrelinhas superior ou inferior, e na linha à frente) [DUARTE, 1994: 331-332].

Com efeito, e desde que haja um primeiro texto escrito, onde reconheceremos uma vontade de autor, que seja posteriormente objeto de uma crise que implique uma transformação global, que se substancia numa nova vontade de autor (2, 3, 4), a vontade imediatamente anterior (1, 2 ou 3) é substituída. Este mecanismo vai representado na FIG. 4.

Os momentos em que se verificam cada uma destas crises de vontade poderão ser marcados por outros tantos cortes transversais no processo genético do texto (A, B, C, D); na ausência de uma vontade definitiva (o que só ocorreria depois do corte D, que por isso representa o nível terminal do processo efetivamente realizado), o editor genético, considerando que cada corte separa dois testemunhos que valem por si enquanto depositários de uma vontade, constituindo cada um deles uma realidade genética própria, deverá editá-los separadamente, produzindo assim as edições genéticas α, β, γ e δ ainda que apresentando à cabeça o texto contido no nível terminal do processo (aqui, a edição δ).

← Vontade 1 →	← Vontade 2 →	← Vontade 3 →	← Vontade 4 →	
? →	→	→	→	→ ?
Corte A →	Corte B →	Corte C →	Corte D → (*nível terminal*)	
Edição α	Edição β	Edição γ	Edição δ	

FIG. 4. Possibilidades de edição de um texto com processo genético não terminado.

Como exemplo deste modelo editorial temos, em apêndice à edição crítica d'*A Capital!* de Eça de Queiroz [DUARTE, 1992], que foi baseada nos testemunhos que continham níveis terminais de composição, a edição diplomática de cada um dos cinco testemunhos geneticamente significativos do autógrafo (tendo sido transcritos e marcados com códigos previamente definidos os cerca de 10.000 lugares de variação genética recenseados num *corpus* de 1.250 páginas em vários tipos de letra, papéis, instrumentos de escrita e estado de conservação), apresentados não pela ordem do encadeamento narrativo mas sim de acordo com a cronologia dos 17 momentos de escrita e de correção detetáveis no conjunto dos testemunhos [DUARTE, 1989, II]. É o que se pode observar na FIG. 5:

{[E14 Era na]<* A> estação d' Ovar [E14 ( ]<* no> caminho de ferro do Norte), [E14 na primeira semana d' abril. De manhã chovera; mas a tarde cahia muito clara, com uma frialdade fina.] <↪ estava muito silenciosa pelas seis horas [E15 da tarde], antes da chegada do comboio do Porto.>

A uma extremidade da plataforma, um rapaz [E14 trigueiro e] magro, [E14 de pé, com uma das mãos]<↪de olhos grandes e melancólicos, a face toda branca d[E15,] /a\ [E15 aquella] frialdade fina [E15 duma tarde] d' outubro com uma das maos> mettida no bolso d' um velho paletot côr de pinhão, a outra vergando contra o chão uma bengalinha envernizada, examinava o céo: <E14↪de manha chovera; mas a tarde ia cahindo [E15 muito] clara, e pura>; nas altura laivos rosados estendiam-se como pinceladas de carmim muito diluído em agua: e, longe, sobre o mar, para além duma [E14 casa amarela e]<* linha escura> de pinheiraes [E14 verde-negros], por traz de grossas nuvens tocadas ao centro de tons de sanguínea e orladas douro vivo, <E14* subiam> quatro fortes raios de sol [E14 subiam], divergentes e decorativos – [E14 como |6| flechas n' um trophéo. Era um sabbado. Foguetes estalavam levemente, a distancia, n' alguma freguezia, vesperas d' arraial.]<⌐ que o [moço] rapaz magro, comparava ás flechas ricamente dispostas d' um tropheu luminoso.>

[E14 O relogio] [E14]/N\a estação [E14 marcava seis horas.] [E14 H]/h\avia apenas um passageiro, esperando o comboio [E14 do Porto]: era um mocetão do campo, que não se movia, encostado á parede, com as mãos nos bolsos, os olhos inchados de ter chorado duramente cravados no chão: [E14 tinha]<* e> ao lado [E14 um sacco de chita, e]<* sentadas sobre> uma arca de pinho nova [E14;]/,\ [E14 sentadas junto d' elle,]<* estavam> duas mulheres, uma velha, [E14 outraJ<*e uma> rapariga <E14↪ grossa e sardenta>, ambas muito desconsoladas, tendo aos pés entre si, um sacco de chita e um pequeno farnel donde sahia o gargallo negro d' uma garrafa.}

FIG. 5. Modelo de edição, com aparato integrado para uso informático concebido para a edição diplomática d'*A Capital!* de Eça de Queiroz. O sinal { } delimita o texto, [ ] significa texto eliminado, < > texto acrescentado, e [ ]/ \ texto sobreposto; as letras C e E indicam o testemunho, e os números 8, 14 e 15 com elas combinados indicam o momento de transformação no conjunto do complexo autógrafo; o texto acrescentado nas entrelinhas e nas margens é, respetivamente, marcado por * (entrelinha), por ⌐ (margem esquerda), ↪ (margem direita), e ⌐ (margem inferior).

A edição por testemunhos genéticos, ou melhor, a edição de cada uma das fases genéticas do texto definidas pelos cortes transversais como já foi mostrado, poderá ser substituída, dependendo do tipo de materiais em causa, por uma edição em que, fornecendo-se ao leitor o texto constante do testemunho que encerra o nível terminal do processo, se lhe dá, em aparato, e caso a caso, a lição ou lições constantes dos testemunhos genéticos anteriores; é essa a solução adotada na Edição Crítica de Fernando Pessoa e que já exemplifiquei nas FIG. 1-4. Este modelo admite, no entanto, e em alguns casos específicos, uma solução de compromisso entre o critério usado n'*A Capital!* de Eça de Queiroz – edição integral testemunho a testemunho – e a edição que remete para aparato as lições transformadas na história genética anterior do texto: quando as transformações são pontuais, e porque se trata em geral de composições poéticas de pequena dimensão, as lições anteriores são remetidas para aparato referenciado lugar a lugar.

Porém, quando as transformações atingem, em um ou mais testemunhos, uma fase avançada do processo genético (por exemplo, quando se trata de um testemunho datilografado sem emendas ou com poucas emendas, mas que é criticamente classificável como anterior àquele que é considerado como encerrando o nível terminal), constituindo assim uma peça globalmente diferenciada da última, então esse testemunho é editado individualmente, com o seu próprio aparato genético se for caso disso, mas aparecendo na órbita do que encerra o nível terminal; deste modo o leitor, seja qual for a perspetiva com que lê o texto, confrontado com uma situação semelhante à de um cometa cujo núcleo (o texto do testemunho de nível terminal) é seguido de uma cauda mais ou menos longa (os materiais genéticos criticamente organizados), tem a possibilidade de formar o seu próprio juízo acerca do texto e da sua história genética. Este modelo é exemplificado adiante, nas FIG. 6-8:

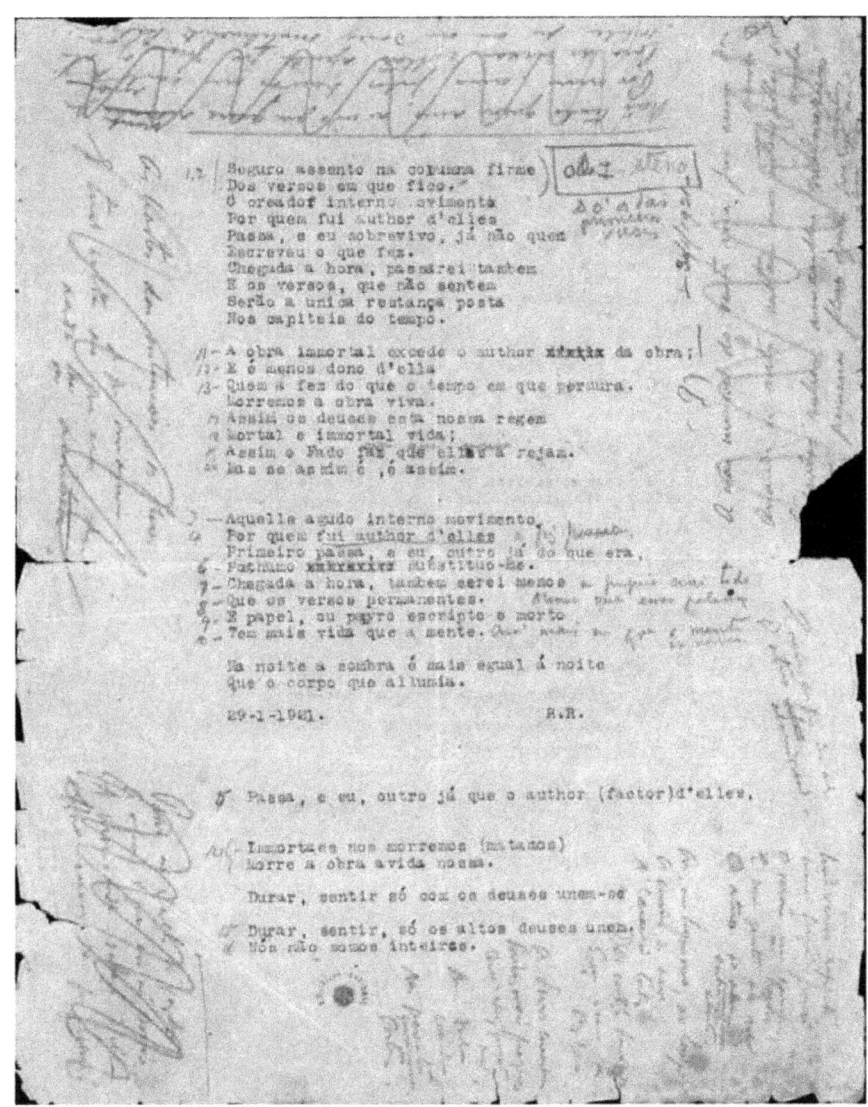

FIG. 6. Fac-símile da Ode n.º 1a de Fernando Pessoa/Ricardo Reis (texto datiloscrito seguido, terminando na data e na assinatura RR) e n.º 1b (resultante da renumeração manuscrita dos versos, com as correções manuscritas). O texto manuscrito nas margens da folha corresponde a três outros poemas. Uma versão totalmente diferente foi publicada pelo próprio Autor na revista *Athena* (1924) [BNP, ACPC, E3/52-9r].

1 [*Athena*, I, 1]

    Seguro assento na columna firme
        Dos versos em que fico,
    Nem temo o influxo innumero futuro
        Dos tempos e do olvido;
    Que a mente, quando, fixa, si contempla
        Os reflexos do mundo,
    D' elles se plasma torna, e á arte o mundo
        Cria, que não a mente.
    Assim na placa o externo instante grava
        Seu ser, durando nella.

1a [52-9ʳ]

    Seguro assento na columna firme
    Dos versos em que fico.
    O creador interno movimento
    Por quem fui author d' elles
    Passa, e eu sobrevivo, já não quem
    Escreveu o que fez.
    Chegada a hora, passarei tambem
    E os versos, que não sentem
    Serão a unica restança posta
    Nos capiteis do tempo.

11   A obra immortal excede o author da obra;
    E é menos dono d' ella
    Quem a fez do que o tempo em que perdura.
    Morremos a obra viva.
    Assim os deuses esta nossa regem
    Mortal e immortal vida;
    Assim o Fado faz que elles a rejam.
    Mas se assim é, é assim.

    Aquelle agudo interno movimento
    Por quem fui author d' elles
    Primeiro passa, e eu, outro já do que era,
22   Posthumo substituo-me.
    Chegada a hora, também serei menos
    Que os versos permanentes.
    E papel, ou papyro escripto e morto
    Tem mais vida que a mente.

    Na noite a sombra é mais egual á noite
    Que o corpo que allumia.

    29-1-1921   R. R.

1b [52-9ʳ]

        Seguro assento na columna firme
        Dos versos em que fico.
        Aquelle agudo interno movimento
4   Por quem os fiz pensados
5   Passa, e eu, outro já que o fator d' elles,
6   Posthumo substituo-me.
7   Chegada a hora, eu proprio serei todo
8   Menos que essas palavras.
     E papel, ou papyro escripto e morto
10   Será mais eu que eu mesmo.
11   A obra immortal excede o author da obra;
     E é menos dono d' ella
     Quem a fez do que o tempo em que perdura.
14   Morre a obra a vida nossa.
     Durar, sentir, só os altos deuses unem.
     Nós não somos inteiros
     Assim os deuses esta nossa regem
     Mortal e immortal vida;
19   Assim o Fado rege que assim rejam.
     Mas se assim é, é assim.

FIG. 7. Texto crítico das Odes n.° 1, 1a e 1b de Fernando Pessoa/ Ricardo Reis. Os versos numerados têm uma história genética descrita nos respetivos aparatos genéticos (FIG. 8).

1a [52-9r]

Aparato Genético

11   o author <d' ella> da obra;
22   Posthumo <sobrevivo> substituo-me.

1b [52-9r]

Aparato Genético

4   fui author d' elles [→ os fiz pensados]
5   o author (factor) d' elles,
6   Posthumo <sobrevivo> substituo-me.
7   tambem serei menos [→ eu proprio serei todo]
8   Que os versos permanentes. [→ Menos que essas palavras]
10 Tem mais vida que a mente. [→ Será mais eu que a mente [↓eu mesmo]]
11 o author <d' ella> da obra;
     Immortaes nos morremos (matamos)

     Morre a obra a vida nossa.

    (versos em alternativa; adota-se a versão mais recente)
19 Assim o Fado faz que elles a [↑rege que assim] rejam

FIG. 8. Aparatos genéticos das Odes n.º 1a e 1b de Fernando Pessoa/Ricardo Reis. O sinal < > significa texto eliminado, e [ ] texto acrescentado; as setas indicam a posição relativa do acrescento (entrelinhas superior ou inferior, e à frente).

Para casos como os de Francisco de Sá de Miranda já teremos que fazer outras opções. Segundo D. Carolina Michaëlis de Vasconcelos, este poeta legou

> á posteridade unicamente borrões, deixando-lhe o encargo de dar a ultima mão na obra, e de escolher entre muitas redacções a que mais lhe agrade, [uma vez que] virou e revirou os seus cartapacios, durante três decennios, mudando, riscando e polindo sempre, accumulando emenda sobre emenda, sem nada dar á luz. Só de vez em quando dirigia alguma obra a qualquer dos Príncipes ou Grandes da côrte, e repartia assim, no decurso

dos annos, redacções sempre variadas de poesias soltas entre os discípulos e amigos, os quais pela sua parte, as multiplicariam e divulgariam *ad libitum*. [MICHAËLIS de Vasconcelos, 1885: XCIX-C]

Fazendo fé no que diz D. Carolina, caso se encontrassem todas as redações autógrafas das poesias mirandianas (e a avaliar pelo códice n.º 3355 depositado na Biblioteca Nacional de Portugal, elas fariam as delícias de qualquer crítico genético) o comportamento editorial mais adequado seria o da edição em separado de cada um dos testemunhos; no entanto, se tecnicamente a situação de Sá de Miranda é idêntica, em termos de edição genética, à d'*A Capital!* de Eça de Queiroz, os olhos com que observarmos os resultados de ambos os casos deverão ser diferentes.

Enquanto em Eça de Queiroz ou Fernando Pessoa temos um encadeamento de vontades que sabemos serem sempre provisórias – o escritor quando produzia uma nova versão anulava, ou pelo menos dubitava, a anterior (embora, curiosamente, nem sempre a destruindo), estando as duas numa relação de sequência em presença, de modo que uma modificação constituinte de uma vontade era sempre considerada (recusada, aceite ou transformada) na constituição da nova vontade subsequente –, em Sá de Miranda as diversas vontades apareciam isoladamente (sempre que o poeta decidia oferecer uma poesia a alguém), havendo assim entre elas uma relação a que chamarei de paralelismo em ausência, na medida em que, segundo tudo leva a crer, cada nova vontade não decorria de uma reavaliação da vontade anterior, mas sim de um impulso momentâneo para transformar o texto, eventualmente até considerando o destinatário da oferta.

Assim, editar isoladamente os testemunhos genéticos de uma obra de Eça de Queiroz ou Fernando Pessoa implica editar-se vontades que sabemos terem sido anuladas, ou estarem condenadas a sê-lo, ao longo do processo genético (quando editamos C, sabemos que antes houve B e que depois apareceu D); logo, há uma hierarquia entre os textos das várias edições (D, que representa o nível terminal do processo, razão por que deverá ser adotado para texto-base da edição, mas que muito provavelmente viria a ser modificado se o autor o tivesse querido ou podido fazer, modificou C, que por sua vez modificou B, que por sua vez modificou A). Pelo contrário, Sá de Miranda não sabemos o que é que modificou o quê, se é que modificou; cada testemunho terá constituído, em si, um nível terminal, se calhar até uma vontade definitiva no momento da sua ocorrência (naturalmente, quando o poeta oferecia uma poesia a alguém é porque a achava pronta, logo, afirmara nela uma vontade final), de modo que em vez de uma hierarquia de testemunhos genéticos encadeados poderemos conjeturar uma relação em que cada testemunho é, apenas e isoladamente, um entre semelhantes, deparando-se o editor com uma situação de *par in parem non habet imperium* (que, em linguagem jurídica, quer dizer que «entre iguais não há direito de preferência»), que a opção por qualquer um dos testemunhos é mister de uma decisão crítica que dificilmente poderá ser assacada ao autor – que, na hipótese de vir a ser confrontado com a necessidade de ter que fazer uma escolha entre os seus vários testemunhos, talvez não soubesse muito bem por qual deles optar.

* * *

Foi minha intenção avançar aqui algumas reflexões sobre duas questões que reputo fundamentais na atividade de crítica textual genética: o que será *a vontade do autor* no complexo de manuscritos genéticos de uma obra não terminada? E *como proceder para editar* essa obra? Por outras palavras, num processo genético não encerrado, *onde é que está o seu autor*: no todo de que dispomos? Numa das partes desse todo?

Creio ter igualmente avançado algumas propostas metodológicas acerca do modo – ou dos modos – de proceder, quando se pretende editar textos deste tipo para os dar a ler a outros leitores. Destas propostas ressalta que, qualquer que seja a opção editorial, o que é preciso é ter-se em conta que se um autor achou por bem conservar os seus manuscritos, é porque se revia neles; esses manuscritos podem não conter a sua vontade final, mas de certa maneira ela já está presente neles. Logo, o autor está neles; talvez incógnito, talvez em parte incerta, muito de certeza repartido. Por isso, para o encontrar, terá que se editar todos os testemunhos do texto, um a um ou globalmente: é, no entanto, necessário que o editor tenha consciência de que, por muito acertadas que tenham sido as suas decisões e exaustivo o seu trabalho na inventariação e na classificação dos materiais, o texto que vai acabar por apresentar ao leitor já não é o texto do autor, do mesmo modo que o seu leitor (o leitor da edição genética) já não é bem o leitor do autor; esse, seria o destinatário previsto ao longo do processo genético, um leitor-modelo que o autor terá procurado seduzir e para o qual foi burilando o seu texto, que deu por terminado ou abandonou quando o achou ou não digno de tal leitor – que, de certeza, não seria um crítico genético. Este é um leitor especializado, que vai porventura ler coisas que o autor nunca terá desejado que fossem lidas por outrem, e que, depois de observar as marcas da génese do texto, estará numa posição ótima para perceber que muito provavelmente não é o autor que está nos manuscritos que deixou, mas sim a representação que ele fez da imagem que de si pretendeu dar ao seu leitor normal.

Assim, o autor-no-seu-texto, ou a vontade-de-autor, mais parece uma espécie de Graal que todos os editores críticos modernos (frequentemente se crendo clones de Galahad) a cada momento julgam ter encontrado, para logo depois descobrirem, ou outrem por eles, que, não se sendo o verdadeiro Galahad (ou seja, o autor), será necessário empreender uma nova demanda, ou então dela desistir, pois na maior parte das vezes o Graal subiu aos céus – tornando-se assim inatingível –, levado por uma mão sem corpo: a mão do autor.

4
BREVE PRÁTICA SOBRE A NOVA FILOLOGIA

LEITE DE VASCONCELOS viveu ainda no tempo em que um homem podia saber quase tudo: das Ciências Naturais à Literatura, passando pela Filologia, pela Etnografia, pela Arqueologia, pela Dialetologia, pela Medicina, enfim, Leite de Vasconcelos apaixonadamente se ocupou de quase todos os ramos e objetos do saber que poderiam contribuir, direta ou indiretamente, para a realização do seu romântico sonho de escrever a história do povo português. Talvez não tenha escrito essa história enquanto um todo sistematizado, mas legou-nos uma imensa mole de conhecimentos que ainda hoje, depois de criticamente joeirados e aventados, poderão constituir uma fecunda base de trabalho, nomeadamente na área dos estudos filológicos – que é aquela que mais me interessa.

No entanto, o panorama atual dos estudos filológicos já pouco tem a ver com aquele em que Leite de Vasconcelos se movimentou: a pouco e pouco, mercê ora do facto de áreas como a filologia aplicada a textos medievais ter coberto e esgotado já quase toda a produção portuguesa conhecida (situação para que Leite de Vasconcelos muito contribuiu, embora em muitos casos se vá sentindo a necessidade de rever criticamente a produção tanto dele como de outros ilustres filólogos seus contemporâneos, neste campo), ora da progressiva «democratização» do universo dos *corpora* dos estudos filológicos, que levou o filólogo a encarar os textos modernos como objeto de trabalho (elevando-os assim a uma dignidade que, tradicionalmente, apenas era apanágio dos textos antigos, medievais e populares de transmissão oral, resultando o interesse por estes últimos de uma herança do romantismo), a variedade de objetos e de estratégias de estudo hoje postos à disposição do filólogo atinge uma vasta dimensão, que é proporcionalmente inversa à dimensão dos objetos estudados. Assim, ao lado de trabalhos de edição e estudo filológico de textos antigos e medievais, feitos à maneira tradicional, encontramos trabalhos de microfilologia sobre textos modernos e contemporâneos, que se ocupam não apenas da edição crítica, mas também do processo genético do texto, inventariando, revelando e sistematizando todas as marcas de produção deixadas pelo autor nos seus manuscritos, com vista a mostrar, como já foi mencionado mais atrás, não só como é que um determinado escritor escrevia, ou qual o percurso dele no ato de vincular significantes a significados para produzir estilo, mas também, e sobretudo, a gerar uma «matriz» estilística do autor destinada a ser utilizada, por exemplo, nos textos não acabados pelo autor, para desfazer ambiguidades textuais com recurso a um mecanismo de conjetura baseado não na subjetividade do filólogo (como acabava por acontecer, em geral, na filologia tradicional), mas nos hábitos estilísticos do próprio autor, nos casos em que a vontade dele não resultou clara, ou o suporte do original se deteriorou.

É neste quadro que atua a crítica textual moderna, na sua vertente genética.

O objeto e o objetivo da crítica textual genética, tal como os concebemos hoje, já eram do conhecimento dos filólogos tradicionais do tempo de Leite de Vasconcelos que, não lhes sendo indiferentes, os encaravam, no entanto, numa perspetiva negativa. Embora não tenha presente qualquer tomada de posição de Leite de Vasconcelos contra o estudo do processo genético dos textos modernos a partir dos respetivos acervos autógrafos, é de supor que as opiniões dele sobre o assunto não diferissem em substância das que foram manifestadas por eruditos e críticos como Eugénio de Castro, José Agostinho ou

Vieira de Campos, por ocasião da publicação, em 1925, de algumas obras inacabadas de Eça de Queiroz, nomeadamente, como já vimos, *A Capital!*, *O Conde de Abranhos e Alves & C.ª*. Recordemos:

Eugénio de Castro, ao comentar as hesitações e por fim a decisão de José Maria Eça de Queiroz, filho do escritor e responsável pela empresa de publicação destes póstumos de Eça, considerou que tal publicação

> contraria, de maneira formal, a vontade expressa do romancista, restaurando na sua forma primitiva uma construção reprovada e depois inteiramente modificada pelo próprio arquitecto [CASTRO, 1926: 281],

concedendo, no entanto, que ela teria por justificação possível o facto de que «a crítica, para determinar exata e cabalmente o valor duma obra de arte, precisa de saber onde, quando e como essa obra foi feita», concessão que logo de seguida rebate, afirmando que

> as obras de arte não são feitas para dar que fazer aos críticos, mas, sim, para edificação e deleite de almas delicadas [razão pela qual] devemos lembrar-nos de que uma bela página em verso ou prosa vale pelo que é e não pelo trabalho que custou a escrever, sendo por isso indiferente ao leitor que ela tenha sido escrita em dez minutos ou em dez semanas [*Id., Ibid.*: 282-283].

Inadvertidamente, Eugénio de Castro toca em alguns aspetos que muito interessam ao filólogo genético: em primeiro lugar, porque aceita que o conhecimento de uma obra inacabada pelo seu autor pode servir para estudo do «onde, quando e como» ela foi feita, isto é, do seu processo genético; em segundo lugar, porque adianta que tal conhecimento não é útil para as «almas delicadas», que poderá ser o grande público indiferenciado e sem interesses filológicos, e, no fundo, aquela abstração tão do agrado de Leite de Vasconcelos e dos filólogos formados pela escola romântica – a «alma do povo português»; em terceiro lugar, porque, se Eugénio de Castro tivesse tido acesso aos autógrafos, teria podido verificar, *de verbo ad verbum*, que o filho de Eça, ao contrário do que anunciara na sua introdução à primeira edição d'*A Capital!* [QUEIROZ, 1925a: V-XLI], não só não restaurara a forma primitiva dos textos, como a procurara até, melhorar, tornando-a assim inautêntica, e, em consequência, teria exigido que a verdade fosse reposta (uma vez que fora apenas meio revelada e já fora atingido, com a publicação, o ponto de não--retorno), ou seja, que se procedesse a uma edição crítica – o que, a ter acontecido, poderia muito bem ter sido o caso inaugural da deslocação do interesse do filólogo tradicional dos textos antigos para os manuscritos modernos.

Esta virtualidade do filólogo interessado pela génese do manuscrito moderno já nos anos vinte é de certo modo alimentada pelo polígrafo José Agostinho, que considera, referindo-se a *A Capital!*, que esta obra

> como todas as obras de Eça, foi escrita, a princípio, com dureza e crueza, e depois suavizada, mas que, pelo desaparecimento duma provincianazinha terna e ingénua verdadeiro milagre de sentimento na galeria de Eça – [este romance] teve de ser publicado na sua primeira forma [AGOSTINHO, 1926: 157-158][20].

Aqui encontramos também uma certa consciência operativa do interesse do filólogo quer pela génese do texto («a princípio... e depois...»), quer pela fatalidade de, mais cedo ou mais tarde, terem que ser publicados textos cujo estaleiro de fabricação ainda não foi desmontado («teve de ser... primeira forma»), consciência que parece ser partilhada também por um outro crítico da época, Vieira de Campos, que vai mesmo ao ponto de supor que se o autor não

---

[20] A personagem a que o crítico se refere é «Cristininha» [*cf.* DUARTE, 1993b].

publicara *A Capital!*, é porque fora «o fundo mesmo do romance que deixara de agradar a Eça de Queiroz» [CAMPOS, 1925: 278].

Assim, vemos que todos estes críticos, mesmo não concordando que se publiquem obras imperfeitas à revelia do seu autor, sobretudo quando ele já não está em condições de se defender, acabam por trazer à praça pública um facto já não escamoteável: que grandes escritores como Eça de Queiroz trabalharam muito para escrever os seus textos, disso deixaram documento, e a publicação dos seus textos inéditos, por mais imperfeitos que eles sejam, é útil para o estudo científico dos respetivos processos de produção (embora tal possa interferir com a respetiva fruição estética). Ao procederem assim, e dando-se os devidos créditos ao filho de Eça que, sem querer, motivou a polémica, críticos como estes abriram, igualmente sem querer, alguns atalhos para a crítica textual genética que hoje praticamos em Portugal com aplicação à obra de duas das maiores referências da nossa cultura: Eça de Queiroz e Fernando Pessoa.

* * *

Mercê da publicação, em 1980, de legislação sobre queda em domínio público dos direitos de autor, e da subsequente passagem do espólio de Eça de Queiroz para a Biblioteca Nacional de Portugal, os filólogos puderam ter acesso, a partir daquela data, aos manuscritos e outras peças autógrafas deste escritor, tendo-se constatado, em confirmação de suspeitas já anteriormente lançadas, que os textos das obras póstumas queirozianas haviam sido substancialmente alterados pelos primeiros editores, na vã tentativa de darem acabamento estilístico a textos abandonados em fases mais ou menos primitivas do seu processo de produção. Apesar destas alterações (que hoje se sabe serem de grande envergadura, e ultrapassarem o mero «acabamento» estilístico para arremeterem de um modo muito profundo pelo campo da censura moral, política e religiosa) [*cf.* DUARTE, 1989; 1992], os críticos da época, sensatos, acharam que aqueles textos nunca deveriam ter sido publicados, considerando que se o autor os não publicara em vida é porque os não achara dignos disso, e que publicar textos inacabados equivalia a desnudar, ante as vistas de estranhos, as intimidades da banca de trabalho do escritor e, eventualmente, revelar os seus entulhos não removidos (alimentando-se assim a mistificação da obra inspirada, saída já feita da cabeça do autor, e que atinge o seu auge, entre nós, no famoso e já desmistificado «dia triunfal» em que Alberto Caeiro, segundo afirma Fernando Pessoa em carta a Adolfo Casais Monteiro, teria escrito «trinta e tantos poemas a fio, numa espécie de êxtase cuja natureza não conseguirei definir» [PESSOA, 1935: 3] – dia triunfal esse que se terá alargado por muito tempo e muitas campanhas de escrita, reescrita, correção e correção de correção, tal como viria a demonstrar Ivo Castro) [CASTRO, 1982; 1986; 2015].

Edgar Allan Poe, poeta que Eça muito admirava[21], escreveu em *The Philosophy of Composition*:

> I have often thought how interesting a magazine paper might be written by any author who would – that is to say, who could – detail, step by step, the processes by which any one of his compositions attained its ultimate point of completion. Why such a paper has never been given to the world, I am much at a loss to say – but, perhaps, the authorial vanity has had more to do with the omission than any one other cause. Most writers – poets in special – prefer having it understood that they compose by a species of fine frenzy – an ecstatic intuition – and would positively shudder at letting the public take a peep behind the scenes, at the elaborate and vacillating crudities of thought – at the true purposes seized only at the last moment – at the innumerable

---

[21] *Cf.* SIMÕES, 1945; 1980: 63, 65, 99, 103, 113, 117, 124, 161 e 162.

glimpses of idea that arrived not at the maturity of full view – at the fully-matured fancies discarded in despair as unmanageable – at the cautious selections and rejections – at the painful erasures and interpolations – in a word, at the wheels and pinions – the tackle for scene-shifting – the step-ladders, and demon-traps – the cock's feathers, the red paint and the black patches, which, in ninety-nine cases out of a hundred, constitute the properties of the literary histrio. [POE, 1846: 163]

É possível que os nossos críticos dos anos vinte não conhecessem este texto de Poe, e que, se o conhecessem, não tivessem talvez concordado com ele; por outro lado, é verdade que mostrar voluntariamente os mecanismos de génese dos próprios textos (como o desejou Poe) não é o mesmo que forçar a arca do escritor depois de morto e pôr-lhe a descoberto os papéis mais íntimos (que é aquilo que condenaram os já referidos críticos, aquilo que José Maria tentara impedir dando-nos apenas meias verdades acerca dos manuscritos do pai, nas edições que deles fez, e, afinal, aquilo que nós, críticos textuais genéticos, acabamos por fazer); mas também é verdade que, mesmo que algum escritor ouse descrever para o público os processos genéticos das suas obras, como o fizeram, por exemplo, e de maneiras diferentes, Edgar Allan Poe (1846), Marguerite Yourcenar (1951) ou Umberto Eco (1984), o seu testemunho nunca será de grande ajuda para o crítico, na medida em que, ao descrever racionalizadamente um processo em grande parte não racionalizado no momento da sua eclosão, o escritor estará muito provavelmente a ficcionar-se no seu próprio discurso, facto que de resto é reconhecido por Marguerite Yourcenar nos seus *Carnets de notes* sobre as *Mémoires:*

> Quoi qu'on fasse, on reconstruit toujours le monument à sa manière. Mais c'est déjà beaucoup de n'employer que des pierres authentiques. [YOURCENAR, 1951; 1981: 335]

Ora, a realidade é que há autores cujas intimidades têm que ser desvendadas, e é esse o caso de Eça ou Pessoa – que mais não seja para percebermos como lhes funcionam as respetivas «almas», que em última análise dão forma ao paradigma da «alma» (no sentido usado por Eugénio de Castro) da sociedade histórica a que pertenceram. E sempre que possível, e na medida em que o for, é dever do estudioso dos papéis deles – o filólogo – trazer a público aquilo que neles encontra, por muito que tal pudesse não ser do agrado dos autores.

No entanto, tratando-se de peças do património coletivo, os papéis de autores desta envergadura, bem como o trabalho que sobre eles realizam os estudiosos, são património público, pelo que, como diz Giovanni Bonaccorso,

> não devem ser de modo algum considerados como uma reserva de caça, mas, muito pelo contrário, devem ser postos à disposição de toda a gente, para que toda a gente os possa explorar.
> [BONACCORSO, 1983: XIII]

Afinal, é isso o que têm feito os filólogos desde a Antiguidade, Leite de Vasconcelos incluído: revelar aos outros textos que, ao princípio, só eles conhecem. Por detrás de cada texto, antigo ou moderno, há sempre um autor a esconder uma intimidade, e na frente de cada um deles há sempre um filólogo a tentar desvendar-lha; o que varia é a dimensão da temporalidade.

E é esse o objetivo final da crítica textual genética, uma das modalidades da nova filologia: perceber e organizar – para dar a conhecer.

5
PÚBLICO – PRIVADO

O FILÓLOGO TEM algo de colecionador; mais, tem o seu quê de conservador de museu, mesmo de taxidermista – herança jacente dos pioneiros românticos e positivistas, que à medida da epistemologia dos seus tempos, e conduzidos no seu trabalho pelas técnicas de que dispunham, iam aplicando aos testemunhos das tradições manuscritas das grandes obras (não era ainda pertinente o trabalho filológico sobre os manuscritos autógrafos que então, mesmo no caso dos grandes escritores, pouco mais eram do que peças de coleção, tão preciosas quanto inúteis), as técnicas de recolha, observação, conservação e exibição que iam sendo desenvolvidas, na senda dos herbários de Carlos Lineu, para a recolha, observação, conservação e exibição dos tesouros de conhecimento exótico que maravilhavam a ciência do mundo ocidental: o fóssil do dinossáurio, a múmia egípcia, a peça de arte africana ou pré-colombiana, o animal marinho de grande profundidade, a planta ou o animal das florestas tropicais – cujos especímenes, sempre que possível depositados nos museus, eram reproduzidos em desenhos de grande fidelidade acompanhados de memórias de grande rigor descritivo e interpretativo, para circulação universal em suportes impressos como jornais, revistas ou livros.

Dominava, então, a ideia de que, sendo única cada peça de texto manuscrito – como os diplomas das chancelarias medievais –, a mesma deveria ser preservada em espécie, e fielmente reproduzida para pasto dos curiosos e dos investigadores. Na verdade, desde os pioneiros românticos até à filologia científica do século XX, as teorias e as técnicas da reprodução diplomática foram fornecendo edições cada vez mais rigorosas, dotadas de aparelhos filológicos cada vez mais descritivos, de tal modo que, pelo menos na opinião dos seus autores, em caso de destruição do original a sua memória subsistiria por meio da respetiva edição diplomática: a edição que descreve e reproduz, lugar a lugar e lição a lição, a universalidade que é um manuscrito – descreve as caraterísticas dos suportes e dos instrumentos de escrita, da topografia dos fólios, dos hábitos caligráficos, das decorações; e reproduz o texto, transliterando-o, com a lição que ele tem no manuscrito, guardando-lhe a ortografia, as abreviações, a sintaxe, a variação interna, as lacunas, as repetições, enfim, tudo aquilo que faz dele um objeto único e irrepetível.

E esse tem sido, até hoje, o comportamento caraterístico do filólogo, independentemente de se tratar de um manuscrito autógrafo ou do manuscrito de um copista medieval, de uma obra literária ou de um tratado de ciência, de um texto religioso ou de uma carta privada. Mas também independentemente de qualquer veleidade de se fazer este trabalho de um modo em que não intervenham, em cada gesto de interpretação, em cada momento de decisão, em cada instrumento de trabalho, em cada maneira de lidar com os materiais – as ideias do filólogo, os seus hábitos de trabalho, o modo como avalia aquilo que tem pela frente e o destino que lhe pretende dar, até mesmo os seus preconceitos: o facto de duas edições diplomáticas do mesmo manuscrito, feitas hoje ou há um século, nos poderem fornecer duas versões diferentes da mesma realidade – que mais não seja na sua epiderme, onde a mão e a arte da maquilhadora sempre deixam a sua marca distintiva –, e o facto de, durante décadas, os filólogos suspirarem, em vão, por um método de trabalho e por um aparelho instrumental, globais, que servissem a todos os filólogos e se aplicassem a todos os manuscritos, são disso exemplo.

Mas não é por estas águas que por agora vou navegar: as nossas bibliotecas, e muitas das teses académicas que se vão escrevendo e publicando por todo o lado, apresentam-nos uma cada vez mais abundante bibliografia sobre a matéria, que está tanto disponível quanto é de aconselhável consulta por quem se queira ocupar desta ingrata tarefa que é preparar edições – se possível a partir de testemunhos manuscritos autógrafos. Os quais, ao contrário do que muitas vezes é dito, nem sempre são documento fidedigno do processo genético do texto, nem sempre nos oferecem a possibilidade de assistirmos ao espetáculo da «cena primitiva»[22] da obra a que dizem respeito, nem sempre são monumento da sinceridade do autor que trabalha na intimidade das suas circunstâncias e do processo de identificação do seu «eu» com a sua própria narrativa.

No entanto, pôr-se em dúvida a sinceridade dos autores que conservaram e legaram os seus manuscritos autógrafos, deste modo expondo aos olhares alheios as agruras do seu trabalho criativo de escrever, rasurar, corrigir, passar a limpo o seu texto (para depois o voltarem a escrever, a rasurar, a corrigir e a passar a limpo...) –, equivaleria a passar-lhes atestado de uma inaudita perversidade[23]. Até porque as operações de acrescentar, suprimir, substituir e deslocar elementos textuais, durante a génese do texto, conformam na

---

[22] Esta imagem do filólogo a espreitar os acidentes da génese do texto documentados no manuscrito autógrafo, na expetativa de assistir ao momento da cena primitiva, ocorre-me aqui na sequência da pergunta que o crítico francês Philippe Lejeune fez a si próprio: «Comment devient-on 'généticien'?», à qual tentou assim responder: «Et puis, au fond, une curiosité fétichiste et amoureuse: ce sont des livres que j'aime, j'étais tout heureux d'entrer un peu plus dans leur intimité. La joie, parfois, d'obtenir un traitement de 'faveur'... Ou l'impression d'être initié à un secret, d'assister à une sorte de 'scène primitive' de la littérature...» [LEJEUNE, 1992, 73-87].

[23] Almuth Grésillon considera que as operações de «acrescentar, suprimir, substituir e deslocar» constituem uma regra universal do processo de génese textual [GRÉSILLON, 1994: 221]. A propósito do trabalho genético documentado nos manuscritos autógrafos, o bibliotecário François Chapon, antigo diretor da *Bibliothèque littéraire Jacques Doucet*, em Paris, afirma: «Je crois que le manuscrit de travail, à moins d'une perversité tout à fait singulière, est révélateur des intentions de l'écrivain, d'un moment de sa création» [CHAPON, 1995: 189].

prática o exercício de verdadeiros juízos de gramaticalidade, num sentido linguístico e social, revelados pelo discurso e pelo texto em *fase de processo*: o objetivo do autor, ao proceder a estas operações dentro do mesmo testemunho, ou na passagem de um testemunho para outro, é tornar as construções que utiliza conformes às regras a que está obrigado, sejam elas gramaticais, em sentido específico, ou genéricas e sociais, em sentidos mais latos, só parando quando se sente satisfeito (ou seja, quando considera atingido o objetivo).

Como, por exemplo, a satisfação do seu público.

O que nos traz à memória um outro tipo de relação tradicionalmente existente entre o autor de um texto e os seus destinatários, que é a *leitura pública* – uma tradição que remonta ao princípio da História, e que consiste na leitura que o autor faz das suas obras, em voz alta e perante outras pessoas, com o fim de destas obter a aprovação daquilo que produziu, ou argumentos para a sua correção. Este costume, herdado dos Gregos antigos (e perdido quando o grego literário já não era entendido pelas pessoas vulgares), para mais tarde ser recuperado e depois também abandonado pelos Romanos (quando, por volta do século V, o latim já se transformara numa língua incompreensível para o cidadão comum, apenas usada pelos eruditos, na liturgia e nas chancelarias, adquirindo assim o estatuto de língua de especialidade e de «mistério» da Igreja), só foi definitivamente recuperado, a partir do século XIII e até aos nossos dias, quando, com Dante, as línguas vernáculas ascenderam à categoria de instrumentos de produção, de suporte e de transmissão de obras literárias e eruditas. O que nos leva a estabelecer uma estimulante relação entre este hábito social e a identificação do recetor de obras literárias com a língua em que elas são escritas: de facto, parece existir uma correlação, por um lado, entre existência de leitura pública e entendimento generalizado da língua utilizada na produção dos textos (Grécia clássica, apogeu do Império Romano, triunfo das línguas românicas), e, por outro lado, entre ausência de leitura pública e não entendimento da língua (períodos históricos de diglossia língua escrita/língua falada, em que à língua falada era reconhecido um estatuto político-social inferior ao da língua escrita). Com efeito, sabemos que Heródoto lia as suas obras em público durante os Jogos de Olímpia (o que dá testemunho da popularidade do autor e dos seus textos, e também da identificação entre a língua utilizada na escrita e a língua falada pelo público); que, segundo Suetónio, o Imperador Augusto assistia de boa vontade e com paciência às leituras dos autores seus amigos[24] (o que atesta a naturalidade deste tipo de leitura); que Dante terá lido a sua *Commedia* perante a corte de Guido Novello, em Ravena (deste modo dignificando a língua vulgar, levando-a às sessões de leitura na corte do Príncipe, e popularizando a grande literatura, tornando-a ao alcance de um público mais vasto); que Jean-Jacques Rousseau, tendo sido impedido de publicar as suas *Confessions* em França, andou a lê-las pelos salões aristocráticos de Paris (transformando a leitura pública, de viva voz, numa alternativa funcional à distribuição livreira); e que Charles Dickens se socorria das suas qualidades histriónicas e da sua experiência de ator teatral para ler em público os seus romances e contos (assim os divulgando e, ao mesmo tempo que criava leitores, garantindo o sucesso comercial dos seus livros) [MANGUEL, 1996 (1998: 291-304)].

E tal como para os autores que faziam leituras públicas eram importantes as reações dos ouvintes – de apreciação, de emoção, de censura ou de divertimento –, de acordo com as quais modificavam os textos, fácil será imaginar-se que acontecesse algo de semelhante àquilo que afirma Alberto Manguel:

---

[24] Escreveu Suetónio: «[Augustus] Ingenia sæculi sui omnibus modis fovit; recitantis et benigne et patienter audiit, nec tantum carmina et historias, sed et orationes et dialogos.» («[Augusto] *Encorajou todos os homens de talento da sua geração, ouvindo com benevolência e paciência as suas leituras, não só de poemas e histórias, mas de discursos e diálogos*») [SUETÓNIO, *Divus Augustus*: 89]

> Mais en même temps, la lecture par l'auteur déforme aussi le texte en l'améliorant (ou en l'appauvrissant) par l'interprétation. [...] Lu à haute voix devant un auditoire, un texte n'est plus exclusivement déterminé par la relation entre ses caractéristiques intrinsèques et celles de son publique arbitraire et toujours différent [...]. Il dépend au contraire de l'auteur-interprète qui joue le rôle de lecteur des lecteurs, incarnation présumée de chacun des membres de l'auditoire captif pour lequel la lecture est effectuée, telle une démonstration de la façon de lire. [MANGUEL, 1996; 1998: 295]

Ou seja, nestas circunstâncias, os autores-leitores-de-si-próprios assumiam como se fossem públicos manuscritos que, na realidade, eram privados, e reinterpretavam-nos, já não como testemunhos de momentos passados da génese da obra a que diziam respeito, e composta ao abrigo de olhares e interesses alheios, mas antes como ponto de partida para a carreira futura dessa mesma obra, agora já na esfera do público, uma vez que «controlada» por olhares e interesses que já não eram, em exclusivo, os dos respetivos autores.

Por estranho que pareça, as cartas que constituem as correspondências «privadas» – e comecemos desde já a piscar o olho àquela que nos deixou a Marquesa de Alorna –, e que tenham sido efetivamente enviadas a quem de direito, integram o tipo de textos que, apesar de conterem informações de caráter pessoal, se destinam, desde a sua origem, à leitura pública – mesmo que o seu «público» seja uma única pessoa, determinada no próprio texto, a qual naturalmente dispõe dos meios necessários (informação, referências) para compreender o que lá vem escrito e que poderá, por isso mesmo, ser incompreensível ou desinteressante para outros leitores; em contrapartida, as cartas ditas «públicas» destinam-se a um público indiferenciado e, sendo em princípio desprovidas de aspetos pessoais, o seu conteúdo é diretamente compreensível na esfera do público. No entanto, a tradição literária ocidental habituou-se a integrar no seu cânone as correspondências privadas dos autores consagrados – sempre que disponíveis, e independentemente do interesse de cada peça em si –, que em certos casos ficam a ombrear, em dignidade bibliográfica, com as obras literárias – de ficção, de poesia, de teatro, de ensaio ou de correspondência «pública» – do mesmo autor.

Atento, como sempre, aos comportamentos e interesses – e às tendências – da sociedade do seu tempo, Eça de Queiroz faz disso crónica nas suas obras, de onde se destacará a carta em que Z. Zagalo, o autor da biografia do Conde de Abranhos, justifica à condessa viúva a escrita da obra, e sobretudo a *Correspondência de Fradique Mendes*. Nesta última, a dado passo, o narrador considera que

> A Correspondência de Fradique Mendes, como diz finamente «Alceste» – *c'est son génie qui mousse*. Nela, com efeito, vemos apenas a espuma radiante e efémera que fervia e transbordava, enquanto em baixo jazia o vinho rico e substancial que não foi nunca distribuído nem serviu às almas sedentas. Mas, assim ligeira e dispersa, ela mostra, todavia, em excelente relevo, a imagem deste homem tão superiormente interessante em todas as suas manifestações de pensamento, de paixão, de sociabilidade e de ac*ção*. [EÇA DE QUEIROZ, 1900: 111-112]

Estamos aqui perante uma situação de cartas «privadas» que outrem – neste caso um «amigo», alguém que se encontra numa situação privilegiada para o poder fazer – decide tornar «públicas», com a intenção de assim melhor dar a conhecer os aspetos mais íntimos do autor. A este respeito, escreveu Z. Zagalo acerca do seu biografado:

> Eu fui a testemunha da sua vida: outros o viram em S. Bento, na Secretaria, no Paço, no Grémio – só eu o vi, perdoe-me V. Ex.ª, Sr.ª Condessa, a familiar expressão, – em chinelos e *robe-de--chambre*. Todos conhecem o grande homem; só eu conheço o homem. [BNP, ACPC, E₁/285]

– que era, supostamente, uma personalidade de relevo na vida social e cultural do seu tempo. Descontando-se ou não a famosa ironia que o carateriza, e de certo modo colocando-se no papel do Zagalo do *Conde de Abranhos*, o narrador da *Correspondência* apresenta as cartas de Fradique Mendes como a matéria de facto – a *mousse*, «a espuma radiante e efémera» – a que se resume a obra literária de um autor que nunca passou do virtual, sendo portanto, a obra e o autor, inacessíveis aos cidadãos em geral – «enquanto em baixo jazia o vinho rico e substancial que não foi nunca distribuído nem serviu às almas sedentas» –, distinguindo-a das correspondências *de autor*, como as de Voltaire ou Proudhon, que constituem «o corrente e constante comentário que acompanha e ilumina a obra»; pelo contrário, em correspondências de «não autores», como a de Fradique, cumpriria, ainda segundo Eça, «sobretudo destacar as páginas que com mais saliência revelassem a 'personalidade' – o conjunto de ideias, gostos, modos, em que tangivelmente se sente e se palpa o homem» [EÇA DE QUEIROZ, 1900: 111].

O modificador «com mais saliência» corporiza, aqui, um aspeto importante da contingência do trabalho do editor de textos alheios: a necessidade de tomar decisões em lugares onde o autor as não tomou, e, no caso da edição de textos dispersos, decidir quais aqueles que se deve ou não publicar – concretamente, e de entre os «pesados maços das cartas de Fradique», decidir quais aquelas que haveria de escolher para publicação. Esta contingência de ter de escolher e optar entre diversos materiais disponíveis não é, no entanto, dificuldade apenas para o editor, uma vez que o autor também tem que lidar com ela: recordo o desabafo de Virginia Woolf na entrada do seu *Diary* referente ao dia 18 de abril de 1918 – e registe-se a proximidade, que aqui nos interessa realçar, no que diz respeito à identificação do «eu» com a sua própria narrativa, entre o *texto diarístico* e a *carta privada*:

> Depois fui a Guildford. Não vejo como posso pôr as três ou quatro horas de conversa do Roger no resto desta página (e tenho de parar para ir ler Viola Meynell); a conversa incidiu sobre toda a sorte de coisas; envelhecer; solidão; religião; moral; a Nessa; o Duncan; a literatura francesa; a educação; os judeus; o casamento e a *Lisístrata*. De vez em quando lia uma citação de um livro de Proust (de que já não lembro o nome), e depois da sua tradução [de *Lisístrata*]; e quando acordámos na manhã seguinte [...]
> [WOOLF, 1915-1926, ed. 1987: 89]

É tempo já de recuperarmos o fio à meada, isolando os três intricados nós em que nos temos vindo a enredar: a relação do filólogo com os manuscritos autógrafos de escritores importantes; a dinâmica que se cria entre o autor e o seu leitor quando, como acontece nas sessões de leitura pública, as reações do ouvinte podem condicionar o processo criativo e a fortuna posterior do texto; e a correspondência privada onde, tal como acontece no diário pessoal (em geral, nos textos em que existe identificação direta e assumida entre o sujeito da enunciação e o sujeito do enunciado), a espontaneidade pode ser sacrificada aos condicionalismos físicos da escrita e à necessidade de estabelecer uma comunicação eficiente com o destinatário. A estes três nós juntarei agora um quarto: como proceder, numa perspetiva editorial, com este tipo de textos?

Teremos que resistir à tentação de considerar os manuscritos autógrafos como exemplares de uma mesma realidade, e distinguir entre os manuscritos que integram, como testemunhos de trabalho, o processo genético de um texto, e aqueles que são, por definição, o suporte único do texto que transmitem. Teremos, também, que distinguir entre manuscritos *autógrafos privados* e *manuscritos autógrafos públicos*.

Os primeiros são os manuscritos de trabalho, que o autor em princípio abandonaria (destruindo-os, guardando-os, doando-os) à medida que fosse passando para uma fase de acabamento superior, até à lição terminal ou final[25]; são peças de um processo, e por isso caraterizam-se pela pluralidade: é frequente que o autor tenha produzido mais do que um manuscrito – num processo de cópias sucessivas –, e que em cada um deles existam marcas da sucessão de várias vontades, sob a forma das já referidas quatro operações que caraterizam o trabalho genético; e mesmo que disponhamos apenas de um manuscrito único e sem emendas, é aconselhável que consideremos que, algures ao longo do processo, terá existido pelo menos um outro, e que esse, ou um outro ainda, terá contido emendas textuais. O que aqui se vê são, afinal, os bastidores da cena onde, repegando em Edgar Allan Poe, se processa o disfarce que é a elaboração de um texto literário, ou seja, algo que não se destina a ser visto pelo público a não ser na sua forma final e acabada, que é privado por natureza – e que é exemplificável pela generalidade dos manuscritos dos autores que eu já referi. Quanto aos segundos, a que chamo *manuscritos autógrafos públicos*, ocupam a cena deste grande teatro: têm a forma de acabamento com que o autor resolveu apresentá-los ao «público» que é o seu leitor, e de um ponto de vista genético nada os distingue de um manuscrito a limpo para tipografia, ou mesmo de um impresso, na medida

---

[25] Que são coisas diferentes: entenderemos como *lição terminal* aquela que corresponde à lição patente no testemunho em que o autor interveio pela última vez, e que em muitos casos pode não representar aquilo que seria a sua vontade final por entretanto ter abandonado o processo; e por *lição final*, aquela que o autor considerou como tal, e que publicou ou deu como publicável.

em que, por princípio, não conservam as marcas da sua génese; este tipo de manuscrito é exemplificável pelas chamadas «correspondências privadas», onde o conceito de «privado» não se refere à intimidade do trabalho do autor, protegida dos olhares alheios, mas à relação direta e recíproca, e não forçosamente íntima, do autor com um seu destinatário bem específico (como o seria, de resto, o Imperador Augusto quando se dignava ouvir os seus amigos poetas Gaio Gallo, Vergílio, Horácio ou Ovídio a lerem os seus poemas, e eventualmente comentá-los).

Regressando aos quatro nós que mais atrás referi – a relação do filólogo com os manuscritos autógrafos, a dinâmica que se cria entre o autor e o seu leitor e que pode condicionar o processo criativo e a fortuna posterior do texto, a correspondência privada onde a espontaneidade pode ser sacrificada aos condicionalismos da escrita e à necessidade de estabelecer uma comunicação eficiente com o destinatário, e os comportamentos editoriais a adotar perante manuscritos autógrafos de correspondências privadas –, importa que os desintrinquemos.

E começarei por concluir uma coisa que o bom senso recomenda: não basta dizer que cada escritor, ou cada um dos seus manuscritos autógrafos, *são um caso*; é preciso que se tenha em conta que há manuscritos autógrafos que revelam o *trabalho dos bastidores* e que por princípio integram a privacidade do autor (assumindo-se que ele não foi contaminado pela «perversidade» de refazer manuscritos autógrafos *a posteriori*) – e neles pode operar a crítica genética com toda a sua aparelhagem teórica e operacional –, e que há manuscritos autógrafos que apenas revelam o *trabalho de palco* – e sobre eles a crítica genética nada tem que fazer. Naturalmente, quando se trata de preparar o trabalho filológico, em uns e outros atuam oficiais de especialidades diferentes: nos primeiros, os *críticos textuais genéticos*; nos segundos, os chamados *críticos textuais modernos*. E, no caso das correspondências privadas, inéditas ou já publicadas e com tradição editorial, são estes últimos que deverão ser chamados a intervir.

Assim sendo, interessa que se saiba como hão de eles intervir – no que, uma vez mais, deve ser o bom senso a dar o tom: não basta dizer que se está perante um manuscrito autógrafo; tem que se dizer que, estando-se perante um manuscrito autógrafo, o que lá encontramos, afora a mensagem – que até poderá ser codificada, como, ao que consta, muitas vezes acontece nas cartas da jovem Marquesa de Alorna, sobretudo as cartas enviadas do convento, onde ela se encontrava encerrada, para o pai, que estava preso – são informações acerca das circunstâncias em que cada carta foi escrita (por exemplo, letra miúda e apertada, palavras abreviadas, parágrafos sem translineação, papel sem margens, podem querer dizer «carta escrita na prisão», onde o papel e a tinta eram bens difíceis de obter; enquanto letra normal, em papel normal, quererá dizer «carta escrita em liberdade», já sem as restrições impostas pela prisão), e que dizendo muito em termos de história social, são de todo inúteis numa perspetiva de crítica textual genética: nada nos dizem, por exemplo – salvo uma ou outra correção pontual – acerca do trabalho de génese do texto neles contido.

E daqui concluirei, finalmente, e uma vez mais em respeito pelo bom senso, que a edição de cartas privadas, nos termos em que as entendo, deve ter por princípio norteador o bom entendimento do leitor – porque se trata de textos que, por natureza e por intenção, se destinam a serem bem lidos e interpretados, sem grande margem para engano. Procedendo assim, será um favor que prestamos ao autor, ao seu texto e ao leitor deles.

E se dúvida nos resta, recupere-se o antigo e saudável hábito da leitura pública dos textos antes de eles serem dados por terminados. Ponha-se o editor de cartas privadas nessa posição e leia em voz alta, para um público atento e interessado – e não é necessário que seja o Imperador Augusto, aqui em metáfora de autoridade –, as cartas que tem preparadas. E tenha em boa conta os comentários do público: sejam eles quais forem, virão do lugar certo – que é onde se encontram os destinatários de quaisquer cartas. Foi para isso que de certeza o autor as escreveu – e foi talvez por isso que não guardou memória do modo como as escreveu, porque isso era assunto de bastidores. E no fim de contas, como observou Cesare Segre, nos textos narrativos – e as cartas privadas são, em princípio, narrativas – apenas se podem identificar os traços precisos não do autor histórico, mas do autor tal como ele se revela na obra, um autor depurado dos seus traços reais, e caraterizado por aqueles que a obra postula; o mesmo acontecendo com o leitor, que é implicado pela obra e que pode não corresponder ao leitor real. [SEGRE, 1985: 13]

Afinal, a cena continua. Mudem os atores o que mudarem.

PARTE II
CASOS

Tardei, e cuido que me julgão mal,
Que emendo muito e que emendando, dano.
Senhor, que hei grande medo ao desengano,
D'este amor que a nos temos desigual.

Todos a tudo o seu logo achão sal:
Eu risco e risco, vou me de ano em ano.
C'um dos seus olhos só vai mais ufano
Felipe, assi Sertorio, assi Anibal.

Ando cos meus papeis em diferenças!
São perceitos de Horácio, me dirão.
Não posso em al, sigo o em aparenças.

Quem muito pelejou, como irá são?
Quantos ledores, tantas as sentenças.
C'um vento velas vêm, e velas vão!

SÁ DE MIRANDA
Soneto XXIII

No tempo dos Afonsinos

... porque os homēēs son mortaes e a renēbrãça dos feytos que fazē nõ podem sempre durar enos coraçõēs dos homēēs que de poys nacē, por en foy achada a escritura que as cousas traspasadas per firmidõ da escritura seiã sempre presentes.

Chancelaria de D. Afonso III

6
UMA CARTA DO CONDE DE BOLONHA AO CONDE DE ARTOIS

AO TENTAR CONCILIAR um dos objetivos da filologia tradicional – a *edição de textos* medievais – com um dos ensinamentos da crítica textual – a impossibilidade de se dar criticamente uma *edição definitiva* –, o editor crítico depara-se com uma difícil barreira técnica: se, por um lado, a edição que produz nunca satisfaz todos os seus potenciais utilizadores (ou porque é demasiado conservadora ou demasiado interventora, ou até porque nem sempre consegue respeitar totalmente os seus próprios critérios), ela constitui, por outro lado, um momento de *paragem* ou de *mumificação* na transmissão do texto, na medida em que, sendo o resultado de anos de trabalho envolvendo consideráveis meios materiais, técnicos e científicos, só muito raramente alguém se sente motivado para se abalançar à realização de uma melhor.

Esta situação acarreta graves prejuízos: muitas vezes os investigadores utilizam, sem o saber, edições que merecem ser revistas ou refeitas, o que lhes poderá afetar o trabalho; os investigadores conscientes de tal situação sentem-se obrigados a visitar os manuscritos, perdendo assim tempo e contribuindo para a degradação dos suportes; e o simples facto de se editar de raiz um texto anteriormente editado em livro torna o processo editorial demasiado caro em tempo e recursos.

A crítica filológica tradicional sucumbe mais vezes do que aquelas que seria desejável à tentação de encarar o manuscrito medieval numa perspetiva teleológica: para ela, o processo de transmissão de um texto documentado no conjunto dos manuscritos que constituem a sua tradição deve conduzir, de um modo inexorável, a um fim predeterminado: um texto em condições de ser lido por um leitor. Mas isso coloca-nos perante um problema: este leitor já não é o destinatário direto do original nem de qualquer dos testemunhos da tradição manuscrita – logo, um leitor-alocutário interessado no assunto que constitui o conteúdo proposicional do texto –, mas, pelo contrário, um leitor que encara o texto como um documento de trabalho (documento histórico, linguístico, filológico, etc.) ou como um monumento cujo interesse muitas vezes reside no simples facto de ter sobrevivido à passagem do tempo.

No entanto, existem incoerências, mesmo até contradições, entre o fim e o *modus faciendi* para o atingir: o filólogo afirma que o seu desejo é apresentar aos leitores um texto bom para os trabalhos deles, e para isso submete-o a normas de transcrição que interferem ao mesmo tempo na ortografia, na pontuação e em aspetos mais profundos do enunciado como, por exemplo, a separação ou reunião de morfemas lexicais, ou o tratamento dos clíticos – justificando a sua conduta pela necessidade de tornar a leitura mais fácil aos leitores modernos. E aqui temos a incoerência: as formas linguísticas que encontramos no manuscrito foram lá postas para serem lidas por leitores situados, enquanto alocutários, no mesmo estado de língua em que se encontrava o agente ilocutório; logo, é o leitor posterior – e porque ele sabe que vai ler um texto do passado –, um leitor *diferido*, que deve adaptar-se à língua do manuscrito: se procedermos ao contrário, correremos o risco de transmitir ao leitor um texto diferente daquele que é suposto transmitir-lhe.

Com efeito, quando lemos um texto em português num manuscrito medieval, nele encontramos, pelo menos no que diz respeito à *scripta*, um testemunho de um processo bastante complicado que concilia os signos de uma língua anterior – o latim – e as caraterísticas fonéticas e fonológicas de uma nova língua. Se aceitarmos o que Aristóteles disse em *Da Interpretação* –

> As palavras faladas são símbolos das afecções de alma, e as palavras escritas são símbolos das palavras faladas [ARISTÓTELES: II, 1] –,

e aceitando o conceito de Hjelmslev segundo o qual o grafema seria a imagem do fonema obtida por uma transformação de substância [HJELMSLEV, 1971], os manuscritos medievais ainda não representam uma *outra língua* mas antes um *estado de língua* que combina as qualidades da língua anterior com as da nova língua: tomemos como exemplo os casos tão evidentes dos dígrafos <ch>, <nh> (ao lado de <n, nn, ni, nj, gn>) e <lh> (ao lado de <l, ll, li, lj, gl>) que, constituídos por letras do alfabeto latino, acabam, no Português Antigo, por representar a africada palatal surda [tʃ], a nasal palatal [ɲ] e a lateral palatal [λ], respetivamente, que são uma inovação face ao latim. Em casos como estes, encontramo-nos perante a situação de uma «nova» língua que, em processo de constituição de uma *scripta*, não elimina a *scripta* da «velha» língua, mas, pelo contrário, procura adaptá-la às novas realidades, inseridas num determinado processo evolutivo: cada um destes dígrafos <ch, lh, nh>, tal como todos os outros que constituem a nova *scripta*, integra um sistema semiológico que funciona em relação com um outro sistema semiológico, o da língua falada [*cf.* CATACH, 1986: 1-10]. É verdade que a língua escrita, e sobretudo num manuscrito medieval, é sempre artificial e não representa de uma maneira fiel a língua falada da época em que foi escrito [MAIA, 1986: 11-17]; mas de qualquer modo trata-se de um sistema, e por isso qualquer intervenção do editor sobre o mínimo elemento deste sistema conduzirá sempre a transformações importantes sobre o conjunto – o texto –, acarretando assim prejuízos que nunca poderemos avaliar devidamente. Para reduzir ao mínimo as consequências negativas de tais intervenções, os filólogos procuraram criar normas e critérios de transcrição dos textos antigos para utilização dos leitores modernos.

É por isso, sabemo-lo todos, que a história da filologia está cheia de tentativas que visam a conciliação dos interesses do texto e do leitor, através da elaboração de normas de transcrição com vocação «universal» (pelo menos em universos linguísticos ou documentais específicos); porém, no momento em que são aplicadas, estas normas revelam-se insuficientes, na medida em que são incapazes de dar conta de todas as singularidades do manuscrito e do texto que ele suporta; em geral, os próprios autores destas normas têm uma consciência clara da dificuldade que é encontrar normas e critérios que satisfaçam todas as necessidades, sejam elas do filólogo, do historiador, ou do leitor comum.

Recordemos, na história da filologia portuguesa, três exemplos de filólogos distanciados entre si em cerca de um século: Carolina Michaëlis de Vasconcelos (1885, 1904), Leite de Vasconcelos (1921), e Avelino de Jesus Costa (1976). Leite de Vasconcelos defendia duas soluções para a mesma grafia, deixando ao critério do editor a opção por uma ou por outra de acordo com a natureza do texto e do leitor a quem se destinam a edição ou a reedição dos textos: segundo ele, teremos que ser mais rigorosos nos textos em que predominar o valor filológico ou paleográfico, e menos rigorosos naqueles em que predomine o valor literário, histórico, moral e científico [VASCONCELOS, 1921: 165]. Cinquenta anos mais tarde, Avelino Costa reconhecia às novas técnicas de impressão de livros, e aos meios informáticos disponíveis para o tratamento dos materiais editados, uma importância bastante para que se pudesse modelar as normas de transcrição dos textos à imagem destes meios e destas técnicas [COSTA, 1976: 7-8]. Por sua vez, Carolina Michaëlis tomou o partido da fonética contra o da etimologia: com base na observação que fez do códice do *Cancioneiro da Ajuda*, a grande filóloga concluiu em 1885 que o copista «transcreveu todas as palavras como então se pronunciavam, sem se preoccupar com as normas classicas e etymologicas» [MICHAËLIS, 1885: CV], o que autorizaria o editor moderno a regular as grafias antigas de modo a nelas conservar todo o seu valor fonético, evitando no entanto as confusões que «as lettras duplicadas e inuteis» (sejam elas etimológicas ou não) podem causar no leitor moderno:

> As modificações ortográficas a que submeti o texto [do *Cancioneiro da Ajuda*], tendem a aussiliar a compreensão sem todavia desfigurarem o seu carácter arcáico. Sem isso, poucos portugueses o haviam de lêr. E falharia então uma das minhas principais ambições. [MICHAËLIS, 1904: XII]

Estes filólogos, assim como todos os outros que produziram doutrina relativa à questão dos critérios e das normas para editar os textos antigos, parecem estar de acordo num aspeto: *não existem normas universais*; será por isso necessário que se proceda de uma maneira tal que o leitor possa ler o texto e dele se servir de acordo com as suas necessidades – o que implica que, em teoria, se estabeleçam tantos critérios de edição quantos os tipos de textos e os tipos de leitores.

Tendo em conta o conceito tradicional de edição de textos antigos – reprodução impressa de um texto, sob a forma de livro, depois de o ter submetido a um conjunto de operações críticas –, a situação atual é quase a mesma de há mais de um século; nestes termos, qualquer edição é um objeto *fechado*, mesmo até *concluído*, pelo que qualquer intervenção no seu tecido implica uma *nova edição*. É por isso que o investigador, muitas vezes, se depara com edições que em rigor não lhe servem: se é um investigador avisado nestes assuntos e dispõe de tempo e de conhecimentos, sentir-se-á tentado a empreender uma nova edição de acordo com as suas necessidades ou com aquilo que julga ser a boa maneira de a fazer; mas se o não é, ou se não tem possibilidades de fazer a nova edição, correrá o risco de o seu trabalho vir a ser posto em causa por se ter baseado numa edição não adequada.

* * *

A edição de qualquer texto medieval, seja ele escrito em latim ou já em português, levanta problemas tanto de ordem paleográfica como linguística. Mais do que decifrar a letra e descrever as caraterísticas materiais dos suportes, cabe ao editor a responsabilidade de preservar todos os elementos do texto que possam documentar a fase histórica da língua nele registada. Entre nós, a tarefa de edição de textos tem recaído sobretudo nos filólogos e historiógrafos, devendo-se, no entanto, a estes últimos a edição da maioria dos textos com valor historiográfico, especialmente os não-literários.

Ao observarmos os trabalhos por uns e por outros realizados neste campo, verificamos que são muito diferentes as estratégias e as táticas utilizadas [CASTRO e RAMOS, 1981], do que decorre que frequentemente textos da mesma época e com caraterísticas semelhantes, mas editados por pessoas diferentes, apresentam soluções gráficas diferentes, a ponto de se tornar legítimo perguntar-se se a língua neles representada será realmente a mesma.

À primeira vista, isto acontece porque não existia uma *scripta* regularizada, e também porque não há critérios generalizados para a feitura de edições de textos; mas a razão fundamental reside, a meu ver, no facto de na maioria dos casos não haver um trabalho interdisciplinar de filólogos e historiógrafos. É por isso que constatamos que, nas edições feitas por filólogos, se dá uma importância especial aos aspetos de ordem linguística, notando-se um grande cuidado na definição dos critérios de transcrição que geralmente são apresentados ao leitor, e descurando-se eventualmente aspetos intrínsecos de conteúdo; enquanto nas edições realizadas por historiógrafos se considera frequentemente os critérios de transcrição como dados adquiridos que não vale a pena explicitar, preocupando-se mais o editor em precaver a preservação das informações de caráter explicitamente documental.

Na generalidade dos trabalhos de edição feitos por não filólogos, os responsáveis optam por desenvolver as abreviaturas mas mantêm, por exemplo, a distribuição das maiúsculas e minúsculas, e de pontuação, e não consideram a existência e distribuição das plicas e dos pequenos traços oblíquos que em muitos textos existem claramente para marcar a divisão de uma palavra por mudança de linha, e ainda a distribuição das várias formas das maiúsculas e de determinados grafemas, nomeadamente os alógrafos (variantes gráficas combinatórias) <σ>, <ſ>, <s> para 's', e <r>, <ɼ> e <ɼ> para 'r'. Ora, se a distribuição das maiúsculas e das minúsculas, embora muitas vezes seja mais resultado da ausência de uma *scripta* regular do que de uma intenção por parte do escriba, pode ter implicações de ordem linguística (grafémica), a não conservação das plicas, que geralmente são as marcas de abertura da vogal a que estão sobrepostas, ou marcas de hiato, ou então (sobretudo na poesia) sinal de que a vogal respetiva, estando em posição inicial de palavra, se segue a uma situação de elisão da vogal átona final da palavra anterior, terá sem dúvida implicações bastante mais graves; o mesmo será de dizer relativamente à não conservação dos alógrafos, e bem assim dos tracinhos de final de linha, cuja presença ou ausência pode, em certos casos, decidir se a uma determinada forma corresponde uma ou duas palavras. Por outro lado, e no que diz respeito ao desenvolvimento das abreviaturas, nota-se muitas vezes a tendência para adotar comportamentos idênticos, quer elas englobem fonemas nasais, quer orais, e qualquer que seja a respetiva posição na palavra, quando se desconhece ainda, ou se conhece mal, a realização fonética das nasais no português antigo, e se não tem muitas certezas quanto ao valor consonântico ou de mera marca de nasalidade das consoantes nasais ocorrentes nos textos sob sinal de abreviatura; daí que vá sendo hábito, entre filólogos, não desenvolver, nas edições rigorosas, as abreviaturas que abarquem fonemas vocálicos presumivelmente nasais. Tudo isto, note-se, com a finalidade de acautelar o valor documental de quaisquer traços e elementos dos textos – e creio que ao historiógrafo, seja ele linguista ou entendido na generalidade, interessa tudo quanto possa constituir documento.

O ideal, portanto, seria proceder-se a edições rigorosamente diplomáticas, nas quais a intervenção do editor se limitasse à transcrição em carateres modernos da letra e dos restantes elementos gráficos dos textos. Paralelamente, e apenas para os textos mais importantes, ou então para uso de historiadores específicos sem interesse de ordem linguística (do direito, dos costumes, da propriedade, etc.), realizar-se-iam edições interpretativas, nas quais já se poderia, então, proceder à regularização do texto no que diz respeito às grafias, à pontuação, à acentuação e às fronteiras de palavra, sem se alterar o respetivo conteúdo.

Foi com este tipo de preocupações que procedi à edição que aqui fica de um pequeno documento, quase desconhecido, emanado da corte de D. Afonso, Conde de Bolonha, ainda na sua qualidade de procurador e defensor do reino. Embora escrito em latim, alguns dos problemas acima considerados são nele relevantes.

O documento

No decurso do meu trabalho de edição e estudo linguístico e filológico dos documentos da *Chancelaria de D. Afonso III* redigidos em português [DUARTE, 1986a][26], tive oportunidade de encontrar uma carta enviada pelo ainda Infante D. Afonso, Conde de Bolonha, a Roberto, Conde de Artois, pedindo-lhe para confirmar umas doações de terras que fizera, em conjunto com a Condessa Dona Matilde, aos cavaleiros Mateus de Trya e João de Aboim, e a Estêvão Anes, seu camareiro. Estava-se em 1247, o rei D. Sancho II, embora desterrado em Toledo, ainda estava vivo, e o Conde de Bolonha, na sua qualidade de curador e defensor do reino que lhe fora consignada pela mesma bula papal que destituíra o rei (*Grandi non immerito*, de 24 de julho de 1245), preparava-se para assumir o reino. João Peres de Aboim e Estêvão Anes eram os seus homens de confiança: o primeiro viria a ser Mordomo-Mor, e o segundo Chanceler do reino.

Trata-se de um documento original em latim, dado na Guarda em outubro de 1247, com selo de cera pendente, e que se encontra no maço A.11 do *Trésor des Chartes d'Artois, période des Comtes d'Artois*, conservado nos Archives Départementales du Pas-de-Calais, em Arras.

No que diz respeito à apresentação, redação e formulário do texto, a carta poderá ser classificada como um documento semissolene, na medida em que concilia a letra em cursivo, as pequenas dimensões do pergaminho e a ausência de firma do emissor e de subscrição do escriba, com uma redação cuidada, a atribuição de qualificativos elogiosos aos nomes envolvidos, e a aposição de selo de cera.

O suporte tem as dimensões de $127^{mm} \times 122^{mm}$, tendo a margem superior cerca de 11^{mm}, a inferior cerca de 22^{mm}, e a esquerda 6^{mm}, sendo a da direita naturalmente irregular, e conserva ainda os vincos pelos quais foi dobrado em quatro partes.

O texto distribui-se por 13 linhas com a dimensão média de 115^{mm}, e a letra é em cursivo gótico bastante regular. O selo, já

---

[26] Veja-se adiante «Os textos em português da *Chancelaria de D. Afonso III*».

bastante deteriorado, é de tipo equestre e heráldico, representando no anverso uma figura de cavaleiro, e no reverso um brasão de forma oval com as dimensões de 38^{mm} no diâmetro maior e 33^{mm} no menor, sendo a metade da esquerda definida pelo diâmetro maior ocupada por 7 flores-de-lis, e a da direita por 3 barras horizontais; a fita de prisão do selo, em pergaminho, tem entre 10 e 14^{mm} de largura e 110^{mm} de comprimento.

Nas costas do documento encontra-se, para além do carimbo do Arquivo, a data «1247 octobre» e a cota «N.º 201. A 11.9», em letra moderna.

O texto

Uma vez que se trata de um texto escrito em latim, o seu interesse para a história da língua portuguesa é reduzido: embora apresente, como é natural, alguns traços romances, nenhum deles, no entanto o distinguem do acervo de textos do mesmo tipo e da mesma época. Daí que a sua apresentação aqui seja mais para interesse dos historiadores do que dos filólogos. De qualquer maneira, e embora ele não apresente a complexidade no que diz respeito à conservação ou à regularização das grafias, da pontuação, da acentuação e das fronteiras de palavra, subjacente ao que ficou dito mais acima, optei por fornecer duas leituras: uma, de cariz *paradiplomático*, em que apenas intervim a nível do desenvolvimento das abreviaturas (dadas por itálico), conservando a lineação original (as linhas são definidas por traços verticais seguidos do número de ordem, em expoente, da linha que se segue); outra, *interpretativa*, em que uniformizo em <i> o <j> e o <i> com valor vocálico, e em <v> o <u> consoante, e regularizo a alografia, a distribuição das maiúsculas e das minúsculas, da pontuação e das fronteiras de palavra, não assinalando já os desenvolvimentos das abreviaturas nem a lineação, uma vez que todo o eventual valor documental do texto a este nível fica devidamente acautelado na primeira leitura.

Embora consciente da onerosidade do método da dupla edição (paradiplomática e interpretativa), estou convencido de que ele se poderá tornar rentável, sobretudo quando se trate de textos de grande e variado interesse, na medida em que tanto pode ser usado pelos historiadores da língua (a paradiplomática) como pelos historiadores em geral, que assim não precisarão de se defrontar com questões e acidentes meramente de interesse linguístico (a interpretativa). Aqui ficam:

> 1247, Outubro, Guarda. – Afonso, conde de Bolonha, pede a Roberto, conde de Artois, que confirme umas doações de terras que fizera, com sua esposa Matilde, aos cavaleiros Mateus de Trya e João de Aboim, e a Estêvão Anes, seu camareiro.

Edição paradiplomática:

Nobílj viro domino et confanguineo fuo Karissimo. Robertus. Comitj Atrebatensis |² Alfonoσ⁹ filiuσ illuftrio Regio Portugalie Comeσ Bolonie σalutem |³ et σincere dilectionio affectum cum σeruitio et honore Dilectionem uestram de |⁴ qua multum confidimuσ Rogamuσ et requirimuσ affectum quo poffumuσ |⁵ quatinuσ dona terrarum que Noσ et Mathildis vxor nostra |⁶ Comitiffa Bolonie infimul fecimuσ dilectio et fidelibuσ nostrio |⁷ Matheo de Trya et Johani de Auouynno militibuσ et Steuan |⁸ Johanio camerario nostro velitio figilli uestri munimine confirmare |⁹ prout in Litterio nostris inde factio pleníuσ videbitiσ |¹⁰ continerj. Tamtum jnde facienteσ quod vobis teneamur |¹¹ ad grateσ. Actum apud Guardam. Anno. dominj. Millesimo |¹² Ducentefimo. Quadragefimo. Septimo. Menfe |¹³ Octobris.

Edição interpretativa:

Nobili viro domino et consanguineo suo karissimo Robertus, comiti atrebatensis, Alfonsus, filius illustris regis Portugalie, comes Bolonie, salutem et sincere dilectionis affectum cum servitio et honore dilectionem vestram de qua multum confidimus, rogamus et requirimus affectum quo possumus quatinus dona terrarum que nos et Mathildis uxor nostra, comitissa Bolonie, insimul fecimus dilectis et fidelibus nostris Matheo de Trya et Johani de Avouynno, militibus, et Stevan Johanis, camerario nostro, velitis sigilli vestri munimine confirmare prout in litteris nostris inde factis plenius videbitis contineri. Tamtum inde facientes quod vobis teneamur ad grates. Actum apud Guardam, anno domini millesimo ducentesimo quadragesimo septimo, mense Octobris[27].

---

[27] Tradução em português, por Rosário Laureano Santos:

«Ao nobre varão, senhor e parente seu, caríssimo Roberto, Conde de Artois. Nós, Afonso, filho do insigne Rei de Portugal, Conde de Bolonha, saudamos e recordamos lealmente o vínculo de amizade, com serviço e honra, e a vossa amizade em que muito confiamos. Rogamos e requeremos o vínculo com o qual possamos confirmar, ao abrigo do vosso selo, as dádivas de terras que nós e Matilde, nossa esposa, condessa de Bolonha, fizemos em conjunto aos nossos dilectos e fiéis cavaleiros Mateus de Trya e João Aboim, e a Estêvão Anes, nosso camareiro, soldado, conforme a nossa carta, na qual os factos são descritos com mais pormenor. Assim, fazei com que, desde agora, tenhamos o vosso reconhecimento. Lavrado na Guarda, no ano do Senhor de 1247, no mês de Outubro».

7
OS TEXTOS EM PORTUGUÊS DA *CHANCELARIA DE D. AFONSO III*

A CHANCELARIA DE D. Afonso III é constituída por três livros de registos: o *Livro I*, que contém cartas de doação, de mercê e de demarcação de terras, vilas e lugares; o *Livro II*, que encerra cartas de direitos reais, de transações com a Sé de Évora, de doação, de contratos com várias pessoas, e ainda as cartas de concórdia relativas ao reino do Algarve; e o *Livro III*, com forais velhos, cartas de doação e dois cadernos soltos e incompletos com inquirições, os quais «por se nã acabarẽ de perder se ẽncadernarã cõ ho dito liuro por ãdarẽ dantes juntos nelle», como se lê na folha de rosto, escrito pela mão de algum zeloso funcionário.

Dos três livros, o primeiro é o que se reveste de maior interesse para efeitos filológicos, uma vez que é nele que se encontram trinta e três do total de trinta e quatro textos escritos em português de toda a *Chancelaria* e nela registados em vida do rei – com exceção de quatro que foram copiados no século XVI, em espaços primitivamente deixados em branco no *Livro I*, e que se referem a doações da rainha viúva D. Beatriz, feitas em Sevilha – e que são, tanto quanto se sabe, os testemunhos remanescentes dos primeiros textos oficiais portugueses escritos em língua vulgar[28].

---

[28] Para uma descrição exaustiva destes documentos e dos livros em que se encontram, veja-se DUARTE, 1986a.

Destes trinta e quatro textos, vinte e oito trazem a identificação nominal do notário (se se trata de documento emanado da Corte) ou do tabelião (se emanado de alhures e endereçado à Corte), e trinta e dois referem o local de emissão. No que diz respeito aos notários, eles são geralmente identificados, enquanto os tabeliães (dos concelhos ou dos mosteiros) geralmente o não são, ou apenas o são pela designação do cargo («Tabelião público de», por exemplo), excetuando o que se passa com Vicente Fernandes que, tendo produzido quatro textos saídos da Corte, se apresenta num outro, emanado pelo concelho de Monsaraz, do seguinte modo:

> Eu vicente fernandiz Tabelliõ publico de Monsaraz foy presẽte entodas estas cousas dauãdictas et de mandado et de outorgamẽto do Alcayde et dos Aluazíjs et do Cõçello de Monsaraz escriuy et sééley esta carta cũ ma mao propria et pugy meu sinal entestemoyo [*Doc.* I-4: 76ʳA; DUARTE, 1986a: 100].

Relativamente aos locais de emissão, eles são quase sempre identificados ou expressamente («Dada en», «feyta a carta en», etc.) ou implicitamente (pelo conteúdo, como acontece, por exemplo, com o documento III, emanado pelo Concelho de Abrantes:

> Conhoscã todos aqueles que esta carta uirẽ e ouuirẽ que nos Juyzes e Concelho de Aurãtes [...]. Daqual cousa entestemoyo fezemos esta carta seelar do seelo do nosso Cõcelho [III: 12ᵛA, 12ᵛB; DUARTE, 1986a: 294].

O facto de os textos, tenham eles sido redigidos por funcionários da Corte ou outros, terem sido copiados por registadores da Chancelaria que terão introduzido as suas próprias variantes gráficas (resultantes, por exemplo, de hábitos escriturais localizáveis) ou mesmo textuais (como erros de cópia tipificáveis), escondendo ou anulando assim caraterísticas idioletais ou de hábitos escriturais representados nos documentos copiados, poderá tornar não significativa, ou pelo menos não prioritária, a distinção entre notários ou tabeliães, funcionários da Chancelaria ou de alhures, ou entre documentos emanados, por exemplo, em Coimbra ou em Lisboa. Mesmo assim, justifica-se a identificação dos funcionários responsáveis por textos em português, e dos locais onde exerceram funções, que mais não seja para ressaltar que enquanto houve alguns que apenas produziram textos em latim (casos, entre outros, de Julião, de André Simões, de Domingues Peres, de Domingues Vicente, de Erveus Anes, ou de Pelágio Anes, tabelião público de Guimarães), outros houve que os produziram tanto em latim como em português; por outro lado, interessaria saber qual o mecanismo, se algum havia, que determinava a incumbência de redação de cada texto a um ou a outro dos diferentes funcionários, e se isso teria algo a ver com as relações da Corte ou do rei com a localidade onde se encontravam no momento da emissão do documento, ou com os seus destinatários. Mas isso só terá significado (ou poderá ser estudado) quando se proceder à edição integral da *Chancelaria de D. Afonso III*[29].

Os textos em português da *Chancelaria de D. Afonso III* constituem autênticas ilhas dispersas pelo conjunto de documentos, quase todos redigidos em latim e alguns em castelhano. No entanto, sendo já em número considerável, tendo em conta o estado geral do processo de utilização do português na escrita, na época em que foram produzidos – esse número e a frequência com que eles aparecem vai aumentando com o tempo a ponto de se poder dividir em dois o período de vinte e cinco anos durante o qual eles ocorrem, independentemente de terem sido ou não emanados da Corte: o período de catorze anos entre 1255 e 1268, com um total de seis

---

[29] Já foi entretanto publicada a edição do *Livro I* por VENTURA e OLIVEIRA (2006). Sem qualquer referência a DUARTE, 1986a.

textos (17,6% do conjunto), e o período de onze anos de 1269 a 1279, com um total de 28 textos (82,4%), contando-se aqui com dois textos que, embora desprovidos de data mas tendo em conta os respetivos posicionamentos, se integram neste período.

Relacionado com estes valores, há ainda a salientar o facto de haver vários anos brancos (aqueles em que não se produziu qualquer texto em português) entre aqueles em que foram produzidos um ou dois textos em português, durante o primeiro período (de 1255 a 1268, em que há nove anos brancos), enquanto durante o segundo período (de 1269 a 1279) só há um.

Ora, se a relação 'número de documentos escritos em português'/'ano' é bastante irregular em qualquer dos dois períodos, uma vez que há anos relativamente ricos intervalados por anos menos ricos ou mesmo brancos, podendo eventualmente ser atribuída a razões de circunstância, o acentuado aumento de documentos escritos em português do primeiro para o segundo períodos leva a crer, só por si, que não estamos perante uma situação fortuita, mas antes perante uma tendência bem determinada: a figura do rei D. Afonso III encontra-se historicamente ligada ao aparecimento dos primeiros textos oficiais escritos na língua que todos entendiam – o português.

Mas, afinal, como é que estes textos chegaram até nós? Quais são os testemunhos que no-los guardaram? A que tradição deram eles origem? Ora bem: de um ponto de vista textual, não estamos perante tradições particularmente interessantes – que mais não seja porque não se trata de textos literários e porque, com o passar do tempo, perderam a sua funcionalidade: de peças vivas da administração do território, cedo passaram àquilo que hoje são – pasto de filólogos e historiadores.

Para começar: apenas quatro destes textos têm testemunho duplo, e um testemunho triplo; ou seja, para além dos respetivos registos no *Livro I*, três encontram-se igualmente copiados no *Livro II* ou no *Livro III*, e um encontra-se reproduzido no *Livro dos Bens de*

D. João de Portel [veja-se AZEVEDO, 1906-1910] (as variantes deste testemunho relativamente ao do *Livro I* da *Chancelaria* são dadas em aparato à edição do mesmo texto integrada nos *Portugaliæ Monumenta Historica* [PMH, 1856, I: 229-231]). Mas, para desencanto do filólogo, são realmente poucas e, regra geral, pouco significativas, as variantes entre os dois testemunhos de cada texto no interior da *Chancelaria*, e o mesmo será de dizer relativamente às grafias, considerando a assistematicidade das mesmas no português antigo.

No conjunto, um único acidente – para além daquele que já foi referido mais acima, em que a lição de um texto constante no *Livro III* permite corrigir um erro de homeotelêuton existente na lição do *Livro I* – terá realmente importância, e passa-se com um texto que, tendo no *Livro I* a data de 16 de outubro da era de 1311 (ano de 1273), no *Livro III* traz a data de 16 de outubro da era de 1331 (ano de 1293). O caso seria problemático se Pedro Lourenço, Tabelião de Évora, que escreveu o texto, não tivesse indicado a féria («segũda feyra dez et seis dias de Outubro»), o que permitiu apurar que a data correta é a que consta do testemunho do *Livro I*, uma vez que no ano de 1293 o dia 16 de outubro caiu a uma sexta-feira e, no ano de 1273, caiu realmente a uma segunda-feira ficando assim, só por isto, excluída a hipótese de o testemunho do *Livro III* constituir uma cópia funcional (ou seja, para produzir efeitos) do documento feita no reinado de D. Dinis. João Pedro Ribeiro, com base em idêntica argumentação e em nota à sua edição deste texto, reconhece o erro do testemunho do *Livro III* [RIBEIRO, 1810-1836, III: 86].

O estudo destas tradições tornar-se-á mais proveitoso ao debruçar--se sobre as caraterísticas paleográficas dos respetivos testemunhos. Assim, e enquanto nos livros *I* e *III* eles são apresentados em letra gótica de chancelaria sendo a mancha manuscrita dividida em duas colunas com cinquenta e cinco linhas no *Livro I* e trinta e quatro no *Livro III* (o que se deve às diferentes dimensões da letra e dos fólios), no *Livro II* são-no em letra cursiva, sem colunas, com mancha irregular, e as linhas não seguem regras previamente traçadas, como acontece nos outros dois testemunhos.

As variantes gráficas classificáveis no quadro da alografia, importantes sem dúvida para um estudo paleográfico, sendo significativas em número, caem no entanto no âmbito daquilo a que poderíamos chamar a sistematicidade da assistematicidade; ou seja, não sendo obrigatório que, num dado contexto, um determinado grafema tenha uma forma específica, acontece que formas específicas do mesmo grafema aparecem em geral num contexto determinado: é o que se passa, por exemplo, com as diferentes formas dos grafemas <r> e <s>, e que, não sendo uma caraterística específica destes textos, se tornam aqui irrelevantes. O mesmo já não acontece, porém, quando os copistas dos testemunhos dos livros *I* e *III* escrevem letras diferentes das que no mesmo lugar aparecem no testemunho do *Livro II* da mesma tradição, e que em termos da relação abstrata grafema/fone ou fonema representam sons ou oposições de sons diferentes; é o que acontece quando, por exemplo, um <e> é substituído por um <i> no mesmo lugar, ou um <o> por um <u>, e vice-versa. Não se tratará, é claro, de representações de sons diferentes, e o facto de serem utilizadas indiferentemente (ou não?) pode ser informativo quanto ao conceito idiossincrático da relação 'sistema fónico'/'sistema gráfico', que se torna particularmente relevante quando, como nos casos vertentes, assistimos à construção de uma *scripta* para uma língua que inicia o seu percurso histórico de instrumento de comunicação escrita, por ação de homens que haviam feito a sua aprendizagem em latim.

É a este nível que as tradições manuscritas destes textos terão algum interesse num estudo científico, que permitirá um entendimento não só dos documentos em si e como tais, mas do intermediário humano visto como fator de variação no contexto de cada uma das tradições. Apesar da importância destes textos, sobretudo como documentos historiográficos, tanto quanto me foi possível determinar apenas oito deles contam com uma tradição impressa. Tais edições encontram-se em obras de cariz historiográfico mas com caraterísticas diferentes, como a *Monarchia Lusitana* (onde são editados dois textos) [BRANDÃO, 1632], as *Dissertações Chronologicas e Críticas* (quatro textos) [RIBEIRO, 1810-1836], os *Portugaliæ Monumenta Historica* (três textos) [PMH, 1856, I] e as *Provas da Historia Genealogica da Casa Real Portugueza* (dois textos) [SOUSA, 1739].

Trata-se de edições avulsas cuja finalidade não é a edição em si, mas a constituição de aparelhagem documental perspetivada pontualmente; de tal facto decorre, assim, que alguns dos textos tenham uma tradição impressa de testemunho duplo, enquanto os restantes a tenham de testemunho único.

Estão assim reunidas as condições para se proceder à edição crítica integral dos três livros da *Chancelaria de D. Afonso III*, para a qual a edição que fiz dos textos em português, bem como o estudo que a acompanha e que parcialmente aqui reproduzo [DUARTE, 1986a] poderá ser de alguma utilidade. Pelas suas caraterísticas, estes textos nada mais serão do que aquilo para que foram feitos: documentos. Documentos funcionais no tempo em que foram feitos, e documentos historiográficos e linguísticos nos tempos mais recentes – peças indispensáveis para a escrita da história da língua portuguesa[30].

* * *

A história da língua não pode ser entendida isoladamente da História em geral, nem esta pode deixar de encontrar naquela uma fonte de documentação imprescindível. Torna-se assim impossível fazer a história de um povo sem se ter na devida conta a história da língua através da qual esse mesmo povo se exprime e as regras

---

[30] Estudos como os de VALADA, 2017, demonstram-no.

sociais são codificadas e apresentadas – e no processo de evolução e de aperfeiçoamento da língua são determinantes muitos e variados fatores de ordem extralinguística.

Para não falar, no caso português, de grandes acontecimentos históricos como a romanização, as invasões bárbaras e posteriormente muçulmanas, e a reconquista cristã da Península Ibérica, e ainda o processo de migração e de fixação demográfica no interior do jovem reino de Portugal, que determinaram e enquadraram a formação do romance galego-português, outros houve de menores dimensões mas inquestionavelmente importantes que contribuíram para a acentuação das divergências do romance galego-português face aos restantes romances ibéricos e, posteriormente, para a sua consolidação como língua de Estado dotada de escrita.

Um destes acontecimentos tem a ver diretamente com a personalidade e com a história pessoal do rei D. Afonso III (c. 1211-1279), cuja formação europeia (foi viver para França em 1227), e o facto de ter sido pelo seu casamento com a Condessa Mahaut de Bolonha, da Casa de Artois, um grande senhor feudal próximo da corte real francesa, influíram no seu comportamento como rei quer em termos políticos e administrativos quer, e é isso que para aqui mais conta, em termos da história da língua portuguesa.

Até ao reinado de D. Afonso III (1248), salvas as poucas exceções conhecidas, o português, ou o galego-português utilizado no espaço geográfico e político do reino de Portugal, era uma língua oral desprovida de uma escrita sistematizada; a partir deste reinado, e concretamente a partir de 1255, o português passa a ter uma *scripta* própria, consubstanciada na representação gráfica de um sistema oral já secular, com a dignidade e a funcionalidade necessárias para ser utilizada em documentos emanados da Corte ou a ela dirigidos. Se considerarmos este facto relativamente ao que então se passava com as restantes línguas românicas, ele nada terá de especial, antes deverá ser encarado como natural e inevitável. Mas ele aconteceu exatamente durante o reinado de D. Afonso III, que frequentara cortes europeias onde línguas vulgares haviam já em grande parte substituído o latim nos documentos oficiais.

No seu regresso ao reino, Afonso, filho do rei de Portugal e conde de Bolonha, ter-se-á feito acompanhar de um séquito que incluiria naturalmente funcionários de chancelaria estrangeiros ou que, como ele, teriam vivido no estrangeiro e entrado em contato com os seus congéneres das cortes frequentadas. Se a atuação de funcionários com estas caraterísticas na Corte de D. Afonso III não explica a introdução e posterior vulgarização da língua portuguesa nos documentos da chancelaria real – até porque a existência deles não é um dado adquirido mas apenas suposto, e depois, como já vimos, seis dos trinta e quatro textos escritos em português que se encontram nos livros da *Chancelaria* não foram emanados da Corte mas a ela dirigidos –, ela poderá no entanto explicar a adoção de determinados elementos gráficos que tornam a escrita portuguesa inovadora relativamente às escritas dos restantes romances.

É o que acontece com os dígrafos <lh> e <nh> para representação da consoante líquida lateral palatal [λ] (também representada por <l>, <ll> ou <li>) e da consoante nasal coronal palatal [ɲ] (também representada por <n>, <gn> ou <ni>), que terão sido utilizados pela primeira vez num documento desta *Chancelaria* datado de 18 de janeiro de 1265, em formas como «Senhor», «de lha», «demoslha»; embora emanado em Monsaraz, este documento envolve altos dignitários da Corte – D. João de Aboim, Mordomo-Mor, e Tomé Pires, Porteiro –, e foi lavrado por Vicente Fernandes que, apresentando-se neste texto como Tabelião Público de Monsaraz, é igualmente responsável por outros quatro textos emanados da Corte.

Além disso, há que se ter em conta que não era o redator do texto original que, em princípio, procedia ao seu registo e cópia nos livros da Chancelaria, e se é possível detetar-se bastantes variantes gráficas e mesmo textuais entre diferentes testemunhos do mesmo texto ali existentes (como mais adiante se verá), é natural que outras existam entre os originais e as respetivas cópias conservadas nos livros, pelo que é necessário proceder-se ao respetivo estudo paleográfico para se poder concluir se a tendência para a utilização de grafias inovadoras é geral ou se é caraterística de um dado copista-registador e, neste caso, e a ser possível identificá-lo, apurar-se se se trata ou não de alguém influenciado por hábitos escriturais de além Pirenéus. Por agora, não virá grande mal à ciência e ao mundo se aceitarmos a hipótese, generalizada, de que tais inovações se deverão a influências estrangeiras, de resto perfeitamente compreensíveis dada a já referida história pessoal do rei bolonhês.

Uma outra caraterística do reinado de D. Afonso III que poderá ter pesado no processo de adoção do português nos documentos da Chancelaria régia é, por um lado, as constantes deslocações da Corte pelo reino e, por outro, a progressiva fixação da mesma em Lisboa, facto que não deverá ser desenquadrado do processo geral de estabilização do Estado, terminado o tempo da reconquista do território, e encerrado o período de caos político e administrativo do reinado de D. Sancho II. Não terá, pois, sido por acaso que a progressiva instituição do português como língua da Corte se tenha verificado em simultâneo com a progressiva fixação da Corte em Lisboa: se dermos uma rápida vista de olhos ao conjunto dos documentos registados nos livros da *Chancelaria de D. Afonso III*, verificaremos que, na sua grande maioria, foram emanados em localidades de norte e centro do reino – de que sobressaem Guimarães, Braga, Bragança, Chaves, Porto, Viseu, Guarda, Coimbra, Leiria e Santarém –, enquanto o número de documentos produzidos em Lisboa só começa a ser significativo a partir do ano de 1259; paralelamente, e no que respeita aos textos em português emanados da Corte, eles foram-no sempre em localidades do centro e sul, e maioritariamente em Lisboa.

A partir dos dados fornecidos pelos livros da *Chancelaria de D. Afonso III*, verificamos não só que o número de textos em português aumenta na proporção direta da situação relativa Norte/Sul das localidades de onde foram emanados, convergindo para Lisboa, mas também que essa progressão geográfica se relaciona com a progressão temporal: é do período de tempo compreendido entre os anos de 1269 e de 1279, em que apenas encontramos um ano branco (durante o qual não foi produzido qualquer documento em português no âmbito da *Chancelaria* – 1275), que datam vinte e dois dos vinte e seis documentos régios em português e, destes, quinze foram emanados em Lisboa. Independentemente da preferência gradual do rei por Lisboa no sentido de fixação da Corte e do seu aparelho administrativo nesta cidade, terá que se considerar ainda que este período de tempo corresponde aos últimos dez anos de vida de D. Afonso III, durante os quais o rei foi acometido de uma doença grave e prolongada que lhe não permitia cavalgar, e que o terá levado a fixar residência definitivamente em Lisboa, apenas se deslocando a localidades de fácil acesso, como Santarém ou Évora; esta suposição é apoiada no facto de os restantes documentos destes últimos anos terem sido emanados preferencialmente de Lisboa e de Santarém.

Considerando que a frequência progressiva de documentos em português parece estar intimamente relacionada com a acima referida progressão geográfica da Corte no sentido da sua fixação em Lisboa, não será de excluir a hipótese de a ela corresponder uma outra progressão, esta no sentido do aperfeiçoamento de um sistema gráfico, que se deverá não à extensão do período de tempo durante o qual a Chancelaria produziu textos em português – 26 documentos em 25 anos, numa média de 1,04 documentos por ano –, mas à fixação de hábitos gráficos na representação de sons portugueses mercê da sua vulgarização progressiva.

Com efeito, encontram-se registados nos livros da *Chancelaria* oito documentos não emanados da Corte (de Monsaraz, Alcântara,

Freixo, Arouca, Lorvão, Abrantes, Lisboa, e um de localidade desconhecida), o que vem fortalecer a hipótese da banalização do ato de escrita em português já por meados do século XIII; conviria agora saber até que ponto esta banalização terá contribuído ou não para a fixação de hábitos escriturais. Mas uma coisa parece certa: os documentos de que aqui se fala são, de certa maneira, testemunhas eloquentes de um momento histórico singular em que a língua portuguesa, mercê da inteligência e da vontade de um rei de vistas largas, ia adquirindo o estatuto de língua de Estado – num terreno que, como o próprio território nacional, ainda brando e mole, já se encontrava preparado para nele germinarem as sementes que dariam corpo à grande cultura de língua portuguesa.

8
UMA *SCRIPTA* EM CONSTRUÇÃO

À MEDIDA QUE se vai olhando para a língua em que foram escritos os documentos em português da *Chancelaria de D. Afonso III*, vai-se detetando determinados fatores e caraterísticas gráficas demasiado frequentes para que possam ser considerados como casuais, sendo de supor que do estudo de tais fenómenos se possa vir a obter dados e informações que nos permitam detetar a existência, já então, de uma tendência para a normatização gráfica da língua galego-portuguesa, adaptada à realidade portuguesa.

É aqui que se deve levar em linha de conta a atuação do rei D. Afonso III, que foi, a vários níveis, uma das personalidades fulcrais da nossa Idade Média. Além de ter sido o último rei da Reconquista do território nacional, D. Afonso III desenvolveu uma política administrativa de grande envergadura, com vista a fortalecer a identidade política de Portugal, já definida em termos de fronteiras, face à potência do reino de Leão e Castela; neste processo, a língua galego-portuguesa apareceria como um instrumento extremamente útil e poderoso, não só como língua de cultura, veículo de uma literatura transfronteiriça com caraterísticas muito peculiares – a lírica galego-portuguesa –, mas também como língua paulatinamente utilizada na administração do reino.

Ainda está por estudar, na sua problemática global, o peso e a eficiência do instrumento «língua» na consolidação da independência – política e cultural – de Portugal nos contextos dos estados

peninsulares medievais. Se nos cingirmos apenas à língua galego-
-portuguesa escrita na sua função *não-literária*, teremos de imediato
que a encarar a dois níveis muito diferentes relacionados com a
história europeia, por um lado, e com a história portuguesa, por
outro. Com efeito, a utilização, a partir de meados do século XIII,
do romance galego-português como língua de documentos régios,
deve ser relacionada não só com o movimento geral, iniciado nos
princípios do mesmo século, a nível europeu, no sentido da utilização
das línguas vulgares na administração dos estados, mas também,
e muito especialmente, com a conjuntura específica portuguesa da
época – e bem assim, como já foi salientado, com a personalidade
do rei D. Afonso III.

Este rei, tendo sido Conde de Bolonha – título que durante algum
tempo acumulou com o de Rei de Portugal – pelo seu casamento com
a Condessa Mahaut (ou Matilde) de Boulogne et Dammartin, parente
dos poderosos condes de Artois, terá sido influenciado pelos costumes já existentes nas cortes europeias, régias (como a de França,
onde viveu) ou não, onde já existiam importantes chancelarias que
utilizavam as línguas vulgares como línguas veiculares escritas; no
entanto – e por aqui se vê que o processo de mudança operado nos
hábitos e nos mecanismos da Chancelaria real não terá sido fácil –,
só em 1265, cerca de vinte anos depois do regresso do Conde de
Bolonha a Portugal, apareceu, que se conheça com certeza, o primeiro documento emanado da Chancelaria escrito em português[31];
mais exatamente, aquele em que se definem as divisões do termo
de Portel (*Livro I, fl.* 75^v-76^r) – três anos depois da concessão, em
1262, da carta de foral a Portel por D. João Peres de Aboim, o mesmo cavaleiro e todo-poderoso homem de confiança do rei, referido
como beneficiário na carta de D. Afonso ao Conde de Artois que
vem editada mais atrás.

---

[31] O documento I-4, de 18 de janeiro de 1265 [DUARTE, 1986a].

Como é natural, a adoção de uma *scripta* para o romance galego--português, à semelhança do que terá acontecido com os restantes romances europeus, acarretou uma série de problemas, nomeadamente aqueles que se prendem, entre outros, com a utilização de símbolos gráficos já existentes para a representação de sons novos ou modificados (como é o caso dos fonemas vocálicos nasais), ou com a adaptação de símbolos gráficos antigos mas entretanto desempregados, como acontecia com o <h>, utilizado para representar a semivogal [j] nos ditongos crescentes do tipo do que ocorre em <mha>, e depois para, em bloco com o <n> e o <l>, representar as consoantes dorsopalatais sonoras (a oclusiva nasal [ɲ] e a lateral [λ], mecanicamente resultantes da situação [nj] e [lj], respetivamente).

* * *

Sendo o meu objetivo, a médio prazo[32], estudar a língua na fase que encontramos cristalizada nos livros da *Chancelaria de D. Afonso III* – estudo que abarcará, além das relações grafema/fonema, um estudo fonético e fonológico, morfossintático e lexical, tendo por base a edição entretanto realizada [DUARTE, 1986a] –, vou passar a apresentar os resultados a que cheguei a partir de uma abordagem experimental e de despistagem de determinados traços gráficos de alguns textos da *Chancelaria*, com vista à deteção de uma eventual tendência para a normatização da língua – fator de enorme relevância no campo da crítica textual. Na impossibilidade de tratar aqui de todas as relações grafema/fonema, decidi verificar o que se passa com a adoção de símbolos para a representação gráfica dos fonemas vocálicos nasais resultantes de

---

[32] Era-o... em 1986. Entretanto, voltei-me para a crítica textual moderna, e depois para a genética.

transformações verificadas na passagem do latim (ou de palavras bárbaras latinizadas) ao português.

O *corpus*

Considerando, como já referi, que cinco dos textos do *Livro I* aparecem repetidos, com variantes de ordem gráfica, mas também morfossintáticas e lexicais, nos livros *II* e *III*, decidi, por razões que adiante darei, circunscrever a eles o *corpus* para esta análise; tais textos são os seguintes:

1. TEXTO **A**. Carta de foro de Telões de Aguiar, dirigida pelo rei aos povoadores da herdade de Telões; foi redigida por João Soares, em Lisboa, e tem a data de 10 de julho de 1225 (trata-se, portanto, da confirmação de uma outra, do tempo do rei D. Sancho II).

    1.1. TESTEMUNHO **A'**: *Livro I, fol.* 9^{r}AB. O documento apresenta-se a duas colunas (A e B) a 55 linhas cada, num caligráfico de chancelaria muito simples, e ocupa 47 linhas de texto;
    1.2. TESTEMUNHO **A''**: *Livro II, fol.* 18^r, em cursivo de chancelaria.

2. TEXTO **B**. Carta de foro de Condudo, dirigida pelo rei aos povoadores da herdade de Condudo; foi também redigida por João Soares, em Lisboa, e tem a mesma data e as mesmas caraterísticas do anterior.

    2.1. TESTEMUNHO **B'**: *Livro I, fol.* 9^{r}B. Em caligráfico de chancelaria, ocupa 45 linhas;

2.2. TESTEMUNHO **B"**: *Livro II, fol.* 18^v, em cursivo de chancelaria.

3. TEXTO **C**. Carta sobre as pressorias de Évora, enviada ao rei pelo Alcaide Ermígio Garcia, pelos Juízes Mem Joanes e Pedro Rodrigues, e pelo Tabelião Pedro Lourenço, que a redigiu; datada de Évora, 16 de outubro de 1273.

   3.1. TESTEMUNHO **C'**: *Livro I, fol.* 126^{r}B. Em caligráfico de chancelaria, ocupa 26 linhas;
   3.2. TESTEMUNHO **C"**: *Livro III, fol.* 27^{v}AB. Caligráfico de chancelaria de dimensões maiores do que as de **C'**; traz a data de 16 de outubro de 1273.

4. TEXTO **D**. Carta sobre o corregimento do reino, feita em Santarém por Jaime Anes, com a data de 18 de fevereiro de 1273.

   4.1. TESTEMUNHO **D'**: *Livro I, fol.* 127^{r}AB. Em caligráfico de chancelaria, ocupa 105 linhas;
   4.2. TESTEMUNHO **D"**: *Livro III, fol.* 5^{v}A. Em caligráfico de chancelaria, ocupa 109 linhas.

5. TEXTO **E**. Carta de conciliação entre o rei e o mestre da Ordem de Santiago, feita em Santarém por João Peres, com a data de 3 de fevereiro de 1274.

   5.1. TESTEMUNHO **E'**: *Livro I, fol.* 151^{v}B. Em caligráfico de chancelaria, ocupa 138 linhas;
   5.2. TESTEMUNHO **E"**: *Livro III, fol.* 4^{v}A-5^{r}B. Em caligráfico de chancelaria, ocupa 128 linhas.

Estes documentos pareceram-me significativos por três razões:

a) Cada texto é-nos dado através de dois testemunhos, que podem ser cotejados ponto a ponto;
b) Quatro dos textos foram emanados da corte (A, B, D e E), e um de autoridades jurídico-administrativas regionais (C); e
c) Os textos são de índole tão diversa como: cartas de concessão de foro (textos A e B), legislação regional (C), legislação do reino (texto D) e concertação entre o rei e grandes senhores feudais (E).

O método

Uma vez constituído o *corpus*, procedi a um levantamento exaustivo de todas as ocorrências de vogais nasais, graficamente representadas por vogal com til sobreposto, $\tilde{V}$ (Brãca), vogal seguida de *m* ou *n*, VC [C=*m/n*] (Af*on*so, Ord*im*)[33], vogal não marcada, V (a m*j*), e, nos casos de hiato resultante da queda do /n/ intervocálico, por dupla vogal, ambas marcadas ou por $\tilde{V}\tilde{V}$ (Lixbõã), ou por plicas, V́V́ (bóós) ou sem qualquer marcação, VV (h*uu*); quando representados sob abreviatura global (tal como em 9ⁿ (*con*tra) ou parcialmente (p̃meyram̃ſe, por p*ri*meiram*en*te) da palavra em que ocorrem, não foram obviamente considerados, uma vez que os testemunhos nada dizem quanto à marcação dos respetivos traços de nasalidade.

Uma vez que a adoção de uma ou outra grafia para a representação da vogal poderá ser ou não determinada pela respetiva colocação

---

[33] Por razões de ordem prática, não fiz a distinção entre as marcas de nasalidade *m* ou *n* pospostas à vogal, indicando-as indistintamente sob o rótulo C em VC, o que se justifica pelo facto de, aqui, apenas interessar se a nasalidade é ou não marcada, e, se o é, se por til ($\tilde{V}$) – que, paleograficamente, é uma abreviatura da consoante gráfica nasal – ou por consoante (C).

em fronteira de palavra, distingui os fonemas vocálicos nasais conforme ocorrem em posição inicial (*an*tre), medial (dem*an*da), ou final (razõ), e ainda aqueles que, como a preposição *em*, por si sós constituem uma palavra. Feito o levantamento de todas as réplicas dos fonemas escolhidos, procedi ao respetivo tratamento.

As vogais nasais

Num total de 700 réplicas de fonemas vocálicos nasais recenseados nos cinco pares de testemunhos, encontramos 503 lugares (cerca de 72 por cento do total) em que os dois testemunhos coincidem no modo de representar o fonema – a saber: VC/VC, Ṽ/Ṽ, V/V, ṼṼ/ṼṼ –, e 197 lugares de variação (não coincidência), em que encontramos oposições do tipo V́/V, V/VC, VC/Ṽ, VC/V, Ṽ/V, V/Ṽ e V́V́/ṼV [*cf.* QUADRO (1)]:

(1)	A'/A''	B'/B''	C'/C''	D'/D''	E'/E''	Somas	Total
Coincidência	56	66	33	139	209	503	700
Não coincidência	22	23	15	76	61	197	

Estes dados são fornecidos em detalhe no QUADRO 2, que servirá de base a todos os cálculos apresentados daqui por diante. Tendo em conta que na totalidade dos 503 lugares de coincidência, apenas em 24 (~5%) encontramos a oposição V/V ou V́V́/V́V́; e que em 197 lugares de não coincidência, apenas em 35 (~18%) encontramos V ou V́V́ em oposição a VC ou Ṽ; ou seja, tendo em conta que num total de 700 lugares de oposição, em apenas 59 (~8%) encontramos vogal não marcada (V) ou marcada com a plica indicadora de situação de hiato (V́V́) – decidi não considerar como relevante a oposição entre vogais não marcadas por traço de nasalidade (V, V́V́) e entre marcadas (Ṽ, VC) e não marcadas (V) (representadas sob o rótulo «outras» no QUADRO (2)), mas tão só a oposição entre vogal nasal marcada com til (Ṽ) e vogal nasal marcada com letra de consoante (VC). Ou seja, deixei de considerar as situações de oposição caraterizadas por presença ou ausência de uma marca gráfica de nasalidade, mas apenas as que resultam de uma *escolha* feita pelos copistas entre uma e outra forma de marcar graficamente a nasalidade.

Basta observar os números dos QUADROS (1) e (2a-b-c-d), em que ressalta a elevada percentagem de casos de coincidência entre testemunhos em lugares onde havia várias possibilidades de solução, para sermos levados a supor que a distribuição das diferentes soluções gráficas para a representação das vogais nasais não é casual nos documentos que constituem o *corpus*. Torna-se, por isso, necessário aplicar aos dados encontrados um método aritmético que nos permita fazer afirmações mais seguras sobre esta matéria.

(2a)

		Localização		*Posição* INICIAL *de palavra*				
		Grafias		A'/A"	B'/B"	C'/C"	D'/D"	E'/E"
Coincidência		VC	VC	10	7	2	11	23
		Ṽ	Ṽ					
		Outras						
Não coincidência		Ṽ	VC			1		
		VC	Ṽ				3	
		Outras					1	
		Somas		10	8	2	15	23
		Total parcelar		58				

(2b)

Localização		Posição INICIAL de palavra				
Grafias		A'/A"	B'/B"	C'/C"	D'/D"	E'/E"
Coincidência	VC VC	12	11	1	30	30
	Ṽ Ṽ	5	10	6	13	23
	Outras	1	1		1	3
Não coincidência	Ṽ VC	2	1	3	12	6
	VC Ṽ	7	3	3	2	7
	Outras		3		7	12
Somas		27	29	13	65	81
Total parcelar		215				

(2c)

Localização		Posição INICIAL de palavra				
Grafias		A'/A"	B'/B"	C'/C"	D'/D"	E'/E"
Coincidência	VC VC	1		10	23	48
	Ṽ Ṽ	17	21	8	46	63
	Outras	1	8	3	6	
Não coincidência	Ṽ VC	1	3	8	10	18
	VC Ṽ	7	5	1	28	11
	Outras	1	2		9	
Somas		28	39	30	122	140
Total parcelar		359				

(2d)

Localização		Posição INICIAL de palavra				
Grafias		A'/A"	B'/B"	C'/C"	D'/D"	E'/E"
Coincidência	VC VC	3	5	2	8	19
	Ṽ Ṽ	6	3	1	1	
	Outras					
Não coincidência	Ṽ VC	4	2			
	VC Ṽ		3		4	7
	Outras					
Somas		13	13	3	13	26
Total parcelar		68				
Total absoluto		700				

O método aqui usado é uma adaptação do que foi proposto por YERKES (1977) para a determinação de relações de parentesco entre testemunhos variantes de um mesmo texto, e consiste no seguinte:

Uma vez que os dois testemunhos de cada texto, num dado lugar constituído por vogal nasal graficamente expressa, ou coincidem na grafia adotada VC/VC ou Ṽ/Ṽ ou não coincidem (Ṽ/VC, VC/Ṽ), é preciso saber se as situações de coincidência ou de não coincidência se devem ao acaso, ou se, pelo contrário, são determinadas por razões externas ao testemunho. Para isso, torna-se necessário calcular o número de situações de coincidência entre os dois testemunhos, no caso de a distribuição das soluções gráficas ser aleatória; a tal número chamaremos *número teórico* (*nt*), que poremos em confronto com o *número real* (*nr*) da distribuição, e consegui-lo-emos através da fórmula:

$$nt = \frac{Y_{A'} \times Y_{A''}}{n}$$

(em que $Y_{A'}$ representa o número de ocorrências de VC ou Ṽ no testemunho **A'**, e $Y_{A''}$ no **A''**, e *n* o número total de coincidências em vogal marcada [VC ou Ṽ] entre os dois testemunhos).

Se o valor de *nt* for igual ao do número real *nr*, concluiremos que a distribuição de VC ou Ṽ é casual; se for menor, concluiremos que a referida distribuição poderá não ser casual.

Aplicando este método aos dados referentes ao texto **E**, por exemplo, teremos:

(4) A solução adotada em posição INICIAL é sempre VC; aqui, o método não pode ser aplicado.

(5) Em posição MEDIAL:

(5a)
$$nt\ \text{VC/VC} = \frac{\text{VC}_{E'} \times \text{VC}_{E''}}{n} = \frac{37 \times 36}{66} = 20{,}2$$

$nr\ \text{VC/VC} = 30$

(5b)
$$nt\ \tilde{V}/\tilde{V} = \frac{\tilde{V}_{E'} \times \tilde{V}_{E''}}{n} = \frac{30 \times 41}{66} = 18{,}6$$

$nr\ \tilde{V}/\tilde{V} = 23$

(5c) Uma vez que tanto para $\tilde{V}/\tilde{V}$ como para VC/VC o número real é superior ao número teórico, poderá concluir-se que a distribuição das grafias VC ou $\tilde{V}$ não será casual em posição medial – ou seja, que o relativamente elevado número de casos de coincidência de marcas de nasalidade leva a supor que os copistas de ambos os testemunhos não eram livres na adoção de uma ou outra das grafias, e que ambos estariam submetidos a uma qualquer influência unificadora comum.

(6) Em posição FINAL:

(6a)
$$nt\ \text{VC/VC} = \frac{\text{VC}_{E'} \times \text{VC}_{E''}}{n} = \frac{59 \times 66}{140} = 27{,}8$$

$nr\ \text{VC/VC} = 48$

(6b)
$$nt\ \tilde{V}/\tilde{V} = \frac{\tilde{V}_{E'} \times \tilde{V}_{E''}}{n} = \frac{81 \times 41}{140} = 42{,}8$$

$nr\ \tilde{V}/\tilde{V} = 63$

(6c) O *nr* de coincidências entre E' e E'' na adoção das grafias é mais elevado do que os *nr* encontrados em (6a) e (6b), o que vem de encontro ao concluído em (5c).

(7) A solução adotada em situações de palavras monossilábicas é sobretudo VC/VC, pelo que também o método não é rentável.

Cálculos idênticos foram feitos relativamente aos restantes textos, e os resultados podem ser observados, no seu conjunto, no QUADRO (8) – onde vemos que em **A**, **B**, **D** e **E**, os valores de *nr* são sempre superiores aos de *nt*, o que aponta para a possibilidade de os copistas dos dois testemunhos de cada um dos textos estarem sujeitos a um mesmo modelo; o facto de, por vezes, os valores da distribuição de VC e de Ṽ no mesmo contexto serem muito aproximados (caso de **B** onde, em posição medial, o *nr* de lugares em que os testemunhos coincidem em VC, 11, é muito aproximado daquele em que coincidem em Ṽ, 10), vem confirmar que se os respetivos copistas não eram livres na adoção de uma ou de outra gafia, é porque estavam a seguir o mesmo original:

(8)

	VC/VC		Ṽ/Ṽ		
	nt	*nr*	*nt*	*nr*	
A'/A"		10		0	*Em posição* INICIAL
B'/B"		7		0	
C'/C"		2		0	
D'/D"		11		0	
E'/E"		23		0	
A'/A"	10,2	12	3,2	5	*Em posição* MEDIAL
B'/B"	6,7	11	5,7	10	
C'/C"	1,2	1	6,2	6	
D'/D"	23,6	30	6,6	13	
E'/E"	20,2	30	13,2	23	
A'/A"	0,6	1	16,6	17	*Em posição* FINAL
B'/B"	0,5	0	21,5	21	
C'/C"	7,3	10	5,3	8	
D'/D"	15,7	23	38,7	46	
E'/E"	27,8	48	42,8	63	

A'/A"	1,6	3	4,6	6	*Em palavras*
B'/B"	4,3	5	2,3	3	MONOSSILÁBICAS
C'/C"	1,3	2	0,6	1	
D'/D"	7,4	8	0,4	1	
E'/E"		19			

Se considerarmos agora, com base nos dados do QUADRO (2), a solução gráfica que em cada um dos testemunhos tem a frequência mais alta, tendo em conta as quatro posições controladas, encontraremos:

(9)

	INICIAL	MEDIAL	FINAL	MONOSSÍLABOS
A'	VC 100%	VC 73%	$\tilde{V}$ 69%	$\tilde{V}$ 77%
A"	VC 100%	VC 54%	$\tilde{V}$ 92%	VC 54%
B'	VC 88%	VC 56%	$\tilde{V}$ 83%	VC 62%
B"	VC 88%	$\tilde{V}$ 52%	$\tilde{V}$ 90%	VC 54%
C'	VC 100%	$\tilde{V}$ 68%	$\tilde{V}$ 59%	VC 67%
C"	VC 100%	$\tilde{V}$ 69%	VC 67%	$\tilde{V}$ 67%
D'	VC 79%	VC 56%	$\tilde{V}$ 52%	VC 92%
D"	VC 79%	VC 74%	$\tilde{V}$ 69%	VC 62%
E'	VC 100%	VC 56%	$\tilde{V}$ 58%	VC 100%
E"	VC 100%	VC 55%	$\tilde{V}$ 53%	VC 73%

Uma vez que é possível aceitar-se que ambos os testemunhos de cada texto são cópias de um original comum (o diploma), poderemos tentar reconstituir, com base nos dados expostos no QUADRO (9), o esquema de distribuição das grafias em cada um dos originais, retendo a grafia que em um ou outro dos respetivos testemunhos tiver maior frequência:

(10)

TEXTOS	INICIAL	MEDIAL	FINAL	MONOSSÍLABOS
A	VC	VC	Ṽ	Ṽ
B	VC	VC ou Ṽ	Ṽ	VC
C	VC	Ṽ	VC	VC ou Ṽ
D	VC	VC	Ṽ	VC
E	VC	VC	Ṽ	VC

Em (10) encontramos um esquema do que seria a tendência na distribuição das grafias VC e Ṽ para as vogais nasais em cada um dos textos originais, conjeturado a partir do observado nos respetivos testemunhos; assim, temos que

1. Todos os copistas coincidem, testemunho a testemunho e texto a texto, na representação por VC da vogal nasal em posição inicial de palavra;
2. Quase todos os copistas, com exceção dos de C, em que se nota uma tendência no sentido inverso, utilizam mais VC em posição medial e mais Ṽ em posição final;
3. No que respeita aos monossílabos, a tendência mais forte é para a solução VC.

Com base na observação estritamente aritmética, podemos conjeturar uma tendência para uma «norma», cujo esquema encontramos em:

(11)   #VC- |VC| -Ṽ#   #VC#

(# indica fronteira de palavra, e | fronteira de fonema)

Isto significa que, pelo menos nos textos observados, parece haver uma proto-norma que manda pôr Ṽ nas fronteiras de fim de palavra, e VC nas restantes posições; a predominância de VC nos monossílabos poderá explicar-se pela necessidade de dar «corpo» à palavra.

Conclusões

Vimos que a distribuição das grafias VC e Ṽ nos textos estudados não é casual; se o facto de tal acontecer entre dois testemunhos de cada texto se deve a que ambos derivam de um original comum (o diploma), o mesmo já não poderá ser dito quando se tem em conta a globalidade dos cinco textos e dos dez testemunhos.

Se entre testemunhos tão diferentes de textos também diferentes, feitos por pessoas diferentes em locais e datas e com objetivos diferentes, é possível encontrar uma tendência para a representação gráfica dos fonemas vocálicos nasais de um determinado modo tendo em conta a posição dos mesmos face à fronteira de palavra, então é porque todos os copistas estariam submetidos a um *modelo comum*: não já a um original (como se pode concluir a partir do cotejo entre o comportamento gráfico dos dois testemunhos de cada texto), mas a um princípio muito mais vasto, e que se poderia designar por uma *norma gráfica em construção* para o português, a que um editor crítico de textos antigos não pode nem deve ficar indiferente.

Camilo Castelo Branco

A mim também me não ocorre agora o que vinha dizendo... Penso que a minha ideia era apresentar o Sr. João Antunes da Mora. Devia ser outra melhor. Tive-a e esqueci-a. Qualquer que ela seja, a todo o tempo que tornar, nunca virá tarde: o leitor será, então, indemnizado da pobreza, do trivial, do estilo esfalfado com que venho a depravar-lhe o paladar, afeito às apimentadas iguarias do romance, cuja cabeça vem sempre, ou deve sempre vir, sacudindo rajadas e fuzilando relâmpagos.

CAMILO CASTELO BRANCO
Onde está a Felicidade?

9
A BANCA DE CAMILO

UMA DAS IMAGENS ainda hoje mais vulgarizadas acerca de Camilo foi endossada por Eça de Queiroz, numa célebre carta publicada nas *Últimas Páginas*, em resposta a uma queixa pública de Camilo de que Eça e os seus amigos estavam sempre a implicar com ele; nessa carta, Eça chama a atenção para aquilo que ele, Eça, pensa e diz de Camilo – em oposição àquilo que os amigos de Camilo, e a nova geração, dizem dele: os amigos, que Camilo é «o homem que em Portugal conhece mais termos do dicionário» e, ao mesmo tempo, «que melhor sabe descompor o seu semelhante»; a nova geração, que Camilo é – «um intolerável caturra, de capote de frade, debruçado sobre um sebento Lexicon, a respigar termos obsoletos para com eles apedrejar todos os seus conterrâneos».

Esta imagem interessa-me por duas razões principais: a primeira, porque salienta a pujança léxica de Camilo; a segunda, porque veicula uma imagem falsa do trabalho do escritor, dando-o como um inveterado castigador das frases e, por consequência, do manuscrito em que as põe. Quanto à pujança léxica, é matéria já bastante estudada, entre outros aspetos, pela crítica literária – enquanto o que diz respeito ao trabalho sobre o manuscrito, é assunto filológico.

Pois então...

... O mundo filológico é pacato por natureza: é tão pacato que já Benedetto Croce [CROCE, 1917] arrumava os seus habitantes – os filólogos – entre aqueles «bichinhos inócuos e benéficos» que, quais sapos em campos de lavoura, são indispensáveis para a fertilidade dos campos mas que, nas palavras de Luciana Stegagno Picchio em comentário à classificação croceana, «uma vez cumprido o seu dever, uma vez preparado o banquete poético, deveria[m] pular da mesa para dar espaço ao historiador e à sua crítica iluminante» [PICCHIO, 1973: 213].

Porém, quando em 1980 foi publicada em Portugal a legislação relativa à queda em domínio público dos direitos de autor, notou-se uma inusitada agitação no meio dos bichinhos-filólogos portugueses a que pertenço: com o arrombamento de arcas e arcas de papéis de escritores importantes, até então fechadas a sete chaves por herdeiros e outros ciosos guardiões, e antes que os arquivos e bibliotecas do Estado condicionassem a sua consulta a uma elite de investigadores, um vasto campo de predação se estendia diante dos olhos e dos dentes dos filólogos; era como que um manjar dos deuses a garantir a sobrevivência de uma espécie várias vezes condenada à extinção – qual manada de búfalos que subitamente atravessasse uma pradaria habitada por índios famintos.

É claro que, perante uma perspetiva de caça abundante mas muito provavelmente em trânsito para outras paragens, mandam as leis da sobrevivência que se aponte as armas primeiro à caça mais grossa, e só depois, caso os animais maiores se escapem ou não sejam suficientes, se vise os mais miúdos: na situação vertente, todas as armas – as dos filólogos, agora já não inócuos – foram apontadas sobretudo para Eça de Queiroz e Fernando Pessoa como alvos preferenciais (era lendária a riqueza dos respetivos espólios, e por isso grandes as perspetivas de deles retirar bons proventos), mas já não tanto para Camilo Castelo Branco (caça grossa também, mas decerto com menos matéria para consolo dos filólogos).

Os resultados da caçada não foram, de um modo igual, motivo de festa: Eça de Queiroz forneceu muita matéria para edições críticas de obras já éditas, para estudos sobre a génese das obras e do estilo, mas muito pouca matéria inédita; Fernando Pessoa, pelo contrário, revelou-se um *iceberg* de arestas vivas e encostas escorregadias, extremamente útil para edições críticas, estudos genéticos, publicações de inéditos e aventuras exegéticas, contendo na sua parte submersa enormes reservas de vitualhas para assegurarem bastos anos de digestão filológica; e Camilo? – bom, Camilo revelou-se um autêntico desmancha-prazeres: nada de manuscritos inéditos com interesse, na verdade pouquíssima matéria manuscrita que nos elucide acerca do processo genético das suas obras, e mesmo esta muito pouco interessante se nos colocarmos na perspetiva de quem nela procura nugas para policiar as respetivas tradições impressas. Se a partir dos espólios de Eça e Pessoa se pode, com facilidade e muito documentadamente, pôr em causa, e em certos casos até mesmo reduzir a cinzas, as edições que a tradição impressa póstuma trouxe até nós, não se deteta, nos manuscritos de Camilo ainda existentes, nenhum caso de séria divergência entre aquilo que ele escreveu e aquilo que lemos nas edições.

Este facto não deixa de ser curioso: todos nós sabemos que a tradição é mestra em alterar a letra, e por vezes mesmo o espírito, dos textos dos autores, sobretudo dos mais importantes; e todos sabemos, também, que isso é, essencialmente, lisonjeiro para os autores (excluindo-se, obviamente, os erros mecânicos de cópia): se a tradição altera um texto, é porque o consome e transmite, logo porque lhe reconhece valor, resultando muitas das alterações mais de uma necessidade *social* de lhe adaptar pormenores para dele melhor se apoderar, do que de reais intenções de adulterar o tecido textual (é caso para se dizer que, em certo sentido, só os textos menores apresentam tradições limpas; mas este assunto deverá ser estudado mais no âmbito da sociologia da receção literária do que no da crítica textual).

Sendo assim, deveremos perguntar-nos: porque é que a tradição, em geral, alterou mais as obras de Eça e Pessoa do que as de

Camilo, que não são obras menores? E poderemos avançar com uma explicação sumária: é porque as obras de Camilo serão mais espontâneas, e portanto mais facilmente assimiláveis pelo leitor não diferenciado, do que as de Eça ou Pessoa, mais simuladas e dirigidas a um leitor mais diferenciado.

Mas não deveremos encarar estas coisas de um modo muito linear: as diferenças encontráveis nas situações de Eça, Pessoa ou Camilo, quando comparadas, derivam, naturalmente, de diferentes maneiras de *estar na vida* e de encarar a missão e a arte do escritor, específicas de cada um destes autores; poderão até ser explicadas numa perspetiva *funcional*: dos três escritores em vista, apenas Camilo foi escritor profissional, e a urgência de receber pagamento pecuniário pelas obras publicadas não lhe terá aconselhado um grande gasto de tempo nas respetivas produções; pelo contrário, tanto Eça como Pessoa tinham outras fontes de rendimento, e terão podido dar--se ao luxo de reter a publicação das obras até atingirem (ou não, como se pode abundantemente verificar em ambos os casos) o grau de perfeição pretendido. Mas, fundamentalmente, elas deverão ser abordadas numa perspetiva de *processo de produção:* enquanto Eça e Pessoa trabalhavam preferencialmente sobre o material linguístico que, numa fase espontânea do processo produtivo do texto, haviam encontrado para *fixar* (com a categoria de *documento de trabalho*) o discurso interior[34], que é flutuante e fugidiço por natureza, e o faziam de um modo tal que cada transformação implicava, fre-

---

[34] Cabe aqui a necessidade de especificar o que entendo por *discurso interior* e por *discurso linguístico*, designações que sei não serem canónicas (afinal, hum!... Vygotsky... Sapir...) e por isso desagradarem aos linguistas que não trabalham com textos literários. Mas a coisa aqui é simples e artesanal: chamo *discurso interior* àquele estado de discurso mental que ainda não passou à fase da escrita (quando então passa a *discurso linguístico*), que ainda discute com as normas do sistema linguístico, que anda às voltas com o estilo e em busca da melhor maneira de agradar a dois tipos de leitor muito diferentes e exigentes: o próprio autor, e o público a que se dirige. É nesta fase que se passa muito do que à crítica textual, na sua vertente genética, interessa. Coisas de filólogo!

quentemente, a abertura de novos percursos textuais não previstos no discurso inicial (haveria assim, nestes escritores, um constante vaivém, dinâmico e produtivo, entre discurso interior e discurso linguístico, documentável nos respetivos autógrafos) – Camilo, por seu lado, trabalhava essencialmente sobre o discurso interior, aparecendo o discurso linguístico já como a sua representação estruturalmente acabada, apenas passível de pequenos ajustamentos de circunstância e feitos no momento da escrita.

Teorizemos um bocadinho; teorizemos que a produção de um texto se verifica, normalmente, ao longo de três fases bem distintas, a saber: *Fase 1,* quando o autor, estimulado pela dinâmica da sua inserção nos *realia* (que funcionam como estímulos externos), constrói um discurso interior-resposta (um *ato de fala,* uma *representação* idiossincrática), que vai em seguida tentar cristalizar num primeiro discurso escrito (discurso *espontâneo*) ainda não linguístico porque não redigido, iniciando assim o processo de génese textual; *Fase 2,* quando o autor coteja o seu discurso espontâneo com o sistema linguístico adotado (ato de *referência*), desencadeando um processo de experimentação no sentido de vincular os significantes que o sistema linguístico lhe fornece aos significados que quer veicular (constituição de *conteúdos*), entrando assim na dimensão *estilística* da génese do texto; e *Fase 3,* quando emerge enfim o discurso *simulado,* que é o *designatum,* isto é, o conjunto das representações constantes do discurso interior (individual) implicadas pela sua relação com um sistema linguístico determinado (social). Este discurso é *simulado* por oposição ao discurso *espontâneo,* na medida em que resulta de um ato decisório do autor, que veste, com as palavras que escolhe de entre todas as possibilidades que a língua lhe fornece, os conceitos que emergem do seu discurso interior.

Se esta teoria for correta (e já tive oportunidade de demonstrar que ela é, pelo menos, plausível e funcional [DUARTE, 1989]), verificaremos que os *processos de produção* de Eça, Pessoa e Camilo se desenvolvem segundo estratégias diferenciadas: enquanto nos dois primeiros a fase *2* (*referenciação,* ato linguístico, e *definição de conteúdos,* ato estilístico) se verifica parte a nível de discurso interior e parte a nível de discurso linguístico (este último caso demonstrável pelo imenso trabalho linguístico e estilístico realizado por ambos sobre os respetivos manuscritos), em Camilo as fases *1* e *2* verificam-se sobretudo a nível do discurso interior, contendo os seus manuscritos já praticamente apenas o discurso simulado.

Vejamos um exemplo: Camilo inicia a novela *Gracejos que Matam* (uma das *Novelas do Minho*) com uma lista de dezanove sinónimos, seguidos de um *etc.,* que propõe para o galicismo *espirituoso,* cada um deles podendo designar espécies diferentes de personagens. Ora, este portento de pirotecnia léxica (que talvez não fosse difícil, a qualquer um de nós, reunir – naturalmente após laboriosas e demoradas buscas em vários dicionários), passou diretamente, sem qualquer hesitação e ao correr da pena, do discurso interior para o manuscrito, no qual não há, nesta passagem, qualquer emenda, sinal de pausa ou marca de dúvida. Idênticos fenómenos se podem encontrar nos restantes manuscritos autógrafos de Camilo – mas muito raramente nos de Eça ou de Pessoa, que os trabalhavam muito, corrigindo-os em campanhas sucessivas que pressupunham leituras e releituras corretivas dos textos, primeiro parcialmente e depois de ponta a ponta; com efeito, as correções que podemos encontrar nos manuscritos camilianos, e muito em especial no do *Amor de Perdição,* foram feitas maioritariamente no momento da escrita: embora Camilo, por vezes, alterasse o rumo da narrativa no momento em que escrevia, aparecendo-lhe de imediato o vocabulário alternativo, na maior parte das vezes as correções limitavam-se a ajustar elementos lexicais, geralmente recusando uma palavra ou expressão mais comum por outras mais rebuscadas, mas mantendo--se no campo dos sinónimos; e isto acontecia não porque Camilo hesitasse na necessidade dessa palavra ou expressão naquele lugar e com aquela função, mas muito provavelmente por razões meramente estilísticas, para evitar repetições muito próximas do mesmo vocábulo, ou para que a palavra funcionasse de um modo mais eufónico no contexto em que ocorria[35].

Ou seja, o trabalho de escrita de Camilo, uma vez redigido o texto no seu espírito, consistia sobretudo em escolher, de entre o leque de sinónimos possíveis e que lhe ocorriam de jato, aquele que melhor se integrava no contexto, pondo em prática uma arte incomparável de *saber palavras* (domínio do dicionário) e de as combinar de modo a obter os *efeitos artísticos* pretendidos (domínio do estilístico) – quase sem parar para molhar a pena no tinteiro. Esta maneira de Camilo de ter os textos já prontos no momento da sua epifania manuscrita (tal como Pallas saindo da cabeça de Zeus, já sábia e de panóplia, à força das machadadas de Hefesto) difere muito dos processos de produção em Eça e Pessoa: enquanto, como já referi, praticamente todo o trabalho de génese textual em Camilo se verifica a nível do discurso interior, sendo o texto manuscrito, já tardio no conjunto do processo, uma mera representação final dele (e daí serem os manuscritos camilianos de pouco interesse para os tais filólogos-bichinhos a que me referia no princípio), em Eça e Pessoa grande parte desse trabalho é já feito sobre o manuscrito, que é bastante mais precoce, fornecendo-nos, um e outro, abundante matéria filológica constituída por materiais sucessivamente escritos, dubitados, reavaliados, deslocados, substituídos, acrescentados e eliminados, ao sabor das agruras e dificuldades da tradução do discurso interior em discurso linguístico.

---

[35] Muito depois da redação deste capítulo, foi iniciado o projeto de edição crítica das obras de Camilo, em publicação, dirigido por Ivo Castro, que vem trazer novas e importantes luzes sobre a maneira de trabalhar do autor; porém, a questão de fundo que aqui é aflorada mantém-se atual. Veja-se CASTRO, 2012, e títulos seguintes da coleção.

A discrepância entre os momentos de eclosão do texto manuscrito verificada em Camilo (eclosão tardia) e em Eça e Pessoa (eclosão precoce) produz uma mancha de diferencial diretamente proporcional *à pobreza* de correções nos manuscritos camilianos e *à abundância* delas nos manuscritos queirozianos e pessoanos. Porém, isto não basta para que se diga (como costuma dizer-se) que Camilo quase não trabalhava os seus textos – pelo menos em comparação com Eça e Pessoa: o que Camilo não trabalhava muito era os *manuscritos,* e se hoje, ao visitarmos a sua oficina, deparamos com uma banca arrumada e o chão limpo de serradura, não é porque Camilo tenha mentido quando disse que ganhava o pão da família «escrevendo e tressudando», mas porque o seu trabalho se verificava a um nível diferente, não imediatamente mensurável para nós, razão pela qual não deixou grandes marcas físicas de correção autógrafa: o processo camiliano de produção era fundamentalmente *intelectual,* aparecendo a escrita apenas na sua fase terminal (quando todas as hesitações de fundo haviam sido resolvidas ainda em discurso interior), ao contrário do que se passava com Eça e Pessoa, para quem a escrita se tomava necessária mais cedo (e, logo, apanhando a franja mais primitiva da fase das hesitações, típica da referenciação linguística e da definição de conteúdos).

Porém, e pese embora tudo o que tenho vindo a dizer, os manuscritos camilianos não são, de modo algum, despiciendos para os filólogos: o que é preciso é rever os modos de observação e de intervenção. As marcas físicas de correção nestes manuscritos, mesmo sendo poucas, hão de atestar, de alguma maneira, o processo genético dos textos, pelo que não devem ser encaradas pela sua quantidade nem sequer pela sua qualidade, mas sim pela sua funcionalidade; os métodos de crítica textual normalmente utilizados, e que foram desenvolvidos para manuscritos que atestam o processo de referenciação (como acontece com os de Eça ou Pessoa), terão que ser revistos para poderem considerar manuscritos mais tardios;

em suma, a crítica textual genética, em cujo quadro deverão ser estudados os manuscritos de Camilo, deverá gerar uma metodologia específica com vista a deles retirar o que eles de facto contêm, e como o contêm.

Estou convencido de que é possível reconstituir-se a ferramenta que Camilo utilizou na sua banca de trabalho através de uma análise das correções que deixou: utilizando conceitos da mecânica quântica, diremos que cada conceito do discurso interior do autor será como que uma *partícula* que terá, no vocabulário utilizado, a sua *antipartícula*; quando elas colidem, vinculando-se plenamente, aniquilam-se uma à outra e libertam *energia* (constituição de signos estilísticos) [DUARTE, 1989], e temos o *manuscrito limpo,* já que o texto nele depositado representa fielmente o discurso interior; quando elas colidem mas não se vinculam plenamente, e portanto não se anulam nem libertam *energia* (não produzem os signos pretendidos), o autor tem que procurar outras *antipartículas* (outros elementos lexicais), e temos o *manuscrito corrigido.*

O princípio será este; a metodologia, essa, terá que ser fabricada.

Veremos, então, que o suor de Camilo, sendo embora menos visível que o de Eça ou Pessoa, não deixa de ser suor – só que talvez com bagadas mais subtis, uma espécie de suor d'Alma.

10
DOIS TRAÇOS DO ESPONTÂNEO
(*DUAS CARTAS DE CAMILO MAIS OUTRAS DUAS DE ANA PLÁCIDO*)

EU POSSUO PRECIOSAMENTE um amigo... *bem!, no ano letivo de 1985-1986, num dos meus seminários de crítica textual, eu tive preciosamente uma aluna – Ana Paula Rodrigues – que um dia me mostrou uns «papéis» dados como autógrafos de Camilo e de Ana Plácido, que lhe tinham vindo parar às mãos por via de um amigo e que, ao que parece, haviam sido encontrados num prédio em demolição – não acreditando ela que se pudesse, de facto, tratar de documentos autógrafos. Decidi então estudá-los – e acabei por concluir pela sua autenticidade, tendo-os depois apresentado nas IV Jornadas Camilianas que decorreram em Vila Real em julho de 1987. O texto em que os apresentei e editei, bem como reproduções dos originais, foram posteriormente publicados na revista* Tellus (julho de 1988). *Os documentos encontram-se bem guardados e protegidos. Crendo eu que nunca tenham sido integrados em nenhuma edição da correspondência dos dois autores (com exceção de uma, que o foi, ainda que truncada, como adiante se verá), entendi por bem convocá-los para este palácio de memórias.*

Estes documentos – uma carta de Camilo a um *Amigo e Sr. Espinho*, uma outra dele a seu filho Jorge, e duas de Ana Plácido ao mesmo Sr. Espinho, não expresso – terão feito parte de uma coleção de autógrafos de Camilo e de Ana Plácido, tendo-me sido impossível descortinar se se tratava de uma coleção destinada a publicação, feita por algum dos vários editores conhecidos da correspondência pessoal do escritor e de sua mulher, ou de uma qualquer coleção particular reunida por algum curioso destas coisas, amante sem dúvida mas não muito instruído na arte de conservar manuscritos autógrafos.

Com efeito, as cartas foram arquivadas com um certo cuidado mas de um modo pouco avisado: ao tempo em que as vi, estavam protegidas ou por sobrescritos (cartas 2 e 4, adiante identificadas), ou por folhas dobradas de papel de jornal (as outras duas), onde se encontravam resumos epigráficos do conteúdo do documento (pela mesma mão, a tinta azul, nas cartas 1, 2 e 4; por outra mão, também a tinta azul, na carta 3; por outra mão ainda, mas a lápis, e no verso do sobrescrito, um novo resumo do conteúdo da carta 4) e duas séries de numeração, uma com marcador mecânico e outra manuscrita (a lápis vermelho na carta 1, a lápis azul na carta 3, a tinta azul nas cartas 2 e 4). O autor dos resumos das cartas 1, 2 e 4 (neste, o que escreve a tinta) demonstra, pelos seus textos, que investigou acerca de quem seria o «Sr. Espinho» a quem é dirigida a carta 1, de Camilo, e, afirma ele, a carta 4, de Ana Plácido; o autor do resumo da carta 3 também identifica o destinatário: o mesmo Sr. Espinho que, pelo conjunto das informações, sabemos ser então escriturário da Fazenda em Vila Nova de Famalicão e afilhado de casamento, amigo íntimo de Camilo e seu protegido, como diz o anónimo colecionador – e também Tomás Ribeiro em carta de 20 de agosto de 1889 [MENEZES, 1920: 176]. Ou seja, destas quatro cartas, três terão o mesmo destinatário – um amigo, afilhado e protegido de Camilo –, enquanto o da outra é um dos dois filhos de Camilo e Ana Plácido: Jorge Camilo Plácido Castelo Branco. Trata-se, portanto, de correspondência familiar, naturalmente desprovida de quaisquer intenções literárias.

Mas este Sr. Espinho tem que se lhe diga: trata-se do mesmo Manuel de Ascensão Espinho que, segundo Alberto Veloso de Araújo

[ARAÚJO, 1925], participaria, no dia 4 de maio de 1881, no rapto de Maria Isabel Costa Macedo, filha de gente abastada, que fora planeado e mandado executar por Camilo – para a casar com o seu filho Nuno. Foi também um dos «ilustres homens de letras» que auxiliaram a «Comissão á assembleia de pessoas gradas de Villa Nova de Famalicão» constituída para homenagear a memória de Camilo, adquirindo, por subscrição aberta em Famalicão, a casa de S. Miguel de Seide (o que aconteceria a 17 de abril de 1916), para a reconstruir e transformar em Museu – com uma grande novidade: albergar, no rés do chão, uma escola primária [MENEZES, 1920: [X]XVI]. E, o que mais interessa, era o proprietário das cartas e retratos de Ana Plácido publicados por Afonso de Azevedo Nunes Branco no folheto *Cartas Inéditas da Segunda Mulher de Camillo Castello Branco* [BRANCO, 1916], de que foi o editor, e cujo produto líquido reverteria a favor daquela subscrição. Ainda se encontrava vivo à data da publicação do livro de Veloso de Araújo (1925).

Quanto ao filho de Camilo e Ana Plácido, destinatário da segunda carta, era um rapaz problemático (tal como, de resto, o irmão Nuno), mas sobretudo um doente psiquiátrico desde os 17 anos: são muitas as cartas de amigos de Camilo que lhe manifestam as suas preocupações pela saúde deste filho, desejando-lhe as melhoras; e, no relatório da comissão da homenagem, é por várias vezes referido o poema em que Camilo evoca a «Acácia do Jorge», uma árvore que o rapaz plantara, aos 8 anos, junto à escadaria da casa de Seide e que resistira ao incêndio que em 1915 destruíra o imóvel – tendo a comissão decidido mandar gravá-lo numa lápide desenhada por Teixeira Lopes para ser colocada numa das paredes do imóvel. [MENEZES, 1920]. Recorde-se o poema[36]:

---

[36] Agradeço a Ernesto Rodrigues a informação acerca da localização deste poema, bem com as pertinentes orientações de leitura, em que me baseei para introduzir a primeira vírgula no v. 3. Apesar das variantes face à lição constante em MENEZES, 1920, opta-se aqui pela lição de Justino Mendes de Almeida [ALMEIDA, 1990].

DURANTE A FEBRE

À porta do sepulcro, ainda volto a face
Para ver-te chorar, ó mãe do filho amado,
Que vê, como num sonho, a cena do trespasse...
Sorver-lhe o eterno abismo o pai idolatrado.

Talvez que ele, *a sonhar*, te diga: «Mãe, não chore,
Que o pai há-de voltar...» Quem sabe se virei?!
Quando a *Acácia* do Jorge» ainda outra vez enflore,
Chamai-me, que eu d'Abril nas auras voltarei.

[*in* ALMEIDA, 1990: 204]

Em carta de 10 de janeiro de 1886, o explorador e agrónomo António Lopes Mendes manifesta a Camilo a sua solidariedade pela doença do filho, alegando que ele próprio, tal como Camilo, também traz «um filho morto no coração»... [MENEZES, 1920: 86]

* * *

Passemos agora à descrição física dos suportes e à edição das cartas:

CARTA 1. Carta de Camilo a Manuel de Ascensão Espinho. Manuscrito autógrafo a tinta preta na primeira página de um bifólio de papel de carta pautado de velino («velin»), de marca «BATH», com o selo em relevo no canto superior esquerdo; as páginas têm $134^{mm} \times 210^{mm}$ e 23 linhas. Mão alheia acrescentou, no canto inferior esquerdo, à altura da assinatura, a data «1886»; na fímbria superior da última página, setor esquerdo, encontra-se um borrão da mesma tinta do texto. Há marcas de o suporte ter sido dobrado em quatro partes. O manuscrito encontra-se protegido por uma camisa em papel de jornal dobrada ao meio, com as dimensões 284^{mm}×213^{mm}; na página de rosto há o número «115» (canto superior direito) feito a marcador mecânico, o número «14» (centro superior) a lápis vermelho e, colado, um pedaço de papel branco, de recorte irregular feito a tesoura, com epígrafe por outra mão, a tinta azul já deteriorada:

> *Autografo de Camilo*
> Carta (1886) a Manuel Espinho, seu afilhado de casamento, protegido e amigo íntimo, ao tempo Escrivão da Fazenda na Povoa de Varzim (?) [↑ ou melhor, escriturário] em V.ª N.ª de Famalicão.
> Pede-lhe que lhe alugue uma casa para o inverno, pois D. Anna e o filho Jorge precisam de «sahir d'aqui em fim de Outubro. Lance as suas inculcas e dê parte».

CARTA 2. Carta de Camilo a seu filho Jorge. Bifólio de papel de carta pautado vergado («vergé»), de marca «BATH», com o selo de marca em relevo no canto superior esquerdo, e a distância de 26^{mm} entre os pontusais das vergaturas; as páginas têm 135^{mm}×210^{mm} e 22 linhas. Há marcas de o suporte ter sido dobrado em quatro partes, e algumas manchas e vários pequenos rasgões, sobretudo nas dobras. O manuscrito encontra-se guardado num sobrescrito de marca «Fermus VOLGA», com 156^{mm}×125^{mm}, de fecho autocolante, com dupla numeração de arquivo: no canto superior esquerdo do rosto, e em etiqueta circular autocolante com 15^{mm} de diâmetro, o número «36» manuscrito a tinta azul e sobreposto ao que parece ser a letra «I»; no canto superior direito, o número «173» feito com marcador mecânico. Epígrafe pela mesma mão e tinta da CARTA 1:

Autógrafo de Camilo

Carta (sem data) a seu filho Jorge.

Diz que lhe manda roupa de agasalho e pede que lhe ~~escre~~ escreva, esperando que êle sáia restabelecido da Casa de Saúde onde está.

«Tanto eu como tua mãe temos passado muito mal de saúde...
«Saudades da tua pobre mãe.

Teu pai   C. Castello Branco».

CARTA 3. Carta de Ana Plácido sem destinatário expresso, residente no Porto. Manuscrito autógrafo num pedaço de papel vergado com as dimensões de 113^{mm}×125^{mm}, que não abrangem nem a marca nem a contramarca de filigrana, e com uma distância de 26^{mm} entre os pontuais das vergaturas. Há marcas de o suporte ter sido dobrado em quatro partes, e a fímbria esquerda é irregular por o papel ter sido cortado com uma faca. O manuscrito encontra-se protegido por uma camisa em papel de jornal dobrada ao meio, com as dimensões 286^{mm}×209^{mm}; na página de rosto há o número «228» (canto superior direito) feito a marcador mecânico, o número «30» (centro superior) manuscrito a lápis azul, e uma epígrafe a tinta azul por mão diferente da que escreveu a dos documentos anteriores, com o seguinte teor:

De D. Ana Plácido para Manuel Espinho, sem data, anunciando--lhe que Camilo parte, amanhã, para o Porto na companhia de Silva Pinto.

CARTA 4. Carta de Ana Plácido, sem destinatário expresso. Manuscrito autógrafo a tinta preta nas duas primeiras páginas de um bifólio de papel de carta velino sem marca, pautado, com as dimensões de página de 134^{mm}×211^{mm}. Há marcas de o suporte ter sido dobrado em quatro partes, e no setor esquerdo da primeira folha há um rasgão vertical com cerca de 59^{mm}. O manuscrito encontra-se guardado num sobrescrito sem marca, com 155^{mm}×125^{mm}, de fecho autocolante, com dupla numeração de arquivo: no canto superior esquerdo do rosto, o número «35» manuscrito a tinta; no canto superior direito, o número «233» feito com marcador mecânico. Epígrafe pela mesma mão e tinta das CARTAS 1 e 2:

> *Autografo de Ana Plácido*
> Carta, sem data, a M.^{el} Espinho, afilhado de casamento, protegido e amigo íntimo de Camilo.
> Refere-se a um negócio de terras.
> São muito interessantes as primeiras oito linhas.

No verso do fecho do sobrescrito encontra-se, escrita a lápis por outra mão, a seguinte nota: «Trata de negócios | venda de pedra e terras.».

As quatro cartas, não datadas, terão sido escritas entre o outono de 1886 e a primeira metade de 1890: embora não seja dada justificação, não há razão para pôr em dúvida a atribuição de data da CARTA 1, que terá sido escrita por volta de setembro de 1886 («aproximação do inverno», «sahir d'aqui em fim de outubro»). Sabemos que Jorge Castelo Branco esteve internado no hospital Conde de Ferreira, no Porto («daí, dessa Casa de Saúde»), sob os cuidados de médicos alienistas (psiquiatras) como Ricardo Jorge, António Maria de Sena e Eduardo da Costa Santos, entre 2 de agosto e 27 de outubro de 1886, o que permite datar a CARTA 2 do outono deste ano («Como tempo vai esfriando»). A conjugação de dados como «contrato fechado com o Malvário», «fez-se a planta» e «Silva Pinto vai amanhã para o Porto» permite concluir-se que se trataria de assuntos relacionados com a construção da casa de Silva Pinto, em terrenos da Quinta de Seide, pelo empreiteiro local Malvário – o que aconteceu por volta de 1886, sendo assim possível datar-se deste ano a CARTA 3 (Silva Pinto desinteressar-se-ia pela construção da casa, não chegando mesmo a pagá-la, pelo que a obra passou para a posse de Camilo e Ana Plácido, vindo a casa a ser, depois de construída, a residência de Nuno Castelo Branco e sua família). A «venda de pedra» de que se fala na última carta, terá a ver com a venda da pedra desta casa, abandonada por Silva Pinto em obra; o processo de tomada de posse da obra por Camilo e Ana Plácido decorreu entre 6 de janeiro e 1 de junho de 1890, datas, respetivamente, do regresso do casal de Lisboa, onde Camilo fora consultar médicos por causa da cegueira, e do suicídio, pelo que a CARTA 4 terá sido escrita durante este período.

As cartas

São aqui transcritas com as grafias modernizadas e as abreviaturas desenvolvidas, podendo o leitor verificar o texto original pelos facsímiles que se juntam.

CARTA 1:

    Amigo e Senhor Espinho

    Escrevi hoje ao Miranda pedindo informações sobre se é verdade sair a família que ocupa a casa.

    Na hipótese da resposta negativa, informe-me se haverá para alugar alguma que nos sirva. A Sr.ª D. Ana aterra-se com a aproximação do inverno, e o Jorge logo que aqui chegou[37] perdeu a vontade de comer e não sai do quarto. É urgente sair daqui em fim de outubro. Lance as suas inculcas e dê parte ao

                        Seu amigo
                        C. Castelo Branco

---

[37] Provavelmente regressado de Famalicão, aonde se deslocava com frequência.

CARTA 2:

> Meu Jorge
>
> Como o tempo vai esfriando, envio-te uma roupa de mais agasalho, para vestires quando quiseres. Escreve-me quando possas.
>
> Tanto eu como tua mãe temos passado muito mal de saúde. O Sr. Moutinho[38] dá-me boas notícias da tua saúde. Esperamos que daí dessa Casa de Saúde[39] saias restabelecido para onde quiseres ir, visto que não gostas de estar em Seide; e tens razão que isto aqui é muito triste. Saudades de tua pobre mãe.
>
> Teu pai
>
> *C. Castelo Branco*

Parte desta carta foi posteriormente publicada, sem indicação de origem nem de ser incompleta, por Justino Mendes de Almeida [ALMEIDA, 2002: 1012]. Para confronto, aqui fica o seu texto, que me parece muito estranho: sendo pouco provável que Camilo fizesse duas versões de uma carta deste tipo (privada, familiar, de circunstância), inclino-me para que, por alguma razão, o editor a tenha cortado, eliminando as referências ao envio de roupas ao filho e à saúde dos pais – mas mantendo, ao mesmo tempo, a ortografia:

---

[38] Joaquim Ferreira Moutinho, filantropo e amigo íntimo de Camilo. Em carta de 18 de julho de 1887, anuncia a Camilo que vai publicar um livro em sua homenagem, que não foi possível identificar. Camilo escreveu um epílogo para o seu livro *A Creche* (Porto: Typographia A. J. da Silva Teixeira, 1884).

[39] O Hospital Conde de Ferreira, no Porto, onde Jorge Castelo Branco esteve internado de 2 de agosto a 27 de outubro de 1886.

Meu Jorge

Escreve-me quando possas.

Tanto eu como tua mãe temos passado m.to mal. O Snr. Moutinho dá-me boas noticias da tua saude. Esperamos que d'ahi d'essa casa de saude saias restabelecido para onde quizeres ir, visto que não gostas de estar em Seide; e tens razão que isto aqui é muito triste. Saudades de tua pobre mãe.

Teu pae
Camillo Castello Branco

CARTA 3:

Meu amigo

Tudo feito: contrato fechado com o Malvário[40]. Sinto que o Sr. Barão[41] falasse tão tarde. Chamei o Vilela no Domingo, fez-se a planta, e terça-feira ficou tudo tratado.

Silva Pinto vai amanhã para o Porto, e creio que também irá o Sr. Camilo.

Silva Pinto, notou a sua falta no Domingo.

E as ceroilas? Que lhe disse eu?

Adeus: tenha saúde é o que lhe deseja a sua velha amiga

A. Augusta Plácido

---

[40] Empreiteiro local, Malvário foi o construtor da casa de Silva Pinto em Seide; o nome dele figura numa lápide afixada no edifício.

[41] Tratar-se-á do Barão de Trovisqueira, José Francisco da Cruz Trovisqueira (1824-1898); membro do Partido Progressista, foi deputado em duas legislaturas, presidiu à Câmara Municipal de Vila Nova de Famalicão durante cinco mandatos, e exerceu o cargo de Juiz de Direito na mesma Comarca.

Carta 4:

Meu amigo[42]

O esplêndido sol que entra a jorros por esta choupana alegra-me e rejuvenesce o meu velho e cansado espírito. Não cuide, porém, que é para lhe falar na minha outoniça poesia que lhe escrevo. Pelo contrário, eu já não curo há muitos anos senão do positivismo da vida.

Ora ouça: o padre Costa resolveu fazer sepultura ao irmão José, que como sabe está enterrado no adro, e como precisa de alguma pedra para a mesma mandou-me falar para a venda de alguma da que faz parte do entremeio da casa. A junta da paróquia, ao mesmo tempo fala também em comprar uma parte para o cemitério, e eu que vou perdendo as esperanças de a vender junta com as terras resolvo-me talvez à venda em fracções, porque como é muita é possível auferir ainda maiores interesses. Que lhe parece? Antes porém de entrar em negócio, como me disse que o Norton lhe falara na possibilidade da compra junta não quero que diga que o não ouvi a tal respeito. Fale, pois, com ele, e dê-me a resposta para eu decidir o que devo fazer.

Nada de novo por cá.

Desejando-lhe saúde e prosperidades, com um abraço para a D. Maria,

Sou sua amiga
velha e obrigada

Ana Augusta Plácido.

---

[42] Embora o anónimo colecionador tenha identificado Manuel de Ascensão Espinho como destinatário desta carta, Alexandre Cabral, em conversa privada (1988), afiançou-me tratar-se antes de Joaquim Azuaga, fundador da revista *Alvorada* de Famalicão (mais tarde, *Nova Alvorada*), que terá publicado alguns poemas de Ana Plácido.

Am.º e Sr. Espinho

Escrevi hoje ao Miranda pedindo informações sobre se é verd.º sahir a fam.ª q ocupa a casa.

Na hypothese da resposta negativa, informe-se se haverá para alugar alguma q nos sirva. A Sr.ª D. Anna aterra-se com a aproximação do inverno, e o Jorge logo q aqui chegou perdeu a vonte de ir p.ª Coimbra e não vai do Porto. É urgente sahir d'aqui em fim de Outubro. Lance as suas inculcas e dê parte ao

servo

C. Castello B.

1886

CARTA 1. Fac-símile do autógrafo de Camilo, a Manuel de Ascensão Espinho (1886).

Meu Jorge.

Como o tempo vae esfriando, envio-te uma roupa de mais agazalho, para vestires quando quizeres. Escreve-me quando possas. Tanto eu como tua mãe temos passado m.to mal de saude. O snr Moutinho dá-me boas noticias da tua saude. Esperamos que d'ahi d'essa Caza de Saude saias restabelecido para onde quizeres ir, visto q não gostas de estar em Seide; e tens rasão q isto aqui é muito triste. Saude des de tua pobre mãe.

   Teu pai   C. Castello Branco

CARTA 2. Fac-símile do autógrafo de Camilo, a seu filho Jorge (setembro-outubro de 1886).

Meu amigo

Tudo feito: contracto fechado com o Malvasio. Sinto que o Snr.º Barão Vallasse tão tarde. Chamei o Villela no domingo, fez-se a planta, e terça feira ficou tudo tratado.

Silva Pinto vai amanhan p.ª o Porto, e creio q.' tambem irá o Snr.º Camillo.

Silva Pinto, notou a sua falta no domingo.

E as servidas? Que lhe disse eu?

Adeus: tenha saude é o q' lhe deseja a sua velha amiga
A. Aug. Placido

CARTA 3. Fac-símile do autógrafo de Ana Plácido, sem destinatário expresso mas provavelmente a Manuel de Ascensão Espinho (1886).

Meu amigo

O esplendido sol que entra a jorros por esta choupana alegra-me e seju venesce o meu velho e cansado espirito. Não cuide, porem, que é pª lhe fallar na mª antonica poesia que lhe escrevo. Pelo contrario eu já não curo ha mtos annos senão do positivismo da vida. Ora oiça: o padre Costa resolveu fazer 'sepultura ao irmão José, q como sabe está enterrado no adro, e como precisa d'alguma pedra pª a mª mandou-me fallar pª a venda de alguma da q̄ faz parte do entre meios da caza. A junta de parochia, ao mmo tempo falla tambem em comprar uma parte para o cemiterio, e eu q vou perdendo as esperanças de a vender junta com as terras resolvo-me talvez a venda em fraccões, porq' como é m.ta é possível auferir ainda maiores interesses. Que lhe parece? Antes porem de entrar em negocio, como me disse que o Norton lhe fallara na possibilidade da compra junta, não quero que diga que o não ouvi a tal respeito. Falle, pois, com elle, e dê-me a resposta p.ª eu decidir o q' devo fazer.

Nada de novo por cá. Desejando-lhe saude e prosperidades, com um abraço p.ª a D.ª Maria.

Sou m.to

velha e obrigada

Anna Augusta Plácido

CARTA 4 [*fl.* 2]. Fac-símile do autógrafo de Ana Plácido, sem destinatário expresso mas provavelmente a Manuel de Ascensão Espinho ou a Joaquim Azuaga (entre 6 de janeiro e 1 de junho de 1890).

Eça de Queiroz

E desde as quatro horas, no calor e silêncio de domingo de Junho, labutava, empurrando a pena como lento arado em chão pedregoso, riscando logo rancorosamente a linha que sentia deselegante e mole, ora num rebuliço, a sacudir e reenfiar sob a mesa os chinelos de marroquim, ora imóvel e abandonado à esterilidade que o travava, com os olhos esquecidos na Torre, na sua dificílima Torre, negra entre os limoeiros e o azul, toda envolta no piar e esvoaçar das andorinhas.

EÇA DE QUEIROZ
A Ilustre Casa de Ramires

11
A MALDIÇÃO D'*A CAPITAL!*

I
CENSURA

A CRÍTICA FILOLÓGICA tradicional tem encarado o manuscrito literário moderno numa perspetiva que poderíamos classificar como teleológica: para ela, todo o trabalho de génese de uma obra, documentado nos respetivos manuscritos, tende fatal e inexoravelmente para *um fim* predeterminado, que é o texto acabado, e por isso entende que todos os manuscritos deixados inacabados pelo seu autor terão que ser submetidos a um trabalho de acabamento, dando-se-lhe como modelo outras obras, acabadas, do mesmo autor. Eu próprio já defendi, ainda que moderadamente, posições desse tipo, tendo inclusive proposto, para o caso dos manuscritos inacabados de Eça de Queiroz, uma *matriz estilística* que, elaborada a partir de um manuscrito paradigmático – o d'*A Capital!*, que é composto por 6 testemunhos divididos em 15 fragmentos de tipos e dimensões muito diferentes – permitiria evidenciar a existência de conjuntos de regras relativamente estáveis e funcionais que governam todo o processo de composição textual, e que poderiam ser utilizadas como padrão nos trabalhos de edição do manuscrito de onde foram extraídas e até, eventualmente, em outros manuscritos inacabados do autor [DUARTE, 1993a: 109-128].

Se bem que o objetivo, no meu caso, fosse poder colmatar falhas evidentes do manuscrito de acordo com um modelo do próprio autor, e não propriamente dar ao conjunto um acabamento de modo a que o texto assim produzido se parecesse o mais possível com o que seria suposto que ele fosse caso o autor o tivesse acabado, a estratégia adotada continuava a ter o seu tanto ou quanto de teleológico: fornecer ao leitor um texto legível, tal como ele de resto esperaria. Hoje questiono-me quanto àquilo que devo fazer sempre que, na minha atividade de crítico textual, me deparo com manuscritos inacabados: deverei olhá-los como textos gorados, considerando assim que eles supõem um fim que não foi atingido, ou vê-los apenas como o registo de forças vivas e em movimento, que valem por aquilo que são e não por aquilo que poderiam ter sido?

A primeira destas perspetivas, favorável a uma economia e a uma linearidade de composição textual previsível e assegurada, e avessa a tudo quanto seja perda, deriva, imprevisto e fuga de um autor aos seus hábitos e modelos anteriormente conhecidos [LEVAILLANT, 1982: 13] (o «subtil frenesi ou intuição extática» a que se refere Edgar Allan Poe), poderá estar na origem daquilo a que eu não hesito em classificar como uma verdadeira maldição para os manuscritos dos grandes autores que têm sido objeto de edições críticas com recurso aos respetivos materiais autógrafos, em particular quando se trata de manuscritos de obras inacabadas: mais preocupados em encontrar a solução final do problema (isto é, o texto acabado) que o autor não achou e que por isso é virtual, do que em ocupar-se de um texto não solucionado mas real (o do manuscrito tal como está), os editores tradicionais não se coíbem de intervir no texto dos manuscritos sempre que neles não encontram a tal «rigorosa lógica» do problema matemático.

Se considerarmos que uma edição regularizadora e solucionadora de um texto inacabado acaba por ser a transposição, para o suporte livro, de uma interpretação que o editor faz dos respetivos manuscritos, poderemos comparar o *modus operandi* destes editores ao do topógrafo que pretende elaborar a carta de um terreno muito irregular: com efeito, à semelhança do topógrafo que faz uma projeção cotada, sobre a superfície de referência, dos pontos e linhas mais salientes do terreno, o editor de perfil teleológico, quando da posse do manuscrito que quer editar (e aqui a analogia levar-nos-ia a entender por *superfície de referência o manuscrito autógrafo inacabado*), tende a colmatar as cotas mais baixas (lacunas, irregularidades, incongruências, etc., do texto) pela projeção sobre elas dos pontos mais salientes do terreno (que serão os comportamentos «normais» do autor em situações idênticas verificadas em textos acabados e publicados pelo mesmo autor), para assim apresentar ao leitor aquilo que projetou como sendo a obra que o manuscrito hipoteticamente conteria se o autor o tivesse acabado, ou seja, a carta topográfica definitiva. Mas, tal como o topógrafo que, partindo embora de uma descrição objetiva do terreno para a elaboração de uma carta, não sabe ou não quer prever as alterações que possam vir a verificar-se nesse mesmo terreno mercê da dinâmica das forças em equilíbrio próprias dos materiais que o compõem (acabando por nos dar uma carta que ficará irremediavelmente desatualizada após a manifestação de uma força não controlada), também o editor, se não souber ler como *fatores de texto* os lugares do manuscrito que pareçam prejudicar a boa direção para o fim previsto, ou se os avaliar como simples acidentes marginais à lógica do texto final, apresentar-nos-á um texto «acabado» que poderá corresponder muito bem aos hábitos «normais» do autor, ou mesmo até mimetizar outras obras dele, mas que será, de qualquer modo, um texto que muito provavelmente não corresponderá àquilo que de facto repousa no manuscrito.

Existem em demasia situações em que o editor intervém profundamente no organismo textual não solucionado com vista a adaptá-lo a um modelo final conjeturado. Mas de todas aquelas que me ocorrem, escolherei como exemplo mais significativo a da malfadada personagem Cristininha d'*A Capital!*, cuja sorte passo a recordar.

Inexistente nas duas primeiras versões do romance, esta personagem foi introduzida em acrescentos manuscritos às provas tipográficas da terceira versão, que ficou incompleta. Filha da tia Loló, uma das irmãs de Manuel Corvelo, pai do protagonista Artur Corvelo, Cristininha vivia em Oliveira de Azeméis na companhia de duas tias solteiras, Ricardina e Sabina, que, compadecidas da pobreza de Artur, aceitaram recebê-lo após a morte do pai. Proprietária da casa e de algumas fazendas, Cristininha poderá ser vista como a encarnação da jovem herdeira da burguesia rural da época: rapariga simples, bondosa, trabalhadeira, pouco culta, Artur achava-a o oposto da heroína romântica que aprendera a amar nos livros e que ele próprio buscava, uma criatura «grossa e vermelha» que passava os dias «ocupada dos poleiros das galinhas, das medas de milho e com um amor aldeão à terra, vendo só nos campos a utilidade – nunca a poesia e a égloga!». Para além das lidas da casa, Cristininha ocupava-se diretamente de Artur, a quem dispensava cuidados e atenções que o irritavam, sobretudo porque vindos de uma pessoa que lhe não compreendia os arrebates literários, que classificava como «pieguices», e, ainda por cima, o recriminava por, sendo o homem da casa, não ir «à fazenda olhar pelas terras, tirar as contas aos caseiros». Quando Artur, após ter recebido uma providencial herança de um padrinho que não conhecia, decidiu partir para Lisboa, Cristininha, que desconfiava que ele ia «por causa de uma mulher», ficou muito ressentida e, no momento da despedida, «deu-lhe um beijo nos lábios, com um soluço que a sacudiu – e ficou-lhe nos braços pálida como a cal, quase desmaiada». Termina aqui a existência desta personagem, porque é neste ponto que Eça abandona a terceira reescrita seguida do romance onde, como já referi, ela aparece totalmente de novo [DUARTE, 1993b].

Ora, na edição de 1925, esta personagem é retirada, porque incompleta – o que é verdade no que diz respeito a não estar completa, e aceitável dentro dos critérios do editor. Mas convém que recordemos e comentemos o discurso com que o editor justifica a sua atitude de eliminação desta personagem que, segundo ele, «surge inesperadamente» na curva do romance:

> É uma figura tocante de rapariga da provincia, Christina, que vem pôr no todo um pouco amargo do romance, uma nota fresca de simplicidade e de doçura enternecida. Sentimos logo, só com o apparecimento do seu sorriso bondoso e um pouco triste, que ella vinha alterar totalmente a curva primitiva do romance. Quem estudou a obra de meu Pae e conhece a sua arte de fazer romances, sabe que todos os seus personagens são uteis; nenhum que appareça casualmente, sem um fim, sem um motivo definido; nenhum que não tenha o seu grau d'influencia, maior ou menor, no desenvolvimento da acção. A influencia d'esta figura de pequena provinciana, apenas entrevista n'um dos primeiros capitulos, devia seguramente ser decisiva. Ella seria, no fim do volume, a consoladora, o refugio moral, a unica doçura na vida do triste heroe d'este livro.
> Infelizmente, porém, com a ultima das paginas emendadas, esta dôce figura desapparece subitamente e a acção do romance torna á sua dureza primitiva. Por isso, para conservar quanto possivel á obra o seu todo harmonico, decidi-me, não sem melancolia, a eliminar a figura encantadora e incompleta do novo personagem.
> [QUEIROZ, 1925a: XXVIII-XXIX]

Em termos globais, poderemos retirar destas palavras do editor uma grande conclusão: que, porque o texto de um manuscrito não corresponde àquilo que seria suposto o seu autor ter escrito, é permitido manipulá-lo de modo a que a realidade se adapte à expetativa – do editor, que assim se autonomeia como um procurador e intermediário de interesses diferentes: os interesses do autor, cujo texto policia, e os interesses do leitor, cuja leitura condiciona. Mas, se lermos ao pormenor esta (inteligente) peça de autojustificação, nela encontraremos duas ordens de argumentos, uma factual e outra ideológica, que poderemos questionar por aquilo que escondem (os argumentos factuais) e por aquilo que significam (os argumentos ideológicos). Destes argumentos, selecionei três de cada ordem para sobre eles nos determos um pouco.

O primeiro argumento factual utilizado pelo editor repousa no suposto que

(i) *Cristininha é «apenas entrevista num dos primeiros capítulos» do romance.*

Este argumento não colhe: de facto, ela é uma personagem bem modelada a nível físico e psicológico, e é fator de uma ação muito específica na economia da narrativa, distribuindo-se, com as necessárias contextualizações, por mais de meia centena de páginas manuscritas, o que corresponde a uma parte do capítulo I e a quase todo o capítulo II [DUARTE, 1992: 113-175][43].

O segundo argumento,

(ii) *com a última das páginas emendadas, esta doce figura desaparece subitamente e a acção do romance torna à sua dureza primitiva,*

induz o leitor em erro, na medida em que lhe dá a entender que existe uma relação de antecedente/consequente entre texto

---

[43] A personagem de Cristininha já fora recuperada por Helena Cidade Moura [MOURA, 1970, I: 843-1092].

emendado e texto não emendado; ou seja, que o autor teria desistido de emendar o texto no registo em que o vinha fazendo (responsável pela eclosão da personagem) e que autorizara o regresso à fase anterior à emenda – quando o que se passa é que o autor interrompeu na realidade o ato de emendar (não prosseguindo assim com o desenvolvimento da nova personagem), pelo que, sendo o texto não emendado anterior ao emendado, não se verifica qualquer regresso «à dureza primitiva»: rigorosamente, o texto emendado destinava-se a substituir o anterior, e colocar este (o não-emendado, e portanto sem Cristininha) como sequência daquele (o emendado, onde vive e age Cristininha) implica não um regresso da ação do romance à sua fase anterior (por decisão autoral) mas sim uma nivelação de fases diferentes da génese textual (por ajeitamento do editor), produzindo-se deste modo um texto híbrido.

O terceiro argumento, uma vez cotejado com o texto do manuscrito, é bizarro:

> (iii) *decidi-me, não sem melancolia, a eliminar a figura encantadora e incompleta do novo personagem.*

Acontece que esta personagem, sendo retirada pelo editor para ajeitar o texto emendado ao não emendado, continua a existir através das suas falas e ações, que são transpostas, umas e outras com as necessárias adaptações, para a velha tia Sabina. Vejamos só um exemplo do comportamento do editor:

TEXTO DO MANUSCRITO AUTÓGRAFO [BNP, ACPC, E₁/287]	Texto da Edição de 1925 [QUEIROZ, 1925a]
E Ricardina, abaixando a voz: – Vai Cristininha, vai-lhe mostrar o quarto tu que tens pernas... – Por aqui, primo Artur. E com um riso muito cantado e simpático: – Que tonteria, ia para a cozinha! Olha a tolice. Artur, atarantado, seguiu-a pela escada íngreme. Ela subia devagar, apanhando um pouco ao lado o vestido de barege negro: as suas mãos pareciam grossas e ásperas a Artur que, ansiava as mãozinhas pálidas, moldadas só para acariciar: toda ela era pequenina e gorda; tinha pelos ombros uma manta de lã negra; o seu andar pesado que pisava fortemente os soalhos era para ele como a evidência desagradável da sua natureza prosaica e material: só lhe admira os cabelos, duros, rebeldes, enchendo a larga rede duma rica massa lustrosa. Tinham chegado ao corredor, e Artur parou espantado, vendo à porta, postado, de arma ao ombro, um soldado de papel, em tamanho natural, colado a uma tábua que fora recortada pelo contorno da figura. – Que é isto? – É o quarto do Albuquerquezinho, é a sentinela, disse ela, com um sorriso onde brilhava o esmalte dos dentes bonitos.	E Ricardina baixando a voz: – Vá, mana Sabina, vá-lhe mostrar o quarto, já que tem pernas. – Por aqui, menino, por aqui – disse logo Sabina, levantando-se. Artur, atarantado, seguiu-a pela escada íngreme, mas quando chegou ao corredor, parou espantado, vendo a uma porta, postado, de arma ao ombro, um soldado de papel em tamanho natural, colado a uma tábua que fora recortada pelos contornos da figura. – Que é isto? É o quarto do Albuquerquezinho, é a sentinela! – disse Sabininha com um sorriso enternecido.

Quanto aos argumentos *ideológicos*, o primeiro considera que Cristininha é:

(iv) *Uma personagem, totalmente nova, que «surge inesperadamente».*

Este caso poderá ser considerado como um bom exemplo de um posicionamento teleológico por parte do editor: a valorização de um fim previsível e intrínseco ao texto, que seria assim constitutivo desse mesmo texto, implica que se considere como inesperado, e portanto difícil de manipular, aquilo que não está previsto: no caso vertente, uma personagem de mulher com as caraterísticas de

Cristininha não é previsível na galeria das personagens femininas da obra até então édita de Eça de Queiroz.

Quanto ao segundo argumento desta ordem, temos que

> (v) *Sentimos logo, só com o aparecimento do seu sorriso bondoso e um pouco triste, que ela vinha alterar totalmente a curva primitiva do romance. (...) Ela seria, no fim do volume, a consoladora, o refúgio moral, a única doçura na vida do triste herói deste livro.*

Mesmo sabendo o editor que o autor não terminara o texto, é capaz de «prever» o fim do texto (o texto acabado) com e sem o elemento imprevisto, avaliar as duas hipóteses de fim (o desenlace da ação, seja ele com o pleno desenvolvimento da nova personagem – imprevisto –, ou sem ela – previsto), e optar por uma delas (naturalmente, como se viu e ele próprio confessa, eliminando o elemento imprevisto).

O último argumento baseia-se no pressuposto de que

> (vi) *na obra de Eça de Queiroz, «todos os seus personagens são úteis», e Cristininha não o seria.*

Ora, enquanto aparece, Cristininha é de facto útil: fala, mexe-se, intervém na ação, é mesmo o suporte de uma ideologia (digamos, a visão da mulher rural por um homem urbano e com determinados valores e interesses sociais e intelectuais); logo, não é por aqui que Cristininha foge à regra da personagem queiroziana. Além disso, o conceito de útil é aqui subordinado ao de *fim:* a personagem só terá razão de existir se se adequar ao fim que é suposto ser o previsto pelo editor: se Artur Corvelo regressa à província pobre e desiludido das suas aspirações de sucesso social e intelectual na capital (o que é expresso nas duas primeiras versões do romance), a única utilidade previsível de Cristininha seria talvez casar com ele, numa espécie de previsão do que se passa, ainda que por outras razões e em situações amplamente diversas, com o Jacinto d'*A Cidade e as Serras*. Mas Cristininha é útil na sua imprevisibilidade: primeiro, porque é, na obra queirosiana (nem mesmo a Maria da Piedade de *No Moinho* se lhe pode comparar), a única personagem feminina plena (quase) e modelada com as caraterísticas de mulher rural; depois, porque não tem que, forçosamente e enquanto personagem, honrar um fim previsível nas expetativas do editor: previsibilidade por previsibilidade, por que não conjeturar que ela, em vez de hipoteticamente esperar por Artur na província, poderia ter decidido, também hipoteticamente, ir juntar-se a ele na capital, apoiando-lhe as ambições com os seus consideráveis rendimentos pecuniários e transformar-se até, quem sabe, numa *coquette?*

Como já apontei mais acima, muitas outras situações como esta poderiam ser referidas, implicando aspetos interiores ao texto, como a pontuação, o léxico, e a construção frásica, ou a ele externos, como valores de ordem social, política ou moral do editor, que ele sobrepôs aos do autor. E encontramo-las em Eça como em Pessoa, e muito provavelmente as encontraríamos também em Gil Vicente ou Camões, todas elas resultando da convicção, sentida pelos editores tradicionais, de que a escrita segue um percurso linear, como um grande rio que com as suas águas vai transportando para o mar, fatalmente, as águas dos seus afluentes. Como consequência desta convicção e destes comportamentos editoriais, temos uma tradição que nos ensinou a olhar para os manuscritos inacabados (e quantas vezes para os de obras acabadas e publicadas pelo seu autor!) como afluentes de um rio cujos caudais poderemos sempre corrigir para que não haja desmerecimento, dos afluentes face ao rio que enchem, e do rio face ao mar em que desagua. Será, porém, necessário que olhemos o rio sem termos que adivinhar o mar; ou seja, que olhemos o manuscrito inacabado como tal, e não como uma promessa de texto acabado. Se o conseguirmos, veremos, pedindo a palavra a Almuth Grésillon, que o manuscrito,

> longe de seguir regularmente uma progressão linear, é tão marcado por tensões e por contradições, por recuos e por avanços, por impasses, desvios, turbulências, falsas partidas e esgotamentos, que, em vez de um modelo linear, acabamos a matutar na teoria das catástrofes [GRÉSILLON, 1994: 140].

E assim teremos muito que aprender: primeiro, aprenderemos a ver o modo como um autor trabalha; depois, o que é talvez o mais importante, aprenderemos a ver como é que um texto funciona na relativa liberdade do espírito do seu autor, liberto ainda (e por que não para sempre?) das amarras da gramática social.

Em *Donner à voir*, escreveu Paul Éluard que nós só lemos para descobrir, controlar ou corrigir aquilo que pensamos [ELUARD, 1939; 1978: 198]; seria essa a maldição de todo o texto. Puxando a afirmação do poeta francês àquilo que aqui nos traz, diremos, para terminar, que o editor de manuscritos literários inacabados – e por muito que isso me doa, entre eles acabarei sempre por me incluir – olha para o seu objeto de trabalho como um texto virtual: *pensa* que o autor pretendera, ao iniciar a escrita, atingir plenamente um determinado objetivo, *descobre os* momentos e os lugares em que ele o conseguiu de facto, e *controla,* modificando-os, aqueles em que falhou. Resta-lhe admitir que, tal como há rios que afinal nunca chegam ao mar, também há manuscritos que nunca terão o seu acabamento, podendo assim o editor *corrigir* a sua estratégia de abordagem do manuscrito – e deixá-lo viver na sua turbulência que final algum jamais domará.

II
AUTOCENSURA

ESCREVER É DESIGNAR: o sujeito que escreve estabelece – como já mencionado anteriormente – conexões mentais entre os conceitos preexistentes à escrita (a que chamaremos representações) e a gramática da língua que utiliza. Nesta operação, o sujeito nunca é livre: ao concetualizar, enquadra-se numa dada história cultural e pessoal que lhe condiciona o modo de representar; ao designar, tem que respeitar a gramática e o vocabulário da língua, o que lhe limita as possibilidades de atuação, não só porque o sistema linguístico é finito, mas porque toda e qualquer língua natural apresenta a sua própria desmontagem do mundo referencial, ou seja, tem a sua própria ideologia.

Assim, no seu aspeto designativo, o ato de escrever é um ato de risco: se não escolher as palavras e as construções linguísticas adequadas, o escritor corre o risco de se não fazer entender – ou então de o leitor, que lê o texto de acordo com as regras gerais da língua, às quais no entanto soma os valores do seu próprio contexto sociocultural, lhe entender nos escritos uma coisa diferente daquilo que ele pretende; por isso, o sujeito que escreve tem que adaptar o seu discurso espontâneo a estas regras, nele eliminando ou transformando aquilo que seria passível de uma má interpretação, ou mesmo até não interpretável.

Daqui, poderemos partir para a afirmação que *escrever é censurar* – e os manuscritos autógrafos de Eça de Queiroz são disso um bom exemplo: tendo em conta que a dimensão «escrita» é relativamente precoce na construção dos textos de Eça (ou seja, quando ele inicia a escrita ainda não tem estabelecidas todas as representações, pelo que a escrita funciona como um ensaio de representações, e os suportes como um laboratório de designações), o ato físico de escrever acompanha *pari passu* o ato mental de designar; ou seja, o manuscrito vai acompanhando a construção do texto desde os momentos mais primitivos até à forma final registando, lugar a lugar e momento a momento, todas as hesitações, dúvidas, falhanços e aquisições de certezas do autor perante o texto em construção; frequentemente até, o próprio texto vai determinando, no momento em que está a ser escrito, a orientação do texto subsequente, impondo assim sentidos que eventualmente não estavam previstos no momento em que o autor iniciara a escrita – ou anulando outros que o estavam.

De todos os manuscritos queirozianos disponíveis, os do romance inacabado *A Capital!* serão talvez os mais elucidativos acerca desta maneira de trabalhar. É por esta razão que vou utilizar dois dos manuscritos do processo genético deste romance (o manuscrito *A*, $E_1/287A$, e o manuscrito *B*, $E_1/287$), comparando as lições de uma mesma passagem em cada um deles: a narração de algumas peripécias da sessão de inauguração das novas instalações, em Lisboa, de um *clube* democrático, confusamente republicano e socialista e até com laivos maçónicos, assistindo-se à discussão de alguns conceitos, valores e comportamentos de cariz político e ideológico. Esta passagem baseia-se em personagens e acontecimentos reais, e é particularmente interessante na medida em que nela são abordados temas suscetíveis de atos de censura.

Nesta cena encontramos, entre vários figurantes, as personagens Jácome Nazareno e Matias (e de certa maneira o patrono espiritual de ambos, Damião, que embora ausente de cena é uma referência constante), e ainda Artur Corvelo, que são facilmente identificáveis enquanto caricaturas de personalidades históricas como, respetivamente, Salomão Sáraga, José Fontana, Antero de Quental e o próprio Eça enquanto jovem [*cf.* SIMÕES, 1945]. Quanto aos acontecimentos, a análise das correções autógrafas fornece-nos alguns dados curiosos: na primeira versão do romance (manuscrito *A*), o secretário do clube lê a ata da sessão anterior, que começava assim: «Ata da sessão de 6 de Outubro de 1878»; em fases subsequentes de correção, Eça riscou o ano e substituiu-o por pontinhos (ainda em *A*), para depois, no manuscrito *B*, apenas referir que o secretário «ia rosnando a leitura de uma Ata» – o que é significativo enquanto processo de apagamento de referências: Antero de Quental (modelo de Damião) esteve, de facto, ausente em França entre os começos de junho e o dia 8 de outubro de 1878 (o que dá cobertura referencial à ausência de Damião nesta reunião do *club* republicano), e em carta a Oliveira Martins de 10 de outubro do mesmo ano confessa-se desgostoso com a confusão ideológica que reina nos centros republicano-socialistas de Lisboa, onde nascera a ideia de o candidatarem a deputado por Alcântara, afirmando que talvez seja a «ocasião de me explicar sobre a delicada distinção entre socialista e republicano, e de sair, uma vez por todas, dum equívoco que me pesa.» [MARTINS, 1989, I: 446].

Sendo assim, é natural que Eça tenha censurado o seu texto, começando por amenizar, através de expedientes narrativos identificáveis nas correções de *A* e na passagem para *B*, os excessos caricaturais com que começara por se retratar e por retratar os seus *compagnons de route* e do Cenáculo, para depois o censurar de todo não o publicando, sem dúvida por temer que as suas caricaturas ofendessem os modelos e que isso lhe trouxesse dissabores: numa carta privada, chega mesmo a referir o «escândalo» que o romance provocaria caso fosse publicado – o que nos permite afirmar que, mais do que por o romance não o satisfazer esteticamente (dificuldade que a sua fábrica facilmente ultrapassaria), o facto de Eça não ter publicado *A Capital!* resultou de um ato de verdadeira autocensura.

Mas olhemos para o exemplo que selecionei, e que mais adiante vai transcrito em QUADRO, nas versões dos dois manuscritos: na coluna da esquerda, temos o texto de *A*, e na da direita o de *B*. Para melhor os podermos comparar, o arquitexto (a «história» narrada) representado pelos dois testemunhos é dividido em vinte e seis sequências definidas pelo desenrolar da ação. Os espaços em branco em cada uma das colunas indicam que no testemunho respetivo falta o texto correspondente na outra coluna: se o espaço em branco é na coluna da esquerda (*A*), quer dizer que o da direita (*B*) foi acrescentado; se é na coluna da direita, significa que houve texto de *A* que foi censurado; ou então, em ambos os casos, que houve texto deslocado. De qualquer maneira, é indicado quando se trata de texto acrescentado, eliminado ou deslocado.

Se compararmos o texto dos dois manuscritos, verificaremos que das vinte e seis sequências treze são comuns (sequências n.ºs 1, 3, 5, 7, 11, 13, 15, 17, 19, 21, 22, 24, 26, apresentando apenas diferenças formais, sendo que três mudam de posição – n.ºs 7, 21, 22), dez são acrescentadas (n.ºs 4, 6, 8, 9, 10, 12, 14, 16, 18, 25) e três eliminadas (n.ºs 2, 20, 23). Passando por cima de aspetos meramente estilísticos (de que servirá de exemplo a sequência n.º 3), as diferenças fundamentais entre o texto de *A* e o de *B* são de três tipos com um denominador comum: *B* amplia *A*; e isso nota-se obviamente pelas sequências acrescentadas de novo, mas também pelo facto de, nas que são comuns, a lição de *B* ser em geral um pouco mais desenvolvida do que a de *A*.

É aqui que encontramos o primeiro tipo de diferenças, de que servirá de exemplo a sequência n.º 1, onde os acrescentos «Uma só palavra os desfaz» e «com força» substituem, em *B*, toda a sequência n.º 2 em *A*, onde inicialmente eram enunciados os argumentos do equívoco na perspetiva de Falcão (Socialismo *vs.* Constitucionalismo ≈ Jacobinismo), apresentando-se assim o socialismo como um absoluto sem que tenha necessidade, para se afirmar, de ser contraposto a outros modelos ideológicos. Porém, na sequência n.º 5, a maneira anódina como Matias/José Fontana responde a Falcão (e que poderia ser entendida como insinuação de que ele aceitava a posição radical deste, participando assim da sua confusão ideológica), é desenvolvida pelo acrescento de qualificações a Matias («olhar frio de ódio», «voz afetadamente cortês»), pelas quais se sugere que ele, embora não concordando com Falcão, apenas por espírito democrático e por boa educação lhe tolera as opiniões, não deixando contudo de deixar bem claro o seu desagrado: situação idêntica se verifica na sequência n.º 21, onde Jácome Nazareno/Salomão Sáraga vê o seu comportamento de cólera primária ser transformado num símbolo ideológico: «com o punho estendido»; nestes exemplos, temos uma tentativa de separação de águas, e portanto de alargamento do espaço de debate. Esta ampliação é reforçada pela eliminação, na sequência n.º 7, da frase «Que nos une aqui é a justiça indignada», na medida em que desloca a discussão de um humanitarismo vago e concetualmente redutor («Justiça indignada») para aspetos mais concretos da situação política (os males do sistema) e por isso mesmo mais produtivos em termos de debate.

Paralelamente, verifica-se uma tentativa para desviar a atenção do leitor face aos comportamentos e às ideias dos protagonistas da cena – o que é uma maneira de censurar, na medida em que contribui para o esvaziamento das personagens com referente na vida real. É o segundo tipo de diferenças, no qual se reúnem as sequências em que as posições ideológicas da personagem Matias, que em *A* são dadas de uma forma que privilegia o monólogo (repare-se no alinhamento monológico das sequências n.ºs 5, 7, 11, 13, 15, 17, 19), em *B* são transformadas em diálogo (sequências n.ºs 6 e 11), dividindo-se assim o protagonismo e creditando-se a quem de direito as posições ideológicas mais radicais.

O terceiro tipo de diferenças consiste no amaciamento dos traços mais verrinosos da caricatura através da introdução, no manuscrito *B*, de dois tipos de figurantes-comentadores que atuam à maneira do coro na tragédia grega: um desses tipos, singular, é um homem «vestido de *cheviot*» que interfere na discussão para apoiar abertamente as posições dos socialistas (sequências n.ºs 4 e 6); esta personagem parece ter sido desenhada pelo autor para suporte das posições mais radicais, posições essas que mesmo assim o autor teve muito trabalho a modular: note-se o cuidado com que Eça lhe foi controlando o discurso na sequência n.º 20 (20a, 20b e 20c) de *A*, até chegar à forma da sequência n.º 6, de *B*, que já nada tem a ver com as formas anteriores; de qualquer modo, quer esteja calado quer no uso da palavra, este homem é um catalisador de atenções: é ele que mais chama a atenção de Artur quando chega às instalações do clube, a ponto de este perguntar a Nazareno quem é ele, obtendo como resposta um seco «Um doido»; e é ele que, desempenhando um papel secundário na discussão que se gera, toma a palavra à força (sequência n.º 6: «Não esperou que lhe concedessem, prosseguiu»), irritando Nazareno, que assim é revelado, indirectamente, como não socialista. O outro tipo, que é coletivo e é descrito de um modo impressionista, dá expressão aos sentimentos de confusão generalizada e de total alheamento da massa associativa do clube perante as preocupações ideológicas dos protagonistas: enquanto estes manifestam as suas confusões concetuais, vemos à volta expressões assombradas, cochichos, risinhos, curiosidade primária (n.º 4), tomadas de posição fora de contexto, sussurrações confusas, ignorância impaciente (n.º 8), tentativas vãs de perceber o que se passa, por parte de alguns, manifestações de tédio ou de ironia, por parte de outros (n.º 10), mudas tomadas de posição por um debatente contra o outro (n.º 16); em suma, encontramos aqui uma espécie de Sancho Pança coletivo, magnificamente retratado na sequência n.º 25, que pragmaticamente espera da revolução política a substituição de uma clientela partidária por outra («E os que se tinham reunido ao club, na esperança duma futura satisfação de necessidades ou de ambições, sentiam como um vasto logro»...). Com este estratagema narrativo de deslocar parte das luzes de cena dos protagonistas para uma massa anónima, cujo comportamento vai catalisando a atenção dos diversos tipos de leitores, Eça lança uma penumbra temporária sobre os protagonistas e as suas fraquezas ideológicas: aquilo que estes diziam em *A* continua a ser dito em *B* – só que o leitor, em *B*, está mais distraído.

Podemos assim dizer que o texto de *A* estará porventura mais próximo das representações originais do autor, onde os caracteres das personagens e os atos por elas praticados têm contornos mais contrastivos, menos polidos, e sobretudo mais imediatos; por sua vez, o texto que encontramos em *B* estará mais próximo da designação final: ampliações de vária ordem, com efeitos estilísticos mas também narrativos, não só boleiam as arestas mais salientes como dividem por personagens diferentes traços caricaturais que dantes carregavam apenas uma, perdendo as personagens em parte o seu aspeto grotesco, e por vezes até boçal, para se transformarem em amáveis caricaturas. Mas, de qualquer modo e sempre – caricaturas.

Trata-se, claro, de caricaturas queirozianas. Mas, sem querer estabelecer relações forçadas entre realidade histórica e ficção, encontramos nesta passagem d'*A Capital!*, talvez, algumas daquelas confusões que, como já foi referido mais acima, Antero queria esclarecer; e poderemos também encontrar alguns ecos da realidade histórica, embora com referências baralhadas. Só que Eça de Queiroz sabia até onde podia levar a caricatura: aqui, no fundo, quem é caricaturado não são Antero, Fontana, Sáraga ou o próprio autor, mas um determinado meio ideológico-social em que ele interveio e do qual foi, em certo sentido, vítima e carrasco.

E fosse em qual fosse destas categorias que Eça de Queiroz se autoclassificasse, o resultado para ele talvez fosse igualmente um logro. Por isso tomou a decisão mais sábia: juntou as folhas do seu romance e atirou-as para o silêncio do seu famoso baú, talvez esperando assim sepultar memórias que o perturbavam, censurando-as definitivamente – talvez, quem sabe, seguindo a lição do folhetinista Gomes Brito que, numa outra passagem censurada do manuscrito *A d'A Capital!*, nos dá uma magistral definição funcional de censura:

> – Fallar mal d'um livro, meu amigo, é fazel-o conhecido. Ora o que se quer justamente, é que elle fique no limbo. Nada, nada, o silenciosinho, o antigo silenciosinho. Moita e deixa passar... A critica habil devia ter este symbolo – um apagador! [*A Capital!*, Ms. A, 124^v]

Só que, vinte e cinco anos depois da sua morte, os filhos romperam-lhe o silêncio e publicaram-lhe o romance. E como as memórias do pai lhes perturbavam o sono – censuraram-nas até à demência. Mas essa é uma outra história interminável...

REPRESENTAÇÃO DO ARQUITEXTO NOS TESTEMUNHOS *A* E *B*
[E₁/287-A, *fls*. 112ᵛ-114; E₁/287, *fls*. 115-119ᵛ; *cf.* DUARTE, 1982: 289-293]

Ms. A   Ms. B

	Ms. A		Ms. B
1	– Desejando fazer parte do Club democratico, eu quero, antes de tudo evitar equivocos. Eu sou socialista. – Fez uma pausa, olhou em redor. «Sou socialista,	↔	– Desejando fazer parte do *Club* Democrático quero evitar equívocos. Uma só palavra os desfaz. Eu sou socialista. Olhou em redor, repetiu, com força: – Eu sou socialista.
2	na larga, na nobre, na alta intelligencia da palavra. So-ci-a-lis-ta. E o meu odio ao Constitucionalismo, não é maior, que o meu odio ao Jacobinismo».	*Texto eliminado* ↓	
3	Curvou-se profundamente, com a mão sobre o peito, e recuando um passo esperou – com um aspecto de valor heroico.	↔	Recuou um passo – cruzou os braços sobre o peito, erguendo a face lívida – como para afrontar a morte.
4		*Texto acrescentado*	Em redor, havia, nas fisionomias, uma vaga expressão assombrada, mistificada: cochichava-se: narizes franzidos interrogavam, num gesto mudo: risinhos fungaram. Que é? Quem é? Que diz ele? O rapaz vestido de *cheviot* exclamou: – Apoiado! É bom preveni-los.
5	Mathias, com as duas mãos appoiadas sobre a mesa, disse então, no silencio: – Este club não tem exclusivismos;	↔	Matias deu-lhe de lado um olhar frio de ódio, – e com uma voz afectadamente cortês: – Este *club* não tem exclusivismos...

	Ms. A	Ms. B
6		*Texto acrescentado* — Mas tem divergências! interrompeu o rapaz vestido de claro. E erguendo-se: – Peço a palavra! Não esperou que lha concedessem, prosseguiu: entre pessoas que aspiram apenas a substituir um rei constitucional por um presidente jacobino, e que se indignam porque há viscondes, que fazem guerra à lista civil, e outras pieguices – e entre nós que queremos a Revolução Democrático-Social na sua larga acção – há divergências muito graves. É conveniente evitar os equívocos... Estou com o senhor Falcão, uma declaração a tempo define os terrenos...
7	acceita toda a opinião democratica, que se appresente em opposição ao Regimen Constitucional. Que nos une aqui é a Justiça indignada. Em presença da vergonha, da relação, da podridão, do Systema actual, o dever de todo o homem livre, é associar-se para a sua destruição. *Texto deslocado*	
(21)	*Texto deslocado*	O estrábico soltou um *apoiado* semelhante a um rugido. Nazareno, que se agitava, impaciente, ergueu-se bruscamente, e com o punho estendido: – É melhor desmancharmos o *club* à nascença, e acabarmos... – Ordem, ordem! – disse-se logo. – Pois que significa, gritava o Nazareno bracejando, trazerem-se estas divergências apenas nos instalamos?

Ms. A   Ms. B

8			Ainda as portas não estão pintadas, e já nos dividimos em partidos... – Não queremos ser confundidos com jacobinos! rugiu o estrábico. – Nem nós com os comunistas! atirou um sujeito de barbas e óculos. Alguns diziam, monotonamente – Ordem! Ordem!, fazendo girar aquela fórmula parlamentar. O velho militar grunhia – *Fora os petroleiros!* Uma sussurração confusa corria os bancos, quebrando-se, aqui, além, por alguma voz saliente que gritava – mais seriedade! mais decência. O místico, conservava-se imóvel, espectral, os braços cruzados. E um indivíduo que trazia um cachiné, que estava sentado ao pé de Artur, perguntou-lhe ao ouvido, com o rosto franzido de ignorância impaciente: – A que vem tudo isto? Que querem eles?
		Texto acrescentado	
(22)		*Texto deslocado*	Ninguém parecia saber «o que eles queriam» – até que Matias, que decerto julgou o tumulto inconveniente à sua dignidade, repenicou, nervoso e pálido, uma pequena campainha de quarto de convalescente. – É lamentável, – disse, no silêncio criado – que se produzam antipatias tão caracterizadas, apenas reunidos para um fim de justiça.
9		*Texto acrescentado*	São estas cenas que justificam – o que dizem os nossos inimigos, que no Partido Republicano não há senão desunião.
(7)		*Texto deslocado*	Este *club* não tem exclusivismos, repito. Aceita toda a opinião que se apresente em oposição ao Constitucionalismo. Em presença da vergonha do sistema actual, o dever de todo o homem livre, e inteligente, é associar-se para a sua destruição.

	Ms. A		Ms. B
10		*Texto acrescentado*	Havia agora, nas filas de cadeiras, uma atenção intensa, de rostos estendidos, aplicados a surpreender, apanhar, a significação daquela divergência irritada. O amigo Abílio fazia com a mão uma concha acústica à orelha. Com o queixo na palma da mão, alguns arregalavam olhos em que reluzia a adoração pelo Matias. Só o socialista, Gilberto, o estrábico, e outro que, com as pálpebras abaixadas, catava os pêlos do bigode, afectavam distracções, com bamboleamentos de pernas muito irónicos, os lábios torcidos em sorrisos de tédio.
11	Se o Sr. Falcão, por Socialismo, entende, uma nova concepção de Propriedade, de Trabalho, de Educação, do Casamento, da Sanção Moral, em opposição à solução, dada pela Egreja, e as Instituições que a realizão – somos todos socialistas.	↔	E Matias prosseguia: – Se o senhor Falcão (o mistico dobrou-se em dois) por Socialismo entende... O místico disse, dum só fôlego: – Entendo uma nova concepção da Propriedade, do Trabalho, do Casamento, da Educação, da Sanção moral, etc., em oposição às soluções dadas pela Igreja e as instituições que as realizam... Matias estendeu o braço: – Então, mais ou menos, somos todos socialistas.
12		*Texto acrescentado*	– *Quod Deus avertat*, interrompeu Gilberto. O sujeito de *cache-nez* parecia extremamente impaciente, intrigado: – Mas onde querem eles chegar? – perguntou a Artur. A explicação seria longa, complicada – e para a abreviar, Artur disse-lhe baixo: – Partidos. São dois partidos... – Teorias, disse o do *cache-nez*, que parecia ter pela ideologia – um ódio de economista – a questão é fundar um jornal... E pôr um guarda-vento naquela porta, que vem uma corrente de ar que me mata...
13	Se entende, essa reforma feita pela philosophia, e pelo povo para [×] a educação na philosophia, com exclusão, de toda a direcção authoritaria podemos talvez divergir. Se entende ainda, como solução politica, a formula federalista, em opposição à	↔	Matias, agora, falava da revolução social: – Se o senhor Falcão entende, como socialista, que ela deve ser feita pelo povo, educado por uma filosofia popular, positiva, (procurava os adjectivos) proudhoniana, – com exclusão de toda a direcção autoritária,

	Ms. A		Ms. B
	formula unitaria – podem tambem haver divergencias.		de toda a iniciativa do Govemo, então podemos divergir. Se na questão política, pretende impor a fórmula federativa, em oposição à fórmula unitária, decerto divergimos também.
14		*acrescentado*	– Divergimos sempre – atalhou Gilberto.
15	Mas como estamos esperando no mesmo ideal, – penso, que mais tarde, poderemos entendermo-nos sobre essas altas questões.	↔	Matias continuou: – Mas estamos unidos para o mesmo fim – e mais tarde, desembaraçado o país das Instuições do passado, podemos agitar essas altas questões...
16		*Texto acrescentado*	– Frases! rosnou Gilberto. Aquela irreverência pareceu escandalizar; olhos acesos, irados, voltaram-se para ele: o velho militar acariciava soturnamente o castão da bengala. E as mesmas vozes repetiam: – decência! decência!
17	O Jacobinismo não combate o Socialismo: prepara-o: o socialismo é um espiritual substituido a outro:	↔	– O Jacobinismo, – continuou Matias – já que esta palavra agrada ao senhor Gilberto, o Jacobinismo não combate o Socialismo, prepara-o. Repetiu, com um gesto vivo: prepara-o! O Socialismo é um espiritual substituindo outro espiritual...
18		*Texto acrescentado*	O místico abaixou aprovativamente a cabeça. E havia em todas as fisionomias um vago ar espantado, de incompreensão, de fadiga.
19	Essa substituição para ser feita sem sangue, precisa, ser feita dentro, d' um regimen amigo, que a favoreça, a desenvolva, e garanta a paz social em quanto se faz a transformação espiritual. Sendo assim...	↔	– ... Ora essa substituição, continuava Matias, para ser feita, sem luta, sem choques, precisa ser feita dentro dum regímen amigo, que a favoreça, a promova, e garanta a paz social enquanto se faz a transformação espiritual.

Ms. A   Ms. B

20	O sujeito de fato de cheviot, ergueu-se: [*Primeira versão, riscada:*] – O Jacobinismo no poder, será mais adverso a uma evolução socialista, que o atributismo. Todo o governo authoritario, e similares, se julga fatalmente, e deve julgar-se providencial – como tal defende-se. O Jacobinismo, reclama-se do suffragio universal, como d'um direito divino: e sob a formula providencial, ou sobre a forma cesariana, segundo o temperamento da população – é tyrannia. [*Segunda versão, riscada, incompleta:*] Ser-se tão hostil ao Socialismo, como o asno do Chambord [*Terceira versão:*] – E a tentativa do Socialismo, para fazer a sua evolução, no seio do Jacobinismo, era uma repetição sanguinolenta dos três dias de Julho.	*Texto eliminado em várias versões*	
21	Jacome levantou-se, com colera: – É melhor, desmanchar o Club à nascença, e acabou-se. – Ordem! Ordem! Jacome disse, irado, bracejando. – Que significa trazermos no primeiro dia da installação essa discordância?	*Texto deslocado*	
22	Mathias agitou fortemente a pequena campainha, de quarto de convalescente: – São lamentáveis, que se produzão anthipatias tão caracterizadas, apenas, reunidos, para um fim de Justiça.	*Texto deslocado*	
23	O Jacobinismo ainda não governa, Sr. Gilberto. – E com uma ironia fria –: Tem tempo para preparar a anarchia dos tres dias de Julho...	*Texto eliminado*	
24	– E os tyranistas a repressão! atirou o Gilberto.	↔	– Pretextos para o cesarismo, rosnou Gilberto.

	Ms. A		Ms. B
25	*Texto acrescentado*		O sujeito de *cache-nez* apertava as mãos na cabeça, murmurou com uma voz plangente: – Ih, Jesus, eu não os percebo, eu não os percebo. Não pareciam em geral. Os olhares, que o desejo de compreender arregalava, iam de Gilberto a Matias, implorando clareza: em toda aquela fraseologia nebulosa, onde estava a República? Porque não diziam, claramente, como se havia de destruir a Casa de Bragança? porque se não distribuíam já os empregos de que os Conservadores iam ser expulsos? Com que regimentos se contava? E os que se tinham reunido ao *club*, na esperança duma futura satisfação de necessidades ou de ambições, sentiam como um vasto logro – encontrando em lugar de preparativos de acção, argumentações de doutrinas. Um indivíduo, sem barba e muito amarelo, exprimiu a impaciência de todos, dizendo, com uma voz fria: – Vamos ao que importa, basta de filosofia. Matias fitou-o, com o seu olhar frio como uma punhalada: – O senhor Malaquias, se lhe falta o respeito pelas ideias, deve ter ao menos o respeito pelas pessoas. – Bravo! Apoiado! O Malaquias ergueu os braços, enterrando a cabeça nos ombros, – e com uma foz fina, muito arrastada, pegajosa, que arrepiava os nervos: – Eu não é para ofender, eu era pra dizer... Artur reparou nele, então; era amarelo, duma amarelidão baça, oleosa; tinha a boca muito larga, – e parecia sujo, viscoso, sentia-se que devia exalar um cheiro mau.
26	Mathias, deu-lhe de lado um olhar rancoroso – Mas continuou com um sorriso frio: – Mas até lá, não vemos na entrada do Sr. Falcão no Club, senão a aquisição d' um democrata illustre. Falcão curvou-se e foi escrever o seu nome.		Matias então resumiu: – O incidente vai longo – e eu exprimo a opinião do *club,* dizendo que nos honramos de ver entre nós o senhor Falcão, e que sejam quais forem as divergências de opinião, é um orgulho adquirirmos a cooperação dum homem de bem, e dum democrata ilustre. O místico curvou-se até ao chão, – e entre apoiados!, foi assinar o seu nome no registro.

III
À ESPERA D'*OS MAIAS*:
A CAPITAL! COMO BASTIDORES

QUE ME PERDOEM os incondicionais admiradores d'*Os Maias* – mas se *A Capital!* é um romance gorado, a culpa é quase toda d'*Os Maias*... Ao afirmar tal coisa, que nada tem de irónico, tenho presentes quer confissões do próprio autor, quer todo um corpo de delito instruído pela observação que fiz dos materiais autógrafos d'*A Capital!*. E a confissão mais clara a este respeito encontra-se numa carta a Ramalho Ortigão, datada de 20 de fevereiro de 1881, onde Eça diz:

> Quando eu estive em Lisboa, o [Lourenço] Malheiro pediu--me que escrevesse para o «*Diário* [de Portugal]» um romance: apelou urgentemente para a nossa velha amizade, e deu-me razões determinantes. Para o satisfazer, interrompi a «Capital», estragando-a para sempre, creio eu, porque vejo agora que não poderei recuperar o fio de veia e de sentimento em que ela ia tratada [CASTILHO, I: 186];

este romance desestabilizador era precisamente *Os Maias*. Três anos e meio mais tarde, em carta a Cristóvão Aires datada de 7 de julho de 1884, Eça contrapõe a uns *Maias* já em avançada fase de impressão, uma *Capital* que é, segundo ele, «uma massa informe de prosa, um grosso bloco de greda, de onde levaria muito tempo a extrair uma obra viva» [*id.*, *ibid.*: 232].

A confirmar esta afirmação, que é a derradeira referência conhecida de Eça a *A Capital!*, temos os manuscritos e impressos parciais autografados deste pobre romance, que se apresentam no seu conjunto como um dos mais complicados casos de crítica textual aplicada a grandes escritores portugueses: com efeito, a «massa informe de prosa» a que se referia o seu desairado autor é um conjunto de mais de mil e duzentas páginas de vários tipos (manuscritos, impressos e impressos com correções e acrescentos) e dimensões, produzidas ao longo de sete ou oito anos, onde estão documentadas pelo menos dezassete campanhas de escrita e correção em seis níveis de testemunhos hierarquizados do mais primitivo até ao derradeiro, e que já tive oportunidade de descrever no âmbito da edição crítica d'*A Capital!* [DUARTE, 1989; 1992].

Tantos testemunhos e tantas campanhas de intervenção, num único texto, deveriam conter, ou pelo menos indicar, uma vontade clara e pensada do autor quanto à forma final deste seu romance – o que não acontece, de facto. Foi com estes materiais que construí a edição crítica – e foi com eles que José Maria Eça de Queiroz construiu – ou contrafez – a edição «vulgata» de 1925 [QUEIROZ, 1925a], a qual, após ser cotejada com os materiais autógrafos, se verifica, corroborando de resto a afirmação de Guerra da Cal [GUERRA DA CAL, 1975: 373], que não deve fazer parte legítima do cânone queirosiano: com efeito, José Maria resolveu extrair deste «grosso bloco de greda» uma «obra viva», tendo para tanto reunido, separado, recortado, colado e transformado quase frase a frase o já de si fragmentado autógrafo, publicando como sendo de Eça um texto que em mais de cinquenta por cento (contas largas) não está como Eça o deixou – e abandonou. Quase se poderia dizer o mesmo no que diz respeito à edição de Helena Cidade Moura [MOURA, 1970], embora esta já revele apreciáveis preocupações críticas.

A história genética e editorial d'*A Capital!* faz dela um romance duplamente gorado: primeiro porque, após todo o entusiasmo com que o autor se referira nos primeiros tempos (chegara mesmo a dizer que estava mais bem escrito do que *O Primo Basílio* [QUEIROZ, 1925a: XXIX]), foi sendo a pouco e pouco preterido a favor d'*Os Maias*; segundo, porque nem teve direito, mercê do excesso de zelo por parte do editor de 1925, à paz das obras virtuais (aquelas que, não tendo chegado a ser acabadas, o poderiam ter vindo a ser) a que o autor se resignara entregá-la (ainda em 1883, Eça asseverava a Ernesto Chardron: «Contudo, é intenção minha que, querendo Deus, seja ainda V. Ex.ª que edite *A Capital*» [QUEIROZ, 1925a: XXXIV]).

Mas observemos um pouco detalhadamente o processo de inter-relação dos textos d'*A Capital!* e d'*Os Maias*, ao longo de duas géneses que foram inicialmente projetadas como sequenciais e que, mercê de acidentes vários que as tornaram paralelas, acabaram por se intersetar (no fundo, faziam parte de um mesmo conjunto – o projeto que visava a tal «pintura da vida contemporânea em Portugal»), conduzindo fatalmente à eliminação de uma a favor da outra. Recordemos:

Em 1877, quando já tinha publicado as «Singularidades de uma Rapariga Loira» (1874) e *O Crime do Padre Amaro* (iniciado em 1870, e publicado em 1875-1876), e tinha pronto *O Primo Basílio* (publicado em 1878), Eça apresenta ao editor Ernesto Chardron um projeto, já bastante consolidado e que, nas suas próprias palavras, era uma «coisa [que] poderia chamar-se *Scenas da Vida Real*, ou qualquer outro título generico mais pitoresco» –

> uma collecção de pequenos romances, não excedendo de 180 a 200 paginas, que fosse a pintura da vida contemporanea em Portugal: Lisboa, Porto, provincias, politicos, negociantes, fidalgos, jogadores, advogados, medicos, todas as classes, todos os costumes, entrariam n'esta galeria. [QUEIROZ, 1925a: XI]

Ainda no mesmo ano (1877), o projeto passaria para *Crónicas da Vida Sentimental*, com doze volumes, que constituiria «uma espécie de galeria de Portugal no século XIX», e em cada volume se pintaria os

> costumes geraes da nossa sociedade: *O Predio N.º 16*, será o jogo; *A Linda Augusta*, a prostituição; *O Bacharel Sarmento*, a educação e as escolas, etc. Outros, serão o estudo d'alguma paixão ou drama excepcional: assim *A Genoveva* é o incesto; *Soror Margarida*, a monomania religiosa; teremos ainda *O Milagre do Valle de Reriz*, para mostrar o fanatismo das aldeias; *O Bom Salomão* dar-nos-ha a agiotagem, etc. [QUEIROZ, 1925a: XIV]

A Capital! (sem a exclamação, que só apareceria no primeiro impresso corrigido pelo autor) encabeçaria a série – com nova hesitação no que respeita ao título geral –, que seria encerrada por *Os Maias*:

> Não acho titulo melhor do que *Scenas Portuguezas*. Podia tambem ser *Scenas da Vida Portugueza*. Se tiver occasião d'escrever ao Ramalho, consulte-o sobre isto. Julgo conveniente e desejo que só annuncie em *preparação* os tres primeiros contos: o primeiro deve ser *A Capital*. Eis os titulos dos contos, se Deus quizer que tudo corra bem: | I – *A Capital* | II – *O Milagre do Valle de Reriz* | III – *A Linda Augusta* | IV – *O Rabecaz*X | V – *O bom Salomão* | VI – *A casa n.º 16* | VII – *O Gorjão, primeira dama* | VIII – *A Illustre Familia Estarreja* | IX – *A Assembleia da Foz* | X – *O Conspirador Mathias* | XI – *Historia d'um Grande Homem* | XII – *Os Maias*. [QUEIROZ, 1925a: XVI-XVII]

> (*Será verosímil identificar-se, aqui,* O Rabecaz *com a personagem do mesmo nome que n'*A Capital! *serve de «mentor» e «incentivador» de Artur Corvelo em Oliveira de Azeméis;* O Bom

Salomão e O Conspirador Matias *poderão ter a ver com as personalidades históricas Salomão Sáraga e José Fontana, caricaturados n'*A Capital!*, respetivamente, pelas personagem Nazareno e Matias (dois dos mais notáveis republicanos da Rua do Príncipe, ao lado de um Damião que é a caricatura de Antero de Quental...);* A Ilustre Família Estarreja *poderá ser uma primeira representação d'*A Ilustre Casa de Ramires, *e a* História de um Grande Homem *a de um outro romance frustrado:* O Conde de Abranhos... *Mas adiante:*)

A posição dos dois romances – *A Capital!* e *Os Maias* – nesta série era o resultado de uma reflexão aturada, e daí nada gratuita: o próprio autor confessa que inicialmente pensara num outro romance para abrir a série – embora o não identifique, deveria tratar-se daquele outro romance virtual espuriamente publicado sob o título de *A Tragédia da Rua das Flores* –, o qual, sendo volumoso e não o satisfazendo artisticamente, decidira substituir por *A Capital!*, «que é mais um trabalho de generalidade» [CASTILHO, I: 174].

Como sempre, Eça não sacrificava a qualidade à necessidade de generalidade, e embora afirmasse a dada altura, como já foi referido, a sua satisfação com a parte já escrita d'*A Capital!*, o facto é que começou a mudar de estratégia à medida que *Os Maias* iam tomando corpo e, na sequência disso, sendo reavaliados. Segundo o próprio, em carta a Ramalho Ortigão de 20 de fevereiro de 1881,

> Apenas o trabalho [d'*Os Maias*] ia em meio, reconheci que tinha diante de mim um assunto rico em caracteres e incidentes, e que necessitava um desenvolvimento mais largo de «romance» [...] em que pusesse tudo o que tenho no saco [CASTILHO, I: 187-188],

razão pela qual, e já não correspondendo às caraterísticas pensadas para a série projetada, teve que optar entre a realização de um projeto de «generalidades» (onde *A Capital!* continuava a caber: o manuscrito A, que contém uma primeira versão completa da obra, tem cerca de 207 folhas, estando por isso adequado àquela «collecção de pequenos romances, não excedendo de 180 a 200 paginas») e a realização de uma grande obra de fundo (*Os Maias*), acabando por escolher a segunda possibilidade. E aqui teve início o processo de condenação não só d'*A Capital!*, como da série que ela abria e que *Os Maias* deveriam encerrar.

Se fizermos um levantamento de todas as informações (cerca de quarenta e três) fornecidas por Eça na sua correspondência privada acerca do drama genético que foi a construção destas duas obras paradigmáticas – paradigmáticas, na medida em que os autógrafos d'*A Capital!* contêm todas as marcas de manipulação que registam a técnica de construção estilística de Eça, a qual tem o seu ponto de maior perfeição n'*Os Maias*) –, verificaremos que o doloroso apagamento d'*A Capital!* em favor do efusivo crescimento d'*Os Maias*, ao longo dos doze anos que mediaram a apresentação do projeto da série ao editor (1877) e a publicação d'*Os Maias* (1888), nos permite definir três períodos – ou os três *atos* do drama – de balanceamento:

Num primeiro período, correspondendo aos anos de 1877 a 1879, *A Capital!* é indubitavelmente o protagonista: o seu processo genético atinge o nível D (com doze campanhas de escrita e correção, ainda que apenas no que respeita ao texto dos primeiros dois capítulos). Então, Eça estava extremamente envolvido com o romance, revelando ora estados de espírito contraditórios, coincidentes com momentos de criação mais dramáticos – que balançavam entre um forte *entusiasmo* e um profundo *desespero* –, ora estados de *calmia* – correspondentes a momentos de criação não problemáticos –, ora estados de *desinteresse* – decorrentes de tomadas de consciência pontuais de que outros projetos mais interessantes estavam a travar o normal desenvolvimento do romance, ou a colidir com ele.

Num segundo período, delimitado pelos anos 1880-1884, Eça apercebe-se de que *A Capital!* está irremediavelmente perdida, mas tenta convencer-se, e convencer o editor, do contrário, o que faz sem entusiasmo – apenas preso a compromissos comerciais que desejava honrar. Durante este período, *Os Maias*, de génese muito menos problemática (porque resultante de um projeto melhor definido à partida), começam a tomar uma forma sólida em flagrante contraste com o estado caótico d'*A Capital!*, e, consequentemente, a dominar o espírito do escritor. Assim, o drama atinge o seu ponto mais alto: Eça tem que optar entre um projeto descompensador artisticamente, mas imposto comercialmente (o editor, para o pressionar, anunciara já o iminente aparecimento d'*A Capital!*), e um projeto altamente compensador a nível artístico, *Os Maias*. Tenta iludir-se, retrabalhando o impresso d'*A Capital!*, que atinge a última fase a que chegou (apenas, como já se disse, no que respeita aos dois primeiros capítulos...), e prometendo que em poucos dias daria o romance como pronto – embora, no fundo, soubesse que tal nunca viria a acontecer: conhecendo-se, como já se conhece, a técnica e o ritmo de trabalho de Eça, e o estado genético em que ele deixou o autógrafo, seriam necessários muitos meses de trabalho para que o romance ficasse pronto... Entretanto, *Os Maias* já estavam concluídos.

Vem, de seguida, o terceiro período, inteiramente dominado pel'*Os Maias* – de 1885 a 1888: *A Capital!* é definitivamente posta de lado, e Eça entrega-se totalmente aos trabalhos de correção de provas d'*Os Maias* (e recorde-se que, para Eça, a revisão de provas era o momento mais criativo estilisticamente em todo o processo genético de uma obra, facto que pode ser facilmente observado nos materiais disponíveis tanto d'*A Capital!* como d'*Os Maias*). É o último ato, a solução do conflito *A Capital!* versus *Os Maias*, com o abandono do primeiro no seu estado caótico e virtual e a epifania do segundo em todo o seu esplendor de obra-prima.

* * *

Passado em revista o drama queiroziano relativo ao processo genético de duas obras paradigmáticas – *A Capital!*, paradigma da obra dubitada, e *Os Maias*, paradigma da obra acabada –, resta-nos a vivência de um outro drama: o de eleger como objeto de trabalho os bastidores das obras-primas.

Deste trabalho de bastidores ressaltam, no entanto, e por definição, coisas que jamais aparecem na ribalta: as malhas com que se tecem as obras-primas. O estudo destas malhas revela que existem parentescos e relações de fundo entre obras diferentes, que passam despercebidas a nível de superfície das mesmas – e, no caso vertente, tais parentescos vão a ponto de se dever considerar a génese dos dois romances como fazendo parte do mesmo processo: em termos genéticos, é impossível abordar *Os Maias* sem conhecimento da história d'*A Capital!*; e isto, não porque as semelhanças entre os dois romances (sobretudo no que respeita à descrição dos ambientes e à caraterização de personagens) sejam maiores do que as que existem entre outras obras do autor, mas sim porque *Os Maias* foram sendo construídos num processo de eco resolutivo de dúvidas e de frustrações decorrentes da construção gorada d'*A Capital!*. Vistas as coisas nestes termos, poderemos dizer que n'*A Capital!*, e também n'*A Tragédia da Rua das Flores* (que não saíram dos bastidores), se encena o drama do escritor que escreve uma obra destinada às luzes da ribalta: *Os Maias*.

Mas isso já são considerações que ultrapassam a competência do crítico textual, que apenas tem uma certeza: nos autógrafos d'*A Capital!* encontra-se tudo aquilo que é necessário para se perceber como é que Eça escrevia os seus romances.

12
PEDAÇOS DE ANTERO N'*A CAPITAL!*

É JÁ QUASE um lugar-comum afirmar-se que, nos seus romances, Eça de Queiroz se retratava a si próprio e às pessoas que conhecia, nelas buscando a verdade sobre que depois fantasiava – comportamento que é também frequente atribuir-se aos escritores da chamada «escola» realista.

Álvaro Lins, por exemplo, assim o entende:

> Construir romances sobre acontecimentos e figuras reais – trata-se, antes de tudo, de uma norma da escola realista; a paixão do documento é o seu traço mais comum [e refere Zola, Dickens, Daudet] [LINS, 1939; 1964: 87-88].

Afinando pelo mesmo diapasão, mas aduzindo factos concretos, João Gaspar Simões afirma que

> Todos os rapazes de «A Capital» são inspirados em figuras reais. Damião, por exemplo, é Antero de Quental. [...] Tudo quanto Eça então conhecera da vida de Lisboa – literatos, revolucionários, boémios, prostitutas, elegantes – se projecta no quadro da existência do seu herói. [...] Nazareno podia ser Salomão Sáraga. O Matias, [...] esse era, sem dúvida, José Fontana. [...] Os amigos que o rodeiam [a Artur Corvelo], os amigos que o

conspurcam, são experiências dele próprio, romancista [SIMÕES, 1945; 1980: 456-457];

por seu lado, e adotando uma posição muito menos linear e decerto mais cautelosa, António José Saraiva reconhece que, quando Eça se refere (no *In Memoriam* de Antero, n'*Os Maias* e n'*A Capital*) ao idealismo e aos fantasmas criados pelos jovens estudantes da Coimbra do seu tempo, nas suas «discussões metafísicas»,

> fala em nome de toda a sua geração; mas temos razões para pensar que ele está generalizando um facto que se deu muito especialmente com ele próprio (embora) nem por isso deixa de ser verdade que o ambiente que Eça respirou em Coimbra não é o de Antero ou de Teófilo Braga. [SARAIVA, 1982: 68]

Tudo isto pode ser verdade, mesmo que (e necessariamente porque) modificado pelas liberdades da ficção; o próprio Eça encena esse drama do escritor que alimenta a sua própria imaginação com a vida de outros seres, ao descrever, na primeira versão d'*A Capital!*, o modo como Artur Corvelo construía as personagens do seu drama *Amores de Poeta* a partir de si próprio e das pessoas que conhecia:

> compoz o typo do poeta, de tudo o que achava em si, de mais sentimental, de mais revolucionario [...] E os seus plebeus, erão a reprodução dos seus amigos de Coimbra, idealizados: alli sob o nome de Jacome Vieira, apparecia Damião, chefe de partido, tribuno glorioso: o illustre Fonseca, era um medico d'uma sciencia vasta, d'uma honradez heroica: e lá vinha, no segundo acto o Humanitario Vilhena, amigo da Polonia, sob as feições d'um engenheiro, cujas palavras fazião em redor semi-circulos d'extasi. [*Ms.* A: 31^v, 32].

Encontramos nesta passagem, primeiro, uma personagem que, enquanto autor, se utiliza a si próprio como personagem da sua ficção. Nesta ficção dentro da ficção, vem depois uma personagem de drama (Jácome Vieira) feita à imagem de uma suposta pessoa que é personagem de um romance (Damião), que por sua vez é em grande parte feita à imagem de uma pessoa real (Antero, que fora, de acordo com Eça, o melhor verbo da Academia, e que viria a ser presidente de um partido – a Liga Patriótica do Norte) – enfim, uma personagem idealizada por um autor-personagem, a partir de uma personagem idealizada por um autor-pessoa, a partir de uma pessoa também ela idealizada... Curiosamente, Eça não se mostra tão direto na última versão do romance, mas concede a Artur Corvelo a consciência de que as personagens do seu drama representam a realidade por ele observada, e de que, uma vez divulgadas, elas poderão influir nessa mesma realidade: «Não duvidava então que o seu drama faria um escândalo social!», diz o narrador [*Imp.* E: 63A'][44].

Um estudo aprofundado da técnica de construção das personagens em Eça de Queiroz poderá mostrar que as coisas talvez não sejam assim tão mecânicas. Porém, um facto parece evidente: a descrição que Eça faz, no *In Memoriam* (em que é suposto adotar uma perspetiva histórica), do «ambiente filosófico» da Coimbra dele e de Antero de Quental, coincide, quase *ipsis verbis*, com a que faz, em *A Capital!* (e já numa perspetiva ficcional), da «cavaqueira filosófica» da Coimbra de Artur Corvelo e de Damião. Mas isso não é o que mais me interessa: o que me interessa, sim, é o modo como Eça de Queiroz captou as realidades históricas da personalidade de Antero de Quental e as adaptou ao seu universo ficcional, onde terão passado a ser suportadas, eventualmente, pela personagem Damião.

---

[44] Para a identificação e descrição dos vários testemunhos autógrafos d'*A Capital!*, veja-se DUARTE, 1992.

Para ilustrar este modo, utilizarei dois autógrafos da tradição genética d'*A Capital!* (o manuscrito A, que contém a primeira versão completa do romance, e os vários fragmentos do impresso E, que encerra o nível mais elevado de aperfeiçoamento estilístico a que Eça chegou neste romance), bem como, uma vez mais, as versões autógrafa e impressa da homenagem de Eça a Antero, *Um génio que era um santo*. Utilizo estes testemunhos pelas seguintes razões: os primeiros porque é neles que, mais nitidamente, se notam aqueles que poderão ser tidos como pedaços do fantasma de Antero na obra ficcional de Eça de Queiroz; o outro, pelo seu estatuto documental, o que permite usá-lo como controlo da «veracidade» dos factos narrados n'*A Capital!* – se é que *Um génio que era um santo* pode ser, realmente, considerado como um texto documental, o que me não parece pacífico.

Esta minha dúvida tem, obviamente, as suas razões, uma das quais tem a ver com o célebre desafio que Antero teria feito a Deus, numa noite de trovoada, para que o fulminasse caso existisse. No manuscrito de *Um génio...*, encontramos o facto narrado, mas com dúvidas quanto à sua veracidade:

> Não me lembro, não sei se é historico, esse temerario momento, em que elle, durante uma trovoada, e com um relogio na mão intimou Deus a que o partisse com um raio, no caso d'existir. Desconfio do episodio. Anthero não tinha, nunca teve relogio [*Ms.:* 32];

na versão impressa permanece, para além de pequenas alterações de pormenor, a mesma incerteza:

> Não recordo, nem sei se é historica, essa temeraria noite, em que elle, durante uma trovoada, e de relogio na mão, intimou Deus a que o partisse com um raio, dentro de sete minutos, *no*

caso d'existir. Desconfio do altivo episodio. Anthero não tinha relogio [IM: 490][45].

Parece não haver dúvidas quanto à historicidade deste repto (ou pelo menos quanto à historicidade da sua lenda), mas sim quanto à sua atribuição a Antero, porquanto ele reaparece narrado n'*A Capital!* mas atribuído, em testemunhos diferentes, a personagens diferentes; assim, no manuscrito A, temos:

> vio o celebre Gamacho, tirar do colete o relogio, um cebolão de prata, e olhando com desdem o ceu, dirigir-se a Deus, e gritar-lhe:
> – Se existes, aqui estou, dou-te cinco minutos para me fulminares.
> E passados cinco minutos, metteu o cebolão na algibeira, dizendo com tedio:
> – Não ha nada la no ceu! – E acrescentou, referindo-se as estrellas – Senão alguns poros luminosos, de deuses mortos. [*Ms.* A: 8ᵛ]

Mas, no acrescento manuscrito EA2 do impresso E, este acontecimento já vem reportado a Damião, embora Eça de Queiroz tenha hesitado na respetiva formulação: primeiro, escreveu

> tremeu d'enthusiasmo vendo uma noite de trovoada, na Feira, o proprio Damião desafiar com escarneo Deus a que o fulminasse! [*Imp.* E, 16B],

tendo posteriormente emendado, em folha que desapareceu do espólio e cujo conteúdo reconstituo através da edição de 1925, para

---

[45] Nas citações, este impresso passará a ser designado por IM, seguido do número da página respetiva.

> tremeu d'enthusiasmo, vendo, n'uma noite de trovoada, na Feira, o proprio Damião tirar o relogio do bolso, um cebolão de prata, e n'uma atitude de Satan rebelde, dar cinco minutos a Deus para que o fulminasse, e, passados os cinco minutos n'um grande silêncio do céu, atirar desdenhosamente o cebolão para a algibeira, dizendo com tedio: «está superabundantemente provado que não ha nada la no céu», e accrescentar, olhando para as estrellas: «a não ser algum pó luminoso de Deuses mortos!» [QUEIROZ, 1925a: 23-24].

Se alinharmos estes testemunhos pela respetiva ordem cronológica e os confrontarmos, veremos que todos coincidem no essencial (um repto a Deus em noite de trovoada) mas diferem no acessório: entre outras divergências, notarei que o reptador é primeiro um tal Gamacho (cuja única ação na narrativa é exatamente esta), para depois ser Damião e, finalmente, Antero; o prazo concedido a Deus começa por ser de cinco minutos, é em seguida esquecido, recuperado, esquecido de novo, e finalmente alargado para sete minutos; o cebolão de prata de Gamacho deixa de existir quando este se transforma em Damião, é depois recuperado como sendo de Damião, e por fim é «promovido» a relógio de Antero – que, de acordo com Eça, nunca teve ou não tinha relógio. Ora, a desconfiança de Eça de Queiroz relativamente à autenticidade deste episódio enquanto reportável a Antero baseia-se num argumento de peso: Antero não usava relógio; mas também, como vimos, as divergências mais significativas entre os vários testemunhos do episódio assentam na posse ou não de relógio pelo reptador, e também na concessão ou não de um prazo (controlável por relógio) ao reptado. E assim, das duas uma: ou Eça de Queiroz, passados cerca de vinte anos (no caso d'*A Capital!*), ou de mais de trinta (no caso de *Um génio...*), já não se conseguia lembrar de quem teria sido na realidade o sujeito do episódio a que assistiu (ou que ouviu contar), mas achava este último uma boa peça para ilustrar, enquanto romancista, o ambiente que vivera Artur Corvelo como estudante em Coimbra (e que fora, no fundo, o mesmo que ele próprio vivera), e, enquanto biógrafo, para ilustrar não o comportamento histórico de Antero, mas um comportamento possível de Antero; ou então, foi mesmo Antero o autor do repto[46], e Eça, lembrando-se de que já utilizara, caricaturalmente, o episódio n'*A Capital!*, em cuja última versão ele era atribuído a Damião, personagem facilmente identificável com Antero (e note-se que Eça, embora tivesse interrompido *A Capital!*, é de supor que a ela pretendesse voltar mais tarde, e publicá-la), transforma, relativizando-o, num bonito gesto de respeito pelo amigo entretanto falecido, um facto possível e histórico – num facto possível mas duvidosamente histórico.

Mas passemos para outros pedaços de Antero utilizados e transformados ao longo do processo genético d'*A Capital!*, sob a etiqueta ficcional da personagem Damião enquanto centro de uma geração específica.

Ao ir para Coimbra, Artur Corvelo foi entregue aos cuidados de um estudante mais velho, muito abrutalhado, filho de um amigo da família, o Teodósio. No manuscrito A, o ambiente em que Artur se integrou começa por ser assim descrito:

> Por um accaso ironico, no seu segundo anno, Theodosio foi ser companheiro de casa d'estudantes extremamente litterarios – que tinhão fundado um semanario intitulado o *Pensamento*. A casa era instructiva como uma Academia: até alto, ressoavão os discursos litterarios, e a atmosphera do quarto sempre cerrado – porque o chefe do grupo, o Damião – receava horrivelmente correntes d'ar

---

[46] CARREIRO, 1948, I: 157-158, cita testemunhos de amigos e contemporâneos de Antero que lhe atribuem o repto (num dos testemunhos dado como inventado), no contexto da Sociedade do Raio, cujo nome teria daí saído.

> – estava saturado de fumo de cigarros e de citações d'authores [...]. Foi n'este gruppo que Arthur entrou – por que Theodosio, para proteger, melhor o seu *caloiro*, arranjou-lhe um quarto, no *Cenaculo*. [Ms A: 6ᵛ, 7ᵛ]

Se confrontarmos estes dados com a biografia de Antero, encontramos um jornal por ele dirigido e intitulado *O Académico* (por volta de 1859-1860), que poderá muito bem ser a máscara ficcional d'*O Pensamento* (recorde-se, a propósito, que existiu um periódico intitulado *O Pensamento Social*, de cuja redação Antero fez parte [MARTINS, 1989, I: 556-557] e, de acordo com Anselmo de Andrade, «Em Coimbra chamavam Cenaculo à casa de Anthero» [ANDRADE, 1896: 320][47].

No impresso E, este Cenáculo é localizado na Couraça, e é constituído por um grupo de

> rapazes extremamente litterarios, redactores ardentes do jornalzinho o *Pensamento*. Esta pequena Revista semanal fora originariamente fundada n'um alto espirito de fraternidade moça para crear recursos ao Taveira, rapaz extremamente pobre, e o grande liryco do gruppo; mas ultimamente era dirigida na realidade pelo Damião, o illustre Damião, que tendo levado um R repetia o seu quarto anno. [*Imp.* E, 15A']

O decalque de Damião a partir de Antero torna-se mais evidente na passagem da primeira para a segunda versão: com efeito, se descontarmos os pormenores que têm a ver com a ficção, no ano

---

[47] João Gaspar Simões afirma, erradamente, que «Eça transpunha para Coimbra o Cenáculo que frequentara em Lisboa» [SIMÕES, 1945; 1980: 456]; ora, o Cenáculo de Lisboa não parece ter nada a ver, sobretudo se tivermos em conta a maturidade dos seus membros, com o grupo estudantil de Coimbra a que Eça pertenceu; além disso, como acabamos de ver, a designação *Cenáculo* já fora utilizada em Coimbra e reportada à casa onde vivia Antero.

de 1862-1863, quando repetia o seu 4.º ano, Antero viveu, de facto, com os companheiros, numa casa sita na travessa que ligava os Palácios Confusos à Couraça de Lisboa [EURICO, 1915: 89], o que nos permite supor que se Eça não estava a retratar Antero, estava pelo menos a pensar nele quando assim construía o tipo de Damião e o seu ambiente.

Tal como Antero, Damião era o dirigente intelectual dos seus amigos. Aconselhava-lhes leituras, comentava-lhes os textos que escreviam, dava-lhes lições de filosofia:

> a morte, dizia, é uma transformação banal da Substancia [...] Só a vida é interessante por que o phenomeno unico [*Ms.* EB: 10^v];

> o homem moderno deve trabalhar com as suas mãos, e philosophar com o seu cerebro [*Imp.* EB: 15];

> Vossê tem a fibra, e a forma, caloiro. Trabalhe, trabalhe! É necessario ter a idéa. Procure a idéa! [*Imp* E: 17C'].

Estes exemplos fazem lembrar o que mais tarde Eça viria a dizer de Antero, referindo-se à sua arte de «saber escutar»:

> E não só d'escutar, mas de ajudar o pensamento dos outros a surgir dos embaraços da expressão pêrra, a lançar o seu pequenino brilho: – e assim muitos affirmavam que, conversando com Anthero, se sentiam inesperadamente mais inventivos, mais intelligentes... [IM: 517]

No entanto, esta postura de Mestre falando aos seus discípulos, atribuída por Eça a Damião (e a Antero), não está isenta de uma certa crítica, mesmo velada, que pode de certo modo beliscar o caráter da personagem – e da personalidade que referencia. É o que me parece passar-se quando Damião justifica, perante os colegas, a admissão do bruto Teodósio no Cenáculo:

> – o Theodosio é a imagem resumida da Sociedade: á simples e primitiva expanção da força bruta, succede-se, a lenta penetração na vida intellectual: o musculo dá logar á idea. O bruto, enjeita a sua grande ferocidade para o anjo. Ter Theodosio por companheiro é estudar a historia da humanidade: a continua transformação, a evolução do appetite ao raciocinio. [*Ms.* A: 7]

Tratava-se, com efeito, de uma justificação filosófica, de resto muito anteriana, porquanto a verdadeira e mais prosaica razão era uma outra:

> Havia alem d'isso na educação de Theodosio uma utilidade: elle tinha uma mesada consideravel – o que o habilitava a comprar livros: e os redactores do *Pensamento*, quando desejavão uma obra mais cara, aconcelhavão-na a Theodósio, – elle comprava-a, elles lião-na. [*Ms.* A: 7ᵛ]

Porém, na última versão, a exploração da estupidez e do dinheiro de Teodósio é dada de um modo menos direto, o que sem dúvida retira graça ao texto, mas matiza o caráter interesseiro dos elementos do Cenáculo:

> era elle [Teodósio] que fornecia a Bibliotheca do *Cenaculo*: e todas as semanas segundo as instrucções do Damião, ou do Cesario, apparecia trazendo em triumpho um volume de Michelet, de Renan, de Taine, ou um Heine. [*Imp.* E: 16A]

Esta biblioteca, que era sem dúvida a do grupo de Antero, foi evoluindo à medida que o tempo ia passando entre o Cenáculo e a produção dos vários testemunhos que a referem. Assim, no manuscrito A encontramo-la constituída por obras que, pela sua diversidade, confundiam Teodósio:

> Theodosio tinha horas d'uma mudez humilhada: não comprehendia os companheiros – quem diabo erão Kant, Tibiche, Michelet, Proudhon, Pelletan, Hugo, Nerval, Musset, Vacherot, Socialistas? – Que diabo era o Socialismo, o Romantismo, o Animalismo, o Positivismo? [*Ms.* A: 6ᵛ],

e exaltavam Artur Corvelo:

> pôs n'uma pilha ao lado sem os lêr os grossos oitavos de Stuart Mill, de Darwin, e Vacherot, os pamphletos azues de Proudhon: mas via, com exclamações, os volumes de Hugo, de Lamartine [...], os Iambes de Barbier. [*Ms.* A: 17-18]

A mesma diversidade de leituras se encontra na última versão, mas com outros nomes acrescentados, para os quais se precipitavam

> não só todos os amigos do Damião que se nutriam de Michelet, Quinet, mesmo os que ainda admiravam Pelletan, mas tambem o grupo do Cesario que, n'um progresso revolucionario e scientifico, já devorava Proudhon, Augusto Comte, Littré, Vacherot, Stuart Mill, e Spencer, – e sobretudo os temperamentos puramente artistas que, tendo horror á abstracção philosophica e o enthusiasmo da Paixão, se retardavam na admiração de Hugo, Heine, Gautier, Vigny e Byron. [*Imp.* E, 15A'], [... numa mistura de...] romances, poemas, Criticas, Dramas, Philosophias [...onde...] palpitavam no ether as azas d'Eloa, a um canto de taverna romantica vibrava o riso lugubre de Rolla, alem a cotovia cantava no jardim dos Capuletos, não havia carruagem que não levasse uma pallida

Dama das Camelias, todos os animaes eram poeticos como a cabrinha d'Esmeralda, e nos cemiterios Hamlet meditava fazendo rolar sobre um chão tragico a caveira d'Yorick. [*Imp*. E: 37A']

Esta pirotecnia intelectual e bibliográfica é submetida a um processo de expurgação, e encontramo-la reduzida (com ligeiras diferenças), nas duas versões de *Um génio*..., a:

Era Michelet que surgia, e Hegel, e Vico, e Proudhon; e Hugo tornado propheta e justiceiro dos Reis; e Balzac com o seu mundo perverso e languido; e Goethe vasto como o Universo; e Poë, e Heine, e creio que já Darwin, e quantos outros! [IM: 485; *cf.* Ms.: 14].

Ora, na famosa carta a Wilhelm Storck, datada de 1887, Antero refere-se às «caóticas leituras a que então me entregava, devorando com igual voracidade romances e livros de ciências naturais, poetas e publicistas e até teólogos» [MARTINS, 1989, II: 834], e cita os nomes de Goethe (*Fausto*), Rémusat, Proudhon, Michelet, Hegel, Quinet, Marx, Engels, Hartmann, Lange, Du Bois-Raymond, Leibniz e Kant; se é verdade que a maior parte destes autores não consta das enumerações feitas por Eça de Queiroz quer para Damião quer para o próprio Antero, também é verdade que, para além dos *etc.* implícitos que ambos acrescentam às respetivas listas, todas têm em comum a quantidade, a variedade, e, sobretudo, o «caótico» – e, no que diz respeito a Antero, isso é facilmente verificável através do catálogo da sua livraria privada, conservada na Biblioteca Pública e Arquivo Regional de Ponta Delgada [FRAGA e SILVEIRA, 1991].

Não referi exaustivamente, aqui, todos os pedaços de Antero detetáveis na génese d'*A Capital!* de Eça de Queiroz; outros há, e igualmente interessantes. Mas uma coisa devo salientar: se Damião, na sua fase de Coimbra, foi construído com muitos pedaços de

Antero, existem nas fases posteriores desta personagem, em Lisboa, muitos outros pedaços vindos de alhures – que não de Antero. É o que podemos verificar quando Artur Corvelo, despeitado por Damião não lhe arranjar um empresário de Lisboa para o seu drama, se revolta contra tudo o que o antigo amigo representara para ele:

> Não o magoavam as ironias de Damião. *Era a inveja!* Um pouco tambem, o desprezo philosophico que elle sempre tivera, o pedante, pela poesia e pelo estylo! Era um theorico, enterrado em systemas abstractos, sem comprehender a paixão!... O que o enfurecia era que o Damião, um camarada do Cenaculo, um democrata, que sabia que aquelle drama era para elle o amor, o pão, a carreira, em logar de se precipitar por Lisboa, impellindo influencias amigas, a abrir-lhe a porta d'um theatro, – se não movera da sua «catacumba» escrevendo com egoismo:
> – *Empresarios dizem que os ha...* [*Imp.* EA4: 69-69A]

É evidente que nenhum de nós reconheceria Antero de Quental por detrás deste Damião. Ou, pelo menos, o *verdadeiro* Antero – já que estoutro, personificado em Damião, é um pedante, despreza a poesia, vive enterrado em sistemas abstratos, é fundamentalmente intolerante e egoísta, assumindo enfim, na maturidade, as premissas estabelecidas por Eça de Queiroz para a juventude de Damião – aquela espécie de eminência parda dos discursos ideologicamente confusos do Nazareno e de Matias, que eram os testas de ferro do *club* ora Democrático ora Republicano que, em alternativa a sonhos de amores patrícios, a orgias com fadistas, chulos e prostitutas num hotel rasca do Dafundo, e à glória nas letras, povoava os desejos de afirmação e os sentimentos de revolta da personagem Artur Corvelo.

Com efeito, Artur Corvelo, despeitado por não se conseguir integrar na sociedade lisboeta, onde era explorado e fazia figura de urso, e para dela se vingar, tenta aproximar-se dos republicanos, após ter conhecido por acaso um deles, o Nazareno, a quem se apresenta como amigo íntimo de Damião, que era já então personagem importante no meio; a invocação da amizade de Damião (então temporariamente – e oportunamente – ausente de Lisboa), a afirmação de vagos princípios oscilando entre o republicano e o socialista, mas sobretudo o facto de se dizer influente na redação do jornal *O Século* (onde os republicanos desejavam ver publicada uma recensão laudatória a um livro que Damião publicara recentemente, *A Renascença em Portugal* [*cf. Ms.* A, 122^v]), levam a que Artur seja admitido no *club* republicano – que, significativamente, ia inaugurar uma nova sede à rua... do Príncipe.

No seu romance, Eça de Queiroz descreve pormenorizadamente duas sessões do *club* republicano: uma, quando da inauguração da nova sede e da admissão de Artur Corvelo; outra, quando Artur é expulso devido às suas supostas ligações à aristocracia e à burguesia ociosa (e por não ter conseguido a publicação em *O Século* do artigo sobre o livro do Damião). Nestas duas sessões, mas sobretudo na primeira, assistimos a discussões ideológicas que ameaçam dividir o *club* em partidos logo à nascença: os republicanos, por um lado, que na opinião dos socialistas pretendiam «substituir um rei constitucional por um presidente jacobino», e os socialistas, por outro lado, a quem os republicanos chamavam comunistas, e que pretendiam a «revolução democrática» [*Ms.* B: 115^v]; tentando uma reconciliação entre socialistas e republicanos, Matias (em quem, recorde-se, João Gaspar Simões vê uma representação de José Fontana) afirma que

> Este club não tem exclusivismos; aceita todas as opiniões democraticas, que se appresentem em opposição ao Regime Constitucional [*Ms.* A: 113; *cf. Ms.* B: 117].

Esta discussão é semelhante em ambos os manuscritos a nível do conteúdo; mas, no manuscrito A, Eça põe o secretário do *club* a ler a ata da sessão anterior, que começava por «Ata da sessão de 6 de Outubro de 1878», tendo depois o ano sido riscado e substituído por pontinhos. Ora, como já vimos, esta data, e a sua posterior anulação, são significativas: Antero de Quental esteve, de facto, ausente em França entre os começos de junho e o dia 8 de outubro de 1878 (o que dá cobertura referencial à ausência de Damião na referida reunião do *club* republicano), e em carta de 10 de outubro desse ano a Oliveira Martins confessa-se desgostoso com a confusão ideológica que reina nos centros republicano-socialistas de Lisboa, onde nascera a ideia de o candidatarem a deputado por Alcântara, afirmando que talvez seja «ocasião de me explicar sobre a delicada distinção entre socialista e republicano, e de sair, uma vez por todas, dum equívoco que me pesa.» [MARTINS, 1989, I: 446]. Esta opinião é reforçada em carta a Alberto Sampaio, onde Antero se refere a «uns centros republicanos que não sei bem o que são», e a quem ameaça «com uma recusa pública nos jornais» caso insistam em o apresentarem como candidato republicano. [MARTINS, 1989, I: 447]

Se as coisas, na realidade, se tiverem passado como Eça de Queiroz as descreve em *A Capital!*, Antero teria carradas de razão: as confusões já não seriam apenas entre socialismo e republicanismo, mas tocariam também os próprios rituais maçónicos; vejamos alguns aspetos do cenário das reuniões dos republicano-socialistas:

Temos, em primeiro lugar, e no manuscrito A, o modo como Artur Corvelo foi convocado para a sua primeira reunião no clube: um emissário desconhecido entrega-lhe um bilhete (que começa por «Camarada» e termina com um «Queime este bilhete») a marcar hora e local de encontro, e exige um recibo. No local da reunião, e antes do início, Jácome Nazareno distribui «apertos de mão mudos, maçónicos»; Matias discorre sobre a mulher adúltera de um conhecido seu, a qual deveria ser sindicada à polícia, numerada e colocada sob controlo da higiene, informa Artur de que recebeu carta de Damião a dizer que tem um novo livro quase pronto, manifesta-se contra o fumo do tabaco na sala, corrige a fórmula de abertura «Meus senhores» para «Cidadãos», e por fim tenta estabelecer uma síntese complicada, que gera alguma controvérsia, entre o jacobinismo e o socialismo; na assembleia, com umas 15 ou 18 pessoas, ninguém parece operário: «alguns tinhão luvas; quasi todos chapeu alto»; um dos admitidos declara-se socialista, afirmando que odeia tanto o constitucionalismo como o jacobinismo, curvando-se de seguida, de mão ao peito, num ato de coragem, a aguardar o veredito dos republicanos; um dos membros do clube, depois de em sessão anterior ter proposto que fossem usadas senhas e contrassenhas no acesso às reuniões, sugere que os novos membros deveriam fazer um «juramentozinho», e propõe que sejam prestadas contas dos dinheiros do *club*; um homem feio faz o elogio dos mártires da Liberdade e da República, desde Prometeu até ao seu próprio tio, um jacobino assassinado pelos miguelistas, e propõe que as paredes da sala sejam decoradas com os retratos de todos eles – ideia que foi recusada por não caberem «todos em tão poucas paredes», e sobretudo por ser difícil arranjar o retrato da maior parte de tantos mártires; outro homem exige que se coloque um guarda-vento na porta, por causa das correntes de ar; e, finalmente, um outro oferece uma cabeça da Liberdade para colocar por cima da mesa da presidência [*cf. Ms.* A: 109-117^v].

Quando Artur Corvelo chegou, com atraso, à segunda sessão, Matias lia o *Programa* que, na opinião do Nazareno, era a «obra mais notável deste seculo em Portugal», e que foi aplaudido com *bravos* «como no final de arias briosas», enquanto numa cervejaria ao lado uma rabeca rangia o *can-can* da *Bela-Helena*[48]; e Artur acabou por ser expulso, no meio de uma enorme confusão – que Matias tentou controlar a toques de uma campainha «zelosa da gravidade republicana» [*cf. Ms.* A: 133-136^v].

---

[48] Trata-se da ópera bufa de Jacques Offenbach, *La Belle Helène* (1864).

Mas Damião estava ausente em ambas as reuniões. No entanto, quando dias mais tarde Artur o viu no Rossio, conversando com o Nazareno, e correu para ele de braços abertos, Damião repeliu-o dizendo que não falava a canalhas; Artur até pensou em atirar-se ao Tejo.

Esta portentosa caricatura é em parte adoçada e em parte refinada no manuscrito B: aqui, em vez de bilhete mandado por emissário, foi o próprio Nazareno que pessoalmente convidou Artur para a reunião; as cadeiras da sala faziam lembrar as do Asilo; os apertos de mão do Nazareno eram ainda mudos, mas já não maçónicos; o discurso de Matias sobre a mulher adúltera completou-se com um sapientíssimo «expulsava-a de casa, sem cólera, e recomeçava tranquilamente a trabalhar»; apareceu uma nova personagem, um comerciante rico, que

> introduzia no *club* aquele tom de respeitabilidade, de estabilidade, de ordem, que a Propriedade dá ás Ideias que apoia: a cooperação daquele proprietário, era a evidência gloriosa da praticabilidade da República: ele representava a adesão da burguesia – e a sua pessoa dava aos republicanos da plebe aquele orgulho que dava aos deputados do Terceiro-Estado, em 89, a presença nos seus bancos, dos fidalgos da casa de Noailles ou da casa de Montmorency: a sua presença tirava ao *club* a sua feição de grupo inquietante de proletários descontentes: e as teorias mais exaltadas tinham a seriedade de legislações prudentes – quando, para as escutar, se via aquele honrado lojista, de ar benigno e paterno, com dinheiro no banco, inclinar-se, fazendo, com a mão gordalhufa, concha em redor das orelhas cabeludas. A sua assiduidade ao *club* era – pontual – e todavia as suas ideias pareciam nebulosas. [*Ms.* B: 111^V-112]

Este cavalheiro, que pronunciava «club» como «clúbio», foi o tal que ofereceu uma cabeça de gesso, que a sua senhora dizia que era de Minerva, para «figurar como um busto da Republica»; a assistência, geralmente magra, não tinha nas fisionomias «as expressões exaltadas e sinistras que ele [Artur] imaginara», era composta por gente de secretarias, dois padres, um militar, nenhum operário – e todos «pareciam sentir uma indefinida vaidade daquele aparato de sessão, gozando a ficção parlamentar»; e enquanto o inventariador dos mártires da liberdade falava, na sala fora discutia-se muitas coisas, atacava-se ministros, jornalistas, o administrador do Banco Central, constatava-se a «miséria dos operários» face à «indignidade dos ricaços», desejava-se a república, falava-se mesmo de república federativa – e a propósito de Espanha houve até quem referisse as espanholas... [*cf. Ms.* B: 107ᵛ-128]

Trata-se, claro, de caricaturas queirosianas. Mas, sem querer estabelecer relações forçadas entre realidade histórica e ficção, encontramos nestas passagens d'*A Capital!*, talvez, algumas daquelas confusões que, como já foi referido mais acima, Antero queria esclarecer – além de um conjunto de coincidências, entre Antero e Damião, no que diz respeito a preocupações filosóficas e a títulos de obras que um e outro estariam a escrever: foi por esta altura (1878) que Antero, tal como Damião, trabalhava num livro, a *Teoria da Religião*, que nunca chegaria a terminar e de que não nos chegou qualquer manuscrito [CARREIRO, 948: 78]; e, antes disso, em 1871, Antero iniciara um grande projeto de livro que se chamaria *Programa dos Trabalhos para a Geração Nova*, no qual pretendia estabelecer uma relação entre Revolução e Socialismo, de acordo com a evolução filosófica e científica da época, que também nunca terminaria e cujos manuscritos destruiu. E, entre janeiro de 1878 e outubro de 1879, publicou 12 sonetos no jornal *A Renascença. Orgão dos Trabalhos da Geração Moderna*, publicado no Porto e dirigido por Joaquim de Araújo; foi também na «Bibliotheca da Renascença», da «Imprensa Portugueza», do Porto, que vieram a lume os *Sonetos* (1881) que, mais tarde, Antero integraria em *Os Sonetos Completos* (1886; 1890).

Mas Eça sabia até onde podia levar a caricatura: ele, que tão fiel se revelou à memória do amigo e dos seus feitos (n'*A Capital!*, ao descrevê-lo nos tempos de Coimbra; em *Um génio...*, ao descrevê-lo ao longo da vida), não cometeria aqui a injustiça de o revelar sob uma tão estranha figura como era Damião.

E, no entanto, é em Antero que pensamos quando lidamos com o Damião d'*A Capital!*. João Gaspar Simões, que disso se apercebeu, dá-nos uma explicação para a estratégia de Eça de Queiroz ao ter projetado uma parte de si próprio numa personagem falhada como Artur Corvelo, e Antero numa criatura como Damião: «Corvelo irá ser entre eles [as pessoas com quem se relacionou em Lisboa] aquilo que Eça de Queiroz teria sido, caso não triunfasse» [SIMÕES, 1945; 1980: 456]: ou seja, na perspetiva de Eça, se tanto ele como Antero não tivessem triunfado, teríamos tido, para além de um Eça de Queiroz falhado e despeitado, como Artur Corvelo, um Antero de Quental como o Damião da última fase: um antipríncipe, um antigénio, e um antissanto. Mas como, afinal, ambos triunfaram, as vidas de Artur Corvelo e de Damião, partindo as duas das mesmas premissas de que haviam partido Eça e Antero, deixaram de ter qualquer sentido. Talvez tenha sido por isso que Eça de Queiroz achou que *A Capital!* era um romance falhado – e o remeteu, inacabado, para o limbo da Arca dos Esquecidos.

No fundo, em Damião, quem é caricaturado não é Antero (Damião raramente aparece como personagem diretamente atuante – é mais uma referência do que uma personagem propriamente dita), mas um determinado meio ideológico-social em que ele interveio e do qual, em certo sentido, foi vítima. Assim, o Damião-Mestre da juventude passa como uma personagem presente pela ausência, e portanto incólume, pelas confusões ideológicas do quadro político português da época, apenas aparecendo como personagem diretamente atuante para repelir a mediocridade de Artur Corvelo; no derradeiro capítulo do romance, Eça volta a referir Damião para, através de uma carta de Melchior a Artur (finalmente retornado à província de onde nunca deveria ter saído), nos informar que ele ia ser um dos redatores de um novo jornal republicano, *O Futuro* [*Ms.* B: 256].

Mas talvez, nesta altura, já Damião tivesse deixado de ter qualquer relação com Antero. O Partido Republicano parecia prosperar nas suas confusões – e Antero de Quental, em declaração de 28 de setembro de 1879, decidira aceitar candidatar-se a deputado pelo Partido Socialista. [MARTINS, 1989, I: 470]

As coisas tinham-se, finalmente, esclarecido.

13
O PRÍNCIPE VISTO E REVISTO
POR UM «ACTOR DO TEATRO ACADÉMICO»

AO CONTRÁRIO DE Eça ou Pessoa, cujos manuscritos nos patenteiam o espetáculo do trabalho de génese textual, Antero parecia querer esconder de olhares alheios o percurso que vai desde a eclosão do texto espontâneo ao texto acabado, substituindo os manuscritos mais primitivos por cópias limpas que fornecem muito pouca informação acerca do seu trabalho de génese textual. Mesmo assim, pensei inicialmente que haveria algum interesse em trazer aqui algumas conclusões a que cheguei acerca das marcas físicas da génese textual deixadas por Antero nos poucos manuscritos que foram conservados e estão disponíveis; mais tarde, porém, confrontado com a pouca relevância destas conclusões quando comparadas, por exemplo, com as obtidas a partir dos manuscritos de Camilo, Eça ou Pessoa, apercebi-me de que, falando desses assuntos num livro com as caraterísticas deste, correria o risco de julgar estar a olhar para o escritor quando, na verdade, apenas me comprazia com curiosidades filológicas de importância muito relativa.

Esta tomada de consciência foi reforçada quando, ao reler *Um génio que era um santo*, aquele apaixonado (mas não inocente) retrato de amigo projetado na eternidade que Eça de Queiroz esboçou de Antero para o *In Memoriam* [EÇA DE QUEIROZ, 1896], atentei numa passagem que, apesar de pecar por algum exagero, não deixa de ser significativa. Escreveu Eça:

A grande obra de Anthero, na verdade, foi a sua conversação. O que resta em Pamphletos, Artigos, Ensaios, representa tão incompletamente o seu pleno, rico, povoado, fecundo espirito, como seccas folhas d'arvore entre folhas de papel representam um fundo bosque da Florida. Só os que o escutaram, na intimidade, ficaram conhecendo a prodigiosa abundância, originalidade, finura, profundidade e força do seu pensamento. [IM: 518]

Quem poderá, a este respeito, contradizer Eça?

Tendo eu já trabalhado com um manuscrito incompleto e inédito de Eça contendo a primeira versão de *Um génio que era um santo*, e tendo verificado, como de resto era do conhecimento de todos quantos o conheciam, que existem importantes diferenças, que seria interessante estudar, entre esta versão e aquela que acabou por ser publicada no *In Memoriam* – decidi trocar de manuscritos: se os manuscritos anterianos têm apenas um interesse relativo em termos de crítica textual genética, que se diluiria, pela sua minudência, fora do contexto laboratorial em que é feita, por que não passar os olhos pelo fragmento que resta da primeira versão manuscrita do texto de Eça sobre Antero, e verificar como se processou a fixação, pela escrita, da imagem que Eça reteve de Antero após tantos anos a vê-lo agir e a ouvi-lo conversar?

Os resultados a que cheguei, esses sim, são significativos.

O fragmento a que me refiro integra o espólio de Eça de Queiroz depositado na Biblioteca Nacional, tem a cota $E_1/294$, e é constituído por 57 folhas escritas de um só lado e com numeração autógrafa de 5 a 60 (há duas folhas com o número 56), faltando as quatro folhas iniciais e um número indefinido de folhas que se seguiriam à folha 60 [61]. Se compararmos o texto deste fragmento com o texto correspondente publicado, verificamos que o primeiro é uma versão genética do segundo, acompanhando-se ambas as versões *pari passu*, diferindo fundamentalmente em aspectos estilísticos (escolhas lexicais e construções sintáticas), mas também em aspetos de conteúdo. Só que se trata de uma versão consideravelmente amputada porque, se estabelecermos uma proporção entre o número de folhas manuscritas e o texto correspondente publicado, e a projetarmos para o texto publicado sem correspondente no manuscrito, encontraremos um valor que seria da ordem das 150 folhas para o manuscrito inicial, pelo que o fragmento aqui referido corresponderá a pouco mais de um terço do total.

À partida, tal facto não surpreende: em carta datada de 3 de setembro de 1894 e enviada de Paris a Mathieu Lugan, Eça diz que

> L'article sur Antero est presque fini et je dois vous l'envoyer un de ces jours. Je n'aurais qu'à le résumer un peu, parce que l'interêt du sujet m'a entraîné dans des développements un peu trop longs pour le cadre du livre que vous publiez [o *In Memoriam*].
> [CASTILHO, 1983, II: 330]

A tratar-se do mesmo texto, das duas uma: ou Eça não o resumiu, ou então, se o fez, o manuscrito teria muito mais do que as 150 folhas que acima postulei, e o resumo (que não seria obrigatoriamente uma amputação, mas que também poderia muito bem sê-lo) terá incidido apenas sobre o texto correspondente às folhas faltosas no espólio[49].

Este pormenor filológico não deverá ser aqui escamoteado: com efeito, o manuscrito remanescente apenas cobre a memória de Antero em Coimbra até cerca de 1868 (Eça não fornece datas rigorosas, ou não as fornece de todo, mas refere acontecimentos datáveis), interrompendo-se abruptamente pouco antes de o autor referir, no texto publicado, a ida de Antero para Lisboa e a sua integração

---

[49] Guerra da Cal afirma que faltam as seis folhas finais do manuscrito da Biblioteca Nacional; não sei qual o fundamento de tal afirmação, mas ela deverá estar errada: o texto publicado e que falta no manuscrito (cerca de dois terços do total) não poderia caber em seis folhas. [GUERRA DA CAL, 1975, n.º 1425]

no «querido e absurdo Cenáculo» (1869); seguem-se, depois, as Conferências do Casino (1871), as desilusões da causa socialista, o retiro em Vila do Conde, a convivência com Oliveira Martins no Porto, a Liga Patriótica do Norte (1890), outras desilusões, e finalmente o regresso derradeiro a São Miguel. Ora, a acreditar na já referida carta de Eça ao editor Lugan, os assuntos sobre que ele se teria alargado demasiado, e que tencionava resumir, estariam entre estes ou à volta deles, uma vez que não existe qualquer tipo de redução entre o fragmento manuscrito e o texto correspondente publicado, o que não deixará de ser, para nós, e tendo em conta a importância destes assuntos e o protagonismo de Eça em alguns deles e o seu alheamento crítico noutros, um bom motivo de reflexão – tanto mais que é durante este período que Antero, Eça, Oliveira Martins e outros «vivem no imaginário europeu e acompanham uma utopia europeia – o socialismo» [SARAIVA, 1990: 139], e assistem à agitação social e política provocada pelo *Ultimatum* inglês (1890) e oportunamente aproveitada pelos republicanos, que acabam por dominar a Liga Patriótica, de cuja presidência Antero, por insistência de Oliveira Martins, se demite; é também durante este período que emergem profundas confusões ideológicas, já com raízes antigas, entre socialistas e republicanos, confusões a que Eça não era alheio, e que já satirizara (*circa* 1877-1878) ao trazê-las, muito claramente, para a célebre discussão ocorrida na reunião do «Club Republicano» descrita no capítulo VI d'*A Capital!* e, com não menos clareza, para a biografia da personagem Artur Corvelo.

No seu texto de homenagem a Antero, Eça de Queiroz assume uma postura de amigo e admirador, de comparsa interveniente, mas epigonal, face à personalidade e à atuação de Antero, chegando mesmo a definir-se a ele próprio como um mero «actor do Teatro Académico» face ao protagonista, um discípulo que escuta enlevado o seu mestre, embora reconhecendo-se como «bem incompetente para interpretar» a sua filosofia. Mas, ao mesmo tempo, Eça não resiste ao supremo gozo de realçar a sua intimidade com Antero (um pouco à maneira do Zé Fernandes d'*A Cidade e as Serras* ou do narrador do conto «Civilização» perante o «príncipe» Jacinto – e note-se que os três textos são da mesma época), sentindo-se muito bem como uma estrela ao lado de outra estrela, transitando habilmente entre um «ele» e um «nós» – justificando o «nós» pela invocação do estatuto histórico de condiscípulo de Antero:

> Eu digo «nós», uso este plural de casta nobre, unicamente porque *nos simul in Garlandia fuimus*, nos mesmos bancos nos sentámos, sob o mesmo luar devaneámos. [IM: 491]

Condiscípulo, sim, mas sobretudo *cúmplice* no espírito de contestação da geração que era a deles perante uma Universidade, simbolizada pela *cabra* e pelos «compêndios de Direito Natural e Romano», que passava «camadas de RR injustos» a jovens – que viriam a ser, «mais tarde, ministros, poetas, sábios, glórias nacionais» (como se lê n'*A Capital!*); uma cumplicidade que encontramos implícita na frase latina *nos simul in Garlandia fuimus* («estivemos juntos em Garlandia»), que evoca o provérbio corrente nos meios estudantis de Paris no século XIII – *fuimus simul in Garlandia, vel hoc [vulgus] tritum est in Garlandia*[50]–, citado por Jacques Quetif e Jacques Echard em *Scriptores Ordinis Prædicatorum* no contexto das discussões em volta do averroísmo [QUETIF e ECHARD, 1719, I: 334b], em referência a uma universidade que era, para os jovens estudantes, um verdadeiro local de suplício: de facto, era no *clos de Garlande*, antepassado da atual *rue Garlande*, onde viveu Johannes de Garlandia, filólogo (*ui!*) e professor da Universidade de Paris, que

---

[50] Para a interpretação desta frase em latim medieval, em que foi necessário conjeturar um *vulgus* que nela faz falta, contei com a preciosa ajuda, que agradeço, de Rosário Laureano Santos.

se situavam as escolas universitárias; daí que, na gíria estudantil da época, *ir a Garlândia* significava ser maltratado. E, indiretamente, numa referência a um Castilho, representante da intelectualidade estabelecida, que, «armado da sua férula», tinha «a pretensão de dar com ela palmatoadas nas almas» – aparecendo assim, a estes jovens «criadores de Fantasmas, como um verdadeiro monstro.» [IM: 491]. Um João de Garlândia, talvez.

Ora, aproveitando esta necessidade bem compreensível, por parte de Eça, de salientar o seu estatuto de coator num teatro protagonizado por Antero – na Universidade, espelho de um país parado no tempo, e na vida –, será interessante que observemos como é que ele vê (no manuscrito) e revê (no *In Memoriam*) Antero de Quental; ou seja, que observemos quais são as principais diferenças existentes entre a versão genética do manuscrito, e a versão publicada, no que diz respeito aos traços usados por Eça para caraterizar o seu «príncipe».

A uma primeira vista, trata-se de alterações epidérmicas (na medida em que nenhuma passagem importante em termos de dimensão é omitida ou acrescentada na transição do manuscrito para o impresso), resultantes da aplicação de regras estilísticas próprias de Eça ao longo do processo genético dos seus textos: temos, neste manuscrito, um texto de primeiro jato – sobre o qual o autor foi fazendo modificações à medida que o ia escrevendo, introduzindo, mais tarde, novas alterações na versão que enviou para o editor; mas o texto do manuscrito é um texto espontâneo, o que significa, para quem conhece o processo de produção textual do autor, que se encontra ainda desprovido dos efeitos estilísticos caraterísticos das fases posteriores de reescrita, e que mascaram as versões primitivas dos textos queirozianos – o que, para o caso que aqui nos traz, é de grande importância: o Antero que encontramos neste manuscrito aproximar-se-á mais do Antero realmente captado por Eça (porque técnica e cronologicamente mais próximo do estado de «paixão» do autor, e recordemos que o texto de Eça é mais apaixonado do que documental), do que aquele que nos aparece no *In Memoriam* (naturalmente retocado para melhor objetivar os factos), que se destinava a ser lido por pessoas que conheciam tanto o retratista e o retratado como os factos narrados, e que do retrato feito poderiam ajuizar com conhecimento de causa.

Deixando de parte as alterações meramente estilísticas (do tipo de «portas pintadas de azul» [*Ms.:* 6] que passam para «portas rudemente besuntadas de azul» [IM: 483], ou de «vasta lira» [*Ms.:* 17] que se retoca em «desmedida lira» [IM: 486]), ou tendentes a dar mais clareza ao enunciado (como a passagem «a sua boa face que por um não sei quê de Alexandrino e de Holandês, concorria, para a sua popularidade» [*Ms.:* 11] que é reescrita como «a sua boa face onde havia um não sei quê de philosopho de Alexandria e de piloto do Baltico» [IM: 484]), notemos alguns casos paradigmáticos de alterações que poderão ter implicações mais profundas, e que apenas deverão ser entendidos como simples exemplos de uma estratégia de génese textual demasiado rica para ser devidamente abordada no contexto em que nos encontramos.

Logo no início do fragmento, quando Eça resume e parafraseia o discurso de Antero nos degraus da Sé Nova, e que marcou (pelo menos para Eça) o início da relação entre os dois estudantes, encontramos uma referência à academia dos céus sob a designação de «concílio de Filósofos» [*Ms.:* 5], que é alargado, no texto do *In Memoriam*, também aos poetas [IM: 482]. Esta necessidade de relacionar Antero, e por arrastamento a geração em que pontificou, com referências e valores mais especificamente poéticos manifesta-se em outros lugares, como por exemplo na frase «A elegância é necessária mesmo no delírio» [*Ms.:* 11], que Antero teria dito a Eça, tendo «elegância» sido substituída, no impresso, por «rithmo» [IM: 484]; ou na introdução de referências do universo poético romântico para melhor caraterizar o ambiente cultural em que se formara aquela geração: a passagem «o amor da Polónia retalhada...» [*Ms.:* 15] é ampliada para «a violenta compaixão da Polonia retalhada, o amor á Irlanda, a verde Erin, a esmeralda celtica, mãe dos Santos e dos Bardos, pisada pelo Saxonio!...» [IM: 485]; ou ainda na necessidade de salientar a poética da palavra anteriana, quando a afirmação de que «Ninguem jámais possuiu um Verbo de tanta solidez e de tanto brilho» [*Ms.:* 42] é completada com a introdução, antes de «brilho», de «harmonia, finura» [IM: 492] – o que é ainda mais curioso se repararmos que, no manuscrito, Eça escrevera primeiro «de tanta beleza, e de tanto brilho», substituindo depois «beleza» por «solidez», o que no seu conjunto poderá ter a seguinte interpretação: como *artista* (dimensão parcelar e mais espontânea), Eça deixava-se seduzir primeiro pela *beleza* e pelo *brilho* do discurso de Antero (o que explica a forma binária primitiva); como *filósofo* (dimensão parcelar e menos espontânea), era a *solidez* da argumentação e o *brilho* do discurso que o impressionavam (o que explica a segunda forma, também binária mas já com um certo grau de simulação); como *amigo* (faceta global), era tudo isso (e temos a forma quaternária «solidez, harmonia, finura e brilho» documentada no *In Memoriam*).

Uma outra tática transformadora posta em prática na passagem do manuscrito ao impresso destinava-se a vincar o paradigma ideológico em que cabiam Antero e os seus companheiros. Consideremos alguns exemplos:

A abertura dos jovens intelectuais à Europa e às novas ideias, que primeiro é referida por Eça apenas muito referencialmente – «E ao mesmo tempo nos chegavam trazidos por uns largos enthusiasmos que logo adoptavamos como nossos e proprios» [*Ms.:* 15] – torna-se mais colorida e ideologizada: «E ao mesmo tempo nos chegavam, por cima dos Pyrineos moralmente arrasados, largos enthusiasmos europeus que logo adoptavamos como nossos e proprios» [IM: 485].

Outro exemplo, é o entendimento da poesia como agente ideológico que, a propósito do trecho «Epitecto, meu amigo», é introduzido no impresso como determinante da admiração do narrador pela ideologia de Antero («Então, perante este ceu onde os escravos eram mais gloriosamente acolhidos que os doutores, destracei a capa, tambem me sentei n'um degrau» [IM: 482]), no lugar onde, no manuscrito, o gesto do narrador não é justificado senão pelo contexto em si (imitando os outros estudantes que ouviam Antero sentados nos degraus da Sé, Eça diz que «Então, destracei a capa, tambem me sentei num degrau» [*Ms.:* 5]).

Ou então, deparamos com a necessidade de dar uma melhor definição de conceitos filosóficos: a afirmação de que o «Pessimismo, sobretudo nos seus começos, não vai sem ironia – e a ironia é verdadeiramente a sua primeira e ligeira expressão» [*Ms.:* 58] é corrigida para «Pessimismo, sobretudo nos seus começos, não vae sem inação; – e a inacção é verdadeiramente a sua primeira e ligeira forma» [IM: 497]; a forma primitiva (*ironia*) estaria mais adequada à fase coimbrã de Antero que, segundo Eça, tinha o «riso generoso do ser que ama todos os seres, e que [...] acha que o mundo é optimo, e se sente soberbamente optimista» [*Ms.:* 47] (frase a que foi acrescentado «e doce» no impresso [IM: 494]), embora já fosse pessimista mesmo sem ter lido Schopenhauer: «Ninguem então ainda, do Reno para cá, lera Schopenhauer. Anthero menos que ninguem – e todavia era já um Pessimista, como Schopenhauer» [*Ms.:* 56-56a] (curiosamente, esta última frase não passou para o impresso [*cf.* IM: 496]); por outro lado, ao substituir *ironia* por *inação*, Eça enquadra melhor Antero na sua fase de pessimismo resultante da desilusão provocada pelo fim da Liga Patriótica e da sua utopia socialista («A Liga morreu afinal de pura inanição [...]. O que passou durante este Inverno é a prova mais cabal do estado de prostração do espírito público entre nós», escreveu Antero em carta de 22 de julho de 1890 a um destinatário desconhecido [MARTINS, 1989, II: 1001], o que poderá traduzir a tese schopenhaueriana de que «o que resta depois da supressão total da vontade, para aqueles a quem a vontade ainda anima, é o nada»), mas começou por se enganar no tempo (o que não é de admirar, se considerarmos que escreveu este texto trinta anos depois da sua relação de juventude com Antero), emendando depois a mão de modo a que o «pessimismo» do jovem Antero não fosse schopenhaueriano *avant la lettre* (o que viria a ser entendido como tal se Eça tivesse mantido a frase que retirou), mas justificado como um comportamento caraterístico de poeta meridional – que, posteriormente enriquecido pelas amargas experiências da vida, se viria a casar muito bem com Schopenhauer.

Finalmente, valerá a pena verificar como evoluiu, entre as duas versões deste texto, o «teatro académico» de que Antero foi um inquestionável protagonista – a terrível instituição universitária de então, Coimbra. Assim, no manuscrito, ela é «rispida, negra, anacronica, dura como uma muralha [...] Por toda a parte pesando e dando sombra» [*Ms.:* 25], anulando «toda a altivez moral, e resistência viril [...] deprimindo sistematicamente o homem, acostumando-o a tremer, a curvar a espinha diante do catedratico» com «o seu rigido literatismo [...] para quem toda a iniciativa intelectual é culpada» [*Ms.:* 26], «disciplinando os espiritos sob a regra dura de convento e quartel», enfim, uma «*atra madrasta*, a madrasta, rabugenta, impertinente, crassa, opressiva» [*Ms.:* 27], da qual só era possível libertar-se arrancando-se-lhe «pela astucia, pela empenhoca, pela corrupção, esse *grau*, que o Estado, seu cumplice, tornava a chave das carreiras» [*Ms.:* 28], etc.

Na versão do *In Memoriam* este retrato sofre requintados retoques: a negridão da Universidade é ainda mais contrastada dando-se-lhe como cenário de fundo os «tão lavados e doces ares, do Salgueiral até Chellas»; a «altivez moral» dos estudantes passa para «liberdade», e a «resistencia viril» para «resistencia moral»; em vez de «tremer [...] diante do catedratico», o homem passa «a temer, a disfarçar, a vergar a espinha», absoluto; a «iniciativa intelectual» é promovida a «creação intelectual», que de «culpada» se transforma em «daninha»;

«a regra dura de convento e quartel» metamorfoseia-se em «terror disciplinar de quartel» [IM: 488]; a *«atra madrasta»* torna-se em «madrasta amarga, carrancuda, rabugenta» [IM: 488]... Em ambas as versões, estava-se perante uma Universidade que «era com effeito, uma grande escola de revolução» [*Ms.:* 29; IM: 489] – e a revolta acabaria por rebentar, materializando-se na célebre *Rolinada* (26 de abril de 1864) que culminou com a transferência da Academia, em bloco e por incitamento de Antero, de Coimbra para o Porto, episódio que Eça narra muito sucintamente – «e por fim um grande exodo, a Academia abandonando Coimbra, ao som do hymno da *Maria da Fonte*» [*Ms.:* 29] – e que passa para o impresso com alterações curiosas – «até que [Antero, «o Grã-Capitão das nossas revoltas»] nos levou para o Porto, uma noite, entre archotes, ganindo a Marselheza» [IM: 490] – das quais a substituição da «Maria da Fonte» pela «Marselhesa» não será a menos importante.

E poderíamos continuar com o cotejo das duas versões do retrato (talvez demasiado literário e idealizado) que Eça de Queiroz fez de Antero de Quental e, por arrastamento, da geração a que ambos pertenceram e que, na opinião de certo modo velada, mas mesmo assim evidente, de Eça, não terá dado os resultados que inicialmente se terá proposto; para isso não faltarão oportunidades. É nítido, porém, que Eça não será, provavelmente, a melhor fonte de conhecimento acerca de Antero; ou melhor, não se poderá ter de Antero, através do texto de Eça, o retrato objetivo de um homem, mas sim o retrato de um homem contaminado pelo autorretrato do retratista; mas ninguém poderá negar a Eça de Queiroz, como retratista, a delicadeza e o empenho que demonstrou ao estender, sobre a memória de Antero, o «manto diáfano da fantasia» – sem no entanto encobrir de todo «a nudez forte da verdade» do retratado.

14
DE COMO EÇA ESCULPIU
O SENHOR CONDE DE ABRANHOS,
E DAS AJUDAS QUE TEVE E NÃO PEDIU

ALÍPIO SEVERO DE NORONHA ABRANHOS, *O Conde de Abranhos*, é geralmente considerado como uma das grandes figuras da galeria de personagens queirozianas, e para além de representar, sob a forma de caricatura, um determinado tipo do político português da época, apresenta uma outra caraterística, muito própria, que o distingue de todas as outras personagens da galeria queiroziana: o Conde de Abranhos é uma personagem diferida. Vejamos porquê.

O manuscrito d'*O Conde de Abranhos* existente na Biblioteca Nacional (espólio $E_1/285$) é constituído por 153 folhas escritas à pressa e a lápis de ambos os lados, exceto a última, não tem título, e não passa do borrão de uma história interrompida numa fase muito primitiva da sua génese. A publicação desta novela em 1925, pela mão do filho de Eça, José Maria, só foi possível após a introdução de profundas alterações ao texto original.

Com efeito, se compararmos o texto da edição de 1925 com o do manuscrito autógrafo, verificamos que o editor acrescentou texto de sua lavra, transplantou elementos textuais, reescreveu passagens inteiras, corrigiu a pontuação e os nomes das personagens, redistribuiu as maiúsculas, amaneirou a estrutura morfossintática, e substituiu, eliminou e acrescentou elementos narrativos, coroando a sua intervenção com um final construído a partir de diversas passagens deslocadas do seu lugar original e cimentadas com frases suas, e com a aposição do título *O Conde de Abranhos. Notas biográficas por Z. Zagalo*. À imagem de Zagalo, que se esforçava por beneficiar a imagem do Conde a quem servia, e como acontece com *A Capital!* e com a generalidade das obras queirozianas que publicou entre 1925 e 1929, José Maria procurou dar às obras que o autor deixara inacabadas a feição que conjeturou que elas viessem a ter se tivessem sido acabadas. Ironicamente, porém, se José Maria não acrescentou com este seu comportamento grande coisa à glória de seu pai, acabou por contribuir decisivamente para o enriquecimento da galeria dos nossos símbolos nacionais: sem o seu trabalho não teríamos *O Conde de Abranhos* com a fortuna simbólica que hoje lhe conhecemos (o retrato que dele emerge do manuscrito autógrafo é demasiado grosseiro e incompleto), e por causa disso a cultura portuguesa seria bastante mais pobre.

Muito provavelmente, a novela conhecida por *O Conde de Abranhos* destinar-se-ia a integrar a famosa série das *Cenas da Vida Real*, mas que não viria a realizar; um destes pequenos romances abordaria a figura do político português e teria como título *História de um Grande Homem*, tal como consta num outro plano da coleção, datado de 1878. Enfim, por meados de 1879, o autor pedia ao seu editor que publicitasse um «novo livro» seu intitulado *O Conde de Abranhos. Apontamentos biográficos e reminiscências íntimas por Z. Zagalo seu secretário particular*, uma biografia que seria «implicitamente um romance» e que depois de impresso teria 200 ou 250 páginas; segundo o autor, a obra estaria quase pronta à data, faltando apenas ser copiada.

Mas, na realidade, nunca o chegou a ser: o romance foi abandonado em fase de manuscrito primário, com a história ainda por encerrar, e com ele todo o projeto das *Cenas* acabaria por esfumar-se. Como argutamente observou João Gaspar Simões, o plano pensado por Eça «deve ter-se-lhe patenteado improcedente» [SIMÕES,

1945: 18], dado que na prática o autor precisaria de dar a estas novelas dimensões muito maiores do que aquela que pensava dar a cada uma delas. Por isso, Eça ou mantinha o plano inicial da série, e então *O Conde de Abranhos*, que mesmo incompleto contava já 305 páginas manuscritas, dificilmente satisfazia, pelo seu tamanho, uma das caraterísticas essenciais do projeto (romances curtos), pelo que o texto teria que ser desbastado e encurtado, o que tornaria impraticável para o autor traçar um retrato coerente da classe política portuguesa; ou então tratava o tema como devia e era seu hábito, desenvolvendo as cenas e alterando a estrutura do texto que já tinha escrito, mas teria então que retirar a novela, por desadequada, do plano das *Cenas*. Este dilema foi resolvido por Eça de Queiroz da maneira mais expedita: tal como já abandonara *A Tragédia da Rua das Flores* e viria a abandonar *A Capital!*, também destinadas a integrar as *Cenas* e cuja redação entretanto começara – Eça abandonou *O Conde de Abranhos*; apesar disso, o romance viria a ser publicado em 1925, por iniciativa do seu filho José Maria, com muitas alterações [QUEIROZ, 1925b].

Como todos sabemos, o romance é inaugurado por uma carta preambular, dirigida à Condessa viúva, que no manuscrito autógrafo tem o seguinte começo:

Minha Senhora

Tendo tido durante quinze anos, a honra, tão invejada, de ser o Secretario particular de seu Exm.º marido, Alypio Severo Abranhos, Conde d'Abranhos, eu consumo-me desde o dia da sua morte, no desejo de glorificar a memoria d'este varão eminente – Orador, Publicista, Estadista, Legislador, Philosopho.

V. Ex.ª, Snr.ª Condessa, faz n'este momento, erguer, no Cemitério dos Prazeres, um mausoleo commemorativo: e, aí, o cinzel do esculptor Craveiro faz reviver a figura do Conde

> d'Abranhos com o seu magestoso porte, o peito coberto de condecorações, que lhe valeu o seu merecimento, a mão apoiada, sobre o rolo marmoreo dos seus manuscriptos – para indicar o homem de letras, a outra assente sobre o punho da espada do seu uniforme de moço fidalgo, para indicar o homem d'Estado, e os olhos, por traz dos seus oculos d'ouro, erguidos para o firmamento para symbolisar a sua fé em Deus, e na Igreja. [BNP, ACPC, E$_1$/285]

É assim que começa, de facto, a verdadeira história do defunto Senhor Alípio Severo de Noronha Abranhos, o filho de um humilde alfaiate de Penafiel que, na sequência de um casamento de conveniência, iniciara uma carreira política como deputado por Freixo-de-Espada-à-Cinta, revelando-se posteriormente um estadista e orador famoso, tendo chegado a ministro e a presidente do Conselho, e acabando, naturalmente, por ser feito Conde – o *Conde de Abranhos*. A história é narrada a título póstumo pelo Sr. Z. Zagalo – uma misteriosa personagem que, após ter sido na juventude um democrata agnóstico, viria mais tarde a tornar-se um devotado «amigo da ordem» e «fervente sectario do Catolicismo», e, por acumulação, sócio honorário do Grémio Recreativo do Rio Grande do Sul – tudo isto mercê da sua íntima convivência com o ilustre Conde a quem servia.

Nesta passagem inaugural da carta que dirige à Condessa de Abranhos, explicando-lhe as razões por que decidira fazer a biografia do ilustre defunto, Zagalo considera a sua obra como o complemento natural do monumento funerário que a Condessa encomendara ao escultor Craveiro e que fora erigido no cemitério dos Prazeres, para ali perpetuar a memória do marido:

> E n'este livro, – como o artista fez no marmore, o seu envolucro physico, – eu reconstruo o seu ser moral. A estatua é assim completada pela biographia: na pedra as gerações contemporaneas

poderão admirar a grandeza da sua attitude, e a expressão do seu rosto: no livro, admirar-se-á a elevação do entendimento, e rectidão da alma. [*Ibid.*]

Mas, afinal, a estátua de mármore já revelava, como um ícone, as principais caraterísticas da personalidade do Conde: tendo este sido, em vida, um homem de merecimento, um homem de letras, um homem de Estado, e um homem de fé – na estátua, ostentava condecorações, trazia um rolo de manuscritos, vestia um uniforme de moço fidalgo, e erguia os olhos para o firmamento. A partir destes ícones, Zagalo nada mais teria a fazer do que desenvolver, numa acalorada análise, o motivo que o autor da estátua já sintetizara na fria pedra, dando assim alma ao ícone esculpido e traduzindo em discurso «literário» a onomatopeia primária saída do cinzel do escultor, em suma, transformando-se em porta-voz do Craveiro.

Mas, como Eça de resto fizera questão de exigir numa carta ao editor, o livro destinava-se a ser publicado sob o seu próprio nome, com um título que remetia a sua «autoria» para Zagalo que, por sua vez, era remetido ao estatuto de personagem, como de resto se depreende do título autógrafo (*O Conde d'Abranhos. Apontamentos biographicos e reminiscencias intimas por Z. Zagallo seu secretario particular*). Desta maneira, ao «emprestar» o seu nome a um texto «escrito» pelo secretário do Conde, Eça de Queiroz assumia-se, ficcionalmente, como porta-voz da personagem Zagalo.

No entanto, se compararmos o texto das passagens do romance mais acima transcritas, retiradas do manuscrito autógrafo, com o texto que lhes corresponde na edição de 1925, verificaremos que o editor transplantou a descrição da estátua do Conde, que no manuscrito autógrafo se encontra na carta preambular de Zagalo, para o fim do romance, onde hoje a encontramos, a fim de lhe dar uma conclusão a que o autor não chegara. Transformando por seu arbítrio um texto deixado inacabado por Eça, de modo a que o mesmo texto pudesse ser publicado com o nome do escritor sem destoar demasiado das suas obras publicadas em vida, o editor de 1925, ainda que veladamente (ao contrário de Zagalo, que afirma reconstruir o «ser moral» do Conde, tal como o escultor lhe fizera o «invólucro físico»), assumiu-se como um porta-voz do autor.

Articulando estes três argumentos – José Maria é porta-voz de Eça; Eça é porta-voz de Zagalo; e Zagalo é porta-voz de Craveiro –, concluiremos que tanto Alípio Severo como *O Conde de Abranhos* são objetos diferidos, o primeiro enquanto personagem, e o segundo enquanto romance: em qualquer dos casos, porém, e tendo em conta os indivíduos intervenientes no processo, tenham eles entre si uma relação real-real (o autor Eça de Queiroz e o editor José Maria), uma relação real-ficção (o autor Eça de Queiroz e o narrador-autor Zagalo), ou uma relação ficção-ficção (o escultor Craveiro e o narrador Zagalo), estamos perante situações de indivíduos que, sem saírem do âmbito dos sistemas de comunicação em que se colocam, procuram adaptar o seu discurso (ou o discurso de outrem que oportunisticamente tornaram seu), às normas culturais e sociais em vigor e que lhes são mais convenientes no momento e no local específicos em que atuam, e de acordo com os objetivos que pretendem atingir.

Foi isso que fez Eça de Queiroz, escritor, ao transpor para o discurso de Zagalo, também «escritor», aquilo que ele próprio nunca poderia assumir, e ao criar uma personagem-narrador que, na ficção, utilizava os mesmos meios de representação (a escrita) que ele usava na realidade, Eça estabeleceu uma identidade funcional entre ele próprio e Zagalo, na exata medida em que ambos eram «autores», para assim poder representar, picturialmente e de uma forma lógica, a realidade observada – mas sem se comprometer: as semelhanças entre Eça e Zagalo, que se resumem ao facto de ambos serem «escritores», são suficientes para dar verosimilhança à narração; mas, ao colocar-se exteriormente ao narrador, que nos é apresentado com o estatuto de autor-narrador dotado de um ponto de vista preferencial que determina uma forma de representação que nos inspira confiança (na medida em que Zagalo fora íntimo do biografado durante quinze anos), Eça transmite-nos, através de Zagalo, uma imagem do Conde cuja correção ou incorreção só a este poderá ser atribuída. E a verdade é que somos levados a identificar a imagem que Zagalo representa picturialmente («o Conde d'Abranhos –: um estadista, orador, ministro, presidente do Conselho, etc., etc.», que todos consideravam «grande»), com a realidade que Eça observava («um patife, um pedante, e um burro»). Mas, afinal, se olharmos para o Conde com os olhos de Zagalo – a imagem que dele retemos é aquela que Eça representou através da dupla Zagalo-Abranhos. Tal como escreveu o autor, «o Zagalo, secretário, é tão tolo como o Ministro: e o *piquant* do livro é que querendo fazer a apologia do seu amo e protector, o idiota Zagalo apresenta-nos, na sua crua realidade, a nulidade da personagem».

Consideremos agora o facto de o romance ser, ele próprio, um objeto diferido. E recordemos que muitas e grandes são as diferenças existentes entre aquilo que Eça escreveu e aquilo que nos tem vindo a ser dado a ler a partir da edição de 1925, que demonstra um considerável trabalho de transformação por parte do editor, que terá sido condicionado quer pela necessidade de tornar legível, para publicação, um texto que o autor deixara em estado muito primitivo, quer pela necessidade de o adaptar aos valores políticos e sociais dominantes na segunda década do século XX em Portugal (o facto de o tema do romance ser o da figura do político e da sua atuação, e se compararmos a situação política do final dos anos 70 do século XIX e dos anos 20 do século XX, não deixaremos de encontrar sérios motivos para avaliar o comportamento do editor de 1925 enquanto motivado por imposições de censura política): de facto, encontramos cerca de 6.000 alterações num texto que tem cerca de 50.000 palavras na sua forma original. Estas alterações, de cariz linguístico, estilístico e, provavelmente, censório, abrangem elementos do texto que vão desde o simples sinal de pontuação até longas passagens descritivas, passando pelo transplante de elementos textuais, pela reescrita de passagens inteiras, pela correção dos nomes das personagens, pela redistribuição das maiúsculas, e pelo amaneiramento da estrutura morfossintática, tendo o editor ainda substituído, eliminado e acrescentado elementos narrativos, e terminando a sua intervenção com um final esculpido, como já referi, a partir de diversas passagens deslocadas do seu lugar original e cimentadas com frases suas, coroando finalmente o seu trabalho com o título *O Conde d'Abranhos. Notas biographicas por Z. Zagallo.* Ironicamente, porém, é o Conde de Abranhos assim construído e redesenhado por mão alheia, que constitui uma das mais caraterísticas, citadas e glosadas personagens de toda a galeria de tipos queirozianos, apesar de o seu original surgir num texto incompleto e abandonado ainda numa fase muito primitiva da sua génese – pelo que poderemos concluir que o editor José Maria, se com o seu comportamento não acrescentou grande coisa à glória de seu pai, acabou por contribuir decisivamente para o enriquecimento da galeria dos nossos símbolos nacionais.

E por muito que o pobre Zagalo reivindicasse para si a subida honra de só ele conhecer «o homem» naquele que todos os outros conheciam como «o grande homem», a história genética e editorial d'*O Conde de Abranhos* nem sequer reconheceu ao desditoso biógrafo o direito de ver a sua obra acabada pelas suas próprias mãos, e a Condessa viúva teve que se contentar com a fria escultura feita pelo Craveiro: ou porque não conseguira meter tanta matéria num pequeno romance, ou porque receasse represálias por parte do poder político do seu tempo, tão cruelmente caricaturado neste texto, Eça de Queiroz retirou a palavra a Zagalo antes de ele acabar a sua história, deixando-nos na terrível situação de não sabermos como acabaria o Conde; e mesmo aquele texto grosseiro e inacabado que encontramos no manuscrito autógrafo, e que apesar de tudo é espontâneo, tem alma e tem riso, até mesmo ele teve que ser violentamente podado e polido pelo editor de 1925, que não sabemos muito bem se assim pretendia imitar o estilo do escritor – ou replicar o frio monumento funerário esculpido pelo Craveiro...

Mas se quisermos saber como Eça esculpiu o Senhor Conde de Abranhos, e das ajudas que teve e que não pediu, bastar-nos-á olhar criticamente para os seus manuscritos autógrafos e compará-los com as edições em circulação. É verdade que só Zagalo terá visto o Conde «em chinelos e *robe-de-chambre*»; mas nós, de certeza, todos os dias deparamos com ele «em S. Bento, nas Secretarias, no Paço, no Grémio». Foi aí, fora das vistas de Zagalo, que Eça encontrou a matéria-prima para esculpir o Senhor Conde de Abranhos.

15
EÇA E OS SANTOS

EÇA DE QUEIROZ dedicou parte da sua atividade literária entre 1890 e 1893 à escrita das vidas de três santos – *São Cristóvão*, *Santo Onofre* e *São Frei Gil* –, que no entanto nunca viriam a ser terminadas e cujos autógrafos constituem, em minha opinião, o maior desafio ainda não enfrentado pelos críticos textuais que se ocupam dos manuscritos queirozianos: de *São Cristóvão*, de que Eça terá concluído uma primeira versão, apenas se encontram atualmente disponíveis alguns materiais preparatórios; de *Santo Onofre* existiram diversos manuscritos, nenhum deles completo e alguns deles contendo versões genéticas diferentes da mesma passagem, conhecendo-se atualmente apenas uma parte do conjunto; e de *São Frei Gil* sabemos que existem, embora não estando disponíveis, um plano da narrativa e um manuscrito contendo a parte inicial da narrativa, tudo o que Eça escreveu, e que corresponderá a cerca de um quarto do projetado. Sobre os complexos autógrafos destas obras inacabadas ou apenas iniciadas, e na falta de um inventário exaustivo dos manuscritos e das indispensáveis edições críticas, teremos que nos contentar com as parcas informações que nos foram dadas pelos editores Luís de Magalhães (*Ultimas Paginas*, 1912), D. Maria Eça de Queiroz (*Folhas Soltas*, 1966) e Helena Cidade Moura (*Lendas de Santos*, 1970), e por Ernesto Guerra da Cal (*Bibliografía Queirociana*, 1975).

Pelos seus temas – e independentemente do grau de acabamento e das ambições de cada uma delas, e daquilo que delas se conhece em termos das respetivas bibliografia material e história editorial –, estas obras são consideradas (corretamente, porque inacabadas) como marginais à obra canónica do autor, e têm despertado a curiosidade dos estudiosos no que diz respeito ao papel que desempenhariam na carreira literária de Eça: porque terá ele reinterpretado velhas histórias dos *Flos Santorum*, sobretudo durante o intervalo em que se dedicou à escrita d'*A Ilustre Casa de Ramires?*

Com efeito, o longo, atribulado e incompleto processo genético d'*A Ilustre Casa de Ramires* (1890-1899) parece ter funcionado como pano de fundo para a eclosão de uma série de outros textos queirozianos em que está presente a ideia de «santo», embora numa perspetiva em que, como muito bem observou Álvaro Lins, «não é o sentimento religioso mas o literário que anima Eça de Queiroz» [LINS, 1939; 1964: 217]: durante este período, como numa procissão, encontramos o autor às voltas primeiro com *São Cristóvão* (1890), depois com *São Frei Gil* (1891-1893), a dispersar-se momentaneamente com *Um Santo Moderno*, como crismou o Cardeal Manning, arcebispo católico de Westminster (1892), a dedicar-se a *Santo Onofre* (1893), depois ao santo caído que foi *Frei Genebro* (1894), e finalmente ao santo ingrato que foi Antero de Quental em *Um génio que era um santo* (1894) – tudo isto muito depois de, em carta a Oliveira Martins datada de 10 de maio de 1884, e porque desesperava de entender a «gente portuguesa», afiançar que «por probidade de artista eu tenho uma ideia de me limitar a escrever contos para crianças e vidas de grandes Santos» [CASTILHO, 1983, I: 226].

Esta coabitação oficinal de Gonçalo Mendes Ramires com os Santos que povoaram a derradeira década de vida de Eça fica esquematizada na figura que vem mais adiante. No entanto, poucas são as referências de Eça a estas suas incursões pela hagiografia, e vamo-nos ater aqui apenas àqueles textos que, formal e referencialmente, constituem realmente vidas de Santos: *São Cristóvão*, *Santo Onofre* e *São Frei Gil*.

Eça afirma a intenção de escrever vidas de Santos	1884	Carta a Oliveira Martins, 10-05-1884.
A Ilustre Casa de Ramires ...	1890	
São Cristóvão	1890	
São Frei Gil	1891	Segundo Batalha Reis, no verão de 1891 o manuscrito já se encontrava na fase da narrativa que se conhece.
Um Santo Moderno	1892	*Gazeta de Notícias*, 29-02-1892.
Eça afirma ter abandonado *São Frei Gil* para se dedicar a *Santo Onofre*.	1893	Carta a Oliveira Martins, 17-04-1893.
Santo Onofre	1893	
As Histórias – Frei Genebro	1894	
Um génio que era um santo	1894	Carta a Mathieu Lugan, 3-09-1894.
Eça reconhece que já não terminará *São Frei Gil*, interrompido há 2 anos.	1897	Carta a Silva Pinto, 29-05-1897.
... A Ilustre Casa de Ramires	1899	

Segundo testemunha Jaime Batalha Reis no final da sua introdução às *Prosas Bárbaras*, Eça ter-lhe-á confessado, no verão de 1891:

> Estou escrevendo a vida diabólica e milagrosa de São Frei Gil; [...] e também te confiarei que, tendo metido, por minhas próprias mãos, o santo bruxo numa floresta, não sei como o hei-de tirar de lá [BATALHA REIS, 1903];

Ainda sobre a história inacabada deste mesmo santo, Eça afirma em carta a Silva Pinto, de 29 de maio de 1897, que

> comecei um grosso livro sobre esse nosso santo. Mas há dois anos que no capítulo 3.º ou 4.º o moço D. Gil, indo a caminho de Toledo, ficou parado, estendido na relva, entre grandes árvores, à beira de um rio claro, a conversar com o senhor de Astorga, que (aqui entre nós) é o diabo... E dois anos vão passados, e ainda o

iludido cavaleiro se não levantou da relva. Continuará ele jamais a sua jornada para Toledo?

Não sei. Outros estudos, outros livros me têm chamado – e até outros santos, que me retêm pela sua santidade mais doce e mais simples [CASTILHO, 1983, II: 383].

Um desses santos era *Santo Onofre*, texto a que Eça se refere como «o meu santo» em carta a Oliveira Martins de 17 de abril de 1893:

> o meu santo – outro santo, porque interrompi o S. Frei Gil, para me devotar a Santo Onofre. Não creio que conheças este ilustre solitário – porque não há bem a certeza de que ele jamais existisse. Não da sua vida, que a não tem, mas dos hagiológicos, consegui extrair umas cem páginas, uma pequena plaquette, para ir acostumando o público a este *neo-flos-santorismo* [CASTILHO, 1983, II: 256].

Quanto a *São Cristóvão*, silêncio total: Eça fez investigações linguísticas e temáticas para a sua composição, elaborou um plano do texto com indicação do número de folhas que dedicaria a cada capítulo ou secção da narrativa, redigiu o texto – mas em parte alguma, que se saiba, se referiu a esta *Vida* que, de todas, é a única que terá sido deixada completa ainda que, se considerarmos os seus hábitos de escrita, seja pouco provável que estivesse geneticamente acabada.

No entanto, vistos em conjunto, os materiais autógrafos conhecidos ou disponíveis destes três textos dão-nos informações preciosas sobre o modo de trabalhar de Eça de Queiroz, e permitem-nos supor, numa perspetiva filológica, que os três textos – que depois de prontos formariam um tríptico – seriam compostos de acordo com um modelo comum, razão pela qual, e como já o fez António Sérgio, deverão ser vistos e entendidos como um conjunto. Mas o que aqui mais me interessa são os manuscritos autógrafos a que hoje temos acesso e que, apesar de serem poucos, comportam informações preciosas sobre os métodos de trabalho de Eça, numa perspetiva que ainda não foi devidamente estudada: a perspetiva da *planificação*.

Com efeito, se tivermos em conta os materiais preparatórios de *São Cristóvão* e de *São Frei Gil*, não deixaremos de nos surpreender com um trabalho de planificação meticulosa, a fazer lembrar o trabalho de um *projetista* ou até, e passe o anacronismo que não será tão forçado como se poderia supor, de um *realizador de cinema* moderno. Nos dois casos, temos claramente enunciados e hierarquicamente avaliados os seguintes aspetos estruturantes da narrativa em projeto:

1. *Expressão do tema*: a vida de uma determinada personagem, um Santo.

2. *Enumeração dos tópicos* da história a narrar, de acordo com a progressão cronológica dos acontecimentos, definindo-se assim um universo de segmentos narrativos.

3. *Inventariação dos aspetos e do vocabulário de época* a serem utilizados, de forma a dar verosimilhança à narrativa.

4. *Conceção dos espaços geográficos* onde a ação decorrerá, a fim de situar os acontecimentos narrados e as personagens de um modo coerente em termos de gestão dos atos e dos espaços em que eles ocorrem; existem mesmo, para o *São Cristóvão*, debuxos de cenários «naturais».

5. *Avaliação da importância relativa* de cada tópico narrativo, através da indicação previsível do número de páginas a dedicar à narração de cada um.

6. *Definição da dimensão global* da obra, em termos materiais, dada através do somatório das páginas previstas para cada segmento narrativo.

7. *Primeira redação* do texto, de acordo com a planificação feita: *narração referencial*.

8. *E redações posteriores* do texto, introduzindo correções de diversa ordem: *narração estilística*.

Comecemos por *São Cristóvão*, considerando dois dos documentos autógrafos que constituem materiais preparatórios do conto [Biblioteca Nacional, $E_1/296$], publicados pela primeira vez por D. Maria Eça de Queiroz em *Folhas Soltas* (1966):

1. *São Cristóvão*, Plano A [BNP, ACPC, $E_1/299$]. Duas folhas escritas a tinta, sendo a primeira dos dois lados, contendo um primeiro plano da obra com 34 segmentos narrativos, agrupados em 11 conjuntos que provavelmente indicariam capítulos:

n.º	PLANO A *Segmentos narrativos*
1	Christovam nasce n'uma floresta. Milagre ao nascer – (portas abertas de par em par). O seu extraordinario crescer. Toda a gente da aldea o vem ver.
2	O castellão quer ver Christovam – o Castello. Morte do pae de Christovam. Christovam retira-se para a floresta. Christovam volta à aldea.

3
- Christovam no convento.
- Christovam protege os amores do estudante.
- Christovam ouve o Evangelho.
- Christovam sente-se servo de Jesus.

4
- Christovam vae servir na aldea os pobres.
- Christovam tendo abandonado o Convento, os padres vingam-se d'elle.
- Christovam expulso da aldea.

5
- Christovam na cidade attacada da peste.
- Christovam expulso da cidade por despeito do Principe.

6
- Christovam entre os ermitas.
- Christovam descobre o orgulho dos ermitas.
- Christovam deixa os hermitas.

7
- Christovam errante nos caminhos.
- Christovam n'uma região devastada pela guerra.
- Christovam na terra devastada pela fome.
- Christovam entre os feiticeiros.

8
- Christovam no solar das Damas.
- A amizade do menino por elle.
- Ingratidão do menino.
- Doença do menino.
- Christovam sabe que se prepara a revolta dos servos.
- Christovam defende o castello attacado.

9
- Christovam toma o commando dos servos.
- Pede esmola pelos castellos.
- Traz os servos, como um bando de pedintes.
- Christovam e o servo são atacados.
- A batalha.
- Christovam ferido.
- Sonha com as luttas sociaes.
- Um anjo cura Christovam.

10	[	Christovam exerce a sua bondade pelo mundo. Christovam mostra-se nas feiras.
11	[	Christovam de novo corre mundo. Christovam no Rio como passeur. Sua morte. Sobe ao ceu.

2. *São Cristóvão*, Plano B [BNP, ACPC, $E_1/298$]. Uma folha escrita a tinta de um só lado, que contém um segundo plano da obra definindo 16 segmentos narrativos, com indicação autógrafa do número de páginas a dedicar a cada um deles, num total de 250:

n.º	Páginas Previstas	Segmentos narrativos
1	5	A Annunciação de Christovam.
2	10	As esperanças e o nascimento de Christovam.
3	10	Primeiros annos e morte da mãe.
4	15	A educação e crescença de Christovam.
5	10	Christovam no Castello.
6	20	Christovam pastor, conhecimento do Evangelho.
7	20	Christovam no Convento.
8	20	Christovam na cidade attacada da peste.
9	15	Christovam na aldea.
10	20	Christovam entre os ermitas.
11	10	Christovam com as companhias.
12	20	Christovam no solar das Damas.
13	30	Christovam commandando os Zazaros.
14	20	Christovam gigante nas feiras.
15	10	Christovam correndo mundo.
16	15	Christovam no Rio.
	250	

Na falta do manuscrito da obra, torna-se impossível verificar se Eça de Queiroz respeitou a extensão prevista para cada um dos segmentos narrativos. Mas se compararmos os dois planos entre si, e ambos com o texto publicado, verificaremos que os dois planos, na medida em que se completam – o Plano A, mais analítico, integra-se perfeitamente no Plano B, mais sintético – são afinal versões genéticas do mesmo projeto, e que os segmentos do primeiro, apesar de alguns agrupamentos (1-4, 6-7 e 15-16), correspondem aos capítulos marcados no texto editado (sendo por isso de supor que a capitulação seja da responsabilidade do próprio autor). Por outro lado, se calcularmos a proporção entre o número de páginas impressas referentes a cada capítulo e o número de páginas previstas para cada um deles no Plano B, encontraremos um valor global total bastante aproximado daquele que Eça previra (entre 250 e 300 páginas manuscritas).

Sabemos que Eça terá adotado o mesmo modelo de trabalho para *São Frei Gil*: para esta obra existe, de facto, um Plano A, e existiu seguramente um Plano B (também publicado por D. Maria Eça de Queiroz em *Folhas Soltas*) que deverá integrar o manuscrito que, por se encontrar em mãos privadas, não foi possível examinar:

3. *São Frei Gil*, Plano A [BNP, ACPC, $E_1/267$]. Uma folha escrita a tinta dos dois lados, estando o verso apenas meio escrito e invertido pelo eixo horizontal, que contém um primeiro plano da obra definindo 16 segmentos narrativos:

n.º	PLANO A *Segmentos narrativos*
1	O solar de Mort'agua.
2	D. Rodrigo.
3	D. Menda.

4	O pessoal da casa.
5	Sua vida simples.
6	Deus ama-os.
7	Da-lhes um filho.
8	Um milagre ao nascer o filho.
9	A sua belleza é o pasmo de todos.
10	Aos cinco annos começa a mostrar um espirito inquieto e curioso.
11	Passa horas, folheando manuscriptos.
12	Depois são as armas e a caça que o seduz.
13	A sua curiosidade e um velho phisico que lhe dá noções dos simples. Vae com elle ver os doentes. Sabe receitar.
14	Mas o coração começa a fallar.
15	Apaixona-se vagamente. Abraça as raparigas no campo. Chora sem razão. Quereria por vezes abraçar uma rosa.
16	Depois apaixona-se pelo desconhecido, pelas viagens. Quer saber, ver mundo, ter aventuras, ter amores. E ir estudar para Paris, tudo combina, e fixa-se n' este immenso desejo.

4. *São Frei Gil*, Plano B [*Folhas Soltas*, 1966]:

Páginas Previstas	PLANO B *Segmentos narrativos*
5	Nascimento de Gil, n'um solar ao pé de Vouzella. O pae e a mãe de Gil.
20	Infancia de Gil. Sua belleza. Sua curiosidade insaciavel. Amor dos manuscriptos. Um velho phisico da-lhe a paixão dos simples, e das plantas que curam. Cresce. Toma gosto pelas armas, pelos cavallos. Tem amores vagos, pelas raparigas. Mas não descura os livros. Vem-lhe a paixão do desconhecido, das viagens. Para tudo combinar, quer ir estudar medicina a Paris.

| 10 | Parte com grandes lagrimas da mãe, e d'uma moça que seduzira.
| | Toma o caminho de Paris com o seu fiel Pero, escudeiro.

| 15 | N'uma estalagem, no caminho encontram um cavalleiro que trava conversa com elle, e sabendo que Gil vae a Paris estudar Medicina, lhe diz que vae antes com elle a Toledo, onde elle vae tambem para se formar nas artes Negras. Essas artes que elle descreve dão a quem as possue, o ouro, o poder, a eterna mocidade, e tudo o que dá a felicidade.
| | Gil cede.

| 10 | Partem para Toledo, conversão pelo caminho. São assaltados. O cavalleiro desconhecido, desbarata os salteadores.

| 10 | Em Toledo, Gil é levado logo a Universidade das artes negras. Ahi encontra os professores que e lhe dão um festim e que lhe dizem que a arte melhor é assignar um pacto com o Demonio.

| 5 | Gil assigna.

| 15 | D'esde esse dia tornado omnipotente, abandonna a idea de Paris, e passa a ter todos os gozos.
| | Começa pela vida de moço, tendo palacios, mulheres, cavallos, ouro as pilhas.
| | Mas depressa se cança d'isto.

| 15 | Ambiciona então o poder, e o Demonio fal-o Rei.
| | Mas depressa se cança da realeza.

| 10 | Appetece então as grandes aventuras, e é pirata nos mares, viaja até os ultimos sertões, vê povos estranhos.
| | Mas depressa se cança d'estas emoções.

| 10 | Então appetece tudo saber, e vae estudar para Paris, como simples estudante.
| | Mas depressa se cança desta sciencia dos livros.

| 15 | Quer saber os mysterios. O Diabo leva-o aos astros, penetram nas entranhas da terra.

| 5 | Quer ver o inferno e o Ceu – mas o Diabo não lh'os pode mostrar.

| 10 | Então appetece uma affeição profunda, um amor profundo. |
| | Vê uma mulher, que adora de repente, sem lhe ver o rosto. Segue--a até que um dia ella se lhe revela e é o esqueleto da Morte. |

| 5 | Renega então a sua vida – e volta para Portugal, para se metter n'um convento. |

| 15 | Desespero do Diabo, que d'amigo se volve inimigo, e o começa a tentar. |
| | Tentações medonhas, que elle combate pela paciencia e pela bondade. |

| 5 | Vae-se sentindo feliz, e o seu desejo é obter o pacto que fez com o Diabo. |

15	Mas, a sua penitencia ainda não é bastante, é necessario que elle pratique um acto que o torne merecedor de que a Virgem quebre o pacto.
	Esse acto fal-o, dedicando-se por uma creancinha – ou por um velho doente.
	Então a Virgem entrega-lhe o Pacto.

15	O Diabo ainda o tenta mas elle agora sorri e despreza.
	Entra na paz, na felicidade, e conhece emfim a vida perfeita que é uma doce vida de convento, no relego d'um valle.
	Morre em Santidade.

[200]

As informações fornecidas pelo conjunto dos materiais preparatórios no contexto de um trabalho de planificação textual como o que mais atrás foi esquematizado, permite-nos um esforço de síntese:

A expressão do tema resume-se à indicação do nome do Santo a ser tratado, e não consta forçosamente dos manuscritos autógrafos; mas encontramo-la nos casos de *Santo Onofre* ou de *São Frei Gil*, em diversos documentos avulsos, como sejam as cartas já citadas e o testemunho de Batalha Reis. E, naturalmente, encontramo-la em substância na existência dos manuscritos relativos a cada uma das *Vidas*.

Por sua vez, a enumeração dos tópicos pode ser observada através dos materiais preparatórios de *São Cristóvão* (Plano A) e de *São Frei Gil* (Plano A): desde o nascimento até à morte do protagonista – do princípio ao fim da narrativa projetada –, são enumerados os factos e os atos que o autor considera como necessários para a economia da narrativa.

Quanto à inventariação dos aspetos e do vocabulário, o autor elabora listas temáticas agrupadas, por exemplo, sob reclamos como «Aspectos da Meia Idade», «Typos da Meia Idade» ou «Episodios da Meia Idade», e ainda de listas de peças de vestuário ou de vocabulário comum, constituindo o conjunto aquilo a que hoje chamaríamos tabelas de correspondências lexicais.

A conceção dos espaços geográficos – matéria em que Eça de Queiroz me parece ser um caso raro na literatura portuguesa – é feita por meio de debuxos de dois tipos: o debuxo de plano geral, em que vemos, por exemplo, o castelo enquanto espaço central da ação de época (Idade Média) localizado como o centro de um macroespaço onde constam, como periféricos, a floresta, a aldeia, o eremitério, o convento, o rio ou os caminhos; e o debuxo de plano de pormenor, em que está representado o castelo e as suas dependências e redondezas – como o forno, o lagar, a cavalariça, a abegoaria, o pomar, o picadeiro, os fossos, os panos de muralha, o poço, etc. Com base nestes debuxos, o autor visualizava melhor os movimentos das personagens, conferindo-lhes verosimilhança de época e lógica processual.

A avaliação da importância relativa de cada segmento narrativo é dada por meio do agrupamento dos tópicos da narração, naquilo que poderia ser avaliado como o seccionamento do conjunto em unidades capitulares, e da indicação da quantidade de páginas a serem ocupadas aquando da redação do texto. Isso acontece nos planos B, tanto de *São Cristóvão* como de *São Frei Gil*.

A dimensão global da obra é-nos comprovada pelo Plano B de *São Cristóvão*, para cujo texto o autor previu um total de 250 páginas –

o que atiraria este texto para uma tipologia de pequenos romances em série, do tipo dos que Eça já planeara para as «Cenas da Vida Portuguesa» –, o que aproximaria as *Vidas de Santos*, em termos de extensão textual, da primeira versão d'*A Capital!*, e de *A Relíquia*, *Alves & C.ª*, *O Conde de Abranhos* ou *O Mandarim*.

A narração referencial é-nos comprovada pelo texto incompleto de *São Frei Gil* – que corresponderá a uma quarta parte do plano inicial – e pelo texto completo, mas provavelmente inacabado em termos genéticos, de *São Cristóvão*; esta é uma hipótese, que só poderá ser verificada quando (e se) tivermos acesso a estes manuscritos que hoje se encontram inacessíveis ou desaparecidos.

Finalmente, no que à narração estilística diz respeito, observável através da correção estilística de autor nos manuscritos – que nos possibilita a definição das etapas de um processo genético pela análise das diferentes campanhas de escrita e reescrita do texto –, ela pode ser observada no manuscrito de *Santo Onofre*, a única das três *Vidas de Santos* de que poderá ser feita uma verdadeira edição crítica a partir dos manuscritos autógrafos.

Observando com olhos de filólogo estes materiais, naquilo que eles são enquanto peças de bibliografia material e enquanto documentos de um processo de génese textual, e tendo em conta o facto de eles serem contemporâneos da génese da derradeira obra de grande fôlego de Eça de Queiroz – *A Ilustre Casa de Ramires* –, não nos podemos esquecer do labor literário de Gonçalo Mendes Ramires. No fundo, enquanto escritor e enquanto autor de primeira mão, Eça, por meio destes documentos, dá-nos, aplicado a ele próprio, o retrato do método de trabalho que ele entendeu ser o único possível para um autor-diferido como Gonçalo Mendes Ramires: consciente de que, apesar de qualquer narrativa histórica trazer em si o estigma de filtrar o passado pelos valores e conceitos do presente, é necessário dotar essa mesma narrativa histórica de argumentos e de quadros instrumentais que façam dela aquilo que ela de facto é – uma leitura do passado através de um mundo de referências de que apenas existem alguns vestígios – como, por exemplo, a Torre dos Ramires – que é necessário reconstituir e, sobretudo, reinterpretar.

Será por isso da maior relevância qualquer estudo aprofundado daquilo a que se convencionou chamar o «último Eça», também na perspetiva filológica, e olhar para obras tão extraordinárias como são as *Vidas de Santos* tal como, recorde-se, foi sugerido por Álvaro Lins: «não é o sentimento religioso mas o literário que anima Eça de Queiroz» [LINS, 1939] na sua empresa de escrever hagiografias – depois de ter falhado na realização das «Cenas da Vida Portuguesa» e, como o próprio confessou, em entender «a gente portuguesa» do seu e do nosso tempo.

Passemos por cima – sem, no entanto, o desprezar – do facto de Eça se ter ficado pelo início da vida daquele que seria o *Fausto* português, *São Frei Gil*. Mas aquilo de que não poderemos prescindir é de considerar os manuscritos autógrafos das três vidas de Santos como peças fundamentais para se perceber aquilo que eu não resisto a classificar como o *Eça da síntese:* enquanto criativo que um dia viu na reinterpretação literária de temas e figuras da tradição «flos--sanctoriana» uma saída original para o talento de um escritor que se cansara de observar, analisar e descrever a esterilidade da gente portuguesa sua contemporânea, cujos percursos de vida nada mais representavam do que imensos e bocejantes círculos viciosos. Por sua vez, e por comparação, as vidas dos grandes santos ultrapassavam tais círculos, permitindo ao autor alargar a sua visão pelos campos da metafísica e da transcendência.

Se perspetivarmos assim o último Eça, e apesar dos riscos de especulação a que não deixaríamos de assim ficar sujeitos, não deixaremos de nos confrontar com um *novo Eça* que – como o seu *São Frei Gil* – ficou para sempre deitado na relva da berma do caminho, a deixar-se iludir por um demónio encarnado no gentil

Senhor de Astorga – e sem dar o passo fatal e decisivo que traria a cor e o drama à sua biografia apenas esboçada.

E temos, enfim, a síntese do escritor oficinal, com que deparáramos, mas já a meio do percurso, nos manuscritos d'*A Capital!*, d'*O Conde de Abranhos*, ou, já agora, de *Santo Onofre:* o escritor da maturidade, dotado das técnicas de observação e do conhecimento instrumental, necessários para transformar a comédia da vida no grande drama da transcendência literária.

16
A OBRA INACABADA DE EÇA: UMA SÍNTESE

EÇA DE QUEIROZ fascina-nos pela sua obra acabada e canónica. Mas, geralmente, esquecemo-nos de que grande parte da sua obra ficou por acabar, e que dela foram extraídos e publicados – entre 1902 e 1980 – diversos volumes que, e apesar de resultarem em regra de manipulações alheias dos manuscritos autógrafos, são pela generalidade do público e da crítica literária considerados como canónicos.

De facto encontramos hoje, disponíveis na Biblioteca Nacional, mais de quatro mil páginas autógrafas de Eça de Queiroz contendo apontamentos, projetos, planos, versões genéticas de primeiro jato e versões já trabalhadas de crónicas, contos, novelas e romances, e até um esboço de versão teatral d'*Os Maias* – a partir dos quais, e conhecendo-se os métodos de trabalho de Eça, poderíamos projetar uma «outra» obra queiroziana, virtual, que atingiria para mais de quinze mil páginas de textos acabados, muito mais do que aquilo que o próprio autor completara e publicara em vida. Mas um facto inultrapassável é que Eça se ficou pelo registo da ideia, pela sugestão, pelo estudo parcelar, pelo projeto ou pela redação primitiva, alguns casos pela redação intermédia – deixando assim, sem o querer, um problema bicudo para ser resolvido pelos editores críticos: o que fazer com estes textos?

No quadro dos estudos filológicos em Portugal, e naquilo que à crítica textual em particular diz respeito, a simples existência destes materiais, saídos da mão de um escritor com a importância de Eça de Queiroz, e a sua consequente edição e publicação, colocam uma série de grandes problemas que atingem a dimensão de problemas de cultura nacional, que é necessário resolver, e que já foram inventariados, discutidos sob diversas perspetivas, e em parte resolvidos, por, entre outros, QUEIROZ (1925a; 1925b), AGOSTINHO (1926), GUERRA DA CAL (1975), CASTRO (1980), REIS e MILHEIRO (1989) e DUARTE (1989; 1992; 1997c). Será interessante recordarmos aqui uma ou outra das ideias-mestras de cada um destes autores no que diz respeito ao que se deve fazer e ao que já foi feito – e neste caso, com que motivos – aos manuscritos inacabados de Eça de Queiroz.

Para José Maria Eça de Queiroz, filho do autor e o maior responsável, na senda de Luís de Magalhães, do processo de edição 'crítica' da obra póstuma queiroziana – não no sentido científico e atual do termo, mas tão só na medida em que estes editores usaram comportamentos de certo modo 'críticos' na transcrição/adaptação dos manuscritos queirozianos publicados entre 1902 e 1926 –, a publicação dos manuscritos inéditos e inacabados tinha motivações de ordem literária e moral (QUEIROZ, 1925b: V), e justificava-se pelo facto de Eça de Queiroz ter aplaudido, numa das crónicas dos *Ecos de Paris* (14 de julho de 1893), a publicação póstuma de obras de Victor Hugo (pelo que, na opinião dele, se Eça concordara com a publicação póstuma de obras de outros autores, por que não haveria de concordar com a publicação póstuma de obras suas, em condições idênticas?), e também pela necessidade de «aumentar o nosso conhecimento do artista "revelando-nos novos pensamentos, novas emoções, ou formas diferentes no exprimir as emoções e os pensamentos que lhe eram habituais" [palavras do próprio Eça]» (QUEIROZ, 1925a: XXXIX); tal conhecimento, na opinião deste editor, seria aprofundado pela «visão inesperada da espontaneidade, da limpidez, com que realmente escrevia o artista que em Portugal mais emendou, mais corrigiu, mais trabalhou, mais limou, mais burilou o seu estilo» (QUEIROZ, 1925b: VI-VII), visão essa que apenas seria permitida pela publicação de inéditos como *A Capital!*, *O Conde de Abranhos*, *A Catástrofe*, *Alves & C.ª* ou *O Egipto*, não sem que antes as respetivas escrita e composição passassem pelo crivo corretor e alindador do editor (veja-se a este respeito DUARTE, 1992, e DUARTE e FIALHO, 1997).

Para José Agostinho, que criticou com muita dureza, mas aqui e ali com alguns laivos de pertinência, a publicação dos inéditos queirozianos – baseando-se na circunstância de o próprio editor chamar a atenção para o facto d'*A Capital!* ser um romance magistral, apesar de ter a «fórma imperfeita do primeiro jacto, ainda por polir, a que não foram limadas as arestas, a que falta o ultimo toque do artista» (QUEIROZ, 1925a: XXXVII-XXXVIII) –, ficava uma enorme dúvida sobre a necessidade e a legitimidade de se publicar tais obras: «Não compreendemos duas cousas», diz o crítico: «a teimosia em se contrariar a vontade de Eça, que só dava a lume o que limava e relimava, com medíocre purismo, mas com frequente e até radiosa elegância, e a forte aparência de se exigir a admiração mais incondicional pelo que já vem com a nota de defeituoso» (AGOSTINHO, 1926: 159-160).

Para Ernesto Guerra da Cal, que considera que as obras póstumas, inéditas ou perdidas «fazem parte, em nosso parecer indubitavelmente, do panorama total da obra queiroziana», tornava-se urgente proceder à edição crítica integral de todas as obras queirozianas, incluindo a obra não acabada e a publicada póstuma, porquanto, neste último caso, ela

> fue dada a la imprenta por personas que, con la más candorosa de las intenciones, no se limitaron a leer esos escritos y a tratar de descifrarlos lo más fielmente posible [...] sino que déjandose llevar por prejuicios de «purismo» gramatical, o por preferencias estilísticas propias se dieron a la faena de «limpiar», «corregir» y

«mejorar» a su gusto los textos del gran innovador de la lengua portuguesa. [GUERRA DA CAL, 1975: XV]

E acusa o mestre da bibliografia queiroziana:

> Este fue el caso de Ramalho Ortigão, Luís de Magalhães, Júlio Brandão y José Maria d'E. de Q., hijo. En lo que concierne a este último se puede afirmar que «reescribió» parcialmente algunas de las novelas póstumas de su padre. [*Id.*, *Ibid.*]

– como foi o caso de *A Capital!*, *O Conde de Abranhos* e *Alves & C.ª*. Para Ivo Castro, que foi o primeiro crítico textual a ocupar-se dos manuscritos de Eça de Queiroz na sequência da entrada em domínio público dos direitos autorais por força da legislação entretanto saída sobre esta matéria, e da tempestuosa (e por vezes sangrenta) publicação de diversas edições irresponsáveis, e muito divergentes entre si, do manuscrito de *A Tragédia da Rua das Flores* – que ficará como um dos mais tristes episódios da história recente da edição de clássicos em Portugal –, é de publicar-se todos os manuscritos autógrafos de um grande autor, independentemente dos respetivos graus de acabamento ou das dificuldades de leitura que apresentam – desde que o editor os encare com humildade e bom senso: deverá proceder à transcrição

> dos lugares nitidamente legíveis do texto e [à] indicação de todos os outros lugares em que sente dúvidas de leitura ou de compreensão. Nestes outros casos o editor procederá à abertura de uma lacuna no texto, sob a forma de reticências ou parênteses, fazendo-a corresponder à secção em que o manuscrito é incompreensível, logo silencioso, e deixará para uma nota a descrição do «silêncio» [...] e as suas conjecturas quanto ao modo de colmatar a falta. O que não deve fazer é propor as suas conjecturas no próprio texto

e muito menos propô-las sem anunciar que está a tentar ali um «salto no escuro» porque [...] a conjectura causa sempre um certo mal-estar ao leitor, que não se pode exigir esteja tão seguro dela quanto o editor que a propõe. [E cita o crítico Eugène Vinaver (1947): o editor] não se pode comprazer numa disfarçada colaboração com o autor, escrevendo com a caneta dele e pretendendo falar em nome dele [CASTRO, 1980: 357-358].

Para Carlos Reis e Maria do Rosário Milheiro, a publicação dos manuscritos inacabados e inéditos de Eça «serviria para ilustrar (e nunca para deslustrar) a estatura de um grande Artista, susceptível também de ser vislumbrada nos testemunhos palpáveis do seu empenhado labor literário; a questão (crucial, reconheça-se) estava apenas em orientar *estrategicamente* essa divulgação para um público próprio, cientificamente motivado e por isso restrito, mas suficientemente instrumentado para extrair desses materiais ensinamentos preciosos quanto aos processos criativos do romancista»; a revelação dos manuscritos autógrafos, sendo importante «para o estudo de questões técnico-literárias [...], sobre as quais se projecta a luz nova que provém destes documentos de valor ímpar», faculta agora uma análise dos documentos

no enquadramento científico que o seu estudo exige – arriscando-se também, diga-se de passagem, a desmandos culturais como os praticados pelas várias edições d'*A Tragédia da Rua das Flores*, aparentemente porque quem as levou a cabo não soube ou não quis evitar os mesmos erros que no passado [leia-se, pelas mãos de Luís de Magalhães ou de José Maria Eça de Queiroz] foram cometidos [REIS e MILHEIRO, 1989: 34].

Em minha opinião, este romance (que constitui um verdadeiro paradigma das obras inacabadas de Eça publicadas postumamente) não passa, tal como se encontra no manuscrito, de um texto virtual onde o autor deixou «uma pluralidade de vontades e não uma só, [onde] há textos e não texto, [onde] há testemunhos e fragmentos e não um "original" corredio», razões pelas quais esta obra nunca deveria ter sido editada, para além da mera edição diplomática para uso de estudiosos. Pelo que se pode concluir, num escopo que poderia ser alargado ao conjunto da obra inacabada e mal editada de Eça de Queiroz:

> Para que uma empresa destas chegue a bom fim será necessário dispor – para além de muita sabedoria e sensatez, de muitas aparelhagens operativas adequadas [...] – de uma equipa de investigadores de várias áreas (críticos textuais e genéticos, linguistas *stricto sensu*, codicologistas, semanticistas, historiadores, informáticos, estaticistas, enfim...), na medida em que, hoje em dia, editar um texto e estudar-lhe a génese [e acrescento agora: sobretudo quando se trata de um texto que não tenha recebido o *imprimatur* do autor], implica conhecimentos aprofundados, mas interactivos, de todas essas áreas [DUARTE, 1989: 232-235].

Mas, em matéria de problemas relacionados com manuscritos literários inacabados, com editores que se arrogam o direito de escrever com a caneta dos autores que editam, e com algumas confusões e muitas discussões acerca do que fazer com este tipo de obras e como fazê-lo – Eça de Queiroz não é um caso único entre nós, bastaria pensar no que se passou com Fernando Pessoa –, não é só em Portugal que estas coisas acontecem: as discussões havidas à volta da edição póstuma de obras como *Billy Budd*, de Herman Melville, novela que o autor deixara inacabada e que foi muito modificada e censurada pela sua própria viúva (talvez por causa da sua temática homoerótica); *Ulysses*, de James Joyce, publicado em vida do autor mas à sua revelia (e isto por razões económicas:

como o autor estava continuamente a alterar e a acrescentar o texto em provas tipográficas sucessivas, o editor, desesperado por ver a produção do livro a tornar-se excessivamente cara, interrompeu arbitrariamente o processo genético do autor e publicou o livro); *The Garden of Eden*, de Ernest Hemingway, numa edição preparada pelo seu amigo íntimo Charles Scribner, que no seu trabalho se serviu das informações e conhecimentos que adquirira na sua relação pessoal com o autor que entretanto se suicidara; ou *Le premier homme*, de Albert Camus, um texto claramente inacabado e publicado muito recentemente com diversos retoques epidérmicos – são exemplos desgarrados de toda uma teoria (no sentido grego de 'procissão solene') de textos literários de grandes autores que como tais foram publicados postumamente mas que, apesar de terem sido deixados por acabar, foram publicados por razões de diversa ordem – de onde nem sempre estarão ausentes as razões de mercado –, sem serem submetidos aos cuidados de uma crítica textual responsável.

Em qualquer destas situações, e nisso o caso queiroziano é exemplar, são invocadas as *intenções do autor* – tanto para justificar como para criticar as edições corretoras de textos literários inacabados. Para os editores, justifica-se a introdução de correções no texto, na base de que seria intenção do autor corrigi-lo, coisa que ele só não fizera por falta de tempo ou por outra razão de força maior, ou a eliminação de partes de texto, essencialmente com o objetivo de proteger o bom nome do autor, eliminando-se ou alterando-se nos textos aquilo que na opinião do editor lhe poderia ser prejudicial. É o caso de Luís de Magalhães, que confessa em carta a Batalha Reis, a propósito das suas edições muito corretoras dos *Contos, Prosas Bárbaras, Cartas de Inglaterra, Ecos de Paris, Cartas Familiares e Bilhetes de Paris,* e *Notas Contemporâneas*: «eliminei mais dum artigo que me pareceu *inferior ao Queiroz*. [...] o meu pensamento foi escolher o que me pareceu que era uma manifestação das suas nascentes qualidades de grande escritor e pôr de parte tudo o que se me afigurou menos expressivo dessas qualidades» (*cf.* REIS e MILHEIRO, 1989: 31-32); mas é também o caso de José Maria Eça de Queiroz, em cujo labor editorial poderemos adivinhar a convicção de que um texto iniciado por um escritor tem como fatal destino a sua conclusão e publicação, e que por isso se não foi acabado – há que acabá-lo, ou pelo menos dar-lhe uma forma que não deslustre os créditos do autor. Este tipo de comportamentos brindou-nos com desastres ecdóticos como *A Capital!* e *O Conde de Abranhos* [QUEIROZ, 1925a; 1925b], ou as diversas e divergentes edições d'*A Tragédia da Rua das Flores*, vindas a lume a partir de 1980 [MEDINA e MATOS, 1980; BARRETO, 1980; NUNES, 1981; e outros...]. Os que criticaram a publicação deste tipo de edição, sobretudo por volta de 1925-26, invocam o facto de, não sendo intenção do autor publicar os textos em causa – nomeadamente aqueles que foram abandonados muito antes da sua morte, ou cujos materiais foram por ele próprio utilizados para outras obras entretanto acabadas, como seria o caso dos romances *A Capital!* ou *A Tragédia da Rua das Flores*, parcialmente aproveitados para a construção d'*Os Maias* –, deveriam os mesmos permanecer na paz do esquecimento para que o autor os remetera.

Por sua vez os filólogos e críticos textuais, não invocando a intenção do autor, na medida em que trabalham com manuscritos e entendem que o que neles conta é aquilo que neles consta – texto, marcas genéticas de correção, instruções para o compositor, desenhos, tipos de tinta, etc. –, invocam de certa maneira algo a que poderíamos chamar a «intenção do manuscrito», e que consistirá no produto final do trabalho de interpretação de tudo o que de autógrafo existe nos manuscritos sobre que se trabalha: a decifração da letra do autor; o alinhamento de palavras e de sinais de pontuação, façam eles ou não sentido em termos morfossintáticos ou semânticos; a relação objetiva entre lições riscadas e as respetivas substituições; o encadeamento de lugares de texto inicialmente afastados mas que o autor mandou juntar através de setas ou de outros sinais convencionais, como por exemplo uma numeração sequencial; o respeito pelos lugares em branco, por opção do autor ou por acidente posterior (borrão de tinta, rasgão, diluição, etc.) – enfim, tudo aquilo que poderá corresponder a uma leitura o mais fiel possível de tudo o que de objetivo se encontra no manuscrito, independentemente da imagem que se tem, ou se pretende que passe, acerca do respetivo autor. Digamos que o crítico textual trabalha com documentos, não com autores.

Entre as duas posições aqui sumariadas, encontramos a do editor crítico, que deverá considerar dois pontos de partida, ambos calibrados a zero: quando se trata de manuscritos inacabados e inéditos, deverá proceder como manda a doutrina da crítica textual, ou seja, ficar-se pela «intenção do manuscrito», e não acreditar que possa alguma vez acabar um texto que o autor não acabou. Infelizmente, no caso de Eça, muito pouco de novo lhe resta fazer, porquanto tudo aquilo que no espólio do autor se encontra minimamente estruturado como texto já foi editado e publicado anteriormente. Nestes casos, e porque para o leitor comum tais textos são tidos como canónicos – como olharíamos para Eça de Queiroz sem *A Capital!*, *O Conde de Abranhos*, *Alves & C.ª*, *O Egipto*, *A Tragédia da Rua das Flores*, ou mesmo *A Ilustre Casa de Ramires* ou *A Cidade e as Serras*? –, o editor será obrigado a proceder à edição crítica, utilizando os manuscritos autógrafos disponíveis e, como portadores de erros que entretanto foram aceites como lições autênticas, as edições da tradição; mas, como dos manuscritos conhecidos d'*A Capital!* ou d'*O Conde de Abranhos* se não pode retirar uma lição consequente e que permita uma leitura confortável e digna, haverá que introduzir conjeturas e que proceder a alguns arranjos mínimos (como por exemplo a nível da pontuação) – exclusivamente porque estas obras já entraram, quer gostemos disso ou não, no cânone queiroziano, já fizeram tradição, e insistir (como de facto se deveria fazer) em publicar apenas uma edição diplomática dos manuscritos autógrafos, equivalerá a empurrar o leitor para as edições espúrias existentes no mercado. E tudo isto porque o editor crítico tem que trabalhar, em simultâneo, com os manuscritos autógrafos (quando disponíveis), com a tradição (que é infiel), e com o leitor (que prefere ler textos bem acabados) – porque, como escrevem Carlos Reis e Maria do Rosário Milheiro, é necessário respeitar a vertente

> ético-cultural [...] que pondera [as] opções [a tomar pelo editor] em função de determinados objectivos a atingir, envolvendo, por um lado, o público visado pela edição e, por outro, a necessidade de salvaguardar e prestigiar o património espiritual colectivo. [REIS e MILHEIRO, 1989: 32]

* * *

O crítico textual David Greetham distingue três grandes categorias no conjunto das teorias que se ocupam da intenção autoral: as que se baseiam no autor, enfatizando o momento original da intenção final do autor; as que se baseiam no texto e que, influenciadas pela descontextualização formalista/neo-crítica do texto literário, desvalorizam o papel da intenção do autor no processo de avaliação do êxito de uma obra literária; e as que se baseiam no leitor, privilegiando o texto literário mais como uma *aporia*, ou «nó central de indeterminação», do que o resultado de uma intenção do autor para definir a função de um texto. [GREETHAM, 1999]

Na primeira categoria – a da *intenção do autor* –, e naquilo que aqui nos interessa, ingressarão todos os editores das obras póstumas ou semi-póstumas anteriores à edição crítica (1992, data da publicação da edição crítica d'*A Capital!*), porquanto todos eles entenderam encontrar nos respetivos manuscritos, como confessou José Maria Eça de Queiroz, «resplandecente, profundamente marcada, indelével, *la griffe du maître*» [QUEIROZ, 1925a: XXXVII]; ou, como escreveu

João Medina, «pepitas de oiro, muita cintilação do mais puro génio do autor, a par de algumas figuras de extraordinário desenho psicológico e humano, cenas de felicíssima composição, um diálogo vivíssimo, saborosos *morceaux de bravoure* e uma atmosfera tão tipicamente queiroziana» [MEDINA, 1980: 10-11]. Ou seja, cabem aqui todos aqueles que entendem o texto literário como um gesto do seu autor, sendo o seu valor indeterminável sem a representação do autor dominante num determinado meio social e cultural: nesta perspetiva, um manuscrito como o d'*O Conde de Abranhos*, que não passa de um borrão bastante incoerente, só é importante porque se sabe que foi escrito por Eça de Queiroz – e daí a encontrar-se nele alguns (ou os principais) dos traços que a nossa tradição cultural convencionou serem «queirozianos» vai apenas um pequeno passo; por outras palavras, estes editores, para melhor apreenderem as intenções do autor ao compor o texto sobre que trabalham, procuram evidências nos textos acabados do mesmo autor. Chegados a este ponto, pergunta-se: o que seria do manuscrito d'*O Conde de Abranhos* se não lhe fosse possível atribuir um autor, ou se não fosse possível atribuí-lo a um autor com a história textual de Eça de Queiroz?

Na segunda categoria – a da *intenção do texto* –, caberão os editores críticos que deverão, prioritariamente, e como escreveu Ivo Castro, fugir às tentações a que as suas *ratio* e *scientia* serão expostas «quando começarem a vislumbrar tudo o que falta descobrir neste manuscrito [d'*A Tragédia da Rua das Flores*] e – podemos apostar – nos outros autógrafos de Eça, e também nas edições de sua vida, e nas póstumas, e na actuação desse poderoso medianeiro que foi o filho do escritor» [CASTRO, 1980: 359]. Aqui, o que conta é o texto na sua existência material, aquilo que lá está e que é objetivamente observável, e nunca aquilo que a ideologia ou os preconceitos do editor possam a partir dele tentar adivinhar. Ou seja, o texto vale por si e pelo que é, na condição de poder vir a funcionar, se editado, como uma peça bibliográfica autêntica tanto do ponto de vista material como de conteúdo, sendo embora aceitável intervenções epidérmicas – como por exemplo a nível da pontuação, desde que aquela que se encontra no manuscrito não tenha, em absoluto, um valor estilístico –, com o objetivo de facilitar a leitura. O comportamento editorial perante a pontuação do manuscrito autógrafo, por mim proposto para a edição crítica d'*A Capital!*,

> é o da conservação da pontuação original que em Eça de Queiroz é bastante específica e, por vezes, muito pouco ortodoxa. No entanto, tal nem sempre é possível, [...] porque se percebe nitidamente que há esquecimentos ou incongruências por parte do autor (sobretudo nos testemunhos de escrita mais rápida) [DUARTE, 1982: 71],

e deriva da convicção, geralmente aceite sem grandes discussões, de que o editor deve ser crítico mesmo quando se ocupa de textos autógrafos, tendo em conta que o autor, como qualquer outra pessoa, pode cometer erros ao escrever. Assim, o manuscrito d'*O Conde de Abranhos*, apesar de ser um borrão bastante incoerente e interrompido, e o d'*A Capital!*, com os seus vários testemunhos abandonados pelo autor em níveis diferentes de acabamento, uma vez editados numa perspetiva crítica que intervém minimamente no texto do manuscrito, e apenas a nível de sinais convencionais (como sejam o caso da pontuação ou da acentuação gráfica), são passíveis de fornecerem textos legíveis e suscetíveis de uma análise crítica – no conjunto da obra (digamos, não canónica) de Eça de Queiroz.

Na última categoria – a da *intenção do leitor* – caberiam as abordagens pós-modernistas do texto que, mais ou menos baseadas no conceito de 'discurso anónimo' de Michel Foucault [1969], desvalorizam o conceito de 'intenção do autor', banindo todas as abordagens do texto condicionadas por qualquer noção de autor, de origem, ou de 'obra' no sentido comum 'de conjunto dos trabalhos produzidos por um autor'. É aqui que de certo modo se enquadram os críticos textuais na sua versão geneticista, que procuram compreender o processo genético de um texto entendido em si e como uma individualidade, descrevendo o «conjunto das operações de representação que conduzem ao texto final (ou ao seu nível terminal), observável apenas através dos conjuntos de manuscritos autógrafos deixados pelo autor», produzindo em seguida, se for caso disso, uma edição que «regista em aparato genético as sucessivas alterações autorais, lugar a lugar e testemunho a testemunho, utilizando para isso um dispositivo técnico que permite ao leitor reconstituir a génese do texto, e eventualmente, no caso [em que o autor não se tenha decidido por duas ou mais variantes alternativas expressas, ou] em que o texto não foi claramente acabado pelo autor, fazer escolhas diferentes das apresentadas pelo editor no que diz respeito à adoção de cada uma das variantes alternativas» [DUARTE, 1997c: 85, 76]. Serão disso exemplos, embora utilizando metodologias diferentes, *Un cœur simple* de Flaubert, por Bonaccorso [1983], *Ulysses*, de James Joyce, por Gabler [1984], ou *Poemas de Álvaro de Campos*, de Fernando Pessoa, por Berardinelli [1990]. E deveriam ser objeto de um tratamento deste tipo – como de resto já o foram em Reis e Milheiro [1989] – os manuscritos queirozianos inacabados e que não originaram tradição impressa, como sejam *O Baptizado de Artur*, *A Batalha do Caia*, *Os Maias – Adaptação Teatral*, *O Primo João de Brito*[51], ou *A Cidade e as Serras*. Mas, ao pretenderem descrever e fornecer ao leitor o processo genético de um texto, isolando-o de qualquer noção de autor, de origem, ou de 'obra' que possa condicionar a sua abordagem do texto enquanto objeto *de jure*, os críticos textuais genéticos terão que ser muito cuidadosos, porquanto se aproximam perigosamente da situação descrita por McGann a propósito da edição Gabler de *Ulysses*:

---

[51] BNP, ACPC, E_1/231, 232, 233, 234, 235, respetivamente.

> a edição de Gabler é uma imaginação do trabalho de Joyce e não a sua reconstituição. Gabler inventa, por um processo de brilhante reconstrução editorial, um *Ulysses* de Joyce [...]. A edição de Gabler não nos dá o trabalho que Joyce quis apresentar ao público; em vez disso, dá-nos um texto em que podemos observar Joyce a trabalhar, sozinho, antes de se encontrar com o seu público [MCGANN, 1985: 181].

As disponibilidades tecnológicas existentes quando foi lançado o projeto de edição crítica de Eça de Queiroz não permitiam ir muito mais além do que a edição em livro – com toda a carga de «fixação», herdada da filologia do século XIX, que uma edição em livro representa (e recordemos aqui a convicção de Platão de que os livros são inadequados para o pensamento na medida em que não conversam: «quando os interrogamos, eles mantêm um silêncio majestoso» [MCGANN, 2000]) –, o que faria antever, no caso dos póstumos e inéditos, a tão apregoada vivacidade dos manuscritos queirozianos a ser aprisionada em algo que lembraria o «majestoso armazém dos produtos do Raciocínio e da Imaginação» que era a biblioteca do Jacinto d'*A Cidade e as Serras*. Consciente disso, preparei uma edição diplomática de toda a massa autógrafa d'*A Capital!* [DUARTE, 1989], marcando todos os acidentes de escrita e correção dos manuscritos (riscados, acrescentos, substituições, deslocações de texto, etc.) com uma bateria de símbolos já ensaiada em 1982 num trabalho sobre o autógrafo d'*A Tragédia da Rua das Flores* [DUARTE, 1985]; esta edição destinava-se a ser utilizada num suporte eletrónico que permitisse ao utilizador revisitar, sempre que o desejasse, qualquer um dos momentos genéticos do manuscrito, interrogar o processo de escrita do autor naquele manuscrito, ou proceder a análises computadorizadas dos materiais. Por essa época ainda não se imaginava o que fosse «hipertexto», mas na prática o que eu então propunha era a construção de uma espécie de «cena textual que estimulasse em tempo real um campo espacial *n*-dimensional» [MCGANN, 2000], ou seja, que permitisse ao leitor navegar na oficina do escritor. Tal não foi possível de realizar na época, por falta de tecnologia adequada, e o trabalho ficou-se pela fatalidade do texto impresso num grosso volume de papel.

Mas, recentemente, revisitei este trabalho de 1989, e comparei algumas passagens da transcrição que então fizera com o respetivo manuscrito. Assustei-me: encontrei alguns erros de leitura, algumas confusões de marcação (e marcar um manuscrito com sinais é, já em si, um gesto de interpretação), e alguns casos de conjetura optimista de lugares dificilmente conjeturáveis. Mas como corrigir isso num grosso volume de papel? – Refazendo tudo de novo, como os antigos escribas, ou atirar tudo para o lixo, como inutilidade. De facto, a solenidade do livro impresso não se compraz nem com erros, nem com hesitações – nem muito menos com os atos de contrição motivados pelo reconhecimento de tais erros e hesitações. E, de facto, em 1989, com uma edição diplomática pensada para a interatividade, mas apresentada em suporte-livro, eu amarrei solenemente a vivacidade de criação da escrita do manuscrito d'*A Capital!*.

Espero agora que a *Biblioteca Digital* de Eça de Queiroz, que a Biblioteca Nacional lançou na Internet, dê um grande passo em frente na reconversão definitiva da *bibliografia material* aplicada aos manuscritos autógrafos (que entende o manuscrito literário como um «documento»), em *bibliografia cibernética* (que entende o manuscrito literário como um «docutexto» (para estes termos, veja-se MCGANN, 2000): enquanto a «documento» (< docĕō, 'ensinar') subjaz ainda o sentido de «ensinamento» solene, fixo, e, como dizia Platão, «que não conversa» – e tudo isso concorre nas edições críticas convencionais em livro –, em «docutexto» (< docĕō, 'ensinar' + texō, 'entrelaçar') encontramos a ideia de ensinamento interativo – logo dinâmico e (outra vez Platão) conversador. Na prática, proceder assim implicará reproduzir e colocar *on-line*, como imagem fixa, a totalidade do manuscrito, e, ao lado, a respetiva transcrição diplomática, devidamente marcada – mas que permita que, a qualquer momento de clarificação de ideias ou de contrição pelos erros cometidos, o editor possa reajustar à escrita do manuscrito a interpretação errónea que dela fizera.

Só assim, a meu ver, teremos como funcional, de facto, a categoria teórica da *intenção do texto*, mais atrás enunciada, aplicada ao tratamento dos manuscritos autógrafos, sobretudo dos inacabados: funcionalmente interventora, mas nunca irremediavelmente fixa. Porque nem o próprio texto é verdadeiramente fixo.

17
UM EÇA QUE SE FEZ EÇA

EÇA DE QUEIROZ é uma presença assídua nas redes sociais, designadamente no *facebook*. E é-o, na maior parte das vezes, não por razões literárias mas na sua qualidade de comentador político – matéria em que, diga-se em abono da verdade, o nosso Eça se tem mostrado particularmente ativo e incisivo. Quer-se comentar a flutuabilidade taticista de um governo? – pega-se numa passagem de uma crónica sua; é preciso desancar no Parlamento? – há sempre uma frase dele que diz aquilo que se pensa mas que ele já tinha dito muito melhor; discute-se a situação económica do país, sempre com um pé na bancarrota? – lá vem o bom do Eça explicar o que se passa; quer-se questionar o sistema partidário da nossa democracia, tal como a conhecemos? – e cá temos «o Queiroz» a questionar o sistema partidário do seu tempo, que bem conhecia; quer-se, portuguesmente, falar mal do Portugal de hoje? – pois bem, há sempre uma frase, uma crónica, uma personagem de um romance de Eça que desempenha portuguesmente esse papel, com o argumento de autoridade, infalível, que confere ao ato tanto a grandeza do escritor como a sua intemporalidade aplicada à mesma realidade geográfica e social que, pelos vistos, e tirando as roupas, os carros, a velocidade dos meios de comunicação social, as *selfies*, e mais meia-dúzia de outras miunças que marcam a passagem do tempo e dos costumes, continua a mesma.

Eça de Queiroz é, hoje, aquilo que se poderia designar uma *pop star* da nossa consciência coletiva.

Nada de mais, tratando-se do autor de obras-primas como *A Relíquia*, *O Primo Basílio* ou, claro, *Os Maias* – obras da maturidade –, e a verdade é que ninguém que se preze deixa de aproveitar a mínima oportunidade que se lhe ofereça para citar o Conselheiro Acácio, o Conde de Abranhos, o Ega ou, embora menos politicamente, o Teodorico Raposo.

Porém, este Eça *pop star* não é esse, o da maturidade – mas outro, o da juventude: é o comentador da *Gazeta de Portugal* (1866), o correspondente de *O Distrito de Évora* (1867), o cronista de *A Revolução de Setembro* (1870), e, muito especialmente, o língua-afiada de *As Farpas* (1871-1872) ou, mais tarde, o observador atento da política e dos costumes internacionais que escrevia *Cartas de Inglaterra* (1880- -1882) para a *Gazeta de Notícias* do Rio de Janeiro – um rapaz na casa dos vinte/trinta anos que não perdia uma oportunidade para se ir tornando aquilo que queria de facto ser: um grande escritor com intervenção social.

De onde se conclui que uma das partes hoje mais visíveis da obra de Eça, aquela que mais diz a um público ilustrado mas indiferenciado, é a sua obra dispersa, não sistémica, da juventude – que no entanto, uma vez reunida em volumes ou pelo próprio, como *Uma Campanha Alegre* (1891, com as suas *Farpas*) ou, postumamente, pelo amigo Luís de Magalhães (*Prosas Bárbaras*, 1903, e *Cartas de Inglaterra*, 1905), adquire uma consistência e uma solidez tais que nos permitem dizer que Eça, mais do que o diletante que muitas vezes faz questão de nos sugerir que era, na sua maneira de atuar enquanto escritor, foi um homem que planeou ao pormenor a sua carreira, tanto como escritor como enquanto funcionário diplomático.

(Cabe aqui uma referência à margem: Jaime Batalha Reis, em carta a sua mulher, Celeste Cinatti, queixa-se de Eça se ter

aproveitado de uma confidência que lhe fizera acerca da abertura de um concurso para cônsul que estava para ser lançada mas ainda não publicitada, para, sem dizer nada ao amigo, se apresentar ele próprio a concurso, ficando em segundo lugar, com colocação em 1872 (Havana), tendo Batalha Reis sido classificado em terceiro lugar e com colocação no posto (Newcastle) apenas dez anos mais tarde...)[52].

Eça foi, desde cedo e como já vimos, um homem de projetos. Em 1877, apresenta ao editor Ernesto Chardron aquele que, nas suas próprias palavras, era uma «coisa [que] poderia chamar-se *Cenas da Vida Real*, ou qualquer outro título genérico mais pitoresco» – projeto que, ainda no mesmo ano, passaria para *Crónicas da Vida Sentimental*, com doze volumes, que constituiria «uma espécie de galeria de Portugal no século XIX». Esta série estava de tal modo pensada, que continha alguns títulos «próprios para excitar o público menos interessado e mais adormecido, por exemplo, *A Linda Augusta*, *O bom Salomão, etc.*». No ano seguinte, ainda andava às voltas com o projeto – mas agora umas hipotéticas *Cenas Portuguesas...*

Apesar de nenhum dos projetos ter sido concretizado como tal, não erraremos muito se considerarmos que obras como *A Capital!* (cuja primeira versão completa e desprovida de título, datável de 1876-1877, contém 207 folhas), *O Conde de Abranhos* (1878-1879, com 153 folhas), *Alves & C.ª* (1883, com 128 folhas), e *O Mandarim* (1880) e *A Relíquia* (1887), cujos manuscritos não se conhecem mas que, impressos, têm dimensões idênticas às daqueles, e ainda *O Primo Basílio* (por referência direta do autor, como vimos mais atrás) caberiam na definição dos «pequenos romances, não excedendo de 180 a 200 páginas» que constituiriam as *Cenas da Vida Real* ou as *Crónicas da Vida Sentimental* – sendo impossível saber até que

---

[52] Sobre este episódio veja-se MINÉ, 2017: 27-30.

ponto, mesmo com outros títulos – à exceção d'*A Capital!* – corresponderiam ou não às obras previstas no projeto. E fica-nos a dúvida se o manuscrito publicado em 1980 com o título apócrifo *A Tragédia da Rua das Flores*, e que terá sido escrito por volta de 1877-1878, não poderia ser o volume *Genoveva* ou aqueloutro acerca de cujo título Eça hesitava: «*O desastre da Rua das Flores*, talvez *Os amores dum lindo moço*», previstos nos projetos de 1877 – cujos temas, em qualquer dos casos, eram o incesto.

Tal como o é o tema d'*Os Maias* – a que Eça se dedicou integralmente por inícios de 1881, quando desistiu d'*A Capital!* («interrompi a "Capital", estragando-a para sempre, creio eu, porque vejo agora que não poderei recuperar o fio de veia e de sentimento em que ela ia tratada», afirma ele em carta de 20 de fevereiro de 1881 a Ramalho Ortigão, onde escreve também: «Enquanto a «Os Maias» – eu mesmo suponho um razoável trabalho – e isto aumenta a minha indignação... Basta de "Maias"») [CASTILHO, 1983, I: 186, 190], – e do projeto das *Cenas* ou *Crónicas*, onde não caberiam, que mais não fosse pelas suas dimensões avantajadas, a última, mas não definitiva, versão d'*A Capital!*, ou *Os Maias*.

Quando, em 1980, ocorreu o rocambolesco enredo editorial que foi a publicação, diversa, atribulada e filologicamente incompetente da chamada *A Tragédia da Rua das Flores*, a intelectualidade portuguesa ficou assombrada – por duas razões diferentes: da parte dos literatos, o assombro, de espanto, era por aparecer uma «nova» obra queiroziana que, no dizer de Vergílio Ferreira, constituía «um degrau sólido de uma escala gradativa de escrita e em que a sequência aparente, de acordo com essa escrita e independentemente das datas, seria *Basílio, Tragédia, Capital* e *Maias*» [Vergílio FERREIRA, 1987] – sendo difícil de digerir que possa haver uma «escala gradativa» de «sequência aparente», «independentemente das datas»... Enquanto, da parte dos filólogos, o assombro era mais de incompreensão pela leviandade demonstrada em todo o processo: publicar-se um manuscrito autógrafo, mas muito problemático, de Eça como se de um produto para consumo imediato se tratasse.

Regressemos à personalidade metódica e programada de Eça e aos seus projetos gorados das *Cenas*: parece claro que, quando congeminou o seu projeto (1877), Eça de Queiroz já tinha várias obras em fase de escrita (seguramente, *A Capital!* e *Genoveva* ou *O desastre da Rua das Flores* ou *Os amores dum lindo moço*); que, em 1881, abandonou a escrita d'*A Capital!* e se dedicou à conclusão d'*Os Maias* – e que, já em 1878, terá começado a duvidar do seu grande projeto («Eu trabalho nas Cenas Portuguesas, mas sob a influência do desalento» [CASTILHO, 1983, I: 143]), embora não se possa afirmar que dele tenha alguma vez desistido: *A Ilustre Casa de Ramires* (1897) poderia muito bem corresponder à projetada *A Ilustre Família Estarreja*...

Também sabemos que Eça iniciara a escrita d'*Os Maias* antes de 1880 [GUERRA DA CAL, 1975, I: 83], nela trabalhando em simultâneo com a d'*A Capital!* e na sequência d'*A Tragédia* (que podemos dar como adquirido que seria a *Genoveva* ou *O desastre da Rua das Flores* ou *Os amores dum lindo moço* do projeto de 1877) – e que *A Tragédia* foi predada pelo próprio autor para construir *A Capital!* (algumas personagens), *O Conde de Abranhos* (o episódio do prego) e, sobretudo, *Os Maias* (o tema do incesto e o ambiente social em geral).

E chegamos à magna questão: por alguma razão Eça não publicou o manuscrito d'*A Tragédia*, talvez porque o não achasse perfeito (o incesto entre mãe e filho era pouco verosímil, sobretudo tendo em conta que uma mulher com idade para ter um filho de vinte e três anos ostentasse uma «beleza tão atraente e desejável» e cuja «carne devia ter sensibilidades excepcionais, elasticidades para fazer tremer um homem» – e daí, n'*Os Maias*, passar a ser entre irmãos, ambos naturalmente jovens e belos), e o facto de Eça ter utilizado materiais deste manuscrito para construir outras obras, autoriza-nos a concluir, pelo menos do ponto de vista filológico, que (1) o mesmo fora definitivamente condenado, que (2) não deveria ter tido edição autónoma e que, o que mais é, (3) deverá ser enquadrado no processo genético d'*Os Maias*.

Daí que, mais do que do ponto de vista literário, o assunto deva ser tratado com pinças filológicas, e que se torna particularmente importante tendo em conta a maneira planeada e, digamos, sistémica, como Eça de Queiroz geriu a sua carreira de escritor, seguindo um percurso – esse sim – em «escala gradativa de escrita» (Vergílio Ferreira, mas ao contrário) e numa sequência que nada tem de aparente mas que é, cronológica e filologicamente, comprovável.

Porque foi assim que o Eça das crónicas dos vinte anos se transformou no Eça da maturidade – o mesmo que, n'*A Capital!*, se autorretratou enquanto jovem (Artur Corvelo), e retratou os seus amigos, de um modo tão cruel e certeiro que acabou por fazer o que um homem planeado não poderia deixar de fazer: atirou para a arca, e nela fechou a sete chaves, esse e todos os outros manuscritos que não poderiam corresponder àquilo que tanto almejava: a perfeição.

Desígnio que só a ele competiria alcançar.

José Régio

Fazer, ou não fazer, versos
Pode ser de pouca monta.
Quantos talentos diversos
(Se aquilo é um talento fútil)
Nos fazem a nós mais conta,
São dum talento mais útil!

[...]

Se é simples habilidade
Fazer versos... – tal porfia
Bem pouco importa, em verdade.
Mas ter, ou não ter, no peito
Qualquer clarão de Poesia,
Já pode ser, com efeito,

– Cousa de suma valia.

JOSÉ RÉGIO
«Sextilhas fáceis em louvor da Poesia»

18
EDITAR RÉGIO
(*MEMÓRIA DE UM PROJETO*)

EM 1993 APRESENTEI à então Junta Nacional de Investigação Científica e Tecnológica (JNICT) um projeto de *Estudo e Edição dos Manuscritos Autógrafos de José Régio*, que foi aprovado e financiado. O trabalho no terreno foi realizado por Isabel Cadete Novais, como bolseira, em colaboração estreita com a Câmara Municipal de Vila do Conde, parceira no projeto[53].

No momento em que foi elaborado o projeto e quando se iniciaram os trabalhos, o espólio de José Régio estava guardado, sem qualquer organização, em caixas de cartão e em maços, na casaforte da «Casa de José Régio», em Vila do Conde, em condições muito perigosas para os documentos: a falta de arejamento, a humidade, a má qualidade dos continentes, e o pó acumulado ao longo de 25 anos (José Régio faleceu em 1969) estavam a contribuir para a degradação acelerada do espólio, que é constituído por manuscritos, datiloscritos, impressos com correções autógrafas, correspondência, planos de obras, desenhos, pinturas, fotografias, e uma grande quantidade de documentos como recortes de jornais, documentos pessoais, contas, programas de teatro, e manuscritos de terceiros submetidos pelos seus autores à opinião de José Régio. Embora o âmbito do projeto

---

[53] Programa PLUS/C/LIN/815/93.

considerasse apenas o *Estudo e Edição dos Manuscritos Autógrafos de José Régio*, não abrangendo portanto as fotografias e os manuscritos de terceiros, foi necessário manipular toda esta massa documental a fim de se proceder às respetivas classificações arquivísticas.

Na sua fase inicial, a realização do projeto considerou as seguintes operações: deslocação dos documentos para instalações mais adequadas, fornecidas pela Câmara Municipal de Vila do Conde; organização dos documentos, dividindo-os empiricamente em «autógrafos» e «não autógrafos» e em «textos» e «material iconográfico» (por exemplo, «fotografias», «desenhos», etc.); elaboração de um plano de classificação arquivística, de acordo com os materiais existentes; classificação arquivística; elaboração de um inventário em base de dados; microfilmagem de parte da documentação; e preparação do catálogo completo dos materiais inventariados.

Todo este trabalho foi planeado de raiz, de acordo com princípios teóricos e metodológicos definidos expressamente para o efeito, o que o torna totalmente inovador e pioneiro na área científica em que se inscreve, tanto em Portugal como no estrangeiro; com efeito, foi a primeira vez que se procedeu ao tratamento de um grande espólio literário conjugando as perspetivas arquivísticas e filológicas, o que veio permitir que os investigadores que pretenderem estudar os papéis de José Régio não só tenham a tarefa facilitada, uma vez que todas as peças estão organizadas, como não necessitarão de manusear os manuscritos, que assim poderão ser guardados em boas condições, e consequentemente preservados para as gerações futuras.

Com vista a discutir as opções tomadas, tanto científicas como técnicas, foi organizada, no âmbito do projeto, uma jornada de trabalho para a qual foram convidados diversos especialistas portugueses e estrangeiros para se deslocarem a Vila do Conde e, *in loco*, verificarem o andamento dos trabalhos e discutirem as decisões técnicas e científicas que haviam sido tomadas ou que seria necessário tomar. Foram estes especialistas Almuth Grésillon (ITEM-CNRS,

Paris), Giuseppe Tavani e Giulia Lanciani (Universidade de Roma), Elza Miné (Universidade de São Paulo), Ivo Castro (Universidade de Lisboa), Carlos Reis (Universidade de Coimbra), Isabel Pires de Lima (Universidade do Porto), Maria Aliete Galhoz (Universidade de Lisboa), António Braz de Oliveira (Biblioteca Nacional), Eugénio Lisboa e José Alberto dos Reis Pereira (representante dos herdeiros de José Régio).

A realização do projeto foi feita de acordo com as seguintes fases:

Fase 1. Inventariação

O trabalho de organização dos documentos foi bastante demorado: todos os papéis estavam misturados na maior confusão, e o facto de José Régio utilizar com muita frequência papéis semelhantes (folhas de papel quadriculado) e o mesmo tipo de instrumento de escrita (caneta de tinta permanente), possibilitou que os seus papéis tivessem sido arrumados anteriormente mais por dimensões e tipos de papel e caneta do que por conteúdos, o que levou a que na mesma caixa se encontrassem manuscritos referentes a obras e a níveis genéticos completamente diferentes. Assim, foram precisos vários meses de trabalho aturado para se perceber a que *dossier* deveria pertencer cada documento, quais e quantas as folhas que o constituíam, e que relação existia ou não entre os vários documentos.

Feito este trabalho, foi elaborado um *Quadro de Classificação Arquivística*, com a consultoria de Fátima Lopes, Júlia Ordorica e Aurora Machado, do Arquivo de Cultura Portuguesa Contemporânea da Biblioteca Nacional de Portugal. O levantamento prévio de todas as peças existentes no espólio foi feito manualmente, utilizando-se uma folha de recolha de dados concebida para o efeito.

O inventário permitiu o apuramento de 22.389 folhas de documentos autógrafos organizados em 376 peças textuais, que constituem 151 *dossiers* de obras de criação literária e de crítica literária, cinematográfica e filosófica, abarcando apenas a classificação «1. Manuscritos de José Régio». Se considerarmos as restantes classificações («2. Correspondência», «3. Documentos Anexos de José Régio», «4. Manuscritos de Terceiros», «5. Correspondência de Terceiros» e «6. Documentos Anexos de Terceiros»), o inventário total ultrapassa as 25.000 peças.

Foi atribuída uma cota a cada documento, e o respetivo número inscrito a lápis no canto superior direito do rosto de todas as folhas. Todas as peças foram ainda marcadas com um carimbo especial, para proteger os respetivos direitos de propriedade nos casos futuros de reprodução fotográfica ou por fotocópia, e precaver eventuais desvios de documentos.

Fase 2. Catalogação

Paralelamente à inventariação foi feita a catalogação de todas as peças, constituindo-se uma base de dados que contém informações exaustivas acerca de cada uma das peças inventariadas: título e testemunho, data e local de escrita, número de folhas e de páginas, natureza do original (manuscrito, datiloscrito, impresso, misto), instrumentos de escrita, tipos e medidas de papel, existência ou não de ilustrações, documentos que a acompanham, localização da peça no processo genético em que se integra, conteúdo, edições das obras a que pertence, e bibliografia que lhe diz respeito.

Fase 3. Descrição Codicológica dos Materiais

Todas as 22.389 folhas das 376 peças textuais autógrafas de José Régio foram devidamente descritas no que diz respeito aos seus aspetos codicológicos.

Fase 4. Constituição de *dossiers* de obra

Todos os materiais autógrafos foram constituídos em *dossiers*, de acordo com a obra a que pertencem e com o lugar que ocupam na respetiva génese: no inventário, a cada testemunho genético foi atribuída uma letra, correspondendo a letra [A] ao testemunho mais antigo, sendo as restantes letras atribuídas por ordem crescente aos testemunhos sucessivos.

Finalmente, os materiais foram acondicionados em caixas de arquivo em cartão mandadas construir para o efeito. Dentro de cada pasta foram colocadas as peças devidamente classificadas e pela ordem respetiva, envoltas em camisas de papel de seda não-ácido, sendo os conteúdos (cotas e classificações) indicados no exterior de cada caixa.

* * *

O *Plano de Edição dos Manuscritos Autógrafos de José Régio*, parte integrante do projeto, teve por objetivo possibilitar aos estudiosos da obra do autor, e aos investigadores das áreas filológica e literária em geral, todos os materiais disponíveis no espólio do escritor e que foram (ou não) utilizados para a composição das obras publicadas; trata-se, deste modo, de uma edição de cariz genético que considera apenas os materiais de cada obra anteriores à respetiva publicação definitiva sob a responsabilidade do seu autor: não será reeditada a obra de José Régio na sua forma definitiva, porque na generalidade ela está disponível em edições revistas por ele, mas apenas os materiais genéticos inventariados no espólio da Casa de José Régio da Câmara Municipal de Vila do Conde.

Manuscritos de Poesia

A edição dos manuscritos de poesia obedece ao (1) *plano editorial*, ao (2) *modelo estrutural* e à (3) *estratégia e aparato crítico-genético* a seguir definidos:

1. Plano Editorial

Serão constituídos dois tomos, que eventualmente poderão ser subdivididos em dois ou mais volumes; para cada obra do autor é indicado o total de testemunhos (ts.) genéticos e de páginas de texto (pp.) que é necessário trabalhar em termos editoriais:

TOMO I
> *Obras de José Régio. Edição Crítica dos Materiais Genéticos da Obra Publicada pelo Autor.*

POESIA I:
> PREFÁCIO
> Introdução
> Edição
>> *Biografia* [13 ts.; 570 pp.]
>> *Cântico Suspenso* [8 ts.; 280 pp.]
>> *A Chaga do Lado* [5 ts.; 101 pp.]
>> *As Encruzilhadas de Deus* [13 ts.; 1.089 pp.]
>> *Fado* [8 ts.; 719 pp.]

Filho do Homem [5 ts.; 195 pp.]
Mas Deus é Grande [6 ts.; 237 pp.]
Poemas de Deus e do Diabo [15 ts.; 1.139 pp.]
Índices

TOMO II
Obras de José Régio. Edição Crítica dos Materiais Genéticos da Obra Póstuma e Inédita.
POESIA II:
Prefácio
Introdução
Edição
Música Ligeira [3 ts.; 3 pp.]
Colheita da Tarde [4 ts.; 63 pp.]
16 Poemas dos não incluídos na «Colheita da Tarde» [1 ts.; 4 pp.]
Novos Poemas de Deus e do Diabo [2 ts.; 127 pp.]
Esparsos [115 pp.]
Índices

2. Modelo Estrutural

O modelo adotado para estruturar a edição é assim exemplificado (dados relativos ao TOMO I):

Prefácio [Resumo do projeto e sua história; creditação à instituição financiadora e referência às demais instituições envolvidas; identificação dos participantes no projeto]
Introdução [Estudo de cariz filológico: descrição global dos materiais; definição da estratégia editorial e dos critérios e modelos utilizados; biobibliografia de José

Régio, a partir dos materiais do seu espólio; creditação bibliográfica]
Edição

BIOGRAFIA
Identificação do editor científico sob a fórmula "(Edição de...)", nota filológica sobre os materiais relativos a este livro, história editorial, identificação da edição *ne varietur* e respetiva estrutura com os textos numerados para referência; os poemas de que existem variantes genéticas no espólio, totais ou parciais, são indicados a negrito; quando há alteração a nível do título, as lições anteriores são indicadas entre colchetes.

Testemunho A
Descrição codicológica do testemunho; transcrição dos textos divergentes face à edição *ne varietur*, na ortografia original e pela ordem em que ocorrem no testemunho; para facilitar a identificação, é indicado o respetivo número de ordem na edição *ne varietur*. Indicação dos outros testemunhos em que ocorre cada poema
    [O mesmo para os testemunhos B - M]
    [O mesmo para os livros *Cântico Suspenso*, *A Chaga do Lado*, *As Encruzilhadas de Deus*, *Fado*, *Filho do Homem*, *Mas Deus é Grande* e *Poemas de Deus e do Diabo*]
Índices [*Índice de Poemas* (título ou 1.º verso, por ordem alfabética); *Índice Topográfico* (por ordem crescente das cotas); *Índice Geral* do tomo]

3. Estratégia e Aparato Crítico-Genético

Tendo em conta o objetivo definido no projeto – tornar disponíveis aos investigadores todos os materiais existentes no espólio de José Régio e que foram ou não utilizados para a composição das obras publicadas pelo autor –, a estratégia adotada nesta edição define-se pela *negativa*: ou seja, apenas são transcritas as lições textuais que divergem daquelas que foram publicadas pelo autor, seja a nível do verso seja a nível do texto no seu conjunto (este último caso aplica-se aos textos *esparsos*, aos *inéditos* e aos *póstumos*). Como *esparsos* entendem-se as folhas soltas de versos/poemas, éditos ou inéditos, não agrupados monograficamente pelo autor, bem como os manuscritos esparsos de poemas incluídos em obras monográficas de que não for possível reconhecer a respetiva integração genética; como *inéditos*, os textos até agora nunca publicados ou que apenas o foram em obras de caráter ensaístico ou académico (como é o caso de dois poemas e de versões de outros dos *Novos Poemas de Deus e do Diabo*, integrados na obra *Novos Poemas de Deus e do Diabo, de José Régio. Génese e Memória de um projeto abandonado*, de Isabel Cadete Novais [1995]; e como *póstumos*, aqueles que o foram depois da morte do autor (como é o caso dos que integram os livros *Música Ligeira* (1970), *Colheita da Tarde* (1971) e *16 Poemas dos não incluídos na «Colheita da Tarde»* (1971), organizados e publicados por Alberto de Serpa).

Nestes termos, a edição define-se tecnicamente como um *aparato de variantes genéticas* e não como uma *edição integral*: considerando-se que o leitor tem acesso aos textos publicados pelo autor e na última forma que ele lhes deu, não faria sentido editar aqui esses mesmos textos, a não ser nos lugares em que existem divergências relativamente à lição final e, naturalmente, nos lugares de cada testemunho em que o autor corrigiu ou de alguma maneira transformou o texto. Assim, quando num poema de um dado testemunho existem poucas variantes disseminadas pelo texto, apenas são transcritos os versos em que elas ocorrem; se, porém, há muitas variantes numa dada área de texto, transcreve-se a lição de toda a área afetada e acrescenta-se-lhe o respetivo aparato; e se há muitas e ao longo de todo o texto, opta-se por transcrevê-lo na íntegra, seguido de um aparato global.

Esta opção estratégica traz o inconveniente de obrigar o leitor a ter à mão a obra publicada pelo autor, a fim de poder comparar a versão genética com a versão definitiva; em contrapartida, ela torna a edição mais económica sem, no entanto, lhe retirar nem o rigor filológico nem a sua condição de portadora de vontades genéticas ultrapassadas do autor, razão pela qual é adotada como critério geral.

O aparato crítico-genético tem uma estrutura descritiva, indicando a *primeira lição* de cada lugar de variação genética, seguindo-se-lhe, nas linhas subsequentes, as *novas lições* dentro do testemunho e a *descrição do fenómeno* ocorrido (*correção* por riscado e acrescento na entrelinha; *correção* por alternativa; *correção* por riscado; *correção* por acrescento; etc.); para evitar repetições de texto, as partes de cada verso que não sofrem alteração são substituídas por um traço com a mesma dimensão, apenas se transcrevendo <*última lição comum*>+<*lição variante*>+<*primeira lição comum*>. Finalmente, é dada a indicação dos *outros testemunhos* em que ocorre cada poema, incluindo as edições impressas controladas pelo autor (porque frequentemente documentam trabalho genético).

Embora o suporte natural desta edição seja o *livro em papel*, o facto de todo o trabalho ser guardado em disco informático permitirá, mais tarde e se para tal forem criadas condições, fazê-lo circular em CDI (*compact disk* interativo) ou mesmo em linha: então, sempre que o desejar, o leitor poderá verificar, partindo da versão final de cada texto de Régio, quais foram as versões anteriores de cada lugar textual, e assim proceder comodamente aos seus trabalhos de investigação sobre o processo de criação artística do autor.

Estas opções e comportamentos editoriais podem ser assim exemplificadas:

[*Exempla*]

AS ENCRUZILHADAS DE DEUS

O complexo autógrafo deste livro, existente no espólio, é constituído por 13 testemunhos genéticos: **A** [cota 32], um manuscrito de 2 fs. e 4 pp., escrito em Portalegre (local atribuído); **B** [cota 33], um manuscrito de 1 f. e 1 p., escrito em Portalegre (local atribuído); **C** [cota 34], um manuscrito de 178 fs. e 182 pp., escrito em Coimbra; **D** [cota 35], um manuscrito de 82 fs. e 82 pp., escrito em Portalegre (local atribuído); **E** [cota 36], um impresso com correções manuscritas de 32 fs. e 32 pp., trabalhado em Portalegre (local atribuído); **F** [cota 37], um impresso com correções manuscritas de 1 f. e 1 p., trabalhado em Portalegre (local atribuído); **G** [cota 38], um impresso de 93 fs. e 167 pp., composto em Coimbra; **H** [cota 39], um impresso com correções manuscritas de 57 fs. e 57 pp., trabalhado em Portalegre (local atribuído); **I** [cota 40], um impresso com correções manuscritas de 153 fs. e 153 pp., trabalhado em Portalegre (local atribuído); **J** [cota 41], um impresso com correções manuscritas de 177 fs. e 177 pp., trabalhado em Portalegre (local atribuído); **L** [cota 42], um impresso com correções manuscritas de 177 fs. e 177 pp., trabalhado em Portalegre (local atribuído); **M** [cota 43], um impresso de 44 fs. e 55 pp., trabalhado em Portalegre (local atribuído); **N** [cota Esp.], um manuscrito de 1 f. e 1 p., não sendo possível identificar o local de escrita.

Parte dos poemas que constituem este livro integraram anteriormente o projeto *Novos Poemas de Deus e do Diabo*, que constituem o testemunho **NPDD** [cota 65, A1-A2], abandonado pelo autor; sobre este autógrafo veja-se *Novos Poemas de Deus e do Diabo*, de

José Régio. Génese e Memória de um projeto abandonado, de Isabel Cadete Novais (1995).

EDIÇÕES EM VIDA DO AUTOR: [1.ª] Coimbra, 1935-36; [2.ª] Lisboa, 1946; [3.ª] Lisboa, s.d. [1956]; [4.ª] Lisboa, 1960; [5.ª] Lisboa, 1966.
EDIÇÕES PÓSTUMAS: [6.ª] Lisboa, 1970; [7.ª] Porto, 1981.
EDIÇÃO *NE VARIETUR*: [5.ª] Lisboa, 1966.

Testemunho **NPDD**
[Cota 65, A1]

[21] O ANJO DA ESPADA DE FOGO

   Testa nua percutindo
   Que terramotos cativos!,
   Lívida lápide abrindo
   Ás ventanias zunindo,
5 Sarcófago resumindo
   Corpos de herois mortos-vivos...!
   Olhos terriveis, moviveis
   Para todos os sentidos,
   Com lágrimas invenciveis
10 E chamas inextinguiveis
   Contando as iras terriveis
   De que invenciveis vencidos...!
   Risos e palavras na boca,
   Boca de estátua de sal...
15 Palavras!... coisa tão pouca
   Para tudo o que tal boca,
   Se a língua de fogo a toca,
   Tenta exprimir de imortal...!

Aparato Genético

Título: O ANJO DA ESPADA DE FOGO
           JACOB E O ANJO

           [*Proposta na margem inferior com a indicação:* Variante do título: JACOB E O ANJO]

3:   Fachada de ossos abrindo
           Lívida lápide   ———

           [*Substituição por riscado a tinta azul e acrescento a vermelho na entrelinha superior; a nova lição foi confirmada na margem esquerda com a tinta do riscado; dois pequenos triângulos a azul marcam o início da lição e do verso onde deverá ser integrada*]

6:   Corpos de herois mortos-vivos;
           ——————— mortos-vivos...!

           [*Substituição dos sinais de pontuação por riscado e acrescento a tinta azul na entrelinha superior*]

12:   Dos invenciveis vencidos;
           De que ——— vencidos...!

           [*Substituições por riscado e acrescento a tinta azul, a primeira na margem esquerda e a segunda na direita*]

13:   Risos sem guisos na boca,
           Riso e palavras   ———

[*Substituições por riscado a tinta azul, a primeira Risos > Riso por eliminação de letra, e a segunda por riscado e acrescento na entrelinha*]

14:     Boca de estátua de sal,
        ——————————— sal...

[*Substituição por riscado e acrescento a tinta azul*]

15-17: Que a palavra é coisa pouca,
        Fútil resonância ôca,
        Para tudo o que tal boca
        Palavras!... coisa tão pouca
        Para tudo o que tal boca,
        Se a língua de fogo a toca,

[*Substituição por riscado a tinta vermelha e acrescento a azul na margem esquerda; dois pequenos sinais com a forma de triângulo com pequenos triângulos a sugerir asas marcam o início da lição e dos versos onde deverá ser integrada*]

18:     Tenta exprimir de imortal;
        ——————————— imortal...!

[*Substituição por riscado e acrescento a tinta azul*]

OUTROS TESTEMUNHOS:

Do espólio: **NPDD** [Cota 65, A2], **C, D, E, G, H, I, J, L, M**
Edições: *presença*, n.º 16; *As Encruzilhadas de Deus* [1.ª – 5.ª eds.]

Testemunho **NPDD**
[Cota 65, A2]

[21] VELHA HISTORIA

    Testa nua percutindo
    Que terramotos cativos!
    Marmórea fachada abrindo
    Às ventanias zunindo...!
5   Sarcófago resumindo
    Sufocando e descobrindo
    Multidões de mortos-vivos...!
    Horríveis olhos, movíveis
    Em mil possíveis sentidos,
10 Com lágrimas insensíveis
    E chamas inextinguíveis
    Contando as iras terríveis
    Dos vencidos invencíveis
    E semi-deuses traidos...!,
15 Chaga com palavras – bôca,
    Grito da estátua de sal...
    Palavras!, coisa tão pouca,
    Vã resonância tão ôca,
    Para tudo o que tal bôca,
20 Se a língua de fogo a toca,
    Tenta exprimir de imortal...!

Aparato Genético

[*Não há correções neste testemunho. Na margem esquerda inferior encontra-se, inscrita num quadrado, a indicação*: Ver, no primeiro caderno, as notas ao poema O Anjo da Espada de fogo – esbôço deste. *O primeiro caderno é o testemunho com a cota* 65-A1].

Outros Testemunhos:

Do espólio: **NPDD** [Cota 65, A1], **C**, **D**, E, **G**, **H**, **I**, **J**, **L**, **M**
Edições: *presença*, n.º 16; *As Encruzilhadas de Deus*
[1.ª – 5.ª eds.]

* * *

Salvo o valioso espólio de José Régio – que hoje se encontra acomodado no Centro de Memória de Vila do Conde –, classificados e organizados todos os documentos que o constituem, elaborado o plano de edição e definidos os respetivos critérios – com o trabalho de Isabel Cadete Novais e depois, também, de Enrico Martines –, determinaram os deuses que eu me viesse a afastar do projeto (entretanto tornado realidade), que, no entanto, pelas mãos de outros atores, foi seguindo o seu caminho: outro.

Porém, aqui fica o testemunho de como tudo começou.

Vitorino Nemésio

Ainda o estilo: Compreendendo que a minha linguagem tenha um sabor rígido e «lexical», suponho que evito bastante o absurdo discurso vernáculo de tipo Aquilino. Sem isso não poderia haver naturalidade no meu diálogo nem uma certa verossimilhança no desenho dos meus títeres. Também a descrição pura, o paisagismo, me parece mais ou menos vencido. Quanto à questão da «linguagem pobre», bem vê que ela me não é natural. Mas pode haver uma linguagem «rica» simples, digo corrente e orgânica, e é para ela que me esforço por caminhar. O tipo «envolvente» do estilo que se vai descobrindo no fieri, *essa negligência natural e preguiçosa que às vezes pulsa tão bem em certas penas, não é o meu condão. Creio que pertenço a uma casta de pessoas para quem o cristal (em sentido químico) é a lei da expressão.*

VITORINO NEMÉSIO
Carta a Adolfo Casais Monteiro

19
LINGUAGEM – ALUSÃO

NEMÉSIO É TALVEZ a única realidade cultural verdadeiramente comum às nove ilhas dos Açores, para além das condicionantes geográficas que, historicamente, foram um fator determinante naquilo que o próprio Nemésio viria a concetualizar e a definir como «açorianidade». Se Nemésio é, como é de facto, um traço de união entre os açorianos das nove ilhas, e entre estes e o conjunto da lusofonia – não o é apenas por ser um dos escritores importantes da língua portuguesa: Antero de Quental e Natália Correia, ambos açorianos, também foram escritores importantes, e, no entanto, a sua relação com a realidade cultural dos Açores – seja ela real ou poetizada – é bem diferente. Nemésio conseguiu, como ninguém mais, interpretar e recriar a herança cultural açoriana sem se deixar cair no regionalismo redutor, devolvendo-a depois ao povo de onde a recolheu num estado de pureza tal que o próprio povo nela se revê como a algo de seu e intocado na sua pureza original.

Em muitos dos seus textos – cabendo especial relevo, nesta matéria, ao livro de poesia *Festa Redonda* (1950), mas também à coletânea de contos *Paço do Milhafre* (1924) – livro que, segundo confessa numa autobiografia escrita em 1958 e que se mantém parcialmente inédita, terá sido escrito

> numa espécie de transe, possesso da saudade da ilha que se me
> representava já com a intensidade que supre as coisas preciosas
> perdidas. [NEMÉSIO, 1958] –

Nemésio utilizou como matéria-prima os traços mais individualizadores da variedade dialetal do homem rural da ilha Terceira, elevando-a assim à categoria de objeto de arte mas conservando-lhe, ao mesmo tempo, o ritmo, a frescura e a vivacidade que ainda hoje captamos no falar do dia a dia das populações rurais.

Neste livro, mas sobretudo em *Festa Redonda*, Nemésio assume-se e é naturalmente aceite como um «cantador» entre os demais cantadores de terreiro açorianos, imitando-lhes o estilo, a arte da subtileza, e a graciosidade espontânea e aristocrática que só o povo, nas suas manifestações culturais mais tradicionais, é capaz de produzir e de verdadeiramente entender. Só quem já assistiu a serões de cantoria ao ar livre, que se podem prolongar por muitas horas, em que cantadores de improviso, pouco mais que analfabetos, dialogam entre si, comentando-se mutuamente e a tudo o que se passa à sua volta em estruturas poéticas tradicionais perfeitas, e que, sobretudo, captam e sustentam a atenção participativa de centenas de pessoas, que chegam a guardar na memória longos trechos de cantigas a cuja criação e epifania assistiram – só quem, um dia, assistiu a serões destes, poderá verdadeiramente compreender a poesia de inspiração popular daquele que foi, também, um dos poetas mais eruditos da literatura portuguesa: num dos seus derradeiros livros – *Limite de Idade* (1972) –, Nemésio utiliza terminologias e conceitos da ciência positiva, que transforma em objetos de cultura, demonstrando assim, como ele próprio escreveria mais tarde em *Era do Átomo* (1976a), que a filosofia das ciências não é apanágio dos matemáticos e dos físicos mas, pelo contrário, pode estar ao alcance do homem culto mediano. Da mesma maneira, poderíamos dizer que a cultura popular não é apanágio de etnólogos ou de «folcloristas», mas pode servir de matéria-prima para escritores que, como Nemésio, veem o mundo, e tudo aquilo que nele existe e que é resultado da atividade espiritual e intelectual do ser humano, como um todo que não pode nem deve enjeitar qualquer uma das suas partes.

Nas suas incursões criativas pela cultura popular, e de um modo muito especial pela poesia – trate-se de textos tradicionais ou de textos de improviso segundo um modelo tradicional –, Nemésio adotou uma forma de linguagem – melhor ainda, um *código* –, aperfeiçoada pela tradição popular não escolarizada, para assim melhor poder representar *as suas* verdades, *a sua imaginação* da verdade, e não *a verdade* em si. Como ele próprio escreveu,

> Linguagem é sempre duplo sentido, alusão. Só os auto--suficientes supõem que só dizem o que querem, e com todo o rigor. Não há tal. A fala remete de uma realidade a outra. Um símbolo descarrega-se noutro símbolo. Nenhum sinal linguístico é afinal transparente senão no sentido de que a verdade não está nele: vê-se através. [NEMÉSIO, 1974: 16]

Nesta afirmação parece-me ecoar a proposição de Wittgenstein segundo a qual «é óbvio que um mundo imaginado, por muito diferente que seja do real, tem que ter algo – uma forma – em comum com o real» [WITTGENSTEIN, 1918: 32], e faz-me recordar um poema de modelo e temática tradicionais composto em 1922, ano em que Nemésio se matriculou na Universidade de Coimbra: *Versos qu'o pai que foi p'ò trabalho fez à sua filha* [NEMÉSIO, 1979], no qual já se encontram tópicos formais e temáticos que viriam a ser uma constante na poesia de modelo tradicional que teve o seu apogeu em *Festa Redonda*. Ou seja, aos 21 anos de idade Nemésio já tinha encontrado uma das formas que viriam a estabelecer uma ponte entre o *real*, que era a sua procura da matriz cultural que o gerou, e o *imaginado*, que seria a permanente questionação da sua relação com o mundo: um permanente palimpsesto do homem universal – Nemésio – sobre o homem ilhéu – que poderá ser o «mestre Vitorino» do *Caderno de Caligraphia* [DUARTE, 2003] ou, está bem de ver, um tal Mateus Queimado... Mas talvez estejamos também a falar de estilo, e a esse propósito valerá a pena trazer à nossa curta memória uma interessante reflexão que, poucos anos depois, sobre isso nos deixou, citando Jean-Marie Guyan (1887):

> O estilo é o espelho duma atitude: a do escritor perante o facto literário. Considerado *sub specie æternitatis*, lança em circulação as energias da obra; é a ressonância de uma alma sob as abóbadas do seu mundo. *Sub specie particularitatis* acusa o autor, é o traço que o individua na sociedade dos seus pares, como que serve de marco no plano duma época multímoda. Falando talvez com mais clareza: o estilo apresenta dupla-face. Emquanto o vemos desprevenidos, emquanto exerce a sua verdadeira função, é a própria essência da literatura: o veículo da emoção literária, a um tempo conteúdo e continente. Por outro lado, submetido à análise, postos a nu e identificados os elementos de que se compõe, é o índice da refracção das coisas e dos sêres através da índole do autor. Emfim, «o estilo é o homem» [NEMÉSIO, 1928: 247].

A este assunto voltaria muitos anos mais tarde, em 1973, num texto destinado a servir de prefácio a uma segunda edição de *Festa Redonda*, que não viria a concretizar-se. Nele, o poeta faz uma reflexão muito interessante sobre as relações entre a poesia erudita e a poesia popular, e em especial sobre o papel do poeta erudito que se abalança a escrever poesia que «deriva de uma identificação natural do poeta com o povo», sem no entanto cair na «imitação voluntária ou "dirigida" do estilo folclórico», mas antes procurando «atingir a relativa pureza popular» que, no caso de *Festa Redonda*, julga ter conseguido: uma «espécie de milagre afinal bem fácil de operar quando um artista não perde de vista [...] o seu ponto de partida psicológico e inveniente». Leiamos esse texto:

> «Festa Redonda», o título do meu livro de trovas, é uma expressão com [que] o povo da ilha Terceira designa o baile de roda. O sítio onde se baila e canta ao som da viola é o «terreiro», nome que passou do ar livre aos recintos cobertos, e designadamente ao «meio da casa» ou quarto principal da morada onde se festeja o Espírito Santo, pois é nas sete semanas da Pascoela ao Pentecostes e na da Trindade que o folclore açoriano tem o seu período áureo, o tempo da flor.
> Assim respeitei em tudo a tradição poética popular, desde os esquemas estróficos e métricos aos temas e motivos, ao tipo de inspiração e ao vocabulário.
> Mas não se julgue por esta conformidade que *Festa Redonda* é um livro intencional, uma imitação voluntária ou «dirigida» do estilo folclórico. A sua coincidência com o lirismo vulgar português e especialmente açoriano deriva de uma identificação natural do poeta com o povo. Desculpe-se a breve incursão de auto-crítica que faço sobre os três livros de versos que levo publicados antes deste, um dos quais em língua francesa. Mas quem tenha vagar para os ler e conheça a expressão por vezes laboriosa e a inspiração amiúde mental que os caracteriza, compreenderá que só por uma espécie de regressão espontânea do poeta culto que os fez se poderá atingir a relativa pureza popular que a crítica assinalou às cantigas da *Festa Redonda*.
> O interesse e a originalidade que esse livro possa ter no quadro da poesia portuguesa de hoje radica nisso, nessa espécie de milagre afinal bem fácil de operar quando um artista não perde de vista, ao cabo de uma evolução criadora tão adiantada que se arrisca a não dar de si mais nada, o seu ponto de partida psicológico e inveniente. Quem aprendeu a poesia da vida e do mundo

recebendo-a em parte já feita da boca de cantores plebeus, acabará por força de voltar às suas formas elementares quando se sinta cansado das vastas e árduas transposições do lirismo cosmopolita. Foi essa recaída no ingénuo o que me aconteceu neste livro. Por isso o seu valor quase se desprende de uma autoria para reverter ao anonimato que se apressa a recobrir toda a arte que coincide com o gosto e os moldes chamados populares.

Se a intimidade de um dado processo criador pode elucidar uma obra poética, é o caso da *Festa Redonda*. Nada mais longe da atitude consciente e concentrada do poeta que, sentindo-se citado, se senta à mesa e mobiliza todos os recursos estéticos para consumar o seu poema. Nesta poesia de fôlego lírico tão curto que morre ao quarto verso, quase não há vigilância intelectual, control da técnica, esforço simbológico. Há uma entrega confiada à circunstância cantada, ao pequeno sentimento expresso, ao rápido constelar das ideias feitas e ao impulso cordial da veia madrigalesca. A sabedoria das nações traduzida em aforismos morais e na experiência secular das estações, do trabalho dos campos, dos transes da vida e da morte idiomaticamente apreendidos é o máximo de «cultura» que a quadra popular consente. É nesses limites que se move a versificação da *Festa Redonda* e a tal ou qual impressão de virgindade nativa que a sua leitura dê.

A prova disso está naquilo a que chamarei a minha ignóbil vergonha de publicar tais cantigas. Se o poeta feito ao contacto de toda a tradição literária das línguas europeias encorporada na sua própria língua teme correr o risco de «descer» enfileirando no terreiro com repentistas e moças de festa, é que o imperativo que o obriga a essa descida é puro e insubornável.

Dado o passo difícil, vencida essa espécie de snobismo que proíbe o senhorito de se misturar com gente de pé rapado, lançada enfim aos ventos a voz natural e irresistível, confesso que a autoria da *Festa Redonda* me deu uma grande consolação. É uma qualidade moral de auto-consciência estética que nenhuma outra forma de criação literária minha conhecida proporciona. E só por isso valeria a pena passar por folião ou jogral...

[NEMÉSIO, BNP, ACPC, E_{11}/cx. 46]

* * *

Muito provavelmente, ao dizer isto, o poeta septuagenário já não se recordaria dos versos que compusera meio século antes e que nunca publicara, mas que agora vale a pena recordar [NEMÉSIO, 1979]:

VERSOS QU'O PAI QUE FOI P'Ò TRABALHO FEZ À SUA FILHA

       Tanta frieza, inha mãe!
       Incarrilha-s' este inverno:
       Ei! Tantas lamas que têm
       As istĭradas do rovêrno!

[5]   Greta-s'os pézes. E a lũa
       É nova: têmos-ĕa feita!
       Dês a medre e a faça nũa
       Talhada só, forte e bũa,
       Nacendo sã-iscorreita.

[10]   Parece o paúl da Praia
       O sarrado da luzerna.
       Não há nem pisca na baia,
       Mins ê nã sei se lá vaia,
       Qu'ia cobrando ũa perna.

[15] A gente só tem bandalhos
Que nem bandeiras do bodo.
Ist'é que são uns trabalhos!
P'í a-fora, nos atalhos,
A gente alaga-se todo.

[20] Inda mal loze o biraco,
E toca a mundar a ĭeito,
C'o pão de milho no saco.
Isto faz dar o cavaco,
Mins é mundar, e cum geito.

[25] Cando não, mê pai dá fé
De qu'a gente é calaceiro:
— Anda, Pedro, pũi-t'a pé,
Qu'o carneiro mocho inté
Já s'aluvanta prumeiro.

[30] Maria, eh moça, que fazes?
Nã desapegas do qüente.
Vê lá que pão é que trazes;
Toma tino, qu'os rapazes
São todos três de bum dente.

[35] E agora, bota sintido,
Nã fiques comã ĭsmalmada,
Que já te tens devertido:
Qué-s' êsse milho iscolhido
E essa bezerra tratada.

[40] A gente torna de brebe
E qué ver já tuĭdo pronto.
O cordeiro alvo da neve,
Não há ninguêm que lo leve,
Anda por í comã tonto.

[45] E ò mei-dia, eh ř'paria,
Anda cá, nã sei se m'oives:
Qué-s' ũa bũa papia
De farinha alva e macia
Pă vê se s'ingana as coives.

[50] Tês irmãos hoj' vêm mais cedo,
Qu'é pŏ via da toirada.
Deixá-los ir ò fòlguedo!
Vai se qués, nã teinas medo,
Que ficas bem arrumada.

[55] Mins toma tento na bola,
Nã vaias fazê toliça;
Qu'ê já sei qu'o meste-iscola,
Qu'é filho do bate-sola,
Há ĭanos que te derriça.

[60] Mins se topars algum moço
Da tua abetuaduira,
Nã le vires o piscoço:
Ruim cão que vê um osso
E nã lo passa à fressuira.

[65] Qu'ò dispois, cando ele vinher
Tê comio pà licença,
Tê pai, c'o bem que te quer,
Vai dezer que sim, mulher,
Pâ cunsolar a criença.

[70] Cásim vocês! Tamêm eu
Que 'stou aqui me casei.
E o pão alvo que Dês deu,
Apresantado no céu
Seja sempre, à bũa lei!

[75] E adês! A Virze te impare
E te dê sorte, Maria.
E sejas o sol e o ar
Do moço que te luvar
Para a sua cumpanhia.

Arco da Traição de Coimbra, 10-VII-1922

Na sua aparente singeleza, estes *Versos* dão conta de um jovem escritor que, em pleno processo de adaptação a um novo meio geográfico e cultural, tenta reconstituir poeticamente algumas realidades culturais, mas também sociais e económicas, da sua ilha natal – e que, sobretudo, procura registar pela escrita a fonética, o léxico e o ritmo da linguagem popular que lhe serviu de leito de aprendizagem da vida. Por isso realçarei alguns aspetos específicos do trabalho de representação – ou de alusão –, pela escrita, de alguns traços do falar terceirense, bem como de algumas peculiaridades socioeconómicas da ilha Terceira no primeiro quartel do século XX.

O jovem Nemésio tenta reproduzir neste poeminha (tal como viria a fazer, por exemplo, no conto *Quatro prisões debaixo de armas*, no romance *Mau Tempo no Canal* ou nos poemas de *Festa Redonda*), alguns traços fonéticos e fonológicos caraterísticos do falar da Ilha Terceira, que procurou reproduzir por meio do alfabeto convencional, recorrendo no entanto, quando as limitações do alfabeto não permitiam os efeitos desejados, a alguns sinais diacríticos do alfabeto fonético internacional. Tendo em conta que, mesmo assim, tais representações poderão constituir dificuldades para um leitor não familiarizado com o dialeto da Terceira, forneço aqui as descodificações e explicações necessárias para uma leitura tanto quanto possível correta do texto.

Foram respeitadas as grafias utilizadas no testemunho de base do poema; porém, sempre que foram detetadas, muito pontualmente, soluções do autor que não obedecem aos critérios por ele aplicados para idênticas situações, procedi à sua correção de acordo com a forma mais adequada presente no texto. As palavras que não constituem representações fonéticas específicas foram transcritas de acordo com a ortografia atual (*teem* > têm, *veem* (de *vir*) > vêm, *êle* > ele, *ó* (contração) > ò).

Símbolos gráficos utilizados pelo poeta
para representar sons específicos:

ă, â, ā   Formas alternativas para a vogal oral média-baixa semiaberta central [ɑ] resultante de reduções ou de contrações como *pra* > *pa* [pɑ], *como a* > *coma* [ko'mɑ].

ĕ   Aproximante com valor da semivogal [j]: *têmos-ĕa* ['temozjɑ] (por *têmo-la*).

ê   Vogal fechada [e] resultante de monotongação e também de apócope de [r]: *ê, Dês, mê, fazê, tê, tê* (por *eu, Deus, meu, fazer, teu, ter*).

ĭ   Semivogal [j], resultante de ditongação ou de resolução de hiato: *tuĭdo, a ĭeito, há ĭanos* (por *tudo, a eito, há anos*).

ŏ   Vogal [o], resultante de reduções como *por > po* ['po].

ř   Consoante fricativa pós-dorso-uvular [r]: *ř'paria* [rpɑ'riɑ] (por *rapariga*).

ŭ   Aproximante com valor da semivogal [w]: *quente* [kwẽtə]

Principais fenómenos fonéticos representados:

Apócope do [r]: *fazer > fazê, ver > vê, ter > tê, por > pŏ, quer-se > qué-se*

Despalatalização das consoantes dorsopalatais [ɲ] e [ʎ]: *tenhas > teinas, lhe > le, lho > lo*

Ditongação da vogal [u] em posição tónica: *tudo > tuĭdo, fressura > fressuĭra, tudo > tuĭdo, abetuadura > abetuaduĭra*.

Ditongação da vogal tónica por influência (metafonia) de uma átona anterior: *do quente > do qŭente, a eito > a ĭeito, há anos > há ĭanos* (o diacrítico em <ŭ> e <ĭ> representa, respetivamente, as semivogais [w] e [j]).

Elevação da vogal [e] para [i]: *escolhido > iscolhido, pescoço > piscoço, despois > dispois, sentido > sintido, engana > ingana, casem > casim*

Elevação da vogal nasal [õ] para [ũ]: *Consolar > cunsolar, bom > bum, mondar > mundar, companhia > cumpanhia, põe-te > pũi-te*

Eliminação de hiato (por epêntese de consoante ou de semivogal ou por nasalização da primeira vogal): *vier > vinher, não o > nã lo, a eito > a ĭeito, lua > lũa, boa > bũa*

Monotongação: *Deus > Dês, eu > ê, não > nã, teu > tê, quando > cando, adeus > adês, virgem > virze, meu > mê*

Produção como [oj] do ditongo [ow]: *coives, oives* (do verbo *ouvir*)

Recuo das vogais anteriores para posteriores: *alevanta > aluvanta, primeiro > prumeiro, levar > luvar*

Síncope de [g] em posição intervocálica: *comigo > comio, rapariga > řˈparia*

Sonorização da consoante fricativa labiodental surda [v] para a aproximante bilabial [β]: *breve > brebe* (este fenómeno acontece também, por exemplo, em *vassoura > bassoura, varrer > barrer*).

Formas lexicais e vocabulário específicos:

Bandeiras do bodo [v. 16] Estandartes simbólicos usados nas cerimónias em honra do Espírito Santo.

Bate-sola [v. 58] Sapateiro remendão.

Bodo [v. 16] Distribuição gratuita de pão e vinho pelos Imperadores dos Sétimo e Oitavo Domingos do Pentecostes, no âmbito do culto do Espírito Santo. Sendo estes, na cultura popular tradicional dos Açores, as festividades mais importantes do ano, para as quais as pessoas vestem as suas melhores roupas, a expressão «roupa do bodo» refere-se à melhor roupa que se tem.

Brebe [v. 40] *breve*.

Bũa [v. 8] *boa*.

Cando não [v. 25] *quando não*.

Carneiro mocho [v. 28] Carneiro sem cornos, de nascença ou porque lhos cortaram.

Cásim vocês! [v. 70] *casem vocês*.

Cobrando [v. 13] *quebrando*.

Comio [v. 66] *comigo*.

Da tua abetuaduira [v. 61] *da tua abotoadura*. Que seja digno de ti.

De bum dente [*v.* 34] *de bom dente*. De bom gosto, que gosta de coisas (neste caso, de raparigas) boas.

Fazê toliça [*v.* 56] *fazer toliça* (por *tolice, disparates*)

Greta-se [*v.* 5] *gretam-se*. Ficar com gretas (feridas) nos pés.

Incarrilha-se [*v.* 2] *encarrilha-se*. Ficar enregelado por causa do frio.

Ingana as coives [*v.* 49] *engana as couves*. Qualquer alimento que se use para tornar mais saboroso o caldo de couves, uma das bases alimentares nos meios rurais pobres e remediados.

Inha mãe! [*v.* 1] *minha mãe* (aférese). A forma mais frequente é *nha mãe*.

Ismalmada [*v.* 36] *esmalmada*. Ficar desalmado, sem ação.

Istĭradas [*v.* 4] *estradas*. A forma mais correta seria *istrĭadas*, com ditongação da vogal tónica aberta por influência da vogal átona anterior (um fenómeno de metafonia, muito caraterístico da Terceira), aqui o [i] inicial que por sua vez resulta da elevação do [e] protético. Nemésio utilizou a semivogal <ĭ> para desfazer o grupo consonântico [tr].

Loze o biraco [*v.* 20] *luz o buraco*. A luz do amanhecer que entra pelo buraco da fechadura, ou por qualquer outra abertura da casa, sinal de que está na hora de sair da cama.

Lũa [*v.* 5] *lua*.

Mins [*v.* 13, 24, 55, 60] *mas*.

Mundar a ĭeito [*v.* 21] *mondar a eito*. Trabalhar sem parar.

Nã lo passa [*v.* 64] *não o passa*

Nã teinas [*v.* 53] *não tenhas*.

Nũa [*v.* 7] *numa*.

P'ĭ a-fora [*v.* 18] *por aí afora*.

Pà licença [*v.* 66] *pà* (de *para a* > *prà*) *licença*. Para pedir a mão da noiva ao pai.

Pão alvo [v. 72] Pão de farinha de trigo peneirada (e daí *alva*), para o distinguir do de farinha não peneirada (*escura*). Ter pão alvo em casa era sinal de ser-se remediado.

Papia [v. 47] [pɑ'piɑ] Espécie de biscoito, de forma redonda e achatada, feita à base de farinha e açúcar e com sementes de funcho.

Pisca [v. 12] *um quase nada.*

Pŏ via [v. 51] *por via.* Por causa.

Pũi-t'a pé [v. 27] *põe-te a pé.*

Qu'ó dispois [v. 65] *porque ao depois.*

Que te derriça [v. 59] Que está interessado em ti (namoro).

Řparia [v. 45] *rapariga.* Note-se a síncope do [g] intervocálico, muito frequente (como também em *amiga* > *amia*).

Roverno (Estradas do) [v. 4] *governo (Estradas do).* Estradas nacionais. Forma atualmente não usada na Terceira, deverá tê-lo sido nos tempos de infância do poeta.

Ruim cão que vê um osso e nã lo passa à fressuĭra [vv. 63-64] Mal faz quem não aproveita bem aquilo que de bom tem pela frente.

Sã-iscorreita [v. 9] *sã e escorreita.* Que nasceu saudável e sem defeitos. A sequência <sã e es> é reduzida ao ditongo nasal [ãj].

Sarrado [v. 11] *cerrado.* Parcela de terreno agrícola, cercado por muros, caraterístico da paisagem açoriana. Assimilação da vogal átona [e] à tónica [a].

Te impare [v. 75] *te ampare.*

Têmos-ĕa [v. 6] *têmo-la.*

Trabalhos [v. 17] Preocupações, dificuldades, sofrimento.

Vaia [v.13] *vá.* Primeira pessoa do presente do conjuntivo do verbo *ir*.

Virze [v. 79] *Virgem.*

* * *

De facto, neste poema, e como definiria Nemésio, a linguagem é alusão: o que aqui interessa não é o documentário etnográfico, nem tão pouco o pitoresco interpretado pelo poeta a partir da vivência nos meios rurais remediados. O que interessa é a inventariação, poeticamente produtiva, de traços distintivos de cariz linguístico, socioeconómico e sociocultural que o poeta utiliza como meio de comunicação: é a procura de formas linguísticas através das quais, depois de reavaliadas como linguagem, o poeta representa a sua própria realidade – e essa realidade tinha muito de imaginação. Era a isso que se referia Wittgenstein, na frase mais atrás citada e que vale sempre a pena recordar: «é óbvio que um mundo imaginado, por muito diferente que seja do real, tem que ter algo – uma forma – em comum com o real».

Naturalmente.

20
MINHA POESIA SERÁ UMA CONTRA-LITERATURA

A HISTÓRIA DO ÚLTIMO livro de Nemésio, *Caderno de Caligraphia*, conto-a na introdução à edição que dele preparei com o título *Caderno de Caligraphia e outros poemas a Marga* [DUARTE, 2003]. É uma história de vida, um romance de amor entre duas pessoas extraordinárias, o velho poeta e a sua derradeira – mas talvez a mais forte – musa: Margarida Vitória, Marquesa de Jácome Correia. Marga. Marquesinha. Corisca. Samiguela. Poldra. Macaca de Fogo. Flor de Lameiro.

Ao poeta, meu conterrâneo da Terceira, tirando uma breve visita de respeito e cortesia à sua casa na Rua da Sociedade Farmacêutica, apenas lhe conhecia uma parte da obra e os ecos do programa televisivo *Se bem me lembro...* – que, por então não haver televisão nos Açores, nunca tivera oportunidade de acompanhar. À sua musa, já desde adolescente que eu, quando com outros rapazes ia brincar para os jardins do Palácio de Sant'Ana, em Ponta Delgada, lhe conhecia a fama cochichada de mulher vivida – mas só a partir de 1986, em Lisboa, passei a frequentar-lhe a casa da Rodrigo da Fonseca, em serões que deslizavam por histórias e memórias até quase à hora de alva, na mira já de trazer à luz o livro que Nemésio lhe deixara incompleto e que ela, em cumprimento da vontade expressa dele, tanto queria ver publicado.

Foram muitas as peripécias que envolveram a preparação do livro, sobretudo a recolha dos materiais que, à medida que a casa de Margarida Vitória se ia desmanchando – uma obra de arte hoje, uma jóia amanhã, um móvel de seguida, porque se lhe acabara o dinheiro que outrora lhe fora farto nas mãos pródigas – foram emergindo de fundos de gavetas, de entre páginas de livros esquecidos, de caixas de chapéus, de envelopes etiquetados pela mão do poeta (e que assim fugiram à incorporação nos fundos da Biblioteca Nacional a que David Mourão-Ferreira procedera após a morte de Nemésio) dezenas de papéis soltos, de manuscritos autógrafos contendo poemas em estados muito diferenciados de génese textual e que, na sua grande parte, eram claramente destinados ao *Caderno de Caligraphia*. Por entre eles, no entanto, encontrei alguns que nem por referência expressa, nem por intuição filológica, teriam a ver com aquele livro – e cujo valor documental, para além do valor poético intrínseco, mais além não ia do que confirmar que, naquele dia, Nemésio visitara a sua Marquesinha e, talvez por descuido, lhe deixara o manuscrito de um poema contendo ainda o *rictus* das dores do parto, que é assim que me apetece chamar às marcas de gestação textual que são os riscados, acrescentos, correções e demais provas materiais de que o ato de escrita é coisa que dói. Todos esses manuscritos se encontram agora à guarda da Biblioteca Nacional de Portugal.

 Talvez por engano, já nem sei, trouxe comigo, misturadas com as daqueles que serviriam para a construção do livro, as fotocópias de um ou outro manuscrito autógrafo contendo poemas que nada tinham a ver com o assunto – a não ser que se encontravam em casa de Margarida Vitória. É o rascunho de um desses poemas, datado de 1 de junho de 1976, que aqui deixo para pasto e proveito daqueles que, como eu, veem em Nemésio um dos grandes poetas da literatura portuguesa – qualidade que salta à vista mesmo quando a encontramos corporizada num texto abandonado numa fase genética que estaria, porventura, muito longe ainda do estado final.

Ei-lo aqui:

Minha Poesia será uma Contra-Literatura
Se eu ainda chegar a tempo de a escrever
À rasa, como simples criatura
Que em comarca de terceira classe foi nascer.

Assim fez meu tio Ernesto da caneta
E o José Valeriano, pobre primo,
Que como eu, aprendeu solfejo a mimo
Onde solfejo e pão não davam cheta.

Despirei o calção da rima, e logo a frase
Puxada, o bem-falar, o João de Deus
Imitando só no coser roupa à máquina.

E o Herculano, que António Belo amava,
Apenas seguirei nas minutas da última fase
Do lavrador que trata pautas como regos seus
Escorreito como um professor primário
Correcto como um escriturário
Limpo de letras como o pão no armário
Mas então outra vez com rimas às listas nas calças. Que fadário!

Como o nada se torna outra vez tudo
À Contra-Literatura cai-lhe o contra ou a literatura
Pois só com palavras finas um homem bota figura.

1.6.76

No texto «Da Poesia», que Nemésio publicou como prefácio ao volume *Poesia (1935-1940)*[54], encontramos umas palavras que eu gostaria de deixar aqui como aconchego para uma reflexão sobre este poema:

> Só o poeta conhece intimamente o pouco que se pode saber da conspiração das circunstâncias factuais, biograficamente vividas, para o resultado narrativo ou confidencial que é o poema. Só ele, inclinando-se com a possível isenção de aderência ao calor dos próprios textos, pode tentar resolver certa anfibologia inerente ao seu estilo, em ordem a achar os modos de conversão do sentido comum no seu, e assim propondo a chave que melhor possa abrir-nos as portas da poética intimidade. (...) Da minha própria poesia, eu que sei? Aprendo com ela a apreender-me.

E nós, é claro, com ele.

---

[54] NEMÉSIO, 1961. Reeditado em DUARTE, 2006: 115-124 (citação: 116, 123).

21
EDITAR NEMÉSIO[55]

TOMEMOS O VERBO «editar», forma derivada do latino ĒDŌ (EDĬTUM), na plena assunção do seu valor etimológico. E de outra maneira não poderia ser, dado que, sendo uma forma artificial derivada do verbo «éditer», desenhado a partir do particípio EDĬTUM (> éditer > *editar*), e tratando-se por isso de um conceito e de uma palavra eruditos, este verbo conserva a aceção que sempre teve – fazer sair, dar à luz, publicar, mostrar, fazer ver... –, tanto no seu étimo como a partir do momento em que foi gerado pelos filólogos franceses de finais do século XVIII, então às voltas com a preparação, para publicação para leitura pelos leitores modernos, dos textos dos grandes autores do passado.

É nesta aceção que proponho que olhemos para o que é preciso fazer com Nemésio, seja este nome referido diretamente ao Autor, seja, por metonímia, à sua obra. E comecemos pelo que interessa mais à perspetiva filológica, que aqui advogo na minha condição de editor de Nemésio, recorrendo, *pari passu*, a um

---

[55] O editor crítico é também editor de si próprio. E por mais voltas que dê, ao refletir sobre o seu trabalho e ao decidir como fazê-lo, acaba por adquirir hábitos e certezas de que dificilmente consegue alhear-se. Por essa razão, depois de ter preparado e publicado as edições da *Poesia* de Nemésio, e de, nos prólogos de cada um dos volumes, ter explicado critérios e argumentado decisões, não consegui resistir à tentação de transcrever aqui, às vezes *ipsis verbis*, passagens inteiras desses prólogos. Nada de novo, portanto. Que por este plágio de mim próprio não deixe eu de merecer a terra leve!

conjunto de considerações que fui deixando nos prólogos aos volumes por mim preparados. E assumamos que o trabalho de editar textos de autores que já não podem intervir no respetivo processo de transmissão é, por natureza, um *trabalho de conservação*, já que o *trabalho de produção* é, também por natureza, uma competência exclusiva do Autor. Mas também é, por vezes, um *trabalho de decisão*, sobretudo nos casos em que o Autor não chegou a conferir ao texto a sua forma acabada.

É o que acontece com os textos que o Autor deixou em manuscrito e ainda em fase de produção – o que, em Nemésio, nos remete para os poemas que ainda se encontram inéditos mas de acesso legalmente interdito, e sobretudo para o *Caderno de Caligraphia*, a que entendi juntar *Outros Poemas a Marga*, já publicados [DUARTE, 2003], e que preparei mergulhado num daqueles estados de atormentada nostalgia que muito frequentemente acometem o filólogo nos momentos de decisão: porque tenho consciência de que não posso atraiçoar o autor, colocando-lhe nos textos formas outras que não aquelas que ele escreveu ou fez ou deixou publicar conscientemente; nem substituir-me a ele, tomando por autoridade e transformando em decisões uma ou outra intenção que ele, mais ou menos diretamente, mais ou menos dispersamente, de algum modo tenha manifestado ao longo da vida mas que não chegou a concretizar – porque não quis ou não pôde –, ou que, mesmo que o tenha querido, nunca saberemos de que modo o teria feito.

E também porque a experiência de três décadas de trabalho filológico sobre textos de grandes escritores modernos e contemporâneos me leva a concluir que os autores – tal como os seus textos, e a propósito destes – são muitas vezes volúveis, e até inconstantes, ao fazerem a peregrinação que medeia entre o brotar do texto e a sua integração – ou não, ou de que modo, ou com que estatuto – no conjunto da obra completa. E isto se aceitarmos o argumento teleológico de que cada linha, cada frase, cada texto, cada livro de um autor em particular é sempre mais uma achega para completar o caminho que leva à desejada – e programada – realização final que é a *opera omnia*. E se aceitarmos também, em contraponto, que poucos serão os casos em que um autor, tendo planeado fazê-lo, o tenha conseguido: a nossa história literária encontra-se recheada de excelentes projetos falhados.

Destacarei, da minha experiência, dois exemplos dos mais significativos: o de Eça de Queiroz, que tanto andou à volta de um ambicioso projeto a que, com o passar do tempo, foi chamando «Cenas da Vida Real», «Crónicas da Vida Sentimental», «Cenas da Vida Portuguesa», ou tão só «Cenas Portuguesas», e que não viria a concretizar – apesar d'*Os Maias* ou d'*A Capital!*, inicialmente pensados como peças deste projeto mas que, ao longo dos respetivos processos de génese e construção, atingiram dimensão ou complexidade incompatíveis com a ideia inicial. E o de Fernando Pessoa, que idealizou, entre 1914 e 1933, cerca de duas dezenas de cenários de organização e publicação para as *Odes* de Ricardo Reis – apesar de se ter ficado pelos vinte poemas editados na revista *Athena* (1924) sob o título *Odes – Livro Primeiro*, e pelas oito odes que publicou em quatro números da *presença* entre 1927 e 1933; no entanto, a edição crítica que preparei deste heterónimo pessoano [DUARTE, 1994a; 2015] revela um cânone de mais de duzentas odes, a que se acrescentarão umas dezenas de fragmentos que facilmente se identificam ou como materiais para novas odes, ou como aparas do trabalho de composição daquelas que aceitamos como terminadas.

A estes dois exemplos juntarei agora o de Vitorino Nemésio, que iniciou a publicação das suas obras completas em 1961, com *Poesia (1935-1940)*, projeto a que no entanto não daria seguimento, tendo continuado a publicar livros isolados; e que, depois de ter desfeito a coletânea *Andamento Holandês e Poemas Graves*, datilografada e reproduzida a «stencil» (1964), para construir, com versões modificadas dos «Poemas Graves» indicados no título, o livro *Canto de*

Véspera (1966), e de ter planeado publicar o *Andamento Holandês* em edição própria, acabaria por integrar este último conjunto de poemas no derradeiro livro publicado em vida, *Sapateia Açoriana, Andamento Holandês e Outros Poemas* (1976).

A glória destes autores não foi – como se sabe – prejudicada pela volubilidade por eles revelada no que diz respeito à arrumação dos seus textos, ou mesmo à própria publicação. E se Eça, Pessoa ou Nemésio não lograram encontrar, sequer no fim das suas vidas, a maneira de concretizar projetos editoriais que haviam concebido anos antes, apesar de – que se saiba – nunca deles terem desistido, como há de um filólogo fazê-lo, desprovido que está das informações que os autores, se as tiveram e delas foram conscientes, guardaram para si? É que, aqui também, o filólogo está preso das suas limitações: tem que se contentar com as informações de que dispõe, compreender que não é o autor cujos textos edita, e aceitar que, entre as dúvidas dos autores e as suas próprias, as do autor hão de ser, sempre, as mais respeitáveis. Mesmo que menos ajuizadas.

Este é o trabalho mais arriscado, mas seguramente mais interessante, que cabe ao filólogo editor. Que, no entanto, não pode assobiar para o lado quando se trata de avaliar, e se for preciso rever e corrigir, as tradições dos textos dos grandes autores que são, por natureza, geradoras de *entropia*: se não for devidamente vigiada e acautelada, a tradição editorial de um texto – e sobretudo dos grandes textos, mais suscetíveis de tentativas de apropriação por parte dos leitores, que neles tendem a integrar os seus próprios valores (tal como acontece com as sucessivas gerações de moradores de uma velha casa) – introduz, a cada novo testemunho que é produzido, um conjunto de alterações que desfiguram (ou configuram, ou transfiguram) o texto deixado pelo Autor.

Será o caso, em Nemésio, das publicações feitas em vida – em livro ou de forma dispersa – e que contêm os textos que o Autor, num determinado momento da sua carreira, considerou como bons para publicar, ou que teve condições ou tempo para o fazer, e neles não voltou a tocar: encontramos aqui a lição *ne varietur* dos respetivos textos, ou seja, a forma que encontramos na última edição controlada pelo Autor. Ou seja, se o Autor desmembrou um livro para fazer novos, e assim os publicou, se reuniu num só vários livros publicados anteriormente, ou se anunciou a intenção de publicar um livro com uma dada constituição, mas acabou por o fazer de um outro modo, é sempre a última forma de cada um dos livros que deverá ser apresentada ao leitor, por muito que apetecesse fazer outra coisa; as outras terão que ser arrumadas em secção de aparato crítico.

Este comportamento filológico deverá considerar, também, a cronologia da última publicação: cada peça bibliográfica deve ser apresentada na ordem que lhe compete pela data da publicação, ou da última publicação, nos casos de reedição sob as vistas do autor, e não da escrita. Mesmo na situação, extrema, em que se passou meio século entre a data da composição e a da publicação – como acontece com os dois sonetos de *Vesperais*, que Nemésio afirma ter composto entre 1916 e 1918, mas que só publicou, reconstituindo-os de memória (como diz), em 1966, para comemorar o cinquentenário da publicação do seu primeiro livro (*Canto Matinal*, 1916), deles coetâneo.

Quem editar Nemésio não poderá nunca esquecer que ele foi, também, editor – de si próprio, e de outros. Ele não foi, com certeza, o filólogo convencional, esculpido e erodido pelo Romantismo – um dos mais tardios exemplos do saber global, o laborioso autor de edições críticas, o manuseador de métodos e técnicas ecdóticas, o cotejador de manuscritos e impressos dos textos, o fixador de testemunhos, quantas vezes volúveis, de identidade cultural. Ele foi, antes, um filólogo suave, amante das palavras e dos que bem as usam tornando-as em literatura, preocupado com aquele «mistério da Poesia» que «coincide», como ele próprio escreveu, «com o que um filólogo, meu mestre, Carolina Michaëlis de Vasconcelos, cientificamente nos ensinava em Coimbra sob a poética rubrica de *O Milagre do Verbo*» [NEMÉSIO, 1961; DUARTE, 2006: 124] – o milagre que, pelas mãos de Almeida Garrett, já em 1946 maravilhava um Nemésio acabado de sair do *Mau Tempo no Canal* e se preparava para a *Festa Redonda*:

> Não esqueçamos que foi Garrett o primeiro escritor que se atreveu a exprimir em discurso português matizes sentimentais e gostos mundanos que apelavam para vocábulos bàrbaramente requintados: *desapontar* e *desapontamento*; uma rapariga que serve de «*chaperão*» a outra; uma rua «*fashionavel*»; a cor «*scabieuse*» de um roupão («em dialecto da rua Vivienne»). E «*flirtar*»! sobretudo «flirtar»! – que as *Viagens na Minha Terra* são isso: um *flirt* do «divino» Garrett com Portugal e a Poesia. Um dos reis do vernáculo ensinar que o estrangeirismo também é português quando vivo, – como o provincianismo, o arcaismo e o tecnicismo são benvindos quando vivos e exactos também! [NEMÉSIO, 1946: XXV-XXVI]

Um filólogo discreto, que dedicou muito do seu labor a reeditar autores como, além de Garrett, Herculano – de quem também foi editor primeiro e editor crítico [NEMÉSIO, 1934; 1944] –, Bocage, Camilo, Júlio Dinis ou Gomes Leal, e que por isso olhamos com naturalidade quando assume, perante os seus próprios livros, comportamentos de editor crítico – não tanto na discussão e decisão sobre lições textuais em processo de génese (Nemésio foi mais um filólogo de impressos do que de manuscritos), mas sobretudo no que diz respeito à definição de uma «arquitetura» para o conjunto da sua obra poética, tal como gostaria que fosse vista pelo leitor. Essa preocupação acompanhou Nemésio até ao fim da vida – e se, na generalidade dos casos, ele acabou por não concretizar os projetos de rearrumação dos poemas que ao longo dos anos fora elaborando e mesmo anunciando, é porque terá entendido que essa não era matéria pacífica, que os resultados poderiam não ser satisfatórios; enfim, que se tratava de decisões de grande responsabilidade, na medida em que não deixariam de afetar o modo como os leitores lhe tomariam a obra. Ou, simplesmente, porque não lhe apeteceu.

Quando decidiu organizar a sua poesia completa – com *Poesia (1935-1940)* [NEMÉSIO, 1961], onde reuniu os livros *La voyelle promise* (1935), *O Bicho Harmonioso* (1938) e *Eu, comovido a Oeste* (1940) –, o Autor já tinha publicados mais quatro livros de poesia e, no prefácio que a pedido dos editores escreveu para esta edição conjunta dos seus três primeiros livros de poesia importantes, «Prefácio: Da Poesia», de que já fiz citação, dá-nos informações preciosas acerca do que pensava da poesia que até então publicara, e da maneira como encarava a sua organização num cenário de «poesias completas».

Com efeito, a inteligência que neste importante texto doutrinal nos deixa acerca das reflexões, dos gestos e do trabalho, autorais, de rearrumação de poemas dentro dos livros, e de poemas entre livros, leva-nos a desconfiar que Nemésio olharia para as suas obras poéticas, passados alguns anos sobre as primeiras edições, com uma interessante perspetiva filológica e editorial – que ele define, com alguma bonomia, quando afirma:

> Somos responsáveis de nós mesmos, até no que nos atrasa ou desfigura o pobre perfil presunçosamente julgado definitivo e apurado. [NEMÉSIO, 1961; DUARTE, 2006: 123]

Vitorino Nemésio tinha uma lúcida noção da efemeridade que no fundo carateriza a afirmação de definitivo que é cada publicação de um livro; mas também entendia que cada gesto de alteração de um desses definitivos poderia também ser, ela própria, efémera – apesar dos efeitos que pudesse provocar junto dos leitores. O que, compreensivelmente, o levou a hesitar entre manter lições e estruturas de livros que lhe mereciam algumas dúvidas, mas que já se encontravam consagradas pela tradição, e alterá-las sem que tivesse bem claras quais seriam as consequências. Embora também entendesse, com muita clareza, que o «milagre poético» transcende o livro que leva o poema até ao leitor, que se continua na negação de qualquer tentativa de definitivo, que é sempre ao poeta que cabe a tarefa de fornecer a chave que abre «as portas da poética intimidade» exposta nos seus textos:

> Decerto, a estética dominante vê no poema um mundo concluso e autónomo de configuração e de sentido. [...] Quando [ao poeta] lhe não seja lícito retocar a «táxis» do que, como aos mais decifradores, lhe é proposto sob o *ne varietur* da edição, verdadeiro *nec plus ultra* que inexoravelmente comina os exploradores ousados à entrada do continente poético, ninguém lhe pode tirar o privilégio eventual de uma descoberta mais certeira de realidades dele saídas. [NEMÉSIO, 1961; DUARTE, 2006: 116-117]

Ao definir aquilo que poderíamos designar como a sua poesia canónica, Nemésio estabelece uma distinção clara entre a poesia da juventude (supõe-se que até 1935, embora só se conheçam poemas publicados até 1930) e a da maturidade (a partir de 1935). De facto, quando enumera as suas publicações juvenis, Nemésio apenas refere

> dois livritos não propriamente precoces, senão precipitados: *Canto Matinal* (1916) e *Nave Etérea* (1923). Destas coisas que se estampam no ímpeto da adolescência, sem critério. *Nugæ* – como dizia Petrarca[56] [NEMÉSIO, 1961; DUARTE, 2006: 123],

---

[56] *Nugæ*, nugas, coisas sem importância: assim se referia Petrarca à parte da sua poesia que considerava ligeira; a expressão foi originalmente utilizada por Catulo para designar os *carmina* 1-60 do seu *Liber*.

ignorando, provavelmente por querer, o folheto *A Fala das Quatro Flores* (1920), o «livro» *Sonetos para Libertar um Estado de Espírito Inferior* (título que dá cobertura a um conjunto de seis sonetos publicados em 1930 na *presença*, n.º 29), e mais um conjunto de sete outros poemas publicados dispersamente, entre 1922 e 1930, em jornais e revistas, incluindo mais dois sonetos na *presença* (n.º 27); e quando se refere aos três livros que reúne em *Poesia (1935-1940)*, Nemésio não resiste a comparar «estas três obras poéticas às quatro que assinei posteriormente» – *Festa Redonda* (1950), *Nem Toda a Noite a Vida* (1952), *O Pão e a Culpa* (1955) e *O Verbo e a Morte* (1959). [NEMÉSIO, 1961; DUARTE, 2006: 123]

É importante que fixemos aquelas que me parecem ser as três ideias principais – a que eu chamarei ideias-âncora – expressas por Nemésio no que diz respeito à organização da sua poesia: a primeira destas ideias é que há uma poesia de juventude, respeitável mas imatura; a segunda é que há três livros, esses sim já da maturidade, que ele próprio reúne sob a mesma capa e com o título genérico de *Poesia (1935-1940)*, apesar de já ter entretanto publicado mais quatro; e a terceira é que, não dizendo embora que tencionava reunir os últimos quatro livros num segundo volume da Poesia – digamos, *Poesia (1950-1959)* –, Nemésio separa-os claramente dos três livros anteriores, ao que não será alheio o facto, não desprezível quando se trata da reunião de livros sob um critério cronológico – como se vê pelos anos-baliza que integram o título *Poesia (1935-1940)* –, de haver um intervalo de uma década entre *Eu, comovido a Oeste* (1940) e o livro que se lhe seguiu, *Festa Redonda* (1950). De resto, um dos critérios que Nemésio aponta para a reunião de *La voyelle promise*, *O Bicho Harmonioso* e *Eu, comovido a Oeste* num só volume, é, conjugado com o conteúdo, o critério cronológico: ele próprio reconhece que os temas fundamentais da poesia que até então publicara, embora só tivessem conquistado «um estilo poético amadurecido no pequeno livro em questão [*Eu, comovido a Oeste*]», já se vinham esboçando «nas duas recolhas anteriores [*La voyelle promise* e *O Bicho Harmonioso*], cujos poemas são, em parte, do mesmo tempo» [NEMÉSIO, 1961; DUARTE, 2006: 123].

No entanto, Vitorino Nemésio continuou a publicar livros isoladamente – *O Cavalo Encantado* (1963), *Canto de Véspera* (1966), *Vesperais* (1966), *Poemas Brasileiros* (1972), *Limite de Idade* (1972) e *Sapateia Açoriana, Andamento Holandês e Outros Poemas* (1976) – que constituirão, mimeticamente, o volume *Poesia 1963-1976* [DUARTE, 2009]; a projetar novas edições, como se sabe (desde 1973) que tencionava fazer com *Festa Redonda*, e a falar (em 1976) numas «possíveis Obras Poéticas» onde os poemas de determinado livro «se distribuirão de outro modo»; e a preparar outros livros – como *Caderno de Caligraphia* –, sem que se lhe conheça qualquer outra afirmação concreta relativamente à reunião da sua poesia num contexto de «obra completa».

A ideia de organizar livros definidos por balizas cronológicas, usada pelo Autor em 1961, continua a fazer sentido para a totalidade da sua obra poética. Com efeito, se olharmos para a sequência dos sete livros de poesia que Nemésio tinha publicados em 1961, verificamos que existe um intervalo de carência (ou seja, um período durante o qual o autor não publicou qualquer livro de poesia) de quatro anos entre a última das *nugæ* e *La voyelle promise* (e é neste intervalo que o poeta assenta aquilo que separa «as coisas que se estampam no ímpeto da adolescência, sem critério» e o primeiro dos seus livros «que leva um mínimo de conseguimento»), e um outro de nove anos entre *Eu, comovido a Oeste* (que é por excelência o livro que, nas palavras do Autor, «desenha o que se possa chamar o meu pensamento poético, com os temas coerentes e reiterados da busca do sentido da existência pela representação do passado»[57], e

---

[57] Citações, sempre, de «Da Poesia» [NEMÉSIO, 1961: 123; DUARTE, 2006: 115-124].

talvez por isso adequado para marcar a abertura de um intervalo) e *Festa Redonda*.

Estes intervalos de carência de publicação de livros de poesia não serão despiciendos, e deverão ser vistos tendo em conta aspetos como a carreira profissional de Nemésio e a sua dedicação a outras obras, de outros géneros. Com efeito, o intervalo de carência anterior a *La voyelle promise* corresponde, por grosso, ao período de 1931 a 1934, durante o qual Nemésio preparou e defendeu a sua tese de doutoramento (*A Mocidade de Herculano até à Volta do Exílio*, 1934), tarefa que, como escreveu numa carta a Miguel de Unamuno (21 de junho de 1934), o trazia muito absorvido:

> Ando todo absorvido pelo doutoramento, pela miséria que são as provas gerais, dissertativas e eminentemente inúteis que devem acompanhar a defesa da tese. (...) Só tenho pena de que a faleixa da erudição, obrigatória em livros destes, me não deixasse escrever um livro meramente interior. Fiz o que pude. [DE DIOS, 1978: 415]

Por sua vez, o longo intervalo de carência que se seguiu a *Eu, comovido a Oeste* corresponde a um período de intensa atividade ensaística, mas sobretudo de ficção literária, durante o qual Nemésio compôs e publicou a sua *opera maxima* romanesca, *Mau Tempo no Canal* (1944), bem como os contos de *O Mistério do Paço do Milhafre* (1949) que, pela temática (o homem do povo, «narrador de contos e de 'causos'»: «O Aldino e o João Grande foram os primeiros romancistas do meu conhecimento; a Mariana da Areia o primeiro poeta em que aprendi» [NEMÉSIO, 1949: 9] de certo modo anuncia o ambiente de *Festa Redonda*.

Mas, no que diz respeito a uma eventual *Obra Poética* nemesiana, apenas temos um dado concreto e palpável: o primeiro e único volume por ele mesmo preparado – *Poesia (1935-1940)* –, separando dois grupos de livros ou poemas dispersos publicados – um primeiro grupo, constituído pelos livros e poemas dispersos publicados entre 1916 e 1930 (as tais *nugæ*), e um segundo grupo, que são os quatro livros da década de 1950 – e cujo destino, neste contexto, desconhecemos: tencionaria o Autor recuperar os poemas de juventude, integrando-os na sua *Obra Poética*? Ou, mesmo, tencionaria Nemésio continuar com o seu projeto de *Obra Poética* – quando sabemos que, depois de 1961 e até à sua morte, continuou a publicar livros isolados, indo mesmo ao ponto de projetar (1973) uma nova edição de *Festa Redonda*[58], e de ainda em 1976, como já foi referido, falar numas «possíveis Obras Poéticas» onde os poemas de determinado livro «se distribuirão de outro modo»?

Estas dúvidas filológicas são particularmente importantes, na medida em que refletem uma das mais clássicas e documentadas caraterísticas do processo genético do texto literário e, em muitos casos, das suas tradições editoriais: a dúvida. Do autor, acerca da forma com que há de dar à luz o seu texto, ou se o há de aceitar por definitivo (ou não) mesmo depois, quantas vezes anos depois, de o ter publicado e de ele ter feito o seu caminho pelo meio da floresta de enganos que são os leitores; e do editor, acerca do modo como há de interpretar as dúvidas que o autor sentiu e de alguma maneira exprimiu, mas que por alguma razão não resolveu.

No seu labor filológico aplicado à sua própria obra, Nemésio assume a condição de autor que põe e dispõe acerca dos seus livros: reconfirma decisões anteriores, e anuncia intenções de caráter editorial. Tomemos como exemplo *Nem Toda a Noite a Vida* (1952), que o autor viria a desmembrar efetivamente, mais tarde, para construir outros livros: os «Nove Poemas da Bahia», reunidos aos poemas de *Violão de Morro* (1968), passaram a integrar uma outra tradição,

---

[58] Veja-se mais atrás o prefácio que para tal reedição preparou e que até agora se mantinha inédito.

vindo a terminar o seu percurso, já na companhia também de *Ode ao Rio*. *ABC do Rio de Janeiro* [NEMÉSIO, 1965] e de um outro poema também oriundo de *Nem Toda a Noite a Vida*, «No Cemitério de Santa Efigénia de Ouro Preto», no livro *Poemas Brasileiros* [NEMÉSIO, 1972a] –, como anuncia uma outra que não chegaria a concretizar integralmente: dos onze poemas que na primeira edição de *Nem Toda a Noite a Vida* constituíam a secção XÁCARAS E CANTIGAS, oito foram retirados na segunda edição («Xácara de D. Sebastião», «Xácara de Rosa e Narciso», «Xácara da Embarcação», «A Filha do Assassino», «A José da Lata, cantador e pastor da Ilha Terceira», «Cantigas de Pastores», «Janeiras» e «Cantigas de Amigo ao Pinheiro»), destinados que estavam a emigrar, levando com eles o título do conjunto, para uma nova edição de *Festa Redonda* – que ficaria por fazer. Entretanto, os restantes três poemas daquela secção («Cantigas de Coimbra», «Soneto Coimbrão» e «Fado do Terreiro da Péla»), reunidos a um («Campos do Mondego») dos onze que davam corpo à secção SONETOS, passaram a formar uma nova secção, VERSOS DE COIMBRA.

Assim, os oito poemas de XÁCARAS E CANTIGAS excluídos de *Nem Toda a Noite a Vida* por, na opinião do Autor, caberem melhor em *Festa Redonda*, acabariam por ficar em suspenso, e a intenção do Autor só viria a ser concretizada na edição de Fátima Freitas Morna [MORNA, 1989]. Mas a forma que *Nem Toda a Noite a Vida* deverá guardar como *ne varietur* é aquela que Nemésio lhe deu na segunda edição (1973) – tal como a de *Festa Redonda* deverá ser a da edição de 1950, primeira e única publicada em vida do Autor, com as XÁCARAS E CANTIGAS em apêndice.

Editar Nemésio é, também, editar-lhe as dúvidas filológicas, mas também – e sobretudo – aquelas que sobre o seu próprio trabalho verbalizou. E isso significa aceitar as suas propostas não concretizadas como isso mesmo: propostas não concretizadas, e, portanto, não concretizáveis. Até porque, nos livros que reeditou numa perspetiva de *Poesia Completa – La voyelle promise, O Bicho Harmonioso, Eu, comovido a Oeste*, reunidos em *Poesia (1935-1940)* –, Nemésio seguiu o caminho mais seguro: aceitou como *ne varietur*, apenas com ligeiras alterações, as lições das anteriores edições.

A partir daqui, falta-nos concretizar o segundo sentido do verbo «editar»: mostrar, fazer ver. Ou seja, tornar Nemésio naquilo que ele já é, espontaneamente – um Autor de leitura incontornável. Para isso, terá que haver uma verdadeira campanha que o torne apetecível às jovens gerações de leitores. Será essa, afinal, a grande maneira de o editar: porque a edição filológica, como já se viu, não passa de um ameno – ainda que trabalhoso – manuseamento das peças de um pequeno jogo de variantes. Ou um jogo de xadrez.

EPÍLOGO

Nada fica de nada. Nada somos.
Um pouco ao sol e ao ar nos atrazamos
Da irrespiravel treva que nos pesa
    Da humida terra imposta.
Leis feitas, statuas altas, odes findas –
Tudo tem cova sua. Se nós, carnes
A que um intimo sol dá sangue, temos
    Poente, porque não ellas?
O que fazemos é o que somos. Nada
Nos cria, nos governa e nos acaba.
Somos contos contando contos, cadaveres
    Addiados que procriam.

RICARDO REIS
Ode 168a

22
SOMOS CONTOS CONTANDO CONTOS

NUM MANUSCRITO AUTÓGRAFO o texto nunca vem só. Ou vem muito raramente: para além do texto em si, que é aquilo que mais de imediato nele buscamos, como se lhe fosse imanente – a ponto de, na prática, quase confundirmos as duas realidades –, no manuscrito autógrafo encontramos uma grande variedade de outras coisas que podem ser, no fundo, testemunhos (ainda que fragmentários) da *tecitura* de que o autor se socorreu para urdir o texto, ou que de alguma maneira a acompanharam. Falaremos de suportes *stricto sensu* (papéis, tintas, grafitos, colagens), de instrumentos (canetas, lápis, recortes de textos anteriores), de marcas de circunstância (manchas de comida ou bebida, dedadas), de notas deíticas (referências extratextuais do autor a si próprio, ao tempo e ao espaço em que se encontra), de traços caligráficos (que falam da velocidade da escrita, por exemplo, ou da escola, ou da época da alfabetização), de marcas de correção e de reescrita, de marcações para tipografia, mas também de textos preexistentes (nos casos de reaproveitamento de recortes de textos anteriores, agora reavaliados e recontextualizados), mesmo que alheios (que passam assim a ser glosados) – enfim, de todo o conjunto de informações, mais ou menos explícitas, mais ou menos objetivas, documentadas no manuscrito e que explicam, a quem isso possa interessar, as circunstâncias em que *aquele* texto, na forma que vem testemunhada *naquele* manuscrito concreto, foi efetivamente fabricado.

E que explicam, também, algumas das memórias que a ele estarão associadas.

São, assim, fios desta *tecitura* os papéis, as tintas, os lápis, os timbres dos papéis, as manchas de tinta, os sinais codificados, as rasuras, as referências deíticas, até mesmo as dedadas e as manchas de comida ou de bebida – tudo elementos que, não sendo linguísticos, são, pela informação que transportam ou que de alguma maneira sugerem, seguramente textuais, e no seu conjunto (harmónico, ainda que dissonante na aparência) formam aquilo a que poderíamos chamar – recorrendo à musicologia – a *tessitura* do manuscrito autógrafo: o sistema de todos os elementos do manuscrito que, sendo portadores de significado, dão testemunho da maneira como o autor organizou o texto que lá vem; ou seja, lhe deu *contextura* – dele fazendo o resultado de um mui diferenciado conjunto de circunstâncias que nele convergem.

Num manuscrito autógrafo o texto nunca vem só, também, porque faz parte da vida do autor – e ela faz-se de outras realidades que transcendem o texto: de pessoas, de memórias. Que, por sua banda, também raramente vêm sós: há coisas que por vezes as acompanham, objetos que lhes dão corpo, referência, toque. Sentidos. Uma pena de avestruz, uma flor seca, uma madeixa de cabelo, um palito com inscrições, um cartão de visita, uma fotografia, uma ementa de banquete, um suporte de copos de bar, um programa de concerto, um convite para jantar, um livro, um desenho, uma fotografia, um bilhete de autocarro – mil e mais uma coisas que, reavaliadas à luz do texto que o autor os fez acompanhar, passam, como o «homem do leme», a ser mais do que elas próprias.

E não vem só, ainda, porque às vezes o texto é uma reflexão sobre si próprio. Uma meditação sobre o fazer-se do texto: é isto o que eu quero?, consegui fazê-lo?, que passos mais vou eu dar em volta? Mas, não raro, é uma reflexão sobre o texto alheio: seria o caso do filólogo, também ele autor, que, ao interpretar as marcas do manuscrito autógrafo, interpreta uma narrativa; ou sobre elas reconstrói a sua própria narrativa – de que sairão como exemplos o famoso equívoco resultante da má interpretação de uma palavra obscura na *Fábula de Píramo y Tisbe*, de Luis de Góngora (uma confusão entre «tripe» e «tripas»), denunciado por Manuel de Faria e Sousa; ou o do soneto *Ananké*, uma sátira às comemorações camonianas de 1880, que a tradição, pela voz de alguém, atribuiu a Antero de Quental e que afinal é de Joaquim de Araújo; ou o dos *Cantos de Ledino*, de Teófilo Braga/Ernesto Monaci, desfeito por Carolina Michaëlis; ou o de um pseudo-heterónimo de Fernando Pessoa, um Coelho Pacheco, que afinal foi homem de carne e osso, como o revelou Maria Aliete Galhoz; ou ainda... ou...

A memória do que seja «tecido» está bem presente na palavra «texto»: cada texto é um tecido. É o resultado de um cruzamento entrelaçado de elementos linguísticos, uns que se espraiam no eixo do sintagma – que é, se quisermos, a linha onde se perfilam as regras da sintaxe –, outros que espreitam no eixo do paradigma – o conjunto das palavras do dicionário que em cada lugar aguardam que a inteligência do autor delas se aperceba e as escolha –, de onde finalmente sai o sentido que o texto – esse tecido de palavras escolhidas pelo autor e organizadas de acordo com as regras da gramática – comporta.

Não sabemos o que existe antes do texto. Mas, em muitos casos, o autor deixa-nos um arzinho do modo como a ele chegou, do seu trabalho no momento em que prepara as suas ferramentas e as dispõe na sua oficina de escrita: os seus borrões e rascunhos. Aí vemos, mais do que um *discurso* de texto, um *percurso* de busca: frases soltas, registos de ideias, listas de palavras... Apontamentos, notas informativas, listas de personagens... Planos, rascunhos, cenários desenhados... Tudo saído das mãos do autor: mãos que preparam.

As mãos fizeram o texto que o engenho criou. Está completo, mas não brotou das mãos do autor como se diz de Palas que terá saído, perfeita, da cabeça de Zeus. Não está acabado, e isso pode ver-se: há palavras que se trocam, frases que se deslocam, matérias de origem vária que se entrelaçam, se tecem, se conjugam. São as mãos do homem e da mulher – autores – que nos seus papéis fazem textos. Que neles crescem. E que a eles poderão regressar para corrigir, acrescentar, refazer, abandonar. Ou aperfeiçoar.

É um dos textos que o autor desejou. Um deles, talvez, porque outros terá havido antes, outros poderiam vir ainda, mas deste o autor não passou: vem depois – ou viria – a página impressa, o livro, o objeto pronto para ser consumido em outras mãos e lugares. Temos o texto acabado, não sabemos se terminado: as mãos do autor ainda o afeiçoam. Onde terminaria tal afeiçoar? Mas, aqui, em muitos casos, já temos marcas de mão alheia: mãos de corretor que verifica grafias, de editor que prepara a impressão, de leitor amigo que comenta, de tipógrafo que compõe o tecido de espaços e carateres que o leitor há de ler.

O texto já saiu das mãos do autor, circula por outras mãos. Ou para tal se prepara. Já é livro, produto, consumo. Mas o autor não se quer desfazer dele, a ele lhe regressam as mãos afeiçoantes. Porque apesar de ser já outro o tempo, outros os leitores, o autor já é outro também: ao texto regressa, e as mãos que prepararam, fizeram, afeiçoaram – agora, aqui e ali, refazem. Como se fosse um recomeço.

São as mãos do coração, a lembrar aquelas a que se referia Santo Agostinho:

> Quando aí estou, [nos palácios da memória] peço que me seja apresentado aquilo que quero: umas coisas surgem imediatamente; outras são procuradas durante mais tempo e são arrancadas dos mais secretos escaninhos; outras, ainda, precipitam-se em tropel e, quando uma é pedida e procurada, elas saltam para o meio como que dizendo: «Será que somos nós?» E eu afasto-me da face da minha lembrança, com a mão do coração, até que fique claro

aquilo que eu quero e, dos seus escaninhos, compareça na minha presença. Outras coisas há que, com facilidade e em sucessão ordenada, se apresentam tal como são chamadas, e as que vêm antes cedem lugar às que vêm depois, e, cedendo-o, escondem-se, para reaparecerem de novo quando eu quiser. Tudo isto acontece quando conto alguma coisa de memória. [Santo AGOSTINHO, *Confissões*, X, VIII, 12]

Porque, ao fim e ao resto, quer seja dentro ou fora dos Palácios da Memória, todos nós – filólogos – *somos contos contando contos...*

* * *

... E agora, após três décadas de intenso trabalho filológico, apetece-me fazer como a Alice de Lewis Carrol, passar para o outro lado do espelho, e por lá me deixar ficar ainda que dando, de vez em quando, uma espreitadela a ver o que se passa do lado de cá. Apetece-me, contando com a complacência dos outros, meditar um pouco sobre as marcas de vento que são as provas de vida deixadas pelo filólogo no seu trabalho sobre o trabalho alheio – e sobretudo sobre as dúvidas que, num incansável crescendo, se vão acumulando no meu cada vez mais vazio saco das certezas.

Durante toda a minha vida profissional convivi com os manuscritos alheios – e com um tão grande fervor que até me esqueci de construir os meus próprios. Mas, bem vistas as coisas, isso pouco interessa: mercê das cada vez mais implicantes tecnologias da informação, o mundo do manuscrito autógrafo é um mundo perfeito, porque terminado; definido, porque se não renova; passivo, porque temos cada vez mais a certeza de que sobre ele temos cada vez menos para dizer.

APÊNDICE

Breviário de Termos da Crítica Textual

Abreviatura. Modo de grafar determinadas palavras ou segmentos de palavra com omissão de certas letras, com o objetivo de poupar tempo e espaço; as abreviaturas podem ser *fixas* (quando há uma correspondência exclusiva entre um determinado sinal e uma palavra ou segmento; exemplo: 9- > con-, 9tra > *con*tra; –⁹ > -us, -os, fezem⁹ > fezem*os*) ou *contextuais* (uma *ligadura* colocada por cima do local da sílaba tónica, omitida, de uma palavra, é suficiente para descodificar a palavra no seu conjunto; exemplo: aq̃les > aq*ue*les; clr̃co > cl*er*ico).

A quo. Expressão usada para marcar a data a partir da qual ocorreu o acontecimento em causa (por exemplo, a composição de um texto).

Acrescento. Inserção, na entrelinha ou nas margens, de elementos textuais no texto já escrito [DUARTE, 1985; 1993a]. Expansão sintática e semântica por inserção de palavras, sintagmas ou frases suplementares [GRÉSILLON, 1994].

Ad quem. Expressão usada para marcar a data antes da qual ocorreu o acontecimento em causa (por exemplo, a composição de um texto).

Adiamento. Processo autoral de eliminação de um elemento textual que mais tarde é recuperado noutro contexto; trata-se de uma interrupção da escrita inicial, seguida de uma mudança de rumo e, mais tarde, de uma retomada do que fora interrompido; ocorre em curso de redação [DUARTE, 1985; 1993a].

Alógrafo. **[1]** Nos manuscritos medievais, é cada uma das variantes gráficas combinatórias e dependentes do contexto, utilizadas pelos copistas e escribas para representarem o mesmo grafema. **[2]** Em crítica textual, é um texto manuscrito por outra mão que não a do autor; opõe-se a *autógrafo* e relaciona-se com *apógrafo*.

Alternativa. Várias soluções concorrentes ao mesmo lugar do texto; quando nenhuma delas foi explicitamente recusada pelo autor, temos alternativas não resolvidas.

Anotação (*Annotatio*). Numa edição crítica, constitui obrigatoriamente o registo e a justificação de todas as intervenções críticas do editor; em alguns tipos de edição, contém ainda comentários interpretativos sobre os conteúdos do texto.

Annotatio. *Ver* **Anotação.**

Aparato crítico. Parte de uma edição crítica que contém a história da génese, as notas que justificam as opções pontuais de estabelecimento do texto, a lista classificada de variantes, extratos de outras versões do texto, etc. [GRÉSILLON, 1994]. Deve indicar do modo mais completo possível qualquer elemento útil para a reconstrução do manuscrito original do autor [FRÄNKEL, 1964].

Aparato genético. Parte de uma edição crítico-genética que contém a história da génese, notas explicativas do estabelecimento do texto, aparato de variantes, extratos de outras versões do texto, etc. [GRÉSILLON, 1994].

Apógrafo. Cópia feita a partir de um original de autor; por extensão, qualquer cópia de um texto feita ao longo da tradição. Relaciona-se com *alógrafo* **[2]**.

Arquétipo. Exemplar de uma *tradição* que deu origem à primeira ramificação representada no *estema* [MAAS, 1927]. É o objeto reconstruído, ou seja, o antepassado comum à tradição inteira, embora diferente do original porque já corrompido [CONTINI, 1986].

Autógrafo. Manuscrito da mão do autor do texto; opõe-se a *alógrafo* **[2]**.

Bédierista (método). Desenvolvido por Joseph Bédier [BÉDIER, 1928] como reação ao *método lachmaniano* para determinar o testemunho que servirá de base à edição, opta por editar do conjunto da tradição, em vez de um arquétipo reconstituído, um ou mais testemunhos únicos que sejam bons.

Bibliografia crítica. *Ver* **Bibliografia material.**

Bibliografia material (Bibliografia crítica). Disciplina que estuda o livro impresso enquanto objeto material (suportes, técnicas de impressão, etc.), enquanto objeto histórico (traçando a história da tipografia nas suas três fases: inicial, segunda metade do século XV; manual, de 1501 a 1800; e mecânica, de 1801 a 1950), e enquanto objeto cultural (produção, circulação e função social) [GASKELL, 1972]. Considerada por Greg como «a ciência da transmissão material dos textos literários», a que chama *bibliografia crítica*, esta disciplina está para o livro impresso como a *codicologia* para o livro manuscrito e a *manuscritologia* para o manuscrito moderno.

Bifólio. Suporte de escrita obtido a partir de uma folha (ou fólio) dobrada.

Cabeceira de página. Margem superior da página.

Caderno. Bifólio, ou grupo de bifólios dispostos por encasamento ou por encarte, que entram na constituição de um livro; um caderno é *bínio* se constituído por 2 bifólios, *terno* se por 3, *quaterno* se por 4, *quínio* se por 5, etc. [NASCIMENTO; DIOGO, 1986]. A designação sugere que o caderno tradicional seria composto por 4 bifólios.

Campanha de correção. Processo de correção autógrafa conduzida sistematicamente do princípio ao fim do texto e revelando uma certa unidade de tempo; pressupõe uma releitura geral do texto já escrito, produz uma cascata de correções numa sequência coerente, e representa um momento genético próprio. Relaciona-se com *campanha de escrita*.

Campanha de escrita. Operação de escrita correspondendo a uma determinada unidade de tempo e de coerência textual; após uma interrupção, pode iniciar-se uma nova campanha de escrita, que frequentemente implia uma reescrita. Relaciona-se com *campanha de correção* [GRÉSILLON, 1994].

Codex unicus. Ver **Testemunho único**; funciona em oposição a *codices plurimi*.

Códice. Livro manuscrito organizado em cadernos solidários entre si por cosedura e encadernação [NASCIMENTO; DIOGO, 1986]. Historicamente, situa-se entre o *volumen* ou rolo e o livro impresso.

Codices plurimi. Designa a situação mais frequente na tradição de um texto: a existência de vários testemunhos, manuscritos ou impressos; funciona em oposição a *codex unicus*.

Codicologia. Disciplina que estuda o códice enquanto objeto material, numa perspetiva técnica (suporte, tinta, letra, constituição e organização dos cadernos, encadernação, etc.), histórica (reconstituição do seu processo de constituição) e cultural (a sua utilização) [GLISSEN, 1977]. Ocupa, para o livro manuscrito antigo, o lugar da bibliografia material no que diz respeito ao livro impresso. Aplicada ao manuscrito moderno enquanto objeto material e histórico, recebe a designação de *manuscritologia*.

Colação (*Collatio*). Processo de comparação entre todos os testemunhos de um texto, com o objetivo de definir e inventariar todas as variantes relativas neles registadas. Esta operação é necessária para a constituição do processo genético (quando aplicada a testemunhos autógrafos) ou do estema (no caso de tradições), e para a organização dos cadernos (em bibliografia material).

Collatio. Ver **Colação**.

Cólofon. Fórmula que encerra um texto, contendo normalmente o agente, o local e a data da cópia (manuscrita ou impressa).

Confirmação (marca de). Sinal aposto pelo autor a uma determinada lição anteriormente em situação de alternativa a outras, nos seus manuscritos ou impressos autografados, indicando que se decidiu por ela.

Conjetura. Lição introduzida no texto pelo editor, com o objetivo de preencher uma lacuna ou de eliminar uma forma que considera errada; normalmente é feita em situação de testemunho único, e deverá ser assinalada em aparato. Define-se pelo seu caráter dubitativo.

Conjetura (correção por). Ato de reconstruir uma lição, sem apoio em testemunhos, destinada ao preenchimento de uma lacuna ou à emenda de um erro presente na tradição [APL, 1990]. Também se diz *emendatio ope ingenii* e *divinatio*.

Conjetural (método). Método desenvolvido na Antiguidade Grega para fixar os textos homéricos a partir de tradições orais, está na base da crítica textual tradicional e moderna; consiste em o crítico se aperceber de que há algo que não está bem, detetar o erro e adivinhar a correção que é necessário introduzir. Para controlar os fatores subjetivos de tal operação, a lição que é posta em causa é examinada na sua relação de adequação ao contexto, ao *usus scribendi* e às regras da gramática e do género em uso.

Constitutio textus. Objetivo da crítica textual, é a reconstituição de um texto que se aproxime o mais possível do original [MAAS, 1927].

Contrafação (*Contrafactio*). Edição ilícita de um livro, feita à margem do seu autor ou do editor que detém os direitos, com intuitos fraudulentos.

Contrafactio. Ver **Contrafação.**

Cópia. Reprodução de um texto, pela mão do autor ou de um copista, constituindo um novo testemunho. Quando feita por mão alheia, contém particularidades apenas explicáveis por interpretação errada de uma informação do modelo, e ainda todos os erros deste mais alguns específicos [CONTINI, 1986].

Copista. Agente que executa transcrições manuscritas de textos; o termo aplica-se geralmente aos artífices do livro antigo, e por vezes coincide com *escriba*.

Copy-text. *Ver* **Texto-base.**

Correção (*Correctio; Emendatio*). Operação de emenda feita por um revisor (no caso de cópias manuscritas), ou por um editor crítico (nas edições), com vista a expurgar o texto de erros, lacunas ou acrescentos nele introduzidos por outrem (nos testemunhos da tradição), ou de erros óbvios da responsabilidade do próprio autor (nos autógrafos).

Correção de autor. Alteração introduzida pelo autor no seu manuscrito, com vista a melhorá-lo; a lição anterior e a nova constituem variantes de autor.

Correctio. *Ver* **Correção.**

Correctio ex libro. Operação de corrigir um texto com base num testemunho autorizado (no caso de tradições) ou no original do autor (quando disponível).

Critérios de transcrição. Conjunto das regras e procedimentos adotados na transcrição de um texto (ortografia, capitalização, pontuação, etc.), que devem ser devidamente descritos e justificados.

Crítica textual. Disciplina que tem por objetivo reproduzir o texto na forma do original ou equivalente (*constitutio textus*), eliminando para isso as intervenções espúrias da tradição (quando se trata de textos antigos), ou, nos casos em que existem autógrafos (textos modernos), na forma que é definida pelo crítico como representando melhor a vontade do autor [RONCAGLIA, 1975]. A sua função consiste em seguir para montante a linha de transmissão de um texto, partindo de um testemunho existente, e tentar restaurá-lo de uma forma o mais próxima possível da que ele teria no manuscrito do autor [GASKELL, 1972].

Crítica textual genética. Crítica textual aplicada a complexos de manuscritos autógrafos (notas, esboços, versões transitórias, cópias a limpo e texto definitivo), com o objetivo de estudar e determinar o processo de génese do texto neles contido, dando-se especial atenção aos aspetos materiais que a documentam (marcas de manipulação autógrafa).

Crítica textual moderna. Modalidade da crítica textual aplicada a textos com original disponível, com o objetivo de o editar, corrigindo, se for o caso, os erros introduzidos na tradição impressa.

Crítica textual tradicional. Modalidade da crítica textual aplicada a textos com original ausente, com o objetivo de o reconstituir, eliminando os erros introduzidos na *tradição*; o adjetivo «tradicional» justifica-se por se aplicar a textos que chegaram até nós apenas através de tradições de testemunhos manuscritos ou impressos.

Crítica verbal. Expressão usada sobretudo por Louis Havet [HAVET, 1911] para designar o conceito corrente de *crítica textual*. Em desuso.

Crux interpretum. Sinal (†) utilizado numa edição para indicar uma lição ilegível ou uma lacuna que o editor não é capaz de reconstituir.

Datiloscrito. Testemunho datilografado de um texto, estabelecido pelo autor (caso em que integra a área do autógrafo), ou por outra pessoa (um copista).

Decifração. Operação de leitura, através da qual o crítico descodifica a letra do manuscrito e todas as indicações nele deixadas pelo autor, pelo copista, pelo revisor ou por qualquer outro interveniente no processo genético e histórico do manuscrito.

Descrição material. Operação de identificação sistematizada das caraterísticas materiais de um testemunho, indicando se se trata de autógrafo ou não, o aspeto e condições gerais do suporte e da mancha escrita, o instrumento de escrita utilizado, etc.

Deslocamento. Processo de transferência de um elemento textual de um lugar do enunciado para outro, por avanço ou por recuo; por princípio, desencadeia transformações nos contextos (o antigo e o novo) [DUARTE, 1985; 1993a].

Diplomática. Disciplina que estuda os manuscritos solenes e fontes documentais (*diplomas*). O termo foi criado em Paris, nos finais do século XVII, por Dom Jean MABILLON (1681).

Ditografia. Repetição mecânica não apercebida, num dado testemunho, de um elemento anteriormente escrito; verifica-se, por vezes, na sequência do virar da página, acontecendo que a última sílaba ou letra da página anterior se repete na seguinte, e poderá ter a ver com a velocidade da escrita.

Divinatio. Ação de reconstituir um original por conjetura (correção de um erro evidente), a partir de uma tradição não original [MAAS, 1927].

***Dossier* genético.** *Ver* **Processo genético.**

Dubitação (marca de). Sinal aposto pelo autor a determinadas lições, nos seus manuscritos ou impressos autografados, indicando que tem dúvidas sobre a sua adequação ou que pretende substituí-la.

Ecdótica. Termo cunhado por Henri Quentin [QUENTIN, 1926] para designar o conceito comum de *crítica textual*, termo mais vulgarizado; as duas designações coexistem.

Edição. [1] Qualquer cópia impressa de um livro feita a partir da mesma composição tipográfica; inclui todas as impressões, tiragens e estados resultantes de uma composição [GASKELL, 1972]. [2] Conjunto de operações filológicas necessárias para preparar um texto inédito, ou édito mas a necessitar de ser revisto, para ser publicado.

Edição anastática. Técnica usada, sobretudo durante o século XIX, para reprodução de impressos (e também de manuscritos, neste caso com consequências desastrosas para o modelo) através de processos químicos (uma solução de ácido nítrico é aplicada na página a reproduzir, sendo esta em seguida pressionada sobre uma placa metálica que passa a constituir uma *matriz* litográfica) [GASKELL, 1972].

Edição crítica. Reprodução do texto do autógrafo (quando existente), ou do texto criticamente definido como mais próximo do original (quando este não existe – *constitutio textus*), depois de submetido às operações de recensão (*recensio*), colação (*collatio*), constituição do estema com base na interpretação das variantes (*estemática*), definição do testemunho base, elaboração de *critérios de transcrição*, e de correção (*emendatio ope codicum* ou *emendatio ope ingenii*). Todas estas operações devem ser devidamente justificadas e explicadas (*annotatio*), e todas as intervenções do editor, com realce para as lições não adotadas (do original ou dos testemunhos da tradição) devem ser registadas no *aparato crítico* [BLECUA, 1983].

Edição crítico-genética. Edição que combina os objetivos e os métodos da edição crítica e da edição genética: por um lado, reproduz o texto que o seu responsável considera criticamente como contendo a última vontade do autor, registando todas as intervenções do editor e, no caso de textos já publicados e que originaram tradição, elaborando um aparato de variantes da tradição; por outro lado, faz a recensão de todos os manuscritos relacionados com o texto, classifica-os, organiza-os e descreve-os, e regista em aparato genético as sucessivas alterações autorais, lugar a lugar e testemunho a testemunho, utilizando para isso um dispositivo técnico que permite ao leitor reconstituir a génese do texto, e eventualmente, no caso em que o texto não foi claramente acabado pelo autor, fazer escolhas diferentes das apresentadas pelo editor no que diz respeito à adoção de cada uma das variantes alternativas.

Edição diplomática. Reprodução tipográfica rigorosa da lição de um testemunho, conservando todas as suas caraterísticas (erros, lacunas, ortografia, fronteiras de palavra, abreviaturas, etc.). Também se diz *edição paleográfica*.

Edição facsimilada. Reprodução obtida por meios mecânicos (litografia, fotografia, fototipia, etc.) de um texto manuscrito, impresso, gravado ou esculpido, cujo testemunho se revela muito importante, do ponto de vista estético e filológico, e é de difícil acesso [APL, 1990]. Começou a ser feita com meios litográficos já no início do século XIX.

Edição genética. Edição que apresenta, sob forma impressa e na ordem cronológica do processo de escrita, o conjunto dos documentos genéticos conservados de uma obra ou de um projeto [GRÉSILLON, 1994].

Edição interpretativa. [1] Edição crítica de um texto de testemunho único; nesta situação, o editor transcreve o texto, corrige os erros por conjetura (*emendatio ope ingenii*), e regista em aparato todas as suas intervenções. [2] Edição de um texto de testemunho único, ou de um determinado testemunho isolado de uma tradição, destinada a um público não diferenciado; para além da transcrição e da correção de erros, o editor atualiza a ortografia e elabora notas explicativas de caráter geral.

Edição *ne varietur*. Edição que é suposto conter, na íntegra, a lição autoral, obtida a partir do original ou na sequência de uma edição crítica.

Edição original. *Ver* **Edição *princeps*.**

Edição paleográfica. *Ver* **Edição diplomática.**

Edição paradiplomática. Fundamentalmente, é uma edição diplomática na qual o editor intervém apenas no que diz respeito ao desenvolvimento das abreviaturas.

Edição *princeps*. Primeira edição, impressa, de um texto; também se usa a designação *edição original*.

Edição sinótica. Edição que reproduz, lado a lado, as lições de pelo menos dois testemunhos variantes, com o objetivo expresso de as comparar.

Édito. Texto publicado pelo próprio autor ou sob a sua orientação. Opõe-se a *inédito*.

Editor. Responsável por uma edição, de cujos direitos legais é detentor. Em crítica textual distingue-se do homónimo *editor*, responsável pela publicação e comercialização de um livro [APL, 1990].

Eliminação. Operação que consiste em pôr de parte elementos da tradição desprovidos de valor enquanto testemunhos, ou porque derivam exclusivamente de um exemplar conservado ou reconstituível sem o seu contributo (*eliminatio codicum descriptorum*), ou porque constituem lições presentes nos testemunhos mais afastados do arquétipo, e por isso mesmo inúteis para a reconstituição do original (*eliminatio lectionum singularium*).

Eliminatio codicum descriptorum. Ver **Eliminação**.

Eliminatio lectionum singularium. Ver **Eliminação**.

Emendatio ope codicum. Ver *Correctio ex libro*.

Emendatio ope ingenii. Ver **Conjetura (correção por)**.

Encadeamento dos testemunhos. Processo de relacionamento cronológico e de grau de parentesco entre os vários testemunhos (num processo genético ou numa tradição).

Entrelinha. Espaço em branco existente entre duas linhas de texto; nos manuscritos (sobretudo nos modernos, mas também nos antigos), este espaço é frequentemente usado para introduzir correções ou acrescentos ao texto escrito na linha. Designa-se entrelinha **superior** ou **inferior** consoante o autor escreve por cima ou por baixo da linha (neste caso quando a superior já se encontra preenchida).

Erro conjuntivo. Erro comum a dois ou mais testemunhos do mesmo texto e que estes nunca poderiam ter cometido se fossem independentes um do outro [MAAS, 1927]; a sua ocorrência pressupõe a existência de pelo menos um outro testemunho intermediário.

Erro paleográfico. Erro provocado pela má interpretação, por parte do copista, de uma determinada letra, sinal de abreviatura ou ligadura entre letras.

Erro separativo. Erro detetado num testemunho mas não em outro do mesmo texto, e que não poderia ter sido corrigido pelo copista, o que leva à conclusão de que se trata de testemunhos independentes entre si [MAAS, 1927].

Esboço. Manuscrito que contém uma forma ainda muito precoce do texto, mas prenunciando já a sua forma final.

Escriba. Agente que executa transcrições ou ditados manuscritos de textos; o termo aplica-se geralmente aos artífices do livro antigo, e por vezes coincide com *copista*.

Espaço gráfico. Espaço da página escrita sobre a qual se distinguem espaços em branco e significantes gráficos; o espaço gráfico de uma página impressa é o mesmo no interior de um livro; o de um maço de manuscritos pode variar de página para página [GRÉSILLON, 1994].

Espaço interlinear. *Ver* **Entrelinha**.

Estema (*Stemma codicum*). Esquema que representa a relação hierárquica dos testemunhos da tradição [MAAS, 1927]. Obtém-se depois de, feita a colação, se ter procedido ao encadeamento dos testemunhos e se ter definido a relação de conexão e de derivação entre eles. Num estema, os testemunhos conhecidos são representados por letras romanas e os desconhecidos e conjeturados por letras gregas.

Estemática. Registo, classificação e interpretação das variantes dos testemunhos da tradição, com vista a definir-se as relações hierárquicas (descendentes, ascendentes ou colaterais) entre eles, e a reconstituir-se o processo de transmissão; culmina no *estema*.

Examinatio. Operação que consiste em estabelecer se, numa tradição com dois ramos definidos a partir de duas variantes, uma destas ou nenhuma é original [MAAS, 1927].

Exemplar. Numa tradição, é qualquer testemunho que origina uma cópia; nesta situação, é o mesmo que *modelo*.

Explicit. Palavras ou fórmula que encerram ou anunciam o encerramento de um texto [MUZERELLE, 1985].

Fac-símile. *Ver* **Edição facsimilada.**
Filigrana. *Ver* **Marca de água.**
Filologia. Disciplina histórica cujo objetivo é a reprodução ou a reconstrução dos textos do passado, tendo em conta a sincronia e a diacronia, e os seus aspetos linguísticos e situacionais; culmina na *crítica textual* [CONTINI, 1986].

Folha. Suporte em papel, cujas faces se designam por «reto» e «verso», ambas sujeitas a numeração sequencial.

Folha de rosto. Folha do livro ou do caderno solto que apresenta, no reto, o título do respetivo texto. Também se designa por *frontispício, página de rosto,* ou *portada*.

Foliação. Numeração dos fólios de um códice, feita geralmente no canto superior externo do reto.

Fólio. Suporte em papel de formato variável cujas faces se designam *reto* e *verso*; na tradição do livro manuscrito, o fólio, de grande formato, foi dobrado em dois ou em quatro ou em oito (donde os *in folio, in quarto, in octavo*) antes de chegar ao formato de livro. Uma página manuscrita de uma coleção é identificável pelo número que figura no reto do fólio [GRÉSILLON, 1994].

Frontispício. *Ver* **Folha de rosto.**

Granel. *Ver* **Prova (tipográfica).**

Homeotelêuton. *Ver* **Salto de igual para igual.**

Ideógrafo. Texto de um manuscrito não autógrafo, mas revisto pelo autor [RONCAGLIA, 1975].

Impresso. Testemunho obtido por meios tipográficos, independentemente da sua estrutura: tanto pode ser uma folha solta como um caderno ou um livro.

Incipit. Início de um texto. O termo também é usado para referir um texto desprovido de título, aplicando-se às suas primeiras palavras, de que serve de exemplo a *Menina e Moça*, de Bernardim Ribeiro, tradicionalmente identificada pelas três primeiras palavras do texto.

Incunábulo. Livro impresso durante a fase inicial da tipografia (século XV – inícios do século XVI); dada a sua raridade e o caráter experimental da sua composição, constitui um objeto de grande valor no âmbito da bibliografia material.

Inédito. Em absoluto, qualquer texto não publicado; aplica-se normalmente aos textos não publicados em vida do autor. Opõe-se a *édito*.

Instrumento de escrita. Qualquer utensílio usado para escrever manualmente signos gráficos sobre um suporte: estilete, pena, pena de aço, qualquer tipo de lápis, esferográfica, etc.; a máquina de escrever e o computador são igualmente instrumentos de escrita.

Lachmaniano (método). Método de preparação e de composição de uma edição crítica que foi construído a partir dos trabalhos de Karl Lachmann. Os seus passos mais importantes consistem na recensão dos testemunhos, na construção de um estema a partir dos erros conjuntivos e separativos presentes na tradição, e na produção de um texto compósito, com base nos testemunhos mais autorizados (ou mais altos no estema). O objetivo é criar um processo quase mecânico de reconstrução do original, reduzindo ao máximo a subjetividade do editor [APL, 1990: «edição lachmaniana»].

Lacuna. Omissão de uma passagem textual detetada num dos testemunhos da tradição, devida ou a intenções de censura (do copista ou do revisor) ou de autocensura (do autor, nos manuscritos genéticos), ou a acidentes de cópia (uma das consequências do *salto de igual para igual*), ou ainda a aspetos relacionados com a conservação dos *suportes* (borrões de tinta, manchas de humidade, rasgões, desaparecimento de folhas, etc.).

Letcio difficilior. Lição que, pela sua estranheza linguística ou pela sua dificuldade geral, e quando contraposta a outras mais banais ou fáceis dadas por outros testemunhos para o mesmo lugar, é tida como a que tem maior probabilidade de ser a do original: pressupõe-se que, por ser rara e difícil, os copistas a tenham reproduzido com mais atenção, havendo assim uma tendência para conservá-la quer na tradição quer nas edições críticas. No entanto, Fränkel aconselha alguns cuidados na adoção do critério da *lectio difficilior*: «o que é realmente plausível: que a lição estranha, porque mais difícil, se corrompeu numa mais fácil, ou que pelo contrário a lição estranha é difícil porque corrompida?» [FRÄNKEL, 1964].

Lectio facilior. Lição errada resultante da reinterpretação de uma lição menos comum por analogia com outra mais comum e que lhe é semelhante na forma. Por exemplo, *eteridade > eternidade*.

Letra caligráfica. Usada nos manuscritos destinados a circulação, carateriza-se por as letras (latinas) serem desenhadas como minúsculas (a partir do século VII) e uma a uma, sem ligadura entre elas. Entre vários tipos de letra caligráfica, existem a letra *insular* (das ilhas britânicas), a *anglo-saxónica*, a *merovíngia* (dos Francos), a *carolíngia* (séculos VIII-IX), a *romana* (*littera romana*, usada na cúria papal, em oposição à letra carolíngia), a *gótica*, a *visigótica hispânica*, e a *humanista* (*circa* 1400) [JACKSON, 1981].

Letra cursiva. Usada primeiro nos meios notariais, carateriza-se por as letras serem encadeadas e existirem ligaduras entre elas;

normalmente era utilizada apenas em manuscritos de circulação restrita.

Lição. Conteúdo de um lugar do texto em qualquer dos seus testemunhos; pode ser *substantiva* (palavras ou frases) ou *adjetiva* (sinais de pontuação e capitalização, por exemplo).

Lição adjetiva. *Ver* **Lição.**

Lição substantiva. *Ver* **Lição.**

Lugar de variação. Qualquer lugar textual onde é recenseada uma lição variante entre testemunhos.

Manuscrito autógrafo. Manuscrito composto pelas mãos do próprio autor.

Manuscrito definitivo. Última versão de um processo de elaboração textual e como tal considerada pelo autor. Relaciona-se com *nível final*.

Manuscrito eletrónico. Texto escrito pessoalmente pelo autor utilizando instrumentos e suportes eletrónicos (processador de texto, disco magnético, *pens*, etc.).

Manuscrito moderno. Termo reservado aos manuscritos que fazem parte de uma génese textual atestada por vários testemunhos sucessivos e que manifestam o trabalho de escrita de um autor; ao contrário do manuscrito antigo, que tinha por função, como o livro moderno, assegurar a circulação dos textos, o manuscrito moderno é normalmente um escrito-para-si [GRÉSILLON, 1994].

Manuscrito para tipografia. Manuscrito enviado para tipografia pelo autor; embora pudesse conter correções e riscados, em geral era uma cópia a limpo feita ou pelo autor ou por um copista profissional [GASKELL, 1972].

Manuscritologia. Área de interesse científico que elege como objeto o manuscrito moderno autógrafo enquanto tal, incluindo os datiloscritos e os impressos, com marcas manuscritas ou não, que integram o processo genético de um dado texto.

Marca de água. Vestígio do molde em que o papel foi fabricado, reconhecível na sua textura quando observável em contraluz. Permite identificar o respetivo fabricante e datar aproximadamente o fabrico. Adota a forma de um símbolo que remete para certas coordenadas de produção [APL, 1990]. Quando dotado de data, é um auxiliar importante para a datação *a quo* de textos não datados escritos no papel que a contém. Também é designada por *filigrana*.

Margem de dorso. Margem interior de uma página de caderno, códice ou livro.

Margem de goteira. Margem exterior de uma página de caderno, códice ou livro.

Margem de pé. *Ver* **Pé de página**.

Modelo. *Ver* **Exemplar**.

Momento genético. Estado de texto num determinado testemunho do processo genético. De acordo com o método de trabalho do autor, certas operações (linguísticas ou estilísticas) tendem a ocorrer num momento específico do processo [DUARTE, 1989; 1993a].

Nível final. Entende-se como a fase do processo genético do texto documentada no último testemunho em que o autor interveio e que se pode afirmar como contendo o texto definitivo. Relaciona-se com *manuscrito definitivo*.

Nível terminal. Entende-se como a fase do processo genético do texto documentada no último testemunho em que o autor interveio; distingue-se de *nível final* por se considerar que o autor abandonou o texto antes de o considerar terminado.

Original. Texto escrito pelo autor ou por ele controlado; tanto pode ter a forma de um manuscrito autógrafo, de um datiloscrito, ou de um impresso revisto pelo autor e publicado sob a sua responsabilidade.

Página. Cada uma das faces (reto ou verso) duma folha ou fólio sobre a qual se escreve.

Página de rosto. *Ver* **Folha de rosto.**

Paginação. Numeração das páginas de um livro.

Paleografia. Disciplina que estuda a história e a tipologia dos sistemas gráficos de escrita, nomeadamente os aspetos que têm a ver com a decifração; embora aplicada aos textos antigos, com o desenvolvimento dos estudos na área da crítica textual moderna e genética o seu âmbito alargou-se aos manuscritos modernos e contemporâneos. O termo foi criado por MONTFAUCON em 1708 [GRÉSILLON, 1994].

Palimpsesto. Suporte, ou parte dele, onde foi inscrito texto sobre um outro anteriormente desaparecido por raspagem ou por qualquer outro processo de apagamento material.

Papel. Suporte de escrita fabricado a partir de fibras vegetais. Importado da China no século VIII pelos Mouros da Península Ibérica, foi inicialmente conhecido como «pergaminho de tecido»; usado em alternativa ao pergaminho, só com a invenção da tipografia se tornou a matéria prima indispensável para a circulação da escrita. A técnica manual de fabrico de papel («de forma») foi substituída pela técnica industrial no século XIX [JACKSON, 1981].

Papiro. Suporte de escrita, em rolo, fabricado com fibras de papiro; durante cerca de 2000 anos após o declínio da civilização do Antigo Egito, onde foi inventado, foi o suporte de escrita mais correntemente utilizado em todo o mundo ocidental, até ser substituído pelo pergaminho [JACKSON, 1981].

Pé de página. Margem inferior da página, margem de pé ou rodapé. Em alguns modelos de edição crítica, é usado para receber o aparato crítico, no todo ou em parte (normalmente, para registar as variantes dos testemunhos e as intervenções do editor).

Pergaminho. Suporte de escrita para livros e documentos soltos fabricado com peles de animais (vitela, cabra, ovelha e cordeiro), usado desde o século II a.C. e, com caráter de exclusividade, entre os séculos III e XII. O nome deriva da cidade de Pérgamo, cujo rei, Êumenes II, terá sido o impulsionador do uso do pergaminho na escrita.

Portada. *Ver* **Folha de rosto.**

Processo genético. Conjunto das operações de representação que conduzem ao texto final (ou ao seu nível terminal), observável apenas através dos conjuntos de manuscritos autógrafos deixados pelo autor; estes conjuntos são classificados em função da cronologia das suas fases sucessivas. Também se usa a designação *dossier genético*.

Prova (tipográfica). Primeira forma impressa do texto, que é submetida a uma revisão por parte do autor ou do responsável pela edição; geralmente são tiradas várias provas, para revisão sucessiva, e a primeira de todas, ainda não formatada e paginada, é designada por *granel*.

Quentiniano (método). Método probabilístico desenvolvido por *Dom* Henri Quentin [QUENTIN, 1926] para uma edição crítica da *Vulgata*. Após as operações de *recensio* e *collatio*, o editor identifica as variantes (rejeitando à partida a noção de *erro*), organiza os testemunhos em grupos aleatórios de três, determina se algum deles é intermediário aos outros dois, define o encadeamento entre eles e a sua orientação do parentesco (ascendente, descendente ou colateral), e finalmente, depois de submetidos todos os testemunhos ao mesmo tratamento, feita a *constitutio textus* e construído o *stemma codicum*, recupera a noção de *erro* (quaisquer variantes relativamente ao original encontrado ou reconstruído).

Rascunho. Manuscrito autógrafo de trabalho, integrando um momento primitivo do processo genético do texto, apresentando por isso, normalmente, marcas físicas de manipulação autoral (correções, reescritas, acrescentos, etc.).

Rasura. Operação de anulação de um segmento escrito, seja para o substituir por um outro segmento (*substituição*), seja para o eliminar definitivamente (*supressão*) [GRÉSILLON, 1994].

Recensão (*Recensio*). Operação de recolha e identificação dos testemunhos que constituem uma tradição textual, com vista a estudar as variantes e a estabelecer relações de parentesco entre eles; uma vez feita, pode-se representar graficamente a tradição através de um estema [MAAS, 1927].

Recensio. *Ver* **Recensão.**

Reescrita. Operação que consiste em voltar a escrever um texto ou parte dele que já fora escrito, na sequência de alterações entretanto introduzidas.

Regularização. Operação de uniformizar, submetendo-as ao mesmo critério, as alternâncias verificadas no interior de um mesmo paradigma gráfico; por exemplo, reduzir a alternância '**v/u**' = [**v**] > 'V' numa edição não diplomática de um texto medieval.

Repetição. Erro decorrente de um ato de cópia, normalmente na sequência de um *salto de igual para igual* por recuo.

Reto. Face anterior de um fólio, em oposição a *verso*; num livro ou caderno abertos, é a página da direita.

Revisor. Oficial dos *scriptoria* que se ocupava de comparar os textos produzidos pelos copistas e escribas com os respetivos modelos, para assinalar os erros que deveriam ser corrigidos.

Riscado. Traço ou traços que suprimem letras, palavras ou mesmo grandes porções de texto. É usado nas operações de *supressão* e de *substituição*.

Rodapé. *Ver* **Pé de página.**

Salto de igual para igual (*Homeotelêuton*). A proximidade de duas ocorrências da mesma forma, ou de formas semelhantes, pode provocar, no ato de cópia, a supressão ou a repetição do texto existente entre elas no exemplar; se o salto é para a frente, resulta uma *lacuna*; se para trás, uma *repetição*.

Scriptorium. Dependência de uma instituição eclesiástica onde eram produzidas cópias de livros.

Seleção (*Selectio*). Operação que consiste em escolher, entre diversas tradições de igual valor estemático, aquela que é suficiente para reconstituir o original [MAAS, 1927].

Selectio. *Ver* **Seleção.**

Stemma codicum. *Ver* **Estema.**

Substituição à frente. Designa o processo de substituição, pelo autor, de elementos textuais em que o substituto se coloca à frente do substituído; uma vez que se verificou no momento da escrita, é um fenómeno de substituição em curso de redação [DUARTE, 1985; 1993a].

Substituição na entrelinha. Designa o processo de substituição, pelo autor, de elementos textuais em que o substituto se coloca na entrelinha por cima do substituído (raramente na entrelinha inferior), em virtude de o espaço à frente já estar ocupado; por isso, é um fenómeno de substituição de segundo momento [DUARTE, 1985; 1993a].

Substituição por sobrecarga. *Ver* **Substituição por sobreposição.**

Substituição por sobreposição. Designa o processo de substituição, pelo autor, de elementos textuais em que os traços gráficos do substituto adaptam os, ou alguns, do substituído; na prática, a nova lição ocupa o espaço da anterior [DUARTE, 1985; 1993a]. Também se diz *substituição por sobrecarga*.

Suporte. Qualquer uma das matérias sobre as quais se inscrevem os textos: pedra, metal, madeira, cera, pele, papiro, pergaminho, papel, acetato, fita e disco magnéticos, etc.

Supressão. Designa o processo de eliminação, pelo autor, de texto já escrito, através de rasura ou riscado. Pode ser materializada ou não: quando o autor elimina texto por riscado, a supressão é materializada; mas quando o faz na passagem de um testemunho genético para o que se lhe segue no processo, ela é não materializada [DUARTE, 1985; 1993a; GRÉSILLON, 1994].

Testemunho. Documento escrito (manuscrito, datiloscrito ou impresso) que contém o texto, tanto na sua lição original como em qualquer das versões que dele exista. Quando no mesmo testemunho coexistem texto impresso ou datiloscrito e manuscrito, temos um testemunho misto.

Testemunho único (*Codex unicus*). Relativo a uma tradição constituída por um único testemunho.

Texto-base (*Copy-text*). Deve ser adotado como tal o texto do manuscrito do autor ou, na sua falta, o testemunho não autógrafo que lhe esteja mais próximo [PMLA, 1972]. Para Greg, sempre que não existe manuscrito autógrafo, o texto-base deve ser o da edição mais antiga de uma tradição de edições impressas, tanto nos seus aspectos *substantivos* (palavras) como nos *acidentais* (pontuação, capitalização, união e separação de palavras, abreviaturas, etc., que são por regra normalizados pelo tipógrafo de edição para edição); no entanto, é reservado ao editor o direito de emendar o texto a partir de outro testemunho que pontualmente considere melhor [GREG, 1950].

Texto crítico. Resultado de uma técnica de ecletismo controlado, através da qual o editor corrige o texto-base substituindo lições a partir de outros testemunhos ou fornecendo outras novas, convencido de que tais alterações representam melhor as intenções do autor do que as lições do texto-base, uma vez que corrige erros, omissões, ou alterações não autorizadas [GASKELL, 1978]. É o resultado de qualquer edição crítica, incluindo aquelas que partem de manuscritos autógrafos ou de impressos controlados pelo autor.

Tradição. Totalidade dos testemunhos, manuscritos ou impressos, conservados ou desaparecidos, em que um texto se materializou ao longo da sua transmissão [APL, 1990].

Tradição binária. Tradição que contém um arquétipo com dois ramos [MAAS, 1927].

Transcrição. Processo de produção de um novo testemunho de um texto, feito de acordo com critérios previamente definidos tendo em conta as caraterísticas do texto e do público a que se destina; aplica-se geralmente no âmbito da elaboração de edições críticas.

Transcrição linearizada. Reprodução mecânica de um manuscrito com todos os seus acidentes genéticos, mas sem respeitar a respetiva topografia; para que o leitor possa ficar com uma ideia exata desta topografia, são usados sinais convencionais devidamente descodificados (indicando, por exemplo, se um determinado acrescento está na margem ou na entrelinha, ou que uma dada alternativa não solucionada foi escrita depois de uma outra para o mesmo lugar). Esta operação já é o resultado de um trabalho crítico, uma vez que o transcritor teve que, previamente, interpretar os dados existentes no manuscrito.

Usus scribendi. Estilo do autor do texto que se trabalha. É considerado nas tomadas de decisão do editor crítico, ou para fazer conjeturas em situação de erro ou de lacuna, ou para escolher entre variantes documentadas em diferentes testemunhos.

Variante de autor. Qualquer das lições resultantes de uma modificação feita no texto pelo próprio autor; tanto pode existir entre testemunhos genéticos como entre campanhas de correção no mesmo testemunho.

Variante. Lição divergente, num dado lugar do texto, entre dois ou mais testemunhos.

Variante adiáfora. Variante considerada pelo editor crítico como não podendo ser posta em causa devido à sua autenticidade, correção ou legitimidade.

Variante alternativa. Por vezes, o autor do texto apresenta várias lições alternativas para o mesmo lugar, não se decidindo por nenhuma delas; cabe ao editor tomar uma decisão, indicando as lições não adotadas e justificando a sua escolha.

Variante da tradição. Qualquer lição divergente relativamente a outra que no mesmo lugar é apresentada por outro testemunho da mesma tradição.

Variante de autor. Unidade verbal que difere de uma outra forma, anterior ou posterior; diferentes versões de um texto distinguem-se pelas suas variantes; a noção de variante supõe em princípio uma versão considerada como referência; é tendo-a em conta que numa edição crítica se pode estabelecer um aparato de variantes [GRÉSILLON, 1994].

Versão. Estado de um texto que considera todas as variantes nele introduzidas, num processo de cópia, pelo autor ou por outrem sob as suas vistas, em oposição ao estado anterior e a eventuais estados posteriores resultantes de novas cópias reformuladas; qualquer uma das versões é um *original*.

Verso. Face posterior de um fólio, em oposição a *reto*; num livro ou caderno abertos, é a página da esquerda.

Volumen. Suporte de escrita inventado durante o século II a.C. e que se apresentava sob a forma de rolo (de papiro ou de pergaminho); foi utilizado até ser definitivamente substituído pelo códice nos primeiros séculos da nossa era [GRÉSILLON, 1994].

Vulgata. Versão de um texto difundida e aceite como autêntica [MUZERELLE, 1985].

REFERÊNCIAS BIBLIOGRÁFICAS
(AS EDIÇÕES CRÍTICAS SÃO REFERIDAS PELO NOME DO RESPETIVO EDITOR)

AGOSTINHO, José (1926). *As Ultimas Obras Posthumas de Eça de Queiroz e a Critica*. Porto: Casa Editora de A. Figueirinhas.

AGOSTINHO, Santo. *Confissões*. Lisboa: Imprensa Nacional-Casa da Moeda, 2004.

ALMEIDA, Justino Mendes de (1990). *Obras Completas* de Camilo Castelo Branco, Vol. XVIII, *Correspondência* (II), *Prefácios*. Publicadas sob a direção de [...]. Estudos biobibliográficos, fixação de texto e anotações. Porto: Lello & Irmão – Editores.

—— (2002). *Obras Completas* de Camilo Castelo Branco, Vol. XI, *Poesias Dispersas*. Publicadas sob a direção de [...]. Porto: Lello & Irmão – Editores.

ÁLVAREZ, Rosario; MARTINS, Ana Maria; MONTEAGUDO, Henrique; RAMOS, Maria Ana (2013) (org.). *Ao sabor do texto. Estudos dedicados a Ivo Castro*. Santiago de Compostela: Universidade.

ANASTÁCIO, Vanda (2005) (org.). *Correspondências. Usos da Carta no Século XVIII*. Lisboa: Edições Colibri/Fundação das Casas de Fronteira e Alorna.

ANDRADE, Anselmo de (1896). «O sonho do poeta», *In Memoriam. Anthero de Quental*. Porto: Mathieu Lugan, pp. 319-335.

APL [Associação Portuguesa de Linguística] (1990). *Dicionário de Termos Linguísticos*. Lisboa: Associação Portuguesa de Linguística/ILTEC/Edições Cosmos, 1.

ARAÚJO, Alberto Veloso de (1921). *Camilo em San Miguel de Seide*. Braga: Livraria Cruz.

ARISTÓTELES. *Organon. I. Categorias. II. Periérmeneias [Da Interpretação]*. Tradução, Prefácio e Notas de Pinharanda Gomes. Lisboa: Guimarães Editores, 1985.

AZEVEDO, Pedro A. de (1910). *Livro dos Bens de D. João de Portel: cartulário do século XIII precedido de* uma notícia histórica *de* Anselmo Braamcamp Freire. [Lisboa:] Arquivo Histórico Português.

BARRETO, Mascarenhas (1980). *A Tragédia da Rua das Flores*, de Eça de Queirós. Transcrição anotada do original manuscrito, fixação e notas de [...]. Lisboa: Livros do Brasil.

BÉDIER, Joseph (1928). *La tradition manuscrite du Lai de l'Ombre. Réflexions sur l'art d'éditer les anciens textes*. Paris: Champion, 1970.

BERARDINELLI, Cleonice (1990). *Poemas de Álvaro de Campos*. Edição Crítica de [...]. Lisboa: Imprensa Nacional-Casa da Moeda, Edição Crítica de Fernando Pessoa, Série Maior, II.

BERRINI, Beatriz (1997) (org.). *Obra Completa*, de Eça de Queiroz. Rio de Janeiro: Editora Nova Aguilar, II.

BLECUA, A. (1983). *Manual de crítica textual*. Madrid: Castalia.

BNP [Biblioteca Nacional de Portugal], ACPC [Arquivo de Cultura Portuguesa Contemporânea]. CO-Cx.-35A [*Espólio de Almeida Garrett*].

—— E_1 [*Espólio de Eça de Queiroz*].

—— E_3 [*Espólio de Fernando Pessoa*].

—— E_{11} [*Espólio de Vitorino Nemésio*].

BNP [Biblioteca Nacional de Portugal]. Códice *3355* [*Autógrafo de Sá de Miranda*].

BONACORSO, Giovani, *et alii* (1983). *Corpus Flaubertianum*. I. *Un Cœur Simple. Édition diplomatique et génétique des manuscrits*. Paris: Les Belles Lettres.

BORGES, Jorge Luís (1989). *Biblioteca Pessoal. Prólogos*. Obras Completas 1975-1988. Lisboa: Editorial Teorema, 1999.

BRANCO, Afonso de Azevedo Nunes. [A. d'A. N. B.] (1916). *Cartas Inéditas da Segunda Mulher de Camillo Castello Branco com algumas notas e commentarios de* [...]. Lisboa: Livraria de J. Rodrigues & C.ª.

BRANDÃO, António (1632). *Qvarta Parte da Monarchia Lusitana. Que Contem a Historia de Portugal desde o tempo delRey Dom Sancho Primeiro, até todo reinado delRey D. Afonso III*. Lisboa: Pedro Craesbeek.

BYNON, Theodora (1977). *Historical Linguistics*. Cambridge: University Press, Textbooks in Linguistics, 1983.

CAMPOS, Vieira de (1925). Recensão crítica a *A Capital*. In *Lusitania, Revista de Estudos Portugueses*, III, VIII, Dezembro, pp. 277-281.

CARRASCO GONZÁLEZ, Juan M. (2008). *Menina e Moça* ou *Saudades*, de Bernardim Ribeiro. Edição Crítica de [...]. Coimbra: Angelus Novus, Editora.

CARREIRO, José Bruno (1948). *Antero de Quental. Subsídios para a sua Biografia*. Lisboa: Instituto Cultural de Ponta Delgada, vols. I-II.

CASTILHO, Guilherme de (1983). *Correspondência*, de Eça de Queirós, I-II. Lisboa: Imprensa Nacional-Casa da Moeda, Biblioteca de Autores Portugueses.

CASTRO, Eugénio de (1926). Os livros póstumos de Eça de Queirós. *Cartas de tornaviagem*, 1, Lisboa-Porto-Coimbra-Rio de Janeiro: Lumen, pp. 273-283.

CASTRO, Ivo (1980). A «Tragédia da Rua das Flores» ou a Arte de Editar os Manuscritos Autógrafos. *Boletim de Filologia*, XXVI, pp. 309-359.

—— (1980-1981*). A «Tragédia da Rua das Flores»* ou a arte de editar os manuscritos autógrafos. Lisboa: Centro de Linguística da Universidade de Lisboa.

—— (1982). O corpus de «O Guardador de Rebanhos» depositado na Biblioteca Nacional. *Revista da Biblioteca*, 2 (1). Lisboa: Biblioteca Nacional, pp. 47-61.

—— (1986). *O Manuscrito de* O Guardador de Rebanhos. Lisboa: Publicações Dom Quixote.

—— (2012). *Amor de Perdição*, de Camilo Castelo Branco. Edição Crítica de [...]. Lisboa: Imprensa Nacional-Casa da Moeda. Edição Crítica de Camilo Castelo Branco.

—— (2015). *Poemas de Alberto Caeiro*. Edição Crítica de [...]. Lisboa: Imprensa Nacional–Casa da Moeda, Edição Crítica de Fernando Pessoa, Série Maior, IV.

——; DUARTE, Luiz Fagundes (1982). Duas notas sobre «A Tragédia da Rua das Flores». *Boletim de Filologia*, XXVII, 1-4, pp. 427-438.

——; PIMENTA, Carlota (2017). *Novelas do Minho*, de Camilo Castelo Branco. Edição Crítica de [...]. Lisboa: Imprensa Nacional-Casa da Moeda.

——; RAMOS, Maria Ana (1981). Estratégia e tática da transcrição. In *Critique Textuelle Portugaise*. Paris: Centre Culturel Calouste Gulbenkian, 1986, pp. 99-122.

CATACH, Nina (1986). The grapheme: its position and its degree of autonomy with respet to the system of the language. *In* AUGST, Gerhard (*ed.*) *New Trends in Graphemics and Orthography*. Berlin: Walter de Gruyter, pp. 1-10.

CHAPON, François (1995). La Bibliothèque littéraire Jacques Doucet. Entretien avec Jacques Neefs. In GENESIS. *Revue internationale de critique génétique*, 7, pp. 185-190.

CINTRA, Luís Filipe Lindley (1951). *Crónica Geral de Espanha de 1344*. Edição Crítica do texto português por [...]. Lisboa: Imprensa Nacional-Casa da Moeda, 1983 (2.ª ed.).

—— (1959). *A Linguagem dos Foros de Castelo Rodrigo*. Lisboa: Imprensa Nacional--Casa da Moeda, Temas Portugueses, 1984 (2.ª ed.).

CMVC [Centro de Memória de Vila do Conde]. *Espólio de José Régio*.

CONTINI, Gianfranco (1986). *Breviario di ecdotica*. Milano-Napoli: Riccardo Ricciard Editore.

COSERIU, Eugenio (1952). Sistema, norma y habla. In *Teoría del lenguaje y lingüística general*. Madrid: Gredos, 1962, pp. 11-113.

COSTA, Avelino de Jesus (1976). *Normas gerais de transcrição e publicação de documentos e textos medievais e modernos*. Atas do V Encontro de Bibliotecários, Arquivistas e Documentalistas Portugueses. Braga: 1982.

CROCE, Benedetto (1917). *Teoria e storia della storiografia*. Bari: Laterza, 1963.

CUNHA, Celso (1981). *Língua, Nação, Alienação*. Rio de Janeiro: Nova Fronteira.

—— (1985). *Significância e movência na poesia trovadoresca. Questões de crítica textual*. Rio de Janeiro: Tempo Brasileiro.

DAIN, Alphonse (1949). *Les manuscrits*. Paris: Les Belles Lettres; 3.ª ed. revista por Jean Irigoin, 1975.

DE DIOS, Ángel Marcos (1978). *Epistolario portugués de Unamuno*. Introducción, letura y notas de [...]. Paris: Fundação Calouste Gulbenkian, Centro Cultural Português, XXII.

DIAS, Augusto Epifânio da Silva (1893). *Obras de Christóvão Falcão*. Edição Crítica de [...]. Porto: Magalhães e Moniz.

DUARTE, Luiz Fagundes (1985). A génese do texto queirosiano: uma vista de olhos sobre a correção estilística de Autor em *A Tragédia da Rua das Flores*. *Boletim de Filologia*, XXX [1988], pp. 133-165.

—— (1986a). *Documentos em Português da Chancelaria de D. Afonso III (Edição)*. Lisboa: Faculdade de Letras da Universidade de Lisboa (Dissertação de Mestrado, *mimeo*).

—— (1986b). *Naceo e Amperidónia (Novela sentimental do século XVI)*. Edição Crítica de [...]. Lisboa: Imprensa Nacional-Casa da Moeda, Biblioteca de Autores Portugueses.

—— (1989). *A Génese de um Romance. Incursão na Escrita Queiroziana*. Tomo I, Estudo Genético de «A Capital!»; Tomo II, Edição Diplomática e Crítica de «A Capital!». Lisboa: Universidade Nova de Lisboa.

—— (1992). *A Capital! (começos duma carreira)*, de Eça de Queiroz. Edição Crítica de [...]. Lisboa: Imprensa Nacional-Casa da Moeda, Edição Crítica das Obras de Eça de Queirós.

—— (1993a). *A Fábrica dos Textos. Ensaios de Crítica Textual acerca de Eça de Queiroz*. Lisboa: Edições Cosmos.

—— (1993b). Cristininha. In MATOS. (1993), pp. 244-245.

—— (1993c). *Estudo e Edição dos Manuscritos Autógrafos de José Régio*. Junta Nacional de Investigação Científica e Tecnológica, Programa Lusitânia (Projeto PLUS/C/LIN/815/93), e Câmara Municipal de Vila do Conde.

—— (1994). *Poemas de Ricardo Reis*. Edição Crítica de [...]. Lisboa: Imprensa Nacional-Casa da Moeda, Edição Crítica de Fernando Pessoa, Série Maior, III.

—— (1997a). Crítica Textual e Linguística Histórica. In SIMÕES, Manuel G.; CASTRO, Ivo; CORREIA, João David Pinto (2001) *(orgs.)*, pp. 137-155.

—— (1997c). Um Autor em busca do seu Texto. In BERRINI (1997) *(org.)*, pp. 639--648.

—— (2003). *Caderno de Caligraphia* e *Outros Poemas a Marga*, de Vitorino Nemésio. Edição Crítica de [...]. Lisboa: Imprensa Nacional-Casa da Moeda, Obras Completas de Vitorino Nemésio, vol. III.

—— (2006). *Poesia 1916-1940*, de Vitorino Nemésio. Edição Crítica de [...]. Lisboa: Imprensa Nacional-Casa da Moeda, Obras Completas de Vitorino Nemésio, vol. I.

—— (2007). *Poesia 1950-1959*, de Vitorino Nemésio. Edição Crítica de [...]. Lisboa: Imprensa Nacional-Casa da Moeda, Obras Completas de Vitorino Nemésio, vol. II, t. I.

—— (2009). *Poesia 1963-1976*, de Vitorino Nemésio. Edição Crítica de [...]. Lisboa: Imprensa Nacional-Casa da Moeda, Obras Completas de Vitorino Nemésio, vol. II, t. II.

—— (2013). Um reconto da *Chancelaria de D. Afonso III*. Para a história do <nh> e do <lh> em português. In ÁLVAREZ, Rosario; MARTINS, Ana Maria; MONTEAGUDO, Henrique; RAMOS, Maria Ana (2013), pp. 167-179.

—— (2015). *Poemas de Ricardo Reis*. Edição de [...]. Lisboa: Imprensa Nacional-Casa da Moeda, Coleção Pessoana.

—— (2016). *Poesia*, de Antero de Quental. Vol. I: *Poesia I (Primaveras Românticas e Odes Modernas)*. Edição Crítica de [...]. Lisboa: Editora *abysmo* (DGLAB, Obras Clássicas da Literatura Portuguesa. Século XIX, n.º 181).

—— (2017). *Poesia*, de Antero de Quental. Vol. II: *Poesia II (Sonetos Completos)*. Edição Crítica de [...]. Lisboa: Editora *abysmo* (DGLAB, Obras Clássicas da Literatura Portuguesa. Século XIX, n.º 182).

—— (2018a). *Poesia*, de Antero de Quental. Vol. III: *Poesia III (Poemas Dispersos, Alterados ou Destruídos)*. Edição Crítica de [...]. Lisboa: Editora *abysmo* (DGLAB, Obras Clássicas da Literatura Portuguesa. Século XIX, n.º 183).

—— (2018b). *Mensagem e Poemas Publicados em Vida*, de Fernando Pessoa. Edição Crítica de [...]. Lisboa: Imprensa Nacional-Casa da Moeda, Edição Crítica de Fernando Pessoa, Série Maior, I.

—— (2018c). *Do Caos Redivivo. Ensaios de Crítica Textual sobre Fernando Pessoa*. Lisboa: Imprensa Nacional-Casa da Moeda, Coleção Pessoana.

——; FIALHO, Irene (1994). *Alves & C.ª*, de Eça de Queiroz. Edição Crítica de [...] e Irene Fialho. Lisboa: Imprensa Nacional-Casa da Moeda, Edição Crítica das Obras de Eça de Queirós.

—— (1997). À pesca do Conde de Abranhos. In REIS, Carlos (1997) (org.), pp. 263--276.

——; OLIVEIRA, António Braz de (2007) (org.). *As Mãos da Escrita*. Lisboa: Biblioteca Nacional de Portugal.

EÇA DE QUEIROZ (1896). *Um génio que era um santo. In Memoriam. Anthero de Quental*. Porto: Mathieu Lugan, pp. 481-522.

—— (1900). *A Correspondência de Fradique Mendes. Memórias e Notas*. Porto: Livraria Chardron.

ECO, Umberto (1984). *Porquê «O Nome da Rosa»?* Lisboa: Difel, [1987].

ELUARD, Paul (1939). *Donner à voir*. Paris: Gallimard, 1978.

EURICO, Pedro [Pinto Osório] (1915). *Figuras do Passado*. Lisboa: Editora José Bastos.

FERREIRA, José de Azevedo (1987). *Foro Real. Edição e Estudo Linguístico*. Lisboa: Instituto Nacional de Investigação Científica.

FERREIRA, Vergílio (1987). Sobre a *Tragédia da Rua das Flores*, in *Espaço do Invisível*, IV. Lisboa: IN-CM, pp. 223-228.

FOUCAULT, Michel (1969). *L'Archéologie du savoir*. Paris: Gallimard.

FRAGA, Gustavo de; SILVEIRA, Francisco (1991) (org.). *Livraria de Antero. Catálogo*. Ponta Delgada: Biblioteca Pública e Arquivo Regional de Ponta Delgada.

FRÄNKEL, Herman (1964). *Testo critico e critica del testo* (trad. de Luciano Canfora). Firenze: Felice le Monnier, 1983.

FREIRE, Anselmo Braamcamp (1923). *Obras. Bernardim Ribeiro e Cristóvão Falcão; nova edição conforme a edição de* Ferrara *preparada e revista por* [...] *e prefaciada por D. Carolina Michaëlis de Vasconcelos*. Coimbra: Imprensa da Universidade, 1932 (2.ª edição).

GABLER, Hans Walter, *et alii* (1984). *James Joyce, Ulysses: A Critical and Synoptic Edition*. New York/London: Garland.

GALHOZ, Maria Aliete (1960). *Obra Poética de Fernando Pessoa*. Seleção, Organização e Notas de [...]. Rio de Janeiro: Editora Nova Aguilar, Biblioteca Luso-Brasileira, Série Portuguesa.

GARRETT, Almeida (1829). *Da Educação*. Londres: Sustenance e Strecht.

—— (1853). [*Testamento*]. BNP, ACPC, CO-Cx.-35A.

GASKELL, Philip (1972). *A New Introdution to Bibliography*. Oxford: Clarendon Press, 1985 (4.ª ed.).

—— (1978). *From Writer to Reader. Studies in Editorial Method*. Oxford: Clarendon.

GLISSEN, L. (1977). *Prolégomènes à la codicologie*. Gand: Éditions Scientifiques Story-Scientia.

GOLZ, Jochen (1996). *Das Goethe- und Schiller-Archiv 1896-1996*. Köln: Böhlau Verlag.

GREETHAM, David C. (1999). Textual and Literary Theory: Redrawing the Matrix. *Theories of the Text*. Oxford/New York: Oxford University Press.

GREG, Walter W. (1950). The rationale of copy-text. *Colleted papers*. Oxford: Clarendon, 1966, pp. 374-391.

GRÉSILLON, Almuth (1994). *Éléments de critique génétique. Lire les manuscrits modernes*. Paris: PUF.

GUERRA DA CAL, Ernesto (1954). *Lengua y Estilo de Eça de Queiroz. Elementos básicos*. Coimbra: Almedina, 1981.

—— (1975-1984). *Lengua y Estilo de Eça de Queiroz. Bibliografía Queirociana*. Tomo I, *Bibliografía Ativa*. Coimbra: Acta Universitatis Conimbrigensis.

GUYAU, Jean-Marie (1887). *L'Art au point de vue sociologique*. Paris: Librairie Félix Alcan, 1912, 9.ª ed.

HAVET, Louis (1911). *Manuel de critique verbale appliquée aux textes latins*. Paris: Hachette.

HJELMSLEV, L. (1971). *Essais linguistiques*. Paris: Minuit.

HOISEL, Evelina; RIBEIRO, Maria de Fátima (2007) *(orgs.)*. *Viagens. Vitorino Nemésio e Inteletuais Portugueses no Brasil*. Salvador: Instituto de Letras, Universidade Federal da Bahia.

HOMERO. *Odisseia*. Tradução de Frederico Lourenço. Lisboa: Livros Cotovia, 2003.

HORÁCIO. *Arte Poética*. Introdução, tradução e comentário de R. M. Rosado Fernandes. Lisboa: Fundação Calouste Gulbenkian, 2012 (4.ª edição).

HUGO, Victor (1832). *Notre Dame de Paris*. Édition définitive. Paris: C. Gosselin, H. Bossange.

—— (1855). *Correspondance*, II (1849-1866). Paris: Albin Michel, MDCCCCL [1950].

—— (1881). [Codicilo autógrafo ao] *Testament*. Bibliothèque Nationale de France, Departement de Manuscrits, Fonds Victor Hugo, doc. 346.

IHM, Maximilian (1908). SUETONIUS TRANQUILLUS *Opera*, I, *De Vita Caesarum, Libri VIII*, 89, 3. Edição Crítica de [...]. Ann Arbor: University of Michigan Press, 1998.

IN MEMORIAM. ANTHERO DE QUENTAL. Porto: Mathieu Lugan, 1896.

JACKSON, Donald (1981). *The Story of Writing*. New York: Barrier & Jenkins. Trad. franc.: *Histoire de l'écriture*. Paris: Denoël, 1982.

LACHMANN, Karl (1838-1840). *Gotthold Ephraim Lessings sämmtliche Schriften*. Edição Crítica de [...]. Berlin: Voss.

LEGROS, Alain (2001). *Essais sur poutres. Peintures et inscriptions chez Montaigne.* Paris: Klincksieck.

LEI n.° 013/85, de 6 de julho, *Património Cultural Português.*

LEI n.° 107/2001, de 8 de setembro, *Estabelece as bases da política e do regime de proteção e valorização do património cultural.*

LEJEUNE, Philippe (1992). Auto-genèse. L'étude génétique des textes autobiographiques. In GENESIS. *Revue internationale de critique génétique*, 1 (1992), pp. 73-87.

LEVAILLANT, Jean (1982). *Écriture et génétique textuelle.* Lille: Presses Universitaires.

LIMA, Isabel Pires de (1990) (*org.*). Eça e os Maias. Porto: Edições Asa.

—— (1993) (*coord. e org.*). *Antero de Quental e o Destino de uma Geração.* Porto: Edições Asa.

LINS, Álvaro (1939). *História Literária de Eça de Queiroz.* Rio de Janeiro: Edições O Cruzeiro, 1964 (4.ª ed.).

LOSADA SOLER, Elena (1999). *A Ilustre Casa de Ramires*, de Eça de Queiroz. Edição Crítica de [...]. Lisboa: Imprensa Nacional-Casa da Moeda, Edição Crítica das Obras de Eça de Queirós.

MAAS, Paul (1927). *Critica del Testo* (trad. de Nello Martinelli). Firenze: Felice le Monnier, 1984.

MABILLON, Dom Jean (1681). *De re diplomatica.* Paris: Louis Billaine.

MAGALHÃES, Luís de (1912). *Ultimas Paginas (Manuscriptos Ineditos). S. Christovan, Sto. Onofre, S. Frei Gil, Artigos Diversos*, de Eça de Queiroz. Edição de [...]. Porto: Livraria Chardron.

MAIA, Clarinda de Azevedo (1986). *História do Galego-Português. Estado linguístico da Galiza e do Noroeste de Portugal desde o século XIII ao século XVI (Com referência à situação do galego moderno).* Lisboa: Instituto Nacional de Investigação Científica.

MANGUEL, Alberto (1996). *A History of Reading.* Toronto: Knopf Canada, 1996. Edição consultada: *Une histoire de la lecture.* Paris: Actes Sud, 1998.

MARQUES, F. Costa (1978). *Crisfal.* Edição Crítica de [...]. Coimbra: Atlântida.

MARTINS, Ana Maria Almeida (1989) (*org.*). *Cartas*, I-II, de Antero de Quental. Lisboa: Universidade dos Açores/Editorial Comunicação.

MATOS, A. Campos (1988) (*org. e coord.*). *Dicionário de Eça de Queiroz.* Lisboa: Editorial Caminho (2.ª ed., revista e aumentada), 1993.

MCGANN, Jerome (1983). *A critique of modern textual criticism.* Chicago: The University of Chicago Press.

—— (1985). Ulysses as a Postmodern Text: The Gabler Edition. *Criticism*, XXVII.

—— (2000). Rethinking Textuality. (*Ensaio on-line*: http://www2.iath.virginia.edu/jjm2f/old/jj2000aweb.html).

MEDINA, João (1980). Prefácio. *A Tragédia da Rua das Flores*, de Eça de Queiroz. Edição de [...]. Lisboa: Moraes Editores.

——; MATOS, A. Campos (1980). *A Tragédia da Rua das Flores*, de Eça de Queirós. Edição de [...]. Lisboa: Moraes Editores.

MENEZES, José de Azevedo e (1920) (org.). *Camillo Homenageado. O Escriptor da Graça e da Belleza*. *Relatorio e prestação de contas da Commissão de homenagem posthuma ao grande escriptor Camillo Castello Branco*, presidida por [...]. Famalicão: Tipografia «Minerva» de Cruz, Sousa & Barbosa, L$^{da.}$, 1921.

MICHAËLIS DE VASCONCELOS, Carolina (1885). *Poesias de Francisco de Sâ de Miranda*. Edição Crítica de [...]. Halle: Max Niemeyer. Edição facsimilada: Lisboa: Imprensa Nacional-Casa da Moeda, 1989.

—— (1904). *Cancioneiro da Ajuda*, I. Edição Crítica de [...]. Halle: Max Niemeyer.

MINÉ, Elza (2017). *Alguns Homens de Meu Tempo e Outras Memórias de Jaime Batalha Reis*. Coimbra: Imprensa da Universidade.

MLA [MODERN LANGUAGE ASSOCIATION] (1972). *Statement of Editorial Principles and Procedures*. New York: Publications of the Modern Language Association of America.

MONACI, Ernesto (1875). *Cantos de Ledino. Tratti dal grande canzoniere portoghese della Biblioteca Vaticana*. Halle: Ehrh. Karras.

MONTAIGNE, Michel de (1580). *Les Essais*, vols. I-III. Edição Crítica de Pierre Villey (1930). Paris: Quadrige/PUF, 1992 (2.ª ed.).

MONTFAUCON, Bernard de (1708). *Palæographia Græca, sive, De Ortu et progressu literarum græcarum*. Paris: Louis Guérin. Edição fac-similada: Westmead, Hampshire: Gregg International Publishers, 1970.

MORNA, Fátima Freitas (1989). *Obras Completas. Poesia*, I-II, de Vitorino Nemésio. Lisboa: Imprensa Nacional-Casa da Moeda, Biblioteca de Autores Portugueses.

——; DUARTE, Luiz Fagundes; VASCONCELOS, Manuela (2001) (org.). *Vitorino Nemésio. A Rotação da Memória. Catálogo da exposição comemorativa do centenário do Nascimento*. Lisboa: Biblioteca Nacional/Direção Regional da Cultura dos Açores.

MOURA, Helena Cidade (1970). *Obra Completa*, I, de Eça de Queirós. Edição de [...]. Rio de Janeiro: José Aguilar, pp. 843-1092.

MUZERELLE, D. (1985). *Vocabulaire codicologique. Répertoire méthodique des termes français relatifs aux manuscrits*. Paris: Éditions CEMI.

NASCIMENTO, Aires A.; DIOGO, A. Dias (1986). *Encadernação Portuguesa Medieval. Alcobaça*. Lisboa: Imprensa Nacional-Casa da Moeda.

NASCIMENTO, Maria Fernanda Bacelar do (1987). Um «corpus» de Língua Falada. In *Português Fundamental. Métodos e Documentos*. Lisboa: INIC/CLUL.

NEMÉSIO, Vitorino (1916). *Canto Matinal*. Angra do Heroísmo: Tipografia Andrade.

—— (1924). *Paço do Milhafre*. Coimbra: Universidade.

—— (1928). A arte de escrever (Composição; Sensibilidade; Atitude Crítica). *O Instituto. Revista Scientífica e Literária*, Coimbra, vol. 76, s. 4, vol. 5.º, pp. 241-259.

—— (1934). *Scenas de um Anno da Minha Vida e Apontamentos de Viagem*, de Alexandre Herculano. Coordenação e prefácio de [...]. Lisboa: Livraria Bertrand /Rio de Janeiro: Livraria Francisco Alves.

—— (1944). *O Monasticon. I. Eurico o Presbítero*, de Alexandre Herculano. Edição do Centenário dirigida por [...]. Lisboa: Livraria Bertrand.

—— (1946). *Viagens na Minha Terra*, de Almeida Garrett. (*Edição Comemorativa do Centenário da Publicação de «Viagens na Minha Terra», revista e prefaciada pelo Prof. Dr. Vitorino Nemésio*). Porto: Livraria Tavares Martins.

—— (1949). *O Mistério do Paço do Milhafre*. Lisboa: Livraria Bertrand.

—— (1950). *Festa Redonda. Décimas & Cantigas de Terreiro oferecidas ao Povo da Ilha Terceira por Vitorino Nemésio natural da dita Ilha*. Lisboa: Livraria Bertrand.

—— (1958). *Autobiografia* (datiloscrito autógrafo, inédito). BNP, ACPC, E11/Cx. 58.

—— (1961). *Poesia (1935-1940)*. Lisboa: Moraes, Círculo de Poesia; Lisboa: Bertrand Editora, 1986. DUARTE, 2006.

—— (1964). *Andamento Holandês e Poemas Graves* (Mimeo).

—— (1965). *Ode ao Rio. ABC do Rio de Janeiro*. Rio de Janeiro: Fundação Infante Dom Henrique.

—— (1966). *Canto de Véspera*. Lisboa: Guimarães Editores.

—— (1972a). *Poemas Brasileiros*. Lisboa: Livraria Bertrand.

—— (1972b). *Limite de Idade*. Lisboa: Estúdios Cor.

—— (1973). Prefácio para a 2.ª edição de *Festa Redonda* (cópia a carbono de um datiloscrito autógrafo, inédito). BNP, ACPC, E11/Cx. 46.

—— (1974). *Jornal do Observador*. Lisboa: Verbo.

—— (1976a). *Era do Átomo, Crise do Homem*. Lisboa: Livraria Bertrand.

—— (1976b). *Sapateia Açoriana, Andamento Holandês e Outros Poemas*. Lisboa: Arcádia.

—— (1979). *Versos qu'o pai que foi p'ó trabalho fez à sua filha*. Angra do Heroísmo: Secretaria Regional da Educação e Cultura/Direção Regional dos Assuntos Culturais (edição facsimilada, não comercial, do manuscrito original).

NUNES, Eduardo Borges (1981). *A Tragédia da Rua das Flores*, de Eça de Queirós. Edição Diplomática de [...]. Lisboa: Livros do Brasil.

NUNES, Pedro (1537). *Obras, I. Tratado da Sphera. Astronomici Introdvctorii de Spæra Epitome*. Lisboa: Academia das Ciências/Fundação Calouste Gulbenkian, 2014, 2.ª edição.

PESSOA, Fernando (1916). Passos da Cruz. Quatorze Sonetos. *Centauro*, Lisboa, n.º 1, out.-dez. 1916, pp. 63-76.

—— (1924). Odes – Livro Primeiro. *Athena, Revista de Arte*, I, 1, Lisboa, outubro, pp. 19-24.

—— (1935). Carta a Adolfo Casais Monteiro, de 13 de janeiro de 1935. *presença*, n.º 49. Coimbra, jun. 1937, pp. 1-4.

PICCHIO, Luciana Stegagno (1973). O método filológico (Comportamentos críticos e atitude filológica na interpretação de textos literários). In *A Lição do Texto. Filologia e Literatura. I – Idade Média*. Lisboa: Edições 70, 1979, pp. 209-235.

PINTO OSÓRIO [*ver* EURICO, Pedro (1915)].

PMH (1856). *Portugaliæ Monumenta Historica a sæculo otavo post Christum usque ad quintumdecim. Leges et Consuetudines*, I-II. Lisboa: Academia Real das Sciencias.

POE, Edgar Allan (1846). The Philosophy of Composition. *Graham's Magazine*, April 1846, pp. 163-167. *A Filosofia da Composição. Três Poemas e uma Génese.* Traduções de Fernando Pessoa (poemas) e Aníbal Fernandes (ensaio). Lisboa: & etc. série K, 1985.

PRISTA, Luís; ALBINO, Cristina (1995). *Filólogos Portugueses entre 1868 e 1943*. Lisboa: Edições Colibri/Associação Portuguesa de Linguística, 1996.

PROUST, Marcel (1922). *Correspondance*, vol. 21. Paris: Plon, 1993.

QUEIROZ, José Maria Eça de (1925a). *A Capital*, de Eça de Queiroz. Edição de [...]. Porto: Livraria Chardron.

—— (1925b). *O Conde d'Abranhos: notas biographicas por Z. Zagallo*, de Eça de Queiroz. Edição de [...]. Porto: Livraria Chardron.

QUEIROZ, Maria Eça de (1966). *Folhas Soltas*, de Eça de Queiroz. Edição de [...]. Porto: Lello & Irmão – Editores.

QUENTIN, Henri (1926). *Essais de critique textuelle (Ecdotique)*. Paris: Picard.

QUETIF, Jacobus; ECHARD, Jacobus (1719). *Scriptores ordinis Prædicatorum Recensiti, notisque historicis et criticis illustrati* [...], Tomus Primus. Paris: Christophorum Ballard et Nocolaum Simart, M. DCCXIX.

RAPOSO, Helena (1993). *Enunciados Orais e Enunciados Escritos em Construção*. Lisboa: Faculdade de Letras de Lisboa.

REIS, Carlos (1997) (org.). *Homenagem a Ernesto Guerra da Cal*. Coimbra: Universidade de Coimbra.

——; MILHEIRO, Maria do Rosário (1989). *A Construção da Narrativa Queirosiana. O Espólio de Eça de Queirós*. Lisboa: Imprensa Nacional-Casa da Moeda.

REIS, Jaime Batalha (1903). *Prosas Bárbaras*, de Eça de Queiroz. Edição de [...]. Porto: Lello & Irmão – Editores.

RIBEIRO, Bernardim (1554; 1557-1558) – *ver* CARRASCO GONZÁLEZ, Juan M. (2008).

RIBEIRO, João Pedro (1810-1836). *Dissertações Chronologicas e Criticas sobre a Historia e Jurisprudência Ecclesiástica e Civil de Portugal*, I, III. Lisboa: Academia Real das Sciencias de Lisboa, 2.ª ed., 1857.

RODA (2009). *Repositório de Objetos Digitais Autênticos. Política de Preservação Digital*. Lisboa: Ministério da Cultura, Direção Geral de Arquivos.

RONCAGLIA, Aurelio (1975). *Principî e applicazioni di critica testuale*. Roma: Bulzoni.

SÁ DE MIRANDA, Francisco de – *ver* MICHAËLIS DE VASCONCELOS (1885).

SANTOS, João Camilo dos (1995) (ed.). *Camilo Castelo Branco no centenário da morte. Colloquium of Santa Barbara*. Santa Barbara: Center for Portuguese Studies, University of California.

SANTOS, Guilherme G. de Oliveira (1965). *Trovas de Crisfal*. Edição de [...]. Lisboa: Livraria Portugal.

SARAIVA, António José (1982). *As Ideias de Eça de Queirós*. Lisboa: Bertrand.

—— (1990). *A Tertúlia Ocidental*. Lisboa: Gradiva.

SAUSSURE, Ferdinand de (1916). *Cours de Linguistique Générale*. Tradução portuguesa de José Vitor Adragão: *Curso de Linguística Geral*. Lisboa: Publicações D. Quixote, 1978.

SEGALA, Amos (1988) (org.). *Littérature Latino-Americaine et des Caraïbes du XX siècle*. Roma: Bulzoni.

SEGRE, Cesare (1976). Critique textuelle, théorie des ensembles et diasystème. *Bulletin de la classe des lettres et des sciences morales et politiques*, 62. Bruxelles: Académie Royale de Belgique, pp. 279-292.

—— (1985). *Avviamento all'analisi del testo letterario*. Torino: Einaudi.

SERRÃO, Joel (1985). *O Primeiro Fradique Mendes*. Lisboa: Livros Horizonte.

SEXTUS EMPIRICUS. *Pyrrhonyarum hypotyposeon, Libri* III. Geneva: Henri Estiene, 1562.

SIMÕES, João Gaspar (1945). *Vida e Obra de Eça de Queirós*. Lisboa: Bertrand, 1980.

SIMÕES, Manuel G.; CASTRO, Ivo; CORREIA, João David Pinto (2001) *(orgs.)*. *Memória dos Afectos. Homenagem da Cultura Portuguesa a Giuseppe Tavani*. Lisboa: Edições Colibri.

SOUSA, António Caetano de (1739). *Provas da Historia Genealogica da Casa Real Portugueza, tiradas dos Instrumentos dos Archivos da Torre do Tombo, da Serenissima Casa de Bragança, de diversas Cathedraes, Mosteiros, e outros particulares deste Reyno*, Tomo I. Lisboa: Academia Real [Coimbra: Atlântida – Livraria Editora, 1946].

SUETÓNIO – *vide* IHM (1908).

TAVANI, Giuseppe (1986). L'édition critique des auteurs contemporains: vérification méthodologique. In SEGALA (1988) (*org.*), pp. 133-142.

TELLES, Célia Marques; SANTOS, Rosa Borges dos (2002) *(orgs.)*. *Filologia, críticas e processos de criação*. Curitiba: Appris.

THORPE, James (1972). *Principles of textual criticism*. San Marino (California): The Huntington Library.

VALADA, Francisco Miguel (2017). *Portuguese words that begin with the written form "es+consonant": do they have a prothetic vowel?*. Brussel: Vrije Universiteit, Faculteit Letteren en Wijsbegeerte (Thesis for the degree of Master of Arts in Linguistics and Literary Studies).

VASCONCELOS, José Leite de (1921). A vida nas Bibliotecas e Arquivos. *Anais das Bibliotecas e Arquivos*, II. Lisboa: 1921.

VENTURA, Leontina; OLIVEIRA, António Resende de (2006). *Chancelaria de D. Afonso III – Livro I*. Coimbra: Imprensa da Universidade.

VINAVER, Eugène (1947). *The Works of Thomas Malory*. Oxford: Clarendon, 1967.

VYGOTSKY, Lev (1934). Thought and Speech. *Psychiatry*, II, 1, 1939.

WICKHAM, Edward C. (1901). *Q. Horati Flacci Opera. Recognovit brevique adnotatione critica instruxit Edvardvs C. Wickham. Editio altera cvrante H. W. Garrod*. Oxford: Oxford University Press, Classical Texts (1912), 1967.

WITTGENSTEIN, Ludwig (1918) (1953). *Tractatus Logico-Philosophicus. Investigações Filosóficas*. Tradução e Prefácio de M. S. Lourenço. Lisboa: Fundação Calouste Gulbenkian, 1987.

—— (1936). *Investigações Filosóficas*. Lisboa: Fundação Calouste Gulbenkian, 1987.

—— (1953). *Investigações Filosóficas*. [*veja-se entrada anterior*].

WOOLF, Virginia (1915-1926). *Diário*. Edição de Quentin Bell e Angelica Garnett. Lisboa: Bertrand, 1987.

YERKES, David (1977). An elementary way to illuminate detail of textual criticism. *Manuscripta*, XXI, 1, pp. 38-41.

YOURCENAR, Marguerite (1951). *Mémoires d'Hadrien. Suivi de Carnets de notes de Mémoires d'Hadrien*. Paris: Gallimard, 1981.

ZUMTHOR, Paul (1981). Intertextualité et mouvance. *Littérature*, 41, *Intertextualités médievales*, pp. 8-16.

NOTÍCIA SOBRE A ORIGEM DESTES ENSAIOS

Nenhum destes ensaios é inédito, mas também nenhum deles é republicado aqui tal como consta na sua versão original. Alguns deles até vestiram diversas roupagens, de acordo com os públicos a que pontualmente se destinaram e os contextos em que tal aconteceu – o que teve como resultado repetições que agora foi necessário resolver. Outros foram sujeitos à correção de erros, imprecisões ou omissões de vária ordem, entretanto detetados. E todos, na sua generalidade, receberam arranjos de redação, mais ou menos profundos, tendo em conta o novo contexto, e a necessidade de integrar novos dados e de uniformizar as notas e as referências bibliográficas.

No fundo, esta é uma edição crítica de textos anteriormente publicados; porém, sem aparato.

1. Filologia e Crítica Textual

   «Entre Penélope e Euricleia». In TELLES, Célia Marques; SANTOS, Rosa Borges dos *(orgs.)*. *Filologia, críticas e processos de criação*. Curitiba: Appris, 2012, pp. 53-67.

2. Crítica Textual e Linguística Histórica

   Lição de síntese apresentada nas provas de Agregação em Estudos Portugueses, disciplina de Crítica Textual (Universidade Nova de Lisboa, 1997).

Crítica Textual e Linguística Histórica. In SIMÕES, Manuel G.; CASTRO, Ivo; CORREIA, João David Pinto (2001) *(orgs.)*. *Memória dos Afectos. Homenagem da Cultura Portuguesa a Giuseppe Tavani*. Lisboa: Edições Colibri, pp. 137-155.

3. Onde está o Autor?

Gênese e Memória. Atas do IV Encontro Internacional de Pesquisadores do Manuscrito e de Edições. São Paulo: Associação de Pesquisadores do Manuscrito Literário, Universidade de São Paulo, 1994, pp. 335-358.

4. Breve prática sobre a nova Filologia

Revista da Faculdade de Ciências Sociais e Humanas, 6 (*Homenagem a José Leite de Vasconcelos*). Lisboa: Faculdade de Ciências Sociais e Humanas, 1992-1993, pp. 153-160.

5. Público – Privado

«A Edição da Correspondência: Questões de crítica textual». In ANASTÁCIO, Vanda (*org.*). *Correspondências. Usos da Carta no Século XVIII*. Lisboa: Edições Colibri/Fundação das Casas de Fronteira e Alorna, 2005, pp. 11-23

6. Uma carta do Conde de Bolonha ao Conde de Artois

Actas das Jornadas de História Medieval Portuguesa. Lisboa: História & Crítica, 1986, pp. 235-238 A.

7. Os textos em português da *Chancelaria de D. Afonso III*

A partir de *Documentos em Português da Chancelaria de D. Afonso III. Edição e Estudo*. Lisboa: Faculdade de Letras da Universidade de Lisboa, 1986.

«Um reconto da *Chancelaria de D. Afondo III*. Para a História do <nh> e do <lh> em português». Em ÁLVAREZ, Rosario; MARTINS, Ana Maria; MONTEAGUDO, Henrique; RAMOS, Maria Ana *(orgs.)*. *Ao sabor do texto. Estudos dedicados a Ivo Castro*. Santiago de Compostela: Universidade de Santiago de Compostela, 2013, pp. 167-179.

8. Uma *scripta* em construção

Actas do I Congresso Internacional da Língua Galego--Portuguesa na Galiza. Ourense: Associaçom Galega da Língua, 1986, pp. 663-674.

9. A banca de Camilo

«A banca de Camilo: os textos e a sua génese». In SANTOS, João Camilo dos *(ed.)*. *Camilo Castelo Branco no centenário da morte. Colloquium of Santa Barbara*. Santa Barbara: Center for Portuguese Studies, University of California, 1995, pp. 54-62.

10. Dois traços do espontâneo (*duas cartas de Camilo mais outras duas de Ana Plácido*)

«Dois traços do espontâneo. Apresentação e edição de duas cartas de Camilo Castelo Branco e de duas outras de Ana

Plácido». *Tellus*, 18. Vila Real: Núcleo Cultural Municipal de Vila Real, julho de 1988, pp. 13-31.

11. A maldição d'*A Capital!*
    I. Censura
    II. Autocensura

    «A Maldição do Manuscrito Autógrafo». *QVINTO IMPÉRIO. Revista de Cultura e Literaturas de língua portuguesa*, 5. Salvador: Gabinete Português de Leitura/Centro de Estudos Portugueses/Casa Fernando Pessoa, 2.º semestre, 1995, pp. 87-
    -96.

    «A Maldição do Manuscrito Autógrafo. Censura e autocensura nos manuscritos de Eça de Queiroz». *Convergência Lusíada. Revista do Real Gabinete Português de Leitura*, n.º 13. Rio de Janeiro: Real Gabinete Português de Leitura, 1996, pp. 54-67.

    «Censura e autocensura nos manuscritos de Eça de Queiroz». *Vária Escrita. Cadernos Arquivísticos, Históricos, Literários e Documentais*, 4. Sintra: Câmara Municipal de Sintra, 1997, pp. 217-231.

    III. À espera d'*Os Maias*: *A Capital!* como bastidores

    «À espera d'*Os Maias*: *A Capital!* como bastidores». In LIMA, Isabel Pires de (*org.*). *Eça e os Maias*. Porto: Edições Asa, col. Perspectivas Actuais, 1990, pp. 81-85.

12. Pedaços de Antero n'*A Capital!*

    «Pedaços de Antero na génese d'*A Capital!* de Eça de Queirós». In LIMA, Isabel Pires de (*coord. e org.*). *Antero de Quental e* o *Destino de uma Geração*. Porto: Edições Asa, coleção Perspectivas Actuais / Ensaio, 1993, pp. 119-126.

13. O Príncipe visto e revisto por um «Actor do Teatro Académico»

«Antero por Eça: o Príncipe visto e revisto por um "Actor do Teatro Académico"». *Actas do Congresso Anteriano Internacional*. Ponta Delgada: Universidade dos Açores, 1993, pp. 209-217.

14. De como Eça esculpiu o Senhor Conde de Abranhos, e das ajudas que teve e não pediu

Conferência no ciclo *Eça de Queiroz entre milenios. Puntos de vista*. Palacio de los Capitanes Generales, La Habana, Cuba (fevereiro, 2000).

15. Eça e os Santos

Conferência: «Eça e os Santos. Uma abordagem genética à planificação textual». *The Later Eça Revisited. An International Colloquium on the Centennial of the Death of Eça de Queiroz (1845-1900)*. University of Massachusetts, Dartmouth (novembro, 2000).

16. A obra inacabada de Eça: uma síntese

Actas do Congresso de Estudos Queirosianos/IV Encontro Internacional de Queirosianos. Coimbra: Almedina, I, 2002, pp. 257-269.

17. Um Eça que se fez Eça

Guião para uma intervenção no *Dia de Eça de Queiroz*, organizado pelo Centro Nacional de Cultura no Centro Cultural de Belém a 6 de dezembro de 2015.

18. Editar Régio (*memória de um projeto*)

Extrato do Relatório do Projecto PLUS/C/LIN/815/93, *Estudo e Edição do Manuscritos Autógrafos de José Régio*. Junta Nacional de Investigação Científica / Faculdade de Ciências Sociais e Humanas da Universidade Nova de Lisboa / Câmara Municipal de Vila do Conde.

19. Linguagem – Alusão

«Nemésio – linguagem – alusão». In HOISEL, Evelina; RIBEIRO, Maria de Fátima (2007) (*orgs.*). *Viagens. Vitorino Nemésio e Inteletuais Portugueses no Brasil*. Salvador: Instituto de Letras, Universidade Federal da Bahia, pp. 215-223.

20. *Minha Poesia será uma Contra-Literatura*

Intervenção num debate sobre Vitorino Nemésio. Centro Cultural de Belém, Lisboa (setembro, 2011). O poema fora entretanto publicado por mim na revista *Relâmpago*, 28, Lisboa, abril de 2011.

21. Editar Nemésio

Actas. 30.º Aniversário da Morte de Vitorino Nemésio. Ponta Delgada: Universidade dos Açores, Seminário Internacional de Estudos Nemesianos, 2009, pp. 75-89.

22. *Somos contos contando contos*

Versões amanhadas de alguns dos textos introdutórios, não assinados, às várias secções do catálogo da exposição *As Mãos da Escrita. 25.º Aniversário do Arquivo de Cultura Portuguesa Contemporânea* [DUARTE, Luiz Fagundes; OLIVEIRA, António Braz de (2007) (org.). *As Mãos da Escrita.* Lisboa: Biblioteca Nacional de Portugal, pp. 175, 199, 235, 257, 273, 339-340].

Breviário de Termos da Crítica Textual

Parte do *Relatório sobre «crítica textual»*, apresentado nas provas de Agregação em Estudos Portugueses, disciplina de *Crítica Textual* (Universidade Nova de Lisboa, 1997). Abundantemente distribuído por via eletrónica, este *Breviário* tem sido utilizado pelos estudantes do Curso de Mestrado em Edição de Texto da Faculdade de Ciências Sociais e Humanas da Universidade Nova de Lisboa, bem como por estudantes de Mestrado e Doutoramento e investigadores de diversas universidades brasileiras.

ÍNDICE DE PESSOAS E OBRAS
(ALÉM DAS QUE CONSTAM
NAS REFERÊNCIAS BIBLIOGRÁFICAS)

16 Poemas dos não incluídos na «Colheita da Tarde» (José Régio), 321

A Batalha do Caia (Eça de Queiroz), 303

A Capital! (Eça de Queiroz), 26, 37, 66, 84, 90-92, 97, 103-104, 197, 200, 210-211, 215-216, 225-239, 244, 247, 250-251, 256-257, 266-267, 288, 290, 293-294, 298-300, 302, 304--305, 309-312, 355

A Catástrofe (Eça de Queiroz), 293

A Chaga do Lado (José Régio), 320, 322

A Cidade e as Serras (Eça de Queiroz), 206, 257, 299, 303--304

A Creche (Joaquim Ferreira Moutinho), 187

A Dama das Camélias (Alexandre Dumas, filho), 244

A Fala das Quatro Flores (Vitorino Nemésio), 361

A Ilustre Casa de Ramires (Eça de Queiroz), 195, 229, 276--277, 288, 299, 311

A Mocidade de Herculano até à Volta do Exílio (Vitorino Nemésio), 363

A Relíquia (Eça de Queiroz), 288, 308-309

A Renascença. Orgão dos Trabalhos da Geração Moderna (Jornal), 250

A Tragédia da Rua das Flores (Eça de Queiroz), 24, 27, 45, 67, 69-70, 229, 232, 267, 294-295, 298-299, 301, 304, 310-311

Ælius Aristides Adrianensis, 29

Afonso III, Rei de Portugal, 32, 33, 139, 142, 146-149, 151-152
Afonso, Conde de Bolonha, 127, 134-135, 137-138, 147, 152
Agostinho, José, 102, 104, 292-293
Agostinho, Santo, 11, 29, 372-373
Aires, Cristóvão, 225
Alberto Caeiro (Fernando Pessoa), 13, 106
Al-Khwārizmī, Muḥammad ibn Mūsā, 17
Almeida Garrett, 13-14, 358
Almeida, Justino Mendes de, 181-182, 187
Alves & C.ª (Eça de Queiroz), 84, 103, 288, 293-294, 299, 309
Alvorada (Revista), 189
Amor de Perdição (Camilo Castelo Branco), 174
Ananké (Joaquim de Araújo), 371
Andamento Holandês e Poemas Graves (Vitorino Nemésio), 355-356, 362
Anthero de Quental. In Memoriam, 234-235, 237, 241-242, 244, 253-255, 257-263
Antigo Testamento, 29
Araújo, Alberto Veloso de, 180-181
Araújo, Joaquim de, 250, 371

Arcipreste de Hita (Juan Ruiz), 64
Aristóteles, 129
Arte Poética (Horácio), 16
As Encruzilhadas de Deus (José Régio), 320, 322, 325, 328, 330
Astronomicon (Marcus Manilius), 71
Athena (Revista), 93, 355
Augusto, Imperador, 113, 119-120
Autobiografia (Vitorino Nemésio), 333-334
Azuaga, Joaquim, 189, 194
Bacon, Francis, 14
Barão de Trovisqueira, José Francisco da Cruz, 188
Barbier, Auguste, 243
Barreto, Augusto Mascarenhas, 25, 27, 298
Beatriz, Rainha de Portugal, 139
Bédier, Joseph, 16, 44, 379
Bell, Vanessa (Bloomsbury Group), 117
Berardinelli, Cleonice, 303
Bibliografía Queirociana (Ernesto Guerra da Cal), 275, 294-295
Biblioteca Nacional de Portugal, 42, 65, 97, 105, 254-255, 265, 280, 291, 305, 317, 350
Bichos (Miguel Torga), 83

Billy Budd (Herman Melville), 296
Biografia (José Régio), 320, 322
Bocage, Manuel Maria Barbosa du, 358
Bonaccorso, Giovanni, 108, 303
Braga, Teófilo, 26, 234, 371
Branco, Afonso de Azevedo Nunes, 181
Brandão, Fr. António, 145
Brandão, Júlio, 294
Byron, George Gordon, *Lord*, 243
Cabral, Alexandre, 189
Caderno de Caligraphia e outros poemas a Marga (Vitorino Nemésio), 336, 349-350, 354, 362
Camões, Luís de, 42, 206
Campos, Vieira de, 103-104
Camus, Albert, 297
Cancioneiro da Ajuda, 51, 56, 131
Cancioneiro de Resende, 51
Canter, William, 29
Cântico Suspenso (José Régio), 320, 322
Canto de Véspera (Vitorino Nemésio), 362
Canto Matinal (Vitorino Nemésio), 357, 360
Cantos de Ledino (Ernesto Monaci), 26, 371
Carlos Fradique Mendes (Antero de Quental, Eça de Queiroz, Jaime Batalha Reis), 116
Carmina (Catulo), 360
Carnets de notes (Marguerite Yourcenar), 107
Carrol, Lewis, 373
Cartas de Inglaterra (Eça de Queiroz), 297, 308
Cartas Familiares e Bilhetes de Paris (Eça de Queiroz), 297
Cartas Inéditas da Segunda Mulher de Camillo Castello Branco (Afonso de Azevedo Nunes Branco), 181
Castelo Branco, Camilo, 15, 82--83, 167, 169-177, 179-188, 190-191, 253, 358
Castelo Branco, Jorge, 179-188, 191
Castelo Branco, Nuno, 181, 186
Castro, Eugénio de, 84-86, 102--104, 108
Castro, Ivo, 25, 69-70, 106, 132, 175, 292, 294-295, 301, 317
Catulo, Gaio Valerio, 360
Cenas da Vida Portuguesa (Eça de Queiroz), 228, 288-289, 355

Cenas da Vida Real (Eça de Queiroz), 227, 266, 309, 355
Cenas Portuguesas (Eça de Queiroz), 228, 309, 311, 355
Chancelaria de D. Afonso III, 32, 57, 125, 134, 139, 141, 143, 145, 147-149, 151, 153
Chanson de Roland, 29
Chapon, François, 111
Chardron, Ernesto, 227, 309
Cinatti, Celeste, 308
Cintra, Luís Filipe Lindley, 17, 53, 56, 58
Civilização (Eça de Queiroz), 257
Codax, Martim, 42
Colheita da Tarde (José Régio), 321, 323
Comte, Auguste, 243
Conde de Ferreira (Hospital), 185, 187
Conferências do Casino, 256
Confessions (Jean-Jacques Rousseau), 113
Confissões (Santo Agostinho), 11, 373
Contini, Gianfranco, 28, 33-35, 38, 44-45, 378, 381, 389
Contos (Eça de Queiroz), 297
Correspondência de Fradique Mendes (Eça de Queiroz), 115
Coseriu, Eugenio, 66
Costa, Avelino de Jesus, 58, 130

Croce, Benedetto, 38, 169
Crónicas (Fernão Lopes), 42, 65
Crónicas da Vida Sentimental (Eça de Queiroz), 228, 309, 355
Cruz e Silva, António Dinis da, 15
Cunha, Celso Ferreira da, 64, 66, 68
Da Interpretação (Aristóteles), 129
Da Poesia (Vitorino Nemésio), 352, 359, 362
Dain, Alphonse, 44
Dante Alighieri, 112-113
Darwin, Charles, 243-244
Das Nibelungenlied, 30
Daudet, Alphonse, 233
Diary (Virginia Woolf), 117
Dickens, Charles, 113, 233
Diez, Friedrich, 30
Dinis, Júlio, 358
Dinis, Rei de Portugal, 143
Dionísio de Halicarnasso, 29
Diplomata, chartæ, epistolæ, leges aliaque instrumenta ad res gallo-francicas spectantia (Jean-Marie Pardessus), 30
Dissertações Chronologicas e Críticas (João Pedro Ribeiro), 145
Divus Augustus (Suetónio), 113

Do caos redivivo – Ensaios de crítica textual sobre Fernando Pessoa (Luiz Fagundes Duarte), 16
Donner à voir (Paul Éluard), 207
Du Bois-Raymond, Emil Heinrich, 244
Durante a Febre (poema de Camilo Castelo Branco), 182
Eça de Queiroz, 15, 24, 27, 37, 42, 45, 64, 66-68, 70, 82-84, 86, 90-92, 97, 103-106, 108, 115--116, 169-177, 195, 197, 200, 205-206, 209-211, 214-215, 225-227, 229-241, 244-247, 251-256, 258-263, 265-267, 269-273, 275-279, 283, 287--289, 291-296, 299, 301-302, 304-305, 307-312, 355-356
Echard, Jacques, 257
Eco, Umberto, 107
Ecos de Paris (Eça de Queiroz), 292, 297
Élements de paléographie (Natalis de Wailly), 30
Eliot, T. S., 44
Éluard, Paul, 207
Engels, Friedrich, 244
Era do Átomo – Crise do Homem (Vitorino Nemésio), 334
Ermígio Garcia (Alcaide de Évora), 155

Espanca, Florbela, 15
Espinho, Manuel de Ascensão, 179-180, 182-186, 189-190, 192, 194
Essais (Michel de Montaigne), 14, 70
Estêvão Anes (Camareiro), 135, 137-138
Eu, comovido a Oeste (Vitorino Nemésio), 359, 361-363
Evangelhos, 29
Fábula de Píramo y Tisbe (Luis de Góngora), 371
Fado (José Régio), 320, 322
Fausto (Goethe), 244, 289
Fernão Lopes, 42
Ferreira, José de Azevedo, 54--55
Ferreira, Vergílio, 310, 312
Festa Redonda (Vitorino Nemésio), 333-338, 343, 358, 361-365
Filho do Homem (José Régio), 321-322
Filologia (Gianfranco Contini), 34
Flaubert, Gustave, 303
Folhas Soltas (Eça de Queiroz), 275, 280, 283-284
Fontana, José, 211, 213, 215, 229, 233, 246
Foucault, Michel, 302
Frankenstein (Mary Shelley), 13

Fry, Roger (Bloomsbury Group), 117
Galhoz, Maria Aliete, 41, 317, 371
Gallo, Gaio Cornelius, 119
Garlandia, Johannes de (Filólogo medieval francês), 257-258
Gaskell, Philip, 39-41, 45, 379, 382, 384-385, 392, 398
Gautier, Théophile, 243
Gazeta de Notícias (Rio de Janeiro), 277, 308
Gazeta de Portugal, 308
Gil Vicente, 206
Goethe, Johann Wolfgang von, 244
Góngora y Argote, Luis de, 371
Gracejos que Matam (Camilo Castelo Branco), 174
Grammaire des langues romanes (Friedrich Diez), 30
Grandi non immerito (Bula do Papa Inocêncio IV), 135
Grant, Duncan (Bloomsbury Group), 117
Greetham, David, 300
Grésillon, Almuth, 39, 61-63, 65, 79, 85, 111, 207, 316, 377-378, 380, 386, 388-389, 392, 394, 396, 398, 400
Guerra da Cal, Ernesto, 226, 255, 275, 292-294, 311
Guizot, François, 29

Hamlet (Shakespeare), 244
Hartmann, Karl Robert Eduard von, 244
Hay, Louis, 77
Hegel, Georg Wilhelm Friedrich, 244
Heine, Heinrich, 242-244
Hemingway, Ernest, 297
Herculano, Alexandre, 30, 351, 358
Heródoto, 32-33, 57, 113
História do Galego-Português (Clarinda de Azevedo Maia), 53
Hjelmslev, Louis, 129
Homero, 28
Horácio (Quinto Horácio Flaco), 16, 119, 123
Hugo, Victor, 243-244, 292
Investigações Filosóficas (Ludwig Wittgenstein), 78
Jacob e o Anjo (José Régio), 327
Jácome Correia, Margarida Vitória, Marquesa de, 349
Jaime Anes (Tabelião), 155
Jerónimo, São, 29, 84
João Peres (Notário), 155
João Peres de Aboim (Mordomo--Mor), 135, 137-138, 152
João Soares (Tabelião), 154
Jorge, Ricardo de Almeida (Médico), 185

Joyce, James, 297, 303-304
Kant, Immanuel, 243-244
La Belle Helène (Jacques Offenbach), 248
La voyelle promise (Vitorino Nemésio), 359, 361-363, 365
Lachmann, Karl, 30, 390
Lai de l'Ombre (Jean Renart), 16
Lamartine, Alphonse de, 243
Lamennais, Hughes Félicité Robert de, 14
Lanciani, Giulia, 317
Lange, Friedrich-Albert, 244
Le Bourgeois Gentilhomme (Molière), 28
Le premier homme (Albert Camus), 297
Leal, António Gomes, 358
Leibniz, Gottfried Wilhelm, 14, 244
Lejeune, Philippe, 111
Lendas de Santos (Eça de Queiroz), 275
Lima, Isabel Pires de, 317
Limite de Idade (Vitorino Nemésio), 334, 362
Lineu, Carl Nilsson, 109
Lisboa, Eugénio, 317
Lisístrata (Aristófanes), 117
Littré, Émile, 243
Livro dos Bens de D. João de Portel, 142-143

Locke, John, 14
Lopes, António Teixeira, 181
Lopes, Fátima, 317
Lourenço, Eduardo, 14
Lucrécio (Tito *Lucrécio* Caro), 30
Lugan, Mathieu, 255-256, 277
Maas, Paul, 23-24, 26, 38, 43, 45, 378, 381, 384, 388-389, 396--397, 399
Macedo, Maria Isabel Costa (Nora de Camilo), 181
Machado, Aurora, 317
Magalhães, Luís de, 275, 292, 294-295, 297, 308
Maia, Clarinda de Azevedo, 53, 56
Malheiro, Lourenço, 225
Malvário (Empreiteiro), 185, 188
Manguel, Alberto, 113-114
Maniacoria, Nicolaus, 29
Manilius, Marcus, 71
Manning, Henry Edward (Cardeal, Arcebispo de Westminster), 276
Maria da Fonte (Hino), 263
Marquesa de Alorna, D. Leonor de Almeida Lorena e Lencastre, 114, 120
Marselhesa (Hino), 263
Martines, Enrico, 330

Martins, Joaquim Pedro de Oliveira, 211, 247, 256, 276-278
Marx, Karl, 244
Mas Deus é Grande (José Régio), 321-322
Mateus de Trya (Cavaleiro), 135, 137-138
Matilde, Condessa de Bolonha, 135, 137-138, 152
Matos, Alfredo Campos, 25, 27, 298
Mau Tempo no Canal (Vitorino Nemésio), 343, 358, 363
Medina, João, 25, 27, 298, 301
Melo, D. Francisco Manuel de, 15
Melville, Herman, 296
Mem Joanes (Juiz), 155
Mémoires d'Hadrien (Marguerite Yourcenar), 107
Mendes, António Lopes, 182
Menezes, José de Azevedo e, 180-182
Menina e Moça (Bernardim Ribeiro), 390
Meynell, Viola (Bloomsbury Group), 117
Michaëlis de Vasconcelos, Carolina, 17, 51-52, 56, 96-97, 130, 357, 371
Michel, Francisque, 29
Michelet, Jules, 242-244

Milheiro, Maria do Rosário, 69, 292, 295, 298, 300, 303
Mill, John Stuart, 29, 243
Miné, Elza, 309, 317
Minha Poesia será uma Contra--Literatura (Poema de Vitorino Nemésio), 351
Molière (Jean-Baptiste Poquelin), 28
Monaci, Ernesto, 26, 371
Monarchia Lusitana (António Brandão), 145
Montaigne, Michel de, 14-16, 70--71
Monteiro, Adolfo Casais, 106, 331
Montesquieu, Charles-Louis de Seconda, Barão de, 14
Monumenta Germaniæ Historica (Heinrich von Stein), 30
Morna, Fátima Freitas, 365
Moura, Helena Cidade, 202, 226, 275
Mourão-Ferreira, David, 350
Moutinho, Joaquim Ferreira, 187--188
Música Ligeira (José Régio), 321, 323
Musset, Alfred de, 243
Naceo e Amperidónia (novela de autor anónimo, século XVI), 42
Nave Etérea (Vitorino Nemésio), 360

Nem Toda a Noite a Vida (Vitorino Nemésio), 361, 364-365
Nemésio, Vitorino, 15, 80, 331, 333-336, 339, 342, 346, 348-350, 352-366
Nerval, Gérard de, 243
No Moinho (Eça de Queiroz), 206
Notas Contemporâneas (Eça de Queiroz), 297
Notícia de Torto, 57-59, 65, 68
Nova Alvorada (Revista), 189
Novais, Isabel Cadete, 315, 323, 326, 330
Novelas do Minho (Camilo Castelo Branco), 174
Novello, Guido, 113
Novo Testamento, 29
Novos Poemas de Deus e do Diabo (José Régio), 321, 323, 325
Novos Poemas de Deus e do Diabo, de José Régio. Génese e Memória de um projecto abandonado (Isabel Cadete Novais), 323, 325-326
Nunes, Eduardo Borges, 25, 27, 298
Nunes, Pedro, 11
O Anjo da Espada de Fogo (José Régio), 327, 329

O Baptizado de Artur (Eça de Queiroz), 303
O Bicho Harmonioso (Vitorino Nemésio), 359, 361-362, 365
O Cavalo Encantado (Vitorino Nemésio), 362
O Cenáculo, 211, 240, 242, 245, 256
O Conde de Abranhos (Eça de Queiroz), 26, 42, 84, 103, 115-116, 229, 265-273, 288, 290, 293-294, 298-299, 301-302, 309, 311
O Crime do Padre Amaro (Eça de Queiroz), 227
O Distrito de Évora, 308
O Egipto (Eça de Queiroz), 293, 299
O Guardador de Rebanhos (Fernando Pessoa/Alberto Caeiro), 13
O Mandarim (Eça de Queiroz), 288, 309
O Mistério do Paço do Milhafre (Vitorino Nemésio), 363
O Pão e a Culpa (Vitorino Nemésio), 361
O Pensamento Social (Jornal), 240
O Primo Basílio (Eça de Queiroz), 227, 308-309

O Primo João de Brito (Eça de Queiroz), 303
O Verbo e a Morte (Vitorino Nemésio), 361
Ode 168a (Fernando Pessoa/ Ricardo Reis), 367
Ode ao Rio. ABC do Rio de Janeiro (Vitorino Nemésio), 365
Odes (Fernando Pessoa/Ricardo Reis), 355
Odisseia (Homero), 21, 73
Offenbach, Jacques, 248
Oliveira, António Braz de, 317
Onde está a Felicidade? (Camilo Castelo Branco), 167
Ordorica, Júlia, 317
Ortigão, José Duarte Ramalho, 86, 225, 229, 294, 310
Os *Lusíadas* (Luís de Camões), 42
Os Maias – Adaptação Teatral (Eça de Queiroz), 303
Os Maias (Eça de Queiroz), 225, 227-232, 234, 291, 298, 308, 310-312, 355
Os Sonetos Completos (Antero de Quental), 251
Ovídio (Públio Ovídio Naso), 119
Pacheco, José Coelho, 371
Paço do Milhafre (Vitorino Nemésio), 333

Pardessus, Jean-Marie, 30
Paris, Gaston, 30
Passos da Cruz (Fernando Pessoa), 77
Pedro Lourenço (Tabelião de Évora), 143, 155
Pedro Rodrigues (Juiz), 155
Pelletan, Camille, 243
Pereira, José Alberto dos Reis, 317
Pessoa, Fernando, 15, 27, 37, 68, 77, 80-83, 86-89, 92-93, 95-97, 105-106, 108, 112, 170-177, 206, 253, 296, 303, 355-356, 371
Petrarca, Francesco, 360
Picchio, Luciana Stegagno, 170
Pinto, António José da Silva, 184--186, 188, 277
Plácido, Ana, 179-181, 184-186, 188-189, 192, 194
Platão, 304-305
Poe, Edgar Allan, 106-107, 118, 198, 244
Poemas Brasileiros (Vitorino Nemésio), 362, 365
Poemas de Álvaro de Campos (Fernando Pessoa/Álvaro de Campos), 303
Poemas de Deus e do Diabo (José Régio), 321-322

Poemas de Ricardo Reis (Fernando Pessoa/Ricardo Reis), 41, 80
Poesia (1935-1940) (Vitorino Nemésio), 352, 355, 359, 361, 363, 366
Poesia 1963-1976 (Vitorino Nemésio), 362
Poesias de Francisco de Sá de Miranda (Carolina Michaëlis de Vasconcelos), 51
Pope, Alexander, 14
Portugaliæ Monumenta Historica (Alexandre Herculano), 30, 143, 145
Português Fundamental, 55, 58
Pound, Ezra, 44
Prefácio para uma segunda edição de Festa Redonda (Vitorino Nemésio), 336-339
presença (Revista), 355, 361
Programa dos Trabalhos para a Geração Nova (projeto de Antero de Quental), 250
Prosas Bárbaras (Eça de Queiroz), 277, 297, 308
Proudhon, Pierre-Joseph, 116, 243-244
Proust, Marcel, 117
Provas da Historia Genealogica da Casa Real Portugueza (António Caetano de Sousa), 145
Pyrrhonyarum hypotyposeon (Sextus Empiricus), 14
Quatro prisões debaixo de armas (Vitorino Nemésio), 342
Queiroz, José Maria Eça de, 103--104, 107, 201, 226-228, 238, 265-267, 270, 272, 292, 294--295, 298, 300-301
Queiroz, Maria Eça de, 275, 280, 283
Quental, Antero de, 15, 81, 83, 211, 229, 233, 235, 245, 247, 251-252, 258, 263, 276, 333, 371
Quentin, Henri, 35-36, 384, 395
Quetif, Jacques, 257
Quinet, Edgar, 243-244
Régio, José, 15, 42, 313, 315-324, 326, 330
Reis, Carlos, 69, 292, 295, 298, 300, 303, 317
Reis, Jaime Batalha, 277, 286, 297, 308-309
Rémusat, Charles-François-Marie, Conde de, 244
Renan, Ernest, 242
Renart, Jean, 16
Ribeiro, Bernardim, 390
Ribeiro, João Pedro, 143, 145
Ribeiro, Tomás, 180

Ricardo Reis (Fernando Pessoa), 83, 87-89, 93, 95-96, 355
Ritschl, Albrecht, 29
Roberto, Conde de Artois, 135, 137-138
Rodrigues, Ana Paula, 179
Rodrigues, Ernesto, 181
Rolla (Alfred de Musset), 243
Romania (Revista), 30
Rousseau, Jean-Jacques, 113
Sá de Miranda, Francisco de, 15, 42, 52, 65, 68, 82-83, 96-98, 123
Sainte-Beuve, Charles Augustin, 14
Sanches, António Nunes Ribeiro, 14
Sancho II, Rei de Portugal, 135, 148, 154
Santo Onofre (Eça de Queiroz), 275-278, 286, 288, 290
Santos, Eduardo da Costa (Médico), 185
Santos, Maria do Rosário Laureano, 138, 257
São Cristóvão (Eça de Queiroz), 275-280, 282, 287-288
São Frei Gil (Eça de Queiroz), 275-279, 283-289
Sapateia Açoriana, Andamento Holandês e Outros Poemas (Vitorino Nemésio), 356, 362
Sapir, Edward, 172
Sáraga, Salomão, 211, 213, 215, 229, 233
Saraiva, António José, 234, 256
Saussure, Ferdinand de, 50-51, 60
Schopenhauer, Arthur, 261-262
Scribner, Charles, 297
Scriptores Ordinis Prædicatorum (Jacques Echard e Jacques Quetif), 257
Segre, Cesare, 44-45, 121
Sena, António Maria de (Médico), 185
Sena, Jorge de, 14
Sérgio, António, 14, 278
Serpa, Alberto de, 323
Serra, Abade Correia da, 14
Sextilhas fáceis em louvor da Poesia (José Régio), 313
Sextus Empiricus, 14
Simões, João Gaspar, 106, 211, 233-234, 240, 246, 251, 266
Singularidades de uma Rapariga Loira (Eça de Queiroz), 227
Soneto XXIII (Sá de Miranda), 123
Sonetos (Antero de Quental), 251
Sonetos para Libertar um Estado de Espírito Inferior (Vitorino Nemésio), 361
Sousa, Manuel de Faria e, 371

Spencer, Herbert, 243
Stein, Heinrich von, 30
Storck, Wilhelm, 244
Suetónio, 113
Taine, Hippolyte, 14, 242
Tavani, Giuseppe, 36, 317
Tellus (Revista), 179
Textkritik (Paul Maas), 23
The Garden of Eden (Ernest Hemingway), 297
The Philosophy of Composition (Edgar Allan Poe), 106
The Waste Land (T. S. Eliot), 44
Tomé Pires (Porteiro de D. Afonso III), 147
Torga, Miguel, 83
Tractatus Logico-Philosophicus (Ludwig Wittgenstein), 78
Tratado da Sphera (Pedro Nunes), 11
Trovas de Crisfal (atribuídas a Bernardim Ribeiro), 26
Últimas Páginas (Eça de Queiroz), 169, 275
Ulysses (James Joyce), 297, 303- -304
Um génio que era um santo (Eça de Queiroz), 236, 238, 244, 251, 253-254, 276-277
Uma Campanha Alegre (Eça de Queiroz), 308

Un cœur simple (Gustave Flaubert), 303
Unamuno, Miguel de, 363
Vacherot, Étienne, 243
Valada, Francisco Miguel, 145
Valéry, Paul, 36
Van Dijk, Teun A., 57
Vasconcelos, José Leite de, 17, 101-103, 108, 130
Vergílio (Públio Vergílio Maro), 119
Verney, Luís António, 14
Versos qu'o pai que foi p'ò trabalho fez à sua filha (Vitorino Nemésio), 335, 339-342
Vesperais (Vitorino Nemésio), 357, 362
Viagens na Minha Terra (Almeida Garrett), 358
Vicente Fernandes (Tabelião de Monsaraz), 140, 147
Vico, Giambattista, 244
Vidas de Santos (Eça de Queiroz), 288-289
Vie de Saint Alexis (ed. Gaston Paris), 30
Vieira, António, 15
Vigny, Alfred de, 243
Violão de Morro (Vitorino Nemésio), 364
Voltaire (François-Marie Arouet), 14, 116

Vulgata, 84, 395
Vygotsky, Lev, 172
Wailly, Natalis de, 30
Wittgenstein, Ludwig, 78, 335, 348

Woolf, Virginia, 117
Yourcenar, Marguerite, 107
Zola, Émile, 233
Zumthor, Paul, 64

www.ingramcontent.com/pod-product-compliance
Lightning Source LLC
Chambersburg PA
CBHW050525300426
44113CB00012B/1957